Giesbert Damaschke

Der Mac für Ein- und Umsteiger

macOS Sierra Grundlagen einfach und verständlich

Der Mac für Ein- und Umsteiger

macOS Sierra Grundlagen einfach und verständlich

Copyright © 2016 by amac-buch Verlag

ISBN 978-3-95431-053-1

Hergestellt in Deutschland

Trotz sorgfältigen Lektorats schleichen sich manchmal Fehler ein. Autoren und Verlag sind Ihnen dankbar für Anregungen und Hinweise!

amac-buch Verlag
Erlenweg 6
D-86573 Obergriesbach
E-Mail: info@amac-buch.de
http://www.amac-buch.de
Telefon 0 82 51 / 82 71 37
Telefax 0 82 51 / 82 71 38

Alle Rechte vorbehalten. Die Verwendung der Texte und Bilder, auch auszugsweise, ist ohne die schriftliche Zustimmung des Verlags urheberrechtswidrig und strafbar. Das gilt insbesondere für die Vervielfältigung, Übersetzung, die Verwendung in Kursunterlagen oder elektronischen Systemen. Der Verlag übernimmt keine Haftung für Folgen, die auf unvollständige oder fehlerhafte Angaben in diesem Buch zurückzuführen sind. Nahezu alle in diesem Buch behandelten Hardware- und Softwarebezeichnungen sind zugleich eingetragene Warenzeichen.

Inhaltsverzeichnis

Inhaltsverzeichnis

Vorwort — 9

Kapitel 1 – Grundlagen — 11

Die Computer von Apple — 12
Von Windows zu macOS — 15
Die Konfiguration von macOS — 17
Ausschalten und wieder einschalten — 18
Ihr neuer Arbeitsplatz: Menü, Schreibtisch und Dock — 20
Die Standardprogramme im Dock — 24
Die Tastatur des Macs — 27
Die Maus, das Trackpad und die rechte Maustaste — 30
MacBook Pro mit Touch Bar und Touch ID — 32
Programme starten und beenden — 38
Die Fenster von macOS — 41
Die wichtigsten Tastenkürzel des Macs — 45
Die wichtigsten Kürzel für Sonderzeichen — 46
Der Beachball — 47

Kapitel 2 – Apple-ID, iCloud, Accounts und die Mitteilungszentrale — 49

Die Apple-ID — 50
iCloud — 51
Accounts einrichten — 54
Die Mitteilungszentrale — 55

Kapitel 3 – Dateien und Dokumente — 63

Das ist der Finder — 64
Die Seitenleiste des Finders — 65
Orientierung im Finder — 69
Geräte, Laufwerke, Ordner und Dateien — 72
Die tägliche Dateiarbeit — 77
Neue Ordner anlegen — 81
Der Papierkorb — 84
Dokumente: ZIP und PDF inklusive — 86
Die Datei-Infos — 88
Dokumente speichern — 91

Kapitel 4 – Programme (Apps) — 93

Programme finden und starten — 94
Zwischen Programmen wechseln — 101
Programme beenden — 103
Programmabstürze — 105
Programme aus dem App Store laden — 107
DMG-Dateien — 110
Installer — 112
So werden Sie Programme wieder los — 113
Gatekeeper, der Pförtner im Mac — 114

Kapitel 5 – Den Überblick behalten — 117

Das Erscheinungsbild anpassen — 118
Mission Control — 120
Spaces: Schafft zwei, drei, viele Schreibtische — 123
Mit mehreren Monitoren arbeiten — 129
Stapel im Dock — 129
Fenster im Dock — 131
Ein rascher Blick auf den Inhalt einer Datei — 132
Tags: Stichwörter für Dateien — 135
Suchen und finden mit Spotlight — 139

Kapitel 6 – Netzwerk und Internet — 147

Die Netzwerkanschlüsse eines Macs — 148
Mit dem Mac ins Internet — 149
Dateifreigaben — 152
Ad-hoc-Netzwerk via AirDrop:
Schneller Dateiaustausch zwischen Macs und iPhones/iPads — 157

Kapitel 7 – Safari — 159

Eine kleine Tour durch Safari — 160
Lesezeichen und Verlauf — 170
Die Leseliste und „gesendete Links" — 174
Die Erweiterungen — 175
Die Mitteilungen — 176
Sicherheit und Datenschutz — 177

Kapitel 8 – Mail — 181

- Mail-Accounts — 182
- Der Aufbau von Mail — 184
- E-Mails schreiben und sichern — 186
- E-Mails senden und empfangen — 188
- E-Mails löschen — 188
- Signaturen — 189
- Antworten, Zitate, Weiterleiten, Konversation — 191
- Das Format einer E-Mail — 194
- Dateianhänge — 196
- Mails markieren — 200
- Postfächer — 202
- Regeln — 204
- Suchen — 206
- Die intelligente Postablage — 207
- Die automatische Müllabfuhr — 209
- Mails exportieren und importieren — 211

Kapitel 9 – Kontakte — 213

- Kontakte — 214
- Einträge hinzufügen und bearbeiten — 216
- Gruppen — 220
- Adressen im Einsatz — 223
- Export/Import von Adressen — 224
- Adressbücher im Netz — 225

Kapitel 10 – Kalender — 227

- Der Aufbau von Kalender — 228
- Ereignisse — 231
- Kalender-Accounts — 235
- Termine und Kalender teilen, abonnieren und veröffentlichen — 236
- Kalender exportieren und importieren — 239

Kapitel 11 – Karten — 241

- Grundfunktion von Karten — 242
- Kartenansichten — 244
- Karten als Routenplaner — 246
- Stecknadeln und Favoriten — 247

Kapitel 12 – Fotos — 249

Der Aufbau von Fotos — 251
Bilder importieren — 257
Alben und Ordner — 259
Bilder bearbeiten — 262
Bilder exportieren und Projekte — 266

Kapitel 13 – iBooks, iTunes, iWork — 269

iBooks — 270
Die Medienzentrale von macOS: iTunes — 277
Pages, Numbers und Keynote — 283

Kapitel 14 – TextEdit, Vorschau, Notizen, Erinnerungen, Rechner — 291

Die Apps für den Büroalltag — 292
Die Textverarbeitung TextEdit — 293
Systemweite Schreibhilfen — 297
Vorschau — 301
Notizen — 304
Erinnerungen — 306
Lexikon — 309
Rechner — 310
Inhalte teilen — 312

Kapitel 15 – FaceTime & Nachrichten — 313

FaceTime — 314
Nachrichten — 317
FaceTime und Nachrichten mit dem iPhone koppeln — 320

Kapitel 16 – Backup und Datensicherheit — 323

Time Machine — 324
Daten sichern mit Time Machine — 326
Daten zurückholen mit Time Machine — 328
Systemwiederherstellung mit (und ohne) Time Machine — 332
macOS und seine Passwörter — 333
Die Schlüsselbundverwaltung — 335
Den Zugriff mit dem Bildschirmschoner sichern — 338
Daten verschlüsseln — 340

Inhaltsverzeichnis

Die Firewall 341
Die Privatsphäre 342
Die Softwareaktualisierung 343
Der Mac und die Schadsoftware 344

Kapitel 17 – Systemeinstellungen und Dienstprogramme 347

Die Systemeinstellungen 348
Siri 356
Drucken & Scannen 361
USB-Sticks und Festplatten 364
Bluetooth-Geräte 367
Bildschirmfotos 369
Tastaturkurzbefehle 370
So machen Sie Ihre Library sichtbar 372
Welche App öffnet was? 373
Diktierfunktion 374
Ihr Mac spricht mit Ihnen 377
Benutzerverwaltung 378
Freigaben in iTunes und iCloud 381

Kapitel 18 – Windows auf dem Mac und App-Empfehlungen 387

Manchmal muss es Windows sein 388
10 Apps für Ein- und Umsteiger 392

Index 395

Liebe Leserinnen, liebe Leser,

für Ein- und Umsteiger gibt es wohl kaum einen Computer, der freundlicher und einladender ist als ein Mac – und mit macOS Sierra hat Apple es noch einmal etwas einfacher gemacht, mit einem Computer sofort loszulegen. Alles, was Sie mitbringen müssen, um mit Ihrem Mac von Anfang an viel Freude zu haben, ist ein wenig Neugier.

Wenn Sie bereits Erfahrung mit Windows haben, geht es Ihnen vielleicht so wie mir vor etlichen Jahren. Damals zögerte ich noch und machte mir allerlei Sorgen. Würde es die nötigen Programme geben, die ich für meine Arbeit brauche? Würde ich mit meinen wichtigen Dokumenten wei-terarbeiten können? Was ist mit meiner vorhandenen Hardware, vom USB-Stick bis zum Drucker? Und überhaupt – müsste ich beim Umstieg ganz von vorn anfangen und mich mühsam in das neue System ein-arbeiten?

Schon bald lösten sich meine Sorgen in Wohlgefallen auf. Der Umstieg war einfach und angenehm, und schon nach kurzer Zeit kam es mir so vor, als hätte ich immer schon mit einem Mac gearbeitet. Nach dem Umstieg habe ich nur eins bereut: dass ich so lange damit gezögert hatte!

In diesem Buch stelle ich Ihnen den Mac und sein Betriebssystem macOS Sierra vor. Sie erfahren, wie macOS aufgebaut ist, wie das System Dateien und Dokumente verwaltet, wie macOS Ihnen dabei hilft, den Überblick zu behalten, damit Sie sich nicht im Dschungel der Dateien auf Ihrer Festplatte verlaufen. Sie lernen die Programme kennen, die von Haus an Bord sind, und Sie erfahren, wie Sie Ihre Mails und Nachrichten verwalten, auf Surftour ins Internet gehen, Ihre Fotos und Musik am Mac genießen, Videotelefonate führen, Ihren Mac dank Siri einfach mit Sprachkommandos steuern und wie die vielen Hilfsprogramme Ihnen den Alltag am Mac erleichtern.

Natürlich reagiert auch der Mac manchmal anders als erwartet, und natürlich gibt es auch hier mitunter Fehler. Doch die typischen Computerpannen treten auf einem Mac so selten auf, dass sie schon wieder als untypisch gelten können.

Vorwort

Auf Wunder darf man auch bei Apple nicht hoffen – aber man darf Sorgfalt, Liebe zum Detail, ein sehr hohes Qualitätsniveau bei der Hard- und Software und ein durchdachtes Design erwarten. Und das kommt ja schon fast einem Wunder gleich.

Giesbert Damaschke

Dezember 2016

Kapitel 1

Grundlagen

Kapitel 1 Grundlagen

In diesem Kapitel widmen wir uns den allgemeinen Grundlagen von macOS und machen einen kurzen Rundgang durchs System. Wir richten den Mac erstmalig ein, legen einen Benutzeraccount an und schauen uns ein wenig um.

Wer Windows kennt, dem wird macOS sehr vertraut vorkommen. Es gibt allerdings einige Unterschiede, über die jeder Umsteiger anfangs stolpert: Die Fenster von macOS funktionieren ein wenig anders als gewohnt, die Mac-typische Menüleiste ist für Windows-Anwender ein Fremdkörper, Programme verhalten sich nicht unbedingt so, wie man es von Windows gewohnt ist, und das Scrollverhalten von macOS sorgt für Irritationen. Doch keine Sorge, an die kleinen Besonderheiten gewöhnt man sich rasch – und möchte sie bald nicht mehr missen.

Die Computer von Apple

Bei Apple ist manches anders als bei anderen Herstellern. Normalerweise sind Hersteller von Computern und Betriebssystemen getrennte Firmen. Die einen bauen die Computer, auf denen das Betriebssystem der anderen installiert wird. Nicht so bei Apple. Hier bekommen Sie alles aus einer Hand. Apple entwickelt Computer und Betriebssystem in kompletter Eigenregie. Die Computer von Apple heißen „Mac", das Betriebssystem heißt „macOS".

Das hat den großen Vorteil, dass Computer und Betriebssystem optimal aufeinander abgestimmt sind. Allerdings ist ein Mac – anders als ein normaler PC – vom Anwender so gut wie gar nicht konfigurierbar. Einem PC können Sie mit normalem Werkzeug zu Leibe rücken, um etwa die Grafikkarte oder die Festplatte auszutauschen, bei einem Mac ist das (mit Ausnahme des Mac Pro) nur mit Spezialwerkzeug und guten technischen Kenntnissen möglich – wenn überhaupt. Selbst der Arbeitsspeicher kann bei manchen Modellen nicht mehr vom Anwender aufgerüstet werden. Aber schauen wir uns einmal die verschiedenen Mac-Modelle von Apple an.

Konfigurationen: Apple überarbeitet seine Computer-Modelle regelmäßig und bringt ca. einmal im Jahr eine neue Version auf den Markt. Die hier erwähnten technischen Eckdaten sind auf dem Stand vom Oktober 2016.

Apples Angebot an Computern ist sehr klar, übersichtlich und durchdacht. (Bilder: Apple)

CD/DVD-Laufwerk: Apple hat sich von integrierten CD/DVD-Laufwerken vollständig verabschiedet. Ein internes Laufwerk gibt es bei keinem Gerät, ein Laufwerk lässt sich aber bei Bedarf als externes Gerät anschließen.

Die Hardware

- *MacBook:* Das MacBook ist ein 12-Zoll-Gerät, das auf optimale Mobilität ausgelegt ist. Leichter und dünner geht es kaum noch. Dafür müssen Sie allerdings Kompromisse machen. Es besitzt zwar ein hochauflösendes, brillantes Display, lässt es in Sachen Rechenleistung allerdings etwas ruhiger angehen. Neben dem Kopfhöreranschluss gibt es noch genau eine USB-C-Schnittstelle, über die das Gerät auch aufgeladen wird. Eine Frontkamera steht für Videotelefonate zur Verfügung. Das Trackpad beherrscht Force Touch. Damit können Sie an vielen Stellen in macOS und dessen Apps durch einen „starken Druck" ein alternative Funktion ausführen
- *MacBook Air:* Das MacBook Air besitzt einen 13-Zoll-Bildschirm mit einer Auflösung von 1440 × 900 Bildpunkten. Es ist nicht ganz so leicht und flach wie das MacBook, aber immer noch ein ausgesprochenes Leichtgewicht unter den Mobilrechnern. Wie das MacBook verzichtet das MacBook Air auf optische Laufwerke und setzt auf Flash-Speicher statt Festplatte. Es ist etwas leistungsfähiger als das MacBook, bietet verschiedene Anschlüsse (2 x USB 3, 1 x Thunderbolt 2, SDXC-Kartensteckplatz). Auch das MacBook Air verfügt über eine Frontkamera.
- *MacBook Pro:* Dies ist das Standard-Notebook von Apple, das es in einer 13- und einer 15-Zoll-Variante gibt. In allen Versionen bietet es ein brillantes, extrem hochauflösendes Display, bei dem eine Pixeldichte von gut 220 Pixeln pro Zoll dafür sorgt, dass Sie de facto keine einzelnen Bildpunkte mehr erkennen und ein Bild nicht mehr „aufpixelt". Bei den Anschlüssen hat Apple radikal gestrichen, es stehen lediglich ein Kopfhörer-Anschluss und zwei bzw. vier Thunderbolt-Schnittstellen zur Verfügung, die kompatibel zu USB-C sind. Die meisten Modelle besitzen statt der üblichen Funktionstasten eine berührungsempfindliche „Touch Bar", die frei konfiguriert

werden kann und bei einigen Programmen spezielle Funktionen bietet. Zudem ist ein Touch-ID-Sensor integriert, über den Sie sich etwa mit einem Fingerabdruck beim System anmelden können, ohne ein Passwort eintippen zu müssen. Auch das MacBook Pro bietet eine Front-Kamera und ein sehr großes „Force Touch Trackpad", das über zusätzliche Drucksensoren verfügt, die etwa ein druckempfindliches Zeichnen ermöglichen.

- *Mac mini:* Der Mac mini ist der kleinste und preiswerteste Mac, den Apple im Programm hat. Er wird ohne Monitor und Eingabegeräte geliefert. Natürlich können Sie Monitor, Tastatur und Maus anschließen – in der Regel auch die Geräte, die Sie an Ihrem Windows-PC benutzen. Peripherie schließen Sie via USB 3, HDMI oder Thunderbolt 2 an. Ein SDXC-Kartenschacht ist ebenfalls vorhanden, eine Kamera gibt es allerdings nicht.
- *iMac:* Der iMac ist der Desktop-Rechner von Apple, den es in verschiedenen Ausführungen und unterschiedlicher Ausstattung gibt. Er ist ein „All in one"-Computer, kombiniert also Monitor und den eigentlichen Computer in einem sehr flachen Gehäuse, das auf den ersten Blick nur wie ein Monitor aussieht. Der iMac bietet die Mac-üblichen Schnittstellen (z. B. 4 × USB 3, 2 × Thunderbolt 2, SDXC-Kartenschacht und Gigabit-Ethernet) und besitzt eine Kamera für Videotelefonie und Video-Chat. Der iMac wird mit Tastatur und Maus oder Trackpad geliefert. In der Ausführung *iMac mit Retina 5K Display* bietet er auf einem 27-Zoll-Monitor Platz für sagenhafte 5120 × 2880 Bildpunkte – das ist das Vierfache dessen, was ein normaler 27-Zoll-Monitor mit 2560 × 1440 Bildpunkten zu bieten hat, und sieben Mal so viel, wie ein handelsüblicher Full-HD-Fernseher zeigt. Auch in einer 21-Zoll-Variante ist der iMac lieferbar. Als Kunde können Sie sich dabei zwischen dem Retina 4K Display (4096 × 2304 Bildpunkte) und dem „normalen" Display mit 1920 × 1080 Bildpunkten entscheiden.
- *Mac Pro:* Der Mac Pro ist das Arbeitstier unter den Macs. Er fällt nicht nur durch seine Leistung, sondern auch durch sein Design aus dem üblichen Rahmen. Das Design ist kein schmucker Selbstzweck, sondern funktional. Denn die Röhrenform erlaubt ein völlig neues Abluftkonzept, das eine deutliche Verbesserung beim Wärmehaushalt des Computers bietet. Das Gerät ist als Hochleistungs-Workstation konzipiert. Allerdings gilt auch hier, was für die anderen Computer von Apple gilt: Es ist für den Anwender praktisch unmöglich, Bauteile oder Komponenten auszutauschen. Der Mac Pro ist vor allem für Anwender interessant, die mit sehr großen, hochauflösenden Video-Dateien arbeiten.

Von Windows zu macOS

Wer von Windows auf den Mac umsteigt, wird rasch feststellen, dass macOS zwar ein wenig anders aussieht, mitunter auch anders reagiert, dass aber im Großen und Ganzen die Gemeinsamkeiten der beiden Systeme überwiegen.

Verschieden, aber sehr ähnlich

Wie Windows ist auch macOS eine grafische Benutzeroberfläche, über die der Computer und alle Programme gesteuert werden. Es gibt einen Desktop (der bei macOS „Schreibtisch" heißt), und es gibt Dateien, Ordner und Laufwerke (die unter macOS „Volumes" genannt werden). Angeschlossene Geräte wie Drucker, externe Festplatten oder USB-Sticks werden durch Symbole repräsentiert, und alle Aktionen finden in Fenstern und Dialogen statt. Wie bei Windows werden Objekte mit der Maus über den Bildschirm geschoben, und es gibt aufklappbare Menüs, aus denen man bestimmte Einträge auswählt, um eine bestimmte Aktion auszuführen. Dazu kommen Schaltflächen bzw. Tasten, die auf einen Mausklick reagieren, und Programme, die mit einem Doppelklick gestartet werden. Kurz: Die grundlegende Bedienung von macOS unterscheidet sich in der Praxis kaum von Windows. Auch die externen Geräte, die Sie vielleicht von Ihrem Windows-PC mit in die Mac-Welt nehmen möchten, stellen kein Hindernis dar: Alle handelsübliche Peripherie lässt sich auch an einen Mac anschließen und mit ihm benutzen.

Dokumente und Programme

Das gilt auch für Ihre Daten (also etwa Ihre Dokumente, Musik oder Fotos), die Sie beim Systemwechsel in aller Regel ebenfalls auf dem Mac benutzen können – vorausgesetzt natürlich, es gibt ein passendes Programm zur Verarbeitung der Daten.

Bei Musik und Fotos ist das kein Problem, mit diesen Dateien kommt macOS von Haus aus klar. Bei Dokumenten sieht das ein wenig anders aus. Hier benötigen Sie in der Regel die Mac-Versionen der Programme, mit denen Sie unter Windows gearbeitet haben. Viele Hersteller bieten ihre Programme für beide Plattformen an. Bei Programmen, die es nur für Windows gibt, findet man in der Regel aber sehr schnell ein OS-X-Pendant.

Womit wir bei der nächsten Frage sind, die sich beim Umstieg stellt: Kann man seine Programme, mit denen man unter Windows gearbeitet hat, auch auf dem Mac einsetzen? Hier ist die Antwort ein klares: Nein, das geht nicht.

> **Windows auf dem Mac:** Es gibt einen kleinen Trick, mit dem Sie Windows-Programme auch unter macOS einsetzen können – Sie virtualisieren Windows. Das klingt ein wenig kryptisch, ist aber ganz einfach. Sie installieren ein Programm, das unter macOS einen kompletten PC simuliert. Auf diesem rein virtuellen Computer können Sie dann Windows installieren und in diesem Windows wiederum Ihre Windows-Programme. Es ist auch möglich, mit Boot Camp (das zu macOS gehört) eine zweite Festplattenpartition einzurichten und auf dieser Partition dann Windows zu installieren. Beim Einschalten Ihres Macs entscheiden Sie dann, ob Sie mit macOS oder Windows arbeiten möchten. Weitere Informationen zu diesem Thema finden Sie in Kapitel 18.

Migrationsassistent

Der Migrationsassistent auf dem Mac (*Programme –> Dienstprogramme*) ist die einfachste Option, schnell und unkompliziert Daten vom Windows-PC auf den Mac zu übernehmen. Auf dem Windows-Rechner muss hierzu noch das notwendige Gegenstück installiert werden (*http://support.apple.com/de-de/HT4796*).

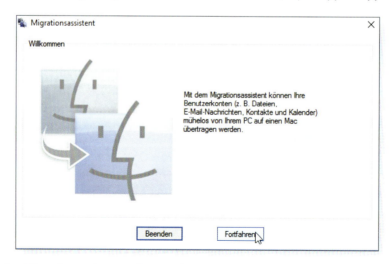

Mit dem kostenfreien Migrationsassistenten für Windows gelingt der Datentransfer zum Mac im Handumdrehen.

Verbinden Sie den Mac mit einem Netzwerkkabel mit dem PC. Alternativ dazu kann auch das langsamere WLAN zur Verwendung kommen.

Die Konfiguration von macOS

Wenn Sie Ihren neuen Mac zum ersten Mal einschalten, werden Sie von einem „Willkommen"-Bildschirm begrüßt und dazu aufgefordert, einige grundlegende Einstellungen vorzunehmen. Anschließend ist Ihr Mac einsatzbereit. Neben den üblichen Einstellungen zur Sprache oder Zeitzone werden Sie hier auf einige Besonderheiten stoßen, die wir uns im Folgenden anschauen.

Apple-ID

Während der Konfiguration möchte macOS Ihre „Apple-ID" samt Passwort wissen. Falls Sie noch keine ID haben, können Sie nun eine kostenlose ID anlegen (was generell zu empfehlen ist, da Sie nur mit einer solchen ID alle Funktionen von macOS nutzen können). Sie müssen dies aber nicht tun, sondern können diesen Punkt auch mit *Fortfahren* überspringen. Eine Apple-ID lässt sich später jederzeit anlegen. Wie das geht, erfahren Sie im zweiten Kapitel.

Was ist die Apple-ID? Die Apple-ID ist eine E-Mail-Adresse, mit der Sie sich bei Apple anmelden können. Diese ID wird etwa benötigt, wenn Sie im App Store oder im iTunes Store einkaufen, ein Videotelefonat via FaceTime führen oder Nachrichten zwischen Macs und iOS-Geräten (wie iPhone oder iPad) austauschen möchten. Sie können hier entweder eine bereits vorhandene Mail-Adresse benutzen oder sich von Apple eine kostenlose E-Mail-Adresse geben lassen.

iCloud

Der kostenlose Dienst iCloud erweitert die Fähigkeiten Ihres Macs deutlich. Um sich bei iCloud anzumelden, benutzen Sie Ihre Apple-ID. Sie müssen sich nicht während der Konfiguration entscheiden, sondern können auch diesen Punkt mit *Fortfahren* überspringen (was ich Ihnen aber nicht empfehle – früher oder später werden Sie iCloud nutzen wollen, da können Sie die kurze Anmeldeprozedur auch gleich am Anfang erledigen). Auf iCloud werden Sie in diesem Buch immer wieder stoßen; einen einleitenden Überblick finden Sie in Kapitel 2.

Kapitel 1 Grundlagen

Benutzer anlegen

Damit Sie mit dem System arbeiten können, benötigen Sie einen Benutzeraccount. Diesen Account legen Sie in diesem Dialog fest. Hier geben Sie Ihren vollständigen Namen ein (z. B. „Giesbert Damaschke"), wählen einen Kurznamen für Ihren Account (etwa: „giesbert") und legen ein Passwort fest.

Vorsicht! Unter Ihrem Kurznamen verwaltet macOS Ihre persönlichen Daten und Dokumente. Im Finder (dem zentralen Programm zur Verwaltung Ihrer gesamten Daten, mit dem wir uns in Kapitel 3 beschäftigen) wird der Kurzname als Name Ihres Benutzerordners gewählt. Der Kurzname kann nachträglich **nicht** geändert werden! Überlegen Sie sich also gut, was Sie hier eintragen – Namen wie „Mausi" oder „IchBinDerKoenig" mögen anfangs ganz witzig scheinen, auf Dauer sind sie wohl eher lästig.

Ausschalten und wieder einschalten

Bevor wir uns in macOS ein wenig umsehen und mit dem System vertraut machen, probieren wir kurz eine elementare Funktion aus: das Ein- und Ausschalten des Macs.

Um das System auszuschalten, benutzen Sie ein Menükommando (dazu gleich mehr). So geben Sie macOS die Möglichkeit, alle geöffneten Dateien zu schließen und das System in einem geordneten Zustand zu beenden.

Das Systemmenü

Was bei Windows die „Start"-Taste mit dem Windows-Logo ist, das ist bei macOS (mehr oder weniger) das Apple-Logo links oben, über das Sie das Systemmenü öffnen. Klicken Sie auf dieses Logo, und wählen Sie den Eintrag *Ausschalten*. Der Mac fragt sicherheitshalber noch einmal nach, danach beendet er alle laufenden Programme und schaltet sich aus.

Sie sollten Ihren Mac immer über das Menü beenden. So vermeiden Sie Datenverlust. Der Menüeintrag „Sofort beenden" bezieht sich übrigens auf laufende Programme, nicht auf den Rechner selbst.

Nachdem Sie Ihren Mac auf die beschriebene Weise ausgeschaltet haben, starten Sie ihn über den Ein-/Ausschalter erneut. Sie werden nun nach Ihrem Namen und Ihrem Passwort gefragt, anschließend sehen Sie den Schreibtisch von macOS.

 Notausstieg: Es ist natürlich auch möglich, den Mac über den Schalter auszuschalten, über den Sie ihn eingeschaltet haben. Dazu drücken Sie den Schalter einige Sekunden, bis der Mac sich ausschaltet. Doch Vorsicht, diese Methode ist nur für den Notfall gedacht, wenn alles andere schiefgegangen ist. Wenn Sie den Mac auf diese Weise ausschalten, ziehen Sie dem System gewissermaßen den Boden unter den Füßen weg, was zu Datenverlust oder – schlimmer noch – zu Festplattenfehlern führen kann.

Kapitel 1 Grundlagen

Ihr neuer Arbeitsplatz: Menü, Schreibtisch und Dock

Nach dem Einschalten Ihres Macs sehen Sie den Schreibtisch, der (wie bei Windows und anderen Betriebssystemen) als Fläche dient, auf der alle Fenster, Ordner, Dokumente und Dateien abgelegt werden.

So präsentiert sich macOS beim ersten Start. Am oberen Bildschirmrand sehen Sie die Menüleiste, am unteren das Dock.

Die Menüleiste

Am oberen Rand des Bildschirms sehen Sie die Menüleiste, die unverrückbar an ihrem Platz und (bis auf wenige Ausnahmen) immer sichtbar bleibt. Diese Leiste wird von allen Programmen unter macOS benutzt.

Anders als unter Windows haben Programmfenster unter macOS in der Regel keine eigene Menüleiste, sondern nutzen die zentrale Leiste oben am Bildschirmrand, deren Inhalt sich je nach aktivem Programm ändert.

Die (hier etwas zusammengestauchte) Menüleiste ist üblicherweise immer sichtbar, ändert nie ihren Platz und kann in der Regel nicht ausgeblendet werden.

Wir werden uns im Verlauf dieses Buches immer wieder mit den verschiedenen Menüeinträgen beschäftigen, doch werfen wir an dieser Stelle am Beispiel des Finders rasch einen Blick auf die typischen Menüpunkte, die in fast allen Programmen in dieser Reihenfolge auftauchen (Ausnahmen bestätigen die Regel):

- *(Apfel-Menü):* Der erste Eintrag in jedem Menü ist das Apple-Logo, über das Sie das Systemmenü öffnen. Hier finden Sie verschiedene systemnahe Einträge, können die Softwareaktualisierung starten, sich über die Konfiguration Ihres Macs informieren, störrische Programme gezielt beenden oder auch den Mac ausschalten. Sie müssen den Apfel übrigens nicht pixelgenau treffen, um das Menü öffnen zu können. Es genügt auch ein Klick in den Bereich links neben dem Logo. In der Praxis bedeutet dies, dass Sie relativ achtlos die Maus in die linke obere Ecke schubsen können, um auf das Systemmenü zugreifen zu können.
- *Finder:* Es folgt, durch Fettung hervorgehoben, der Name des aktuellen Programms. Wenn Sie kein Programm gestartet oder auf eine leere Stelle des Schreibtischs geklickt haben, ist dies immer der Finder (das Apple-Pendant zum Windows-Explorer, mit dem wir uns in Kapitel 3 noch ausführlicher beschäftigen werden). Wechseln Sie das Programm, ändert sich auch dieser Eintrag. Hier finden Sie in der Regel Informationen zum aktuellen Programm und können auf seine Einstellungen zugreifen.
- *Ablage:* Der Menüpunkt *Ablage* entspricht ungefähr dem Eintrag *Datei* unter Windows. Über diesen Punkt greifen Sie auf zentrale Dateifunktionen zu, wie Öffnen, Speichern, Schließen oder Drucken. Über *Ablage* öffnen Sie auch neue Fenster oder legen neue Dokumente an.
- *Bearbeiten:* Dieser Menüpunkt ist im Grunde selbsterklärend. Hier finden Sie alle Einträge, um ein Dokument oder eine Datei zu bearbeiten, also Befehle wie Kopieren, Einfügen, Ausschneiden und Ähnliches.
- *Darstellung:* Hier legen Sie fest, wie ein Programm sich selbst und seine Fensterinhalte darstellen soll.

Nach diesen fünf Standardpunkten folgen die programmspezifischen Einträge. Beim Finder ist dies etwa der Punkt *Gehe zu*, beim Webbrowser Safari stehen an dieser Stelle die Punkte *Verlauf* und *Lesezeichen*; das Programm Mail hat hier *Postfach*, *E-Mail* und *Format* zu bieten, und bei anderen Programmen steht hier anderes.

Den Schlusspunkt in einem typischen Menü unter macOS bilden die folgenden beiden Einträge:

Kapitel 1 Grundlagen

- *Fenster:* Viele Programme arbeiten mit mehreren Fenstern oder verschiedenen Tabs oder Registerkarten innerhalb eines Fensters. Über diesen Menüpunkt können Sie neue Fenster öffnen, zwischen den Fenstern wechseln und die Fenster vergrößern bzw. verkleinern.
- *Hilfe:* Dieser Punkt ist standardmäßig immer der letzte Punkt des Menüs und bietet genau das, was sein Name verspricht, nämlich Hilfe zu einzelnen Funktionen eines Programms.

Die „Menu Extras"

Der rechte Bereich der Menüleiste wird Sie vielleicht ein wenig an die „Tray Notification Area" von Windows erinnern, also an den Bereich rechts unten in der Taskleiste, in dem Windows verschiedene Systeminformationen anzeigt. Unter macOS hat der rechte Bereich der Menüleiste eine sehr ähnliche Funktion.

> **Extras/Items:** Unter macOS gibt es für den Bereich rechts oben und die dort abgelegten Symbole keinen offiziellen Namen. Auf Systemebene heißen die entsprechenden Objekte allerdings „Menu Extras", was sich als Bezeichnung eingebürgert hat. Alternativ spricht man auch von „Menu Items", „Status Items" oder „Menulets".

Hier werden verschiedene aktive Dienste und Informationen angezeigt. Dazu gehören etwa die Mitteilungszentrale (das Listensymbol rechts außen), die Sprachsteuerung Siri (der bunte Kreis), die Suchfunktion mit Spotlight (das Lupensymbol), die aktuelle Uhrzeit, ein Lautstärkeregler (der Lautsprecher) und der Verbindungsstatus des Airports (also der WLAN-Lösung in Ihrem Mac), von Bluetooth oder einer Ethernet-Verbindung. Falls Sie mit mehreren Personen an einem Mac arbeiten, wird hier üblicherweise auch der Name des aktuellen Benutzers angezeigt. Wenn Sie zum ersten Mal mit macOS in Berührung kommen, wird Ihnen das alles wohl noch nicht viel sagen, aber keine Sorge, wir werden alle Punkte im Verlauf des Buches noch ausführlicher besprechen.

Die Symbole rechts oben bieten verschiedene Informationen und den raschen Zugriff auf bestimmte Programme und Funktionen.

Das Dock

Am unteren Bildschirmrand befindet sich das Dock, das eine ähnliche Funktion hat wie die Taskleiste von Windows: Es bietet den Schnellzugriff auf oft benötigte Programme und erleichtert den Wechsel zwischen verschiedenen Anwendungen.

Wenn Sie den Mauszeiger auf eines der Programmsymbole im Dock bewegen, wird der Name des Programms eingeblendet ❶. Mit einem Klick auf ein Symbol rufen Sie das entsprechende Programm auf bzw. bringen es in den Vordergrund.

Das Dock ist Schnellstartleiste und Ablagefläche zugleich. Der linke Bereich bietet Zugriff auf Programme, der rechte Bereich wird durch einen Streifen abgetrennt ❷ und beherbergt Ordner, verkleinerte Fenster und den Papierkorb.

Welche Einträge in welcher Reihenfolge im Dock vorhanden sind, bleibt Ihnen überlassen. Zwei Einträge im Dock sind jedoch unverrückbar: das Logo des Finders links (der Finder ist das, was unter Windows der Explorer ist) und der Papierkorb rechts außen.

Das Dock ist prinzipiell zweigeteilt. Auf der linken Seite werden die Programmsymbole abgelegt, auf der rechten bekommen Sie Zugriff auf Ordner und Stapel (mehr dazu in Kapitel 5). Außerdem werden hier die Fenster abgelegt, die Sie verkleinert haben.

 Das Dock anpassen: Um die Größe des Docks zu ändern, klicken Sie auf den Trennstrich ❷, halten die Taste gedrückt und bewegen die Maus nach oben oder unten. Die Position und das Verhalten des Docks lassen sich in den **Systemeinstellungen** ändern. Mehr dazu lesen Sie in Kapitel 17.

Kapitel 1 Grundlagen

Die Standardprogramme im Dock

Machen wir uns erst einmal kurz mit den Symbolen und Programmen vertraut, die macOS Ihnen standardmäßig im Dock präsentiert.

Finder: Der Finder ist eine der wichtigsten Systemkomponenten und gehört zum Fundament von macOS. Er verwaltet sämtliche Laufwerke und die angeschlossenen Geräte und ist für alle Dateioperationen zuständig. Über den Finder kopieren und löschen Sie Dateien und Ordner oder legen neue Ordner an. Mit dem Finder haben Sie es auch dann zu tun, wenn es gar nicht danach aussieht, denn er kümmert sich um sämtliche Elemente der grafischen Benutzeroberfläche. Sobald ein Programm ein Fenster oder einen Dialog anzeigt, ist im Hintergrund der Finder beteiligt. Daher wechseln Sie auch zum Finder, wenn Sie auf den Schreibtisch klicken (der Schreibtisch ist für den Finder letztlich nur ein Ordner wie alle anderen auch, der auf besondere Weise dargestellt wird). Der Finder ist ständig aktiv und kann nur beendet werden, wenn Sie Ihren Mac komplett ausschalten. Mit dem Finder beschäftigen wir uns ausführlich in Kapitel 3.

Siri: Siri ist die Sprachsteuerung von macOS. Apple bezeichnet Siri als „intelligenten Assistenten" und das umschreibt das, was Siri leistet, ganz gut. So, wie Sie einem Assistenten eine Anweisung geben („Trage bitte den Termin am Montag in den Kalender ein"), können Sie mit Siri reden. Siri reagiert auf natürlich gesprochene Sprache, Sie müssen keine Formeln oder Anweisungen auswendig lernen, sondern reden einfach drauflos – und Siri reagiert. Nicht immer so, wie Sie das vielleicht erwarten, aber doch mit erstaunlicher Treffsicherheit. Siri kann Ihnen dabei helfen, rasch eine Notiz anzulegen oder bestimmte Fotos aus Ihrer Fotosammlung zu finden. Sie können Siri eine Mail diktieren, aber auch nach dem Wetter in Hamburg fragen oder über ein Sprachkommando Programme starten. Mit Siri beschäftigen wir uns in Kapitel 17.

Launchpad: Das Launchpad ist eine bequeme Art, Programme zu verwalten und zu starten. Es zeigt Ihre Programme in Form großer Symbole an, und mit einem Klick auf ein Symbol starten Sie das Programm. Wenn Sie sehr viele Programme installiert haben, kann das Launchpad ein wenig unübersichtlich werden, doch im normalen Einsatz eines Macs ist es recht komfortabel. Falls Sie ein iPhone oder iPad besitzen, wird Ihnen das Launchpad sehr vertraut vorkommen, zeigt es doch den gleichen Aufbau wie der Startbildschirm dieser Geräte. Das Launchpad lernen Sie im vierten Kapitel kennen.

Safari: Safari ist der Standard-Webbrowser von macOS. Er ist schnell, zuverlässig und standardkonform. Wie andere bekannte Browser stellt auch Safari mehrere Webseiten auf Registerkarten („Tabs") innerhalb eines Fensters dar. Das Programm wartet mit einigen Besonderheiten auf, unterscheidet sich aber nicht grundlegend von anderen Browsern. Sie werden sich also sehr schnell damit zurechtfinden. Mit Safari beschäftigen wir uns in Kapitel 7.

Mail: Mit *Mail* schreiben, empfangen und bearbeiten Sie Ihre elektronische Post. Das Programm unterstützt mehrere Accounts, beherrscht alle gängigen Mail-Standards, kommt mit den diversen Dateianhängen zurecht und erweist sich bei schlichtem Äußeren als flexibel und leistungsstark. Über verschiedene Filter können Sie Ihre elektronische Post einfach und schnell organisieren. Diesem Programm ist das Kapitel 8 gewidmet.

Kontakte: Auch hier sagt der Name des Programms bereits, worum es geht. Mit *Kontakte* verwalten Sie alle Kontaktdaten und Informationen zu Ihren Freunden und Bekannten. Die Adressen lassen sich in Gruppen zusammenfassen und blitzschnell durchsuchen. Andere Programme, wie etwa Mail oder Safari, können auf die hier gespeicherten Daten zugreifen, um eine Mail-Adresse zu übernehmen oder ein Formular auf einer Webseite automatisch auszufüllen. Mit *Kontakte* beschäftigen wir uns in Kapitel 9 ausführlicher.

Kalender: Mit *Kalender* verwalten Sie Ihre Termine und Aufgaben. Das Programm beherrscht den üblichen Kalenderstandard „iCal", kann also Termine und Einträge aus anderen Kalendern problemlos importieren oder Ihre Einträge im iCal-Format (Dateiendung: „.ics") weitergeben. Das Kalenderprogramm wird in Kapitel 10 vorgestellt und erläutert.

Notizen: Mit *Notizen* steht Ihnen ein zwar einfaches, aber sehr schnelles und nützliches Programm für alle kleineren und größeren Notizen zwischendurch zur Verfügung. In Kapitel 14 werden wir uns mit diesem Programm ausführlicher beschäftigen.

Erinnerungen: Dieses Symbol zeigt ein kleines Programm zur Verwaltung Ihrer Aufgaben. Mit *Erinnerungen* lassen sich Aufgaben in verschiedenen Kategorien verwalten und nach Datum sortieren. Der Witz: Das Programm kann Sie in Abhängigkeit von dem Ort, an dem Sie sich befinden, an bestimmte Aufgaben erinnern, was ganz reizvoll ist, wenn Sie mit einem mobilen Mac unterwegs sind. Mehr zu diesem kleinen, aber nützlichen Programm erfahren Sie in Kapitel 14.

Kapitel 1 Grundlagen

Karten: Mit diesem Programm ist jeder Ort der Welt nur einen Mausklick entfernt. *Karten* stellt nicht nur die üblichen Stadt- und Straßenkarten bereit, sondern zeigt Ihnen auch die ganze Welt aus der Vogelperspektive in zum Teil atemberaubenden Satellitenaufnahmen und 3D-Darstellungen. Außerdem dient es Ihnen als Routenplaner. *Karten* lernen Sie in Kapitel 11 kennen.

Fotos: Mit *Fotos* verwalten Sie Ihre digitalen Bilder auf dem Mac. Fotos importiert Bilder von digitalen Kameras, iPhone und iPad. Sie können Ihre Bilder in Alben und Ordnern sortieren, bearbeiten und natürlich auch exportieren. Daneben bietet Fotos die Möglichkeit, aus Ihren Bildern Diashows, Fotokalender, Bücher oder Grußkarten zu erzeugen. Mit diesem Programm beschäftigen wir uns in Kapitel 12.

Nachrichten: Mit dem Programm *Nachrichten* bietet macOS Ihnen einen leistungsfähigen Chat-Client – und nicht nur das. Mit diesem Programm können Sie kostenlos Nachrichten zwischen anderen Macs oder iOS-Geräten (iPhone, iPad und iPod touch) austauschen. Dazu wird übrigens die kostenlose Apple-ID benötigt. Und das ist noch nicht alles: Besitzen Sie ein iPhone, dann können Sie direkt vom Mac aus SMS via iPhone an beliebige Telefone verschicken. *Nachrichten* wird in Kapitel 15 vorgestellt.

FaceTime: Mit *FaceTime* können Sie kostenlose Audio- und Videotelefonate via Internet führen. Voraussetzung ist allerdings, dass Ihr Gesprächspartner ebenfalls ein FaceTime-fähiges Gerät benutzt. Neben einem Mac sind dies die iOS-Geräte (iPhone, iPad, iPod touch). Auch *FaceTime* setzt eine Apple-ID voraus. *FaceTime* wird in Kapitel 15 ausführlich vorgestellt.

iTunes: Ursprünglich war *iTunes* ein Programm zur Verwaltung und Wiedergabe digitaler Musik (worauf die Noten im Programmsymbol hinweisen). Heute ist es das Mediencenter von macOS, mit dem Sie Musik, Videos und Hörbücher verwalten. Zudem ist es der Zugang zum *iTunes Store* und steuert alle iOS-Geräte (also iPhone, iPad und iPod touch).

iBooks: Mit diesem Programm wird Ihr Mac zu einem E-Book-Reader, also zu einem Programm, mit dem Sie elektronische Bücher lesen und verwalten können. Das Programm unterstützt die beiden wichtigsten Formate ePub und PDF und bietet den direkten Zugang zu Apples digitaler Buchhandlung, dem *iBooks Store*. Das Programm lernen Sie in Kapitel 13 kennen.

App Store: Über den *App Store* laden Sie Programme für Ihren Mac. Der Name ist eine Kurzform für die englische Bezeichnung „Application Store", die sich mit „Kaufhaus für Applikationen" bzw. „Kaufhaus für Programme" übersetzen lässt. Der *App Store* ist nicht der einzige, aber der komfortabelste Weg, um neue Programme für Ihren Mac zu bekommen. Der *App Store* selbst wird in Kapitel 4 ausführlich vorgestellt.

Systemeinstellungen: Dies ist die Steuerzentrale Ihres Macs, in der Sie sämtliche systemnahen Einstellungen vornehmen. Unter Windows entspricht den Systemeinstellungen die Systemsteuerung. Wegen seiner zentralen Bedeutung finden Sie das Programm standardmäßig nicht nur als Symbol im Dock, sondern ebenfalls immer fest verankert im Systemmenü, das Sie mit einem Klick auf das Apple-Logo oben links aufrufen. Die Systemeinstellungen werden Ihnen in diesem Buch immer wieder begegnen. Im 17. Kapitel werden sie im Überblick vorgestellt.

Papierkorb: Auf der rechten Seite des Docks finden Sie noch zwei weitere Symbole. Das erste zeigt den aktuellen Inhalt des *Downloads*-Ordners. Dabei handelt es sich um Stapel bzw. Stacks, mit denen wir uns in Kapitel 5 ausführlicher beschäftigen. Das Symbol rechts außen ist der Papierkorb, der immer unverrückbar an dieser Stelle zu finden ist. Der Papierkorb ist gewissermaßen das Zwischenlager für Dateien und Dokumente, die Sie gelöscht, aber noch nicht endgültig von der Festplatte entfernt haben. Der Papierkorb ist im Grunde eine Funktion des Finders. Sie lernen ihn im dritten Kapitel kennen.

Die Tastatur des Macs

Die Tastatur des Macs sieht auf den ersten Blick so aus wie jede andere Computertastatur auch. Falls Sie von Windows zum Mac wechseln, werden Sie allerdings doch einige Unterschiede zu einer normalen Windows-Tastatur erkennen, die bei Umsteigern erfahrungsgemäß für einige Verwirrung sorgen. Denn hier finden Sie nicht die von einer Standard-PC-Tastatur her gewohnten Aufdrucke, und es ist zum Beispiel auch nicht zu erkennen, wie man einen Klammeraffen @ oder eckige Klammern [ ] eingibt.

Kapitel 1 Grundlagen

Die Sondertasten

Wie genau Ihre Tastatur beschriftet ist, hängt ein wenig davon ab, mit welchem Mac Sie arbeiten, da Apple die Beschriftung der Sondertasten im Laufe der Zeit immer wieder ein wenig geändert hat. Ein etwas älteres MacBook hat ein geringfügig anderes Tastaturlayout als ein moderner iMac, und die (kleine) Bluetooth-Tastatur, die standardmäßig zum iMac gehört, sieht ein wenig anders aus als die große Tastatur, die man auf Wunsch geliefert bekommt.

Doch die Unterschiede im Detail sollen uns hier nicht weiter irritieren, denn die Sondertasten *fn*, *ctrl*, *alt* und *cmd* der Apple-Tastatur haben im Laufe der Zeit zwar ihre Beschriftung geändert, nicht aber ihre Funktion. Hierbei handelt es sich um „Modifier Keys". Das sind Tasten, die allein keine Funktion haben und erst in Kombination mit anderen Tasten oder Mausklicks Wirkung zeigen.

Die Sondertasten der Mac-Tastatur haben im Laufe der Zeit ihre Beschriftung geändert, nicht aber ihre Funktion. Von zentraler Bedeutung sind hier vor allem die Befehlstaste ❶ *und die Wahltaste* ❷*. (Foto: Apple)*

❶ *Die Befehlstaste:* Die wohl wichtigste Taste ist die Command- oder Befehlstaste. Sie finden sie links und rechts neben der Leertaste. Beschriftet ist sie mit der Abkürzung „cmd" oder dem Wort „command". Diese Taste wird in Apples Dokumentation und in den Menüs von macOS durch das Kleeblatt ⌘ wiedergegeben. Sie erfüllt unter macOS häufig – aber nicht immer – die Funktion, die unter Windows die *Strg*-Taste besitzt. Während Sie zum Beispiel unter Windows mit *Strg + C*, *Strg + X* und *Strg + V* ein Objekt kopieren, ausschneiden und einfügen, benutzen Sie dafür unter macOS *cmd + C*, *cmd + X* und *cmd + V*. Sie werden schnell feststellen, dass die Befehlstaste ihren Namen zu Recht trägt. Denn sie dient dazu, bestimmte Aktionen auszuführen, also Kommandos an das Betriebssystem zu übermitteln. Sie wird bei praktisch allen Tastenkürzeln benötigt, mit denen man Programme oder macOS steuert.

❷ *Die Wahltaste:* Neben der Befehlstaste liegt die „alt"- oder „option"-Taste, die in der deutschen Dokumentation „Wahltaste" genannt wird. Auf Mac-Tastaturen finden Sie hier (neben dem Text „alt" oder „option") das Zeichen ⌥, mit dem diese Taste in Dokumentationen und den Menüs von macOS üblicherweise abgekürzt wird. Wie der Name schon andeutet, sorgt diese Taste dafür, dass Menüs andere Optionen bieten oder dass zu einer alternativen Tastenbelegung gewechselt wird.

❸ *Control-Taste:* Neben der *alt*-Taste liegt die „ctrl"- oder „control"-Taste, deren Darstellung traditionell das ∧-Zeichen ist. Das ist ein sogenannter „Up Arrowhead", kann aber leicht mit dem Zirkumflex oder Caret (wie etwa in *â*) verwechselt werden. Den Zirkumflex geben Sie über die Taste links neben der *1* ein. Um diese Verwechslung zu vermeiden, wird die Taste in diesem Buch mit ihrer Beschriftung, also mit *ctrl*, bezeichnet. Anders als ihr scheinbares Windows-Pendant, die *Strg*-Taste, spielt sie beim Mac eine eher untergeordnete Rolle. Sie wird mitunter bei Tastenkürzeln benutzt, ansonsten werden Sie sie wohl erst dann wirklich benötigen, wenn Sie in den Unix-Keller von macOS hinabsteigen.

❹ *Die Funktionstaste:* Mit der Taste *fn* schalten Sie die Belegung der Funktionstasten um. Standardmäßig werden diese Tasten zur Systemsteuerung benutzt. So können Sie etwa mit *F1* und *F2* die Helligkeit regulieren, mit den Tasten *F7* bis *F12* steuern Sie die Musikwiedergabe und die Lautstärke. Drückt man diese Tasten allerdings zusammen mit *fn*, registriert macOS den Tastendruck als Funktionstaste, also etwa als *F1/F2* und nicht als „Helligkeit vermindern/erhöhen".

❺ *Die Auswurftaste:* Apple setzt in seinen Computern ausschließlich sogenannte „Slot In"-DVD-Laufwerke ein. Dabei wird die DVD bzw. CD in einen seitlichen Schlitz geschoben und verschwindet völlig im Gehäuse. Einen Auswurfknopf oder einen herausfahrbaren Schlitten gibt es hier nicht. Da fragt man sich natürlich, wie man die DVD wieder herausbekommt. Ganz einfach: Drücken Sie auf diese Taste. Bei modernen Macs kann diese Taste zum Ausschalten oder zum Aktivieren des Ruhezustands im Zusammenhang mit den Tasten *cmd*, *alt* und *Shift* verwendet werden.

Blättern und springen

Die Standardtastatur von Apple ist so groß wie die MacBook-Tastatur und bietet wie diese keinen eigenen Ziffernblock. Das fällt in der Regel nicht weiter ins Gewicht, aber man muss hier auch auf die Tasten zum seitenweisen Blättern (Page Up, Page Down) in Dokumenten ebenso verzichten wie auf die Tasten, um an den Anfang (Home) oder das Ende (End) eines Dokuments zu springen.

Doch keine Sorge, diese Funktionen können Sie mit einer Tastenkombination realisieren. Seitenweise blättern Sie mit *fn + Pfeil nach oben* und *fn + Pfeil nach unten*, mit *fn + Pfeil nach links* und *fn + Pfeil nach rechts* springen Sie zum Anfang bzw. Ende eines Dokuments.

Kapitel 1 Grundlagen

Die Maus, das Trackpad und die rechte Maustaste

Die MacBooks bieten als Eingabegerät unterhalb der Tastatur ein großes Trackpad. Beim iMac haben Sie die Wahl zwischen der Magic Mouse und einem externen Magic Trackpad. (Falls Sie es noch nicht bemerkt haben: Apple hat eine unübersehbare Vorliebe für das Wort „Magic".)

Gemeinsam ist Trackpad und Maus, dass sie nicht die von normalen Notebooks bzw. PCs her gewohnten Tasten, sondern nur eine glatte, berührungsempfindliche Fläche bieten. Der Trick: Das gesamte Eingabegerät ist eine Taste.

Die berührungsempfindliche Fläche kann bei der Berührung mehrere Finger unterscheiden und daher etwa auf Wischgesten mit zwei Fingern anders reagieren als auf solche mit drei oder vier Fingern und auf einen Tipp mit einem Finger anders als auf einen Tipp mit zwei Fingern. Diese Oberfläche wird von Apple daher als „Multi-Touch" bezeichnet.

Sprachgebrauch in diesem Buch: Auch wenn bei vielen modernen Macs die Maus wohl fast völlig vom Multitouch Trackpad verdrängt wurde, es also keine Maus und keinen Klick mehr gibt, halte ich in diesem Buch am gewohnten Sprachgebrauch „Maus", „Mausklick" und „klicken" fest.

Gestensteuerung

macOS ist auf Gestensteuerung – also Wischbewegungen mit den Fingern – ausgelegt. Beim Trackpad erzeugen Sie diese Gesten, indem Sie mit zwei, drei oder vier Fingern über das Trackpad wischen. Bei der Magic Mouse können Sie mit den Fingern über die Oberfläche streichen, um bestimmte Aktionen auszulösen. Allerdings sind hier die Möglichkeiten durch die begrenzte Oberfläche eingeschränkt.

Einstellungen: Wie das Trackpad bzw. die Magic Mouse auf bestimmte Gesten reagieren soll, legen Sie in den Systemeinstellungen fest. Wir werden uns in Kapitel 17 ausführlicher damit beschäftigen.

- *Mauszeiger:* Mit der Magic Mouse steuern Sie den Mauszeiger wie gewohnt durch eine Bewegung der Maus selbst. Beim Trackpad wischen Sie dazu mit dem Finger über die Oberfläche.
- *Mausklick:* Ein Druck auf das Trackpad bzw. die Magic Mouse entspricht einem Klick mit der linken Maustaste. Sie können beim Trackpad einen Klick auch durch einen Tipp ersetzen.

- *Rechte Maustaste:* Wie Sie einen Klick mit der rechten Maustaste (den sogenannten Sekundärklick) ausführen, hängt vom Eingabegerät ab. Bei einer Maus halten Sie dazu beim Mausklick die *ctrl*-Taste gedrückt, beim Trackpad drücken Sie mit zwei Fingern auf die Oberfläche. Auch diese Einstellung kann angepasst werden.
- *Scrollrad:* Damit Sie sich schnell in einem Dokument bewegen können, bietet eine normale PC-Maus ein Scrollrad. Bei der Magic Mouse tritt an die Stelle des Scrollrades eine Wischbewegung mit einem Finger; beim Trackpad benutzen Sie dazu zwei Finger.

Trackpad-Tricks

Ein Trackpad ist mehr als nur ein Mausersatz, es bietet auch neue Steuerungsmöglichkeiten, die ein wenig Gewöhnung brauchen, sich aber in der Praxis als sehr hilfreich erweisen können.

So können Sie etwa den Inhalt eines Fensters (also zum Beispiel ein Foto, eine Webseite oder ein Dokument) mit zwei Fingern vergrößern bzw. verkleinern. Setzen Sie dazu zwei Finger auf das Trackpad, und ziehen Sie diese auseinander bzw. zusammen. Mit einer Wischbewegung mit zwei Fingern navigieren Sie in einem Programm, blättern also zum Beispiel im Webbrowser durch die bislang aufgerufenen Webseiten, in einem Fotoprogramm durch die verschiedenen Bilder oder scrollen in einem Dokument nach oben bzw. unten.

Wischen Sie mit drei Fingern nach oben, rufen Sie unter macOS „Mission Control" auf; ein Wischen mit drei Fingern nach links oder rechts wechselt den „Space" (was das genau ist, erfahren Sie in Kapitel 5). Bei einem frisch installierten macOS gibt es dergleichen noch nicht, aber keine Sorge, das werden wir ändern. Ziehen Sie vier Finger auf dem Trackpad zusammen (also etwa Daumen, Zeige-, Mittel- und Ringfinger), starten Sie das „Launchpad" (dazu mehr in Kapitel 4). Schieben Sie vier Finger auseinander, verschwinden alle geöffneten Fenster, und Sie haben freien Blick auf den Schreibtisch. Diese (und andere Gesten) können Sie in der Systemsteuerung anpassen (wie das geht, erfahren Sie in Kapitel 17).

> **Scrollrichtung:** Vermutlich ist es Ihnen schon aufgefallen: Beim Scrollen durch ein Dokument hat Apple die Richtung geändert. Unter Windows und Linux gibt die Scrollrichtung das Ziel im Dokument an. Bewegen Sie das Scrollrad einer Maus nach unten, wird der Inhalt des aktuellen Fensters nach oben geschoben. Bei macOS ist das genau umgekehrt, hier folgt der Fensterinhalt der Scrollrichtung, ganz so, als würden Sie ihn direkt mit dem Finger verschieben. Ziehen Sie etwa auf dem Trackpad zwei Finger nach unten, dann ziehen Sie auch den Fensterinhalt nach unten – Sie bewegen sich in dem Dokument also nach oben. Das kann anfangs etwas verwirrend sein, aber nach kurzer Zeit ist es eine völlig natürliche Art, sich in Dokumenten zu bewegen (weshalb Apple hier auch von „natürlicher Scrollrichtung" spricht). Wenn Sie sich partout nicht daran gewöhnen können, lässt sich die Scrollrichtung in den Systemeinstellungen ändern (dazu folgt mehr in Kapitel 17).

Kapitel 1 Grundlagen

MacBook Pro mit Touch Bar und Touch ID

Touch Bar – generelle Funktionalität

Die Touch Bar ist eine Multitouch-Leiste, die sich oberhalb der Tastatur befindet und die herkömmlichen Funktionstasten ersetzt. Sie besteht aus einem Display mit 2170×60 Pixeln, das aufgrund der verwendeten OLED-Technologie auch farbige Informationen darstellen kann. Auf der rechten Seite wird die Touch Bar durch die Touch ID (den Fingerabdrucksensor) ergänzt.

> Die Anzeige der Touch Bar wird nach 60 Sekunden automatisch gedimmt und nach weiteren 15 Sekunden komplett abgeschaltet. Tippen Sie auf das Trackpad, auf eine Taste der Tastatur oder auf die Touch Bar, um sie zu reaktivieren.

Die Touch Bar zeigt je nach verwendeter App kontextabhängige Funktionen an. Verantwortlich für die korrekte Anzeige ist der sogenannte T1-Chip, der beim neuen MacBook Pro in den 13- bzw. 15-Zoll-Modellen verbaut ist. Dieser Chip reagiert extrem schnell: Wenn Sie über das Launchpad oder via *cmd + Tab* zu einer anderen App wechseln, wird die Touch Bar zeitgleich aktualisiert. Damit stehen Ihnen also stets wichtige Funktionen des verwendeten Programms sofort wieder zur Verfügung.

Die Touch Bar besteht eigentlich aus drei Bereichen: Ganz rechts finden Sie die Kontrollleiste, im mittleren Bereich die App-Steuerungen (hier die App „Kalender") und ganz links Systemfunktionen. Dort ist im Regelfall auch die „esc"-Taste zu finden.

Die Kontrollleiste können Sie durch Antippen ❶ aufklappen und so auf weitere Details zu greifen. Über ❷ werden die Details wieder zugeklappt.

Übrigens: Sie können natürlich jederzeit – also in jeder App und auch im Finder – durch Drücken der *fn*-Taste die Funktionstasten zum Vorschein bringen.

Durch Betätigen der „fn"-Taste erscheinen jederzeit die altbekannten und nützlichen Funktionstasten.

 Möchten Sie in bestimmten Apps die Funktionstasten permanent sehen, dann können Sie dies natürlich einstellen: **Systemeinstellungen –> Tastatur –> Kurzbefehle**. Wählen Sie dort **Funktionstasten** aus. Über die Plus-Taste darunter wählen Sie die Apps aus, die lediglich Funktionstasten in der Touch-Bar-Leiste anzeigen sollen.

Außerdem können Sie im Bereich *Tastatur* sowohl die Touch Bar als auch die fn-Taste noch feinjustieren. Entscheiden Sie sich bei *Touch Bar zeigt* ❶ zwischen diesen drei Alternativen:
  a) *App-Steuerungen mit Kontrollleiste:* Das ist die Standardeinstellung. Sie erzeugt die vorhin erwähnte Dreiteilung der Touch Bar.
  b) *Erweiterte Kontrollleiste:* Damit bekommen Sie lediglich alle Kontrollleisten-Funktionen (inkl. *esc*-Taste) und keine App-Funktionen zu Gesicht.
  c) *App-Steuerungen:* Hiermit wird die Kontrollleiste einfach ausgeblendet.

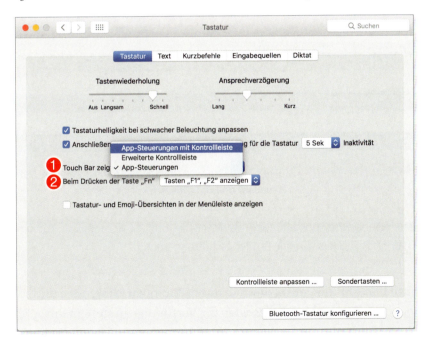

Unter „Systemeinstellungen –> Tastatur" gibt es einige Feineinstellungen.

Zusätzlich können Sie unter *Beim Drücken der Taste „Fn"* ❷ noch zwischen den Funktionstasten und der Kontrollleiste wählen. Natürlich müssen die Apps, die Sie auf dem Mac nutzen, mit der Touch-Bar-Funktionalität ausgestattet sein, damit Sie die *App-Steuerungen* auch verwenden können.

Apps, die die Touch Bar nicht unterstützen, zeigen im mittleren Bereich schlichtweg keine Funktionen an.

Hier ist eine kleine, unvollständige Liste von Apps, die bereits für die Verwendung der Touch Bar optimiert sind:

- Finder, Mail, Safari, Vorschau
- Kalender, Erinnerungen, Kontakte, Notizen, Karten, Rechner
- Nachrichten, FaceTime
- Fotos, iTunes, Vorschau
- iMovie, QuickTime Player, GarageBand, Final Cut Pro
- Keynote, Pages, Numbers
- 1Password, Sketch, Day One

Und natürlich ändert sich die Touch Bar innerhalb der Apps – eben abhängig davon, welche Funktionen Sie dort verwenden.

Die drei Bildschirmfotos zeigen die App „Pages" beim Editieren von Text, beim Modifizieren von Diagrammen und bei der Arbeit an und mit Tabellen.

> Da die **esc**-Taste nicht wie gewohnt bündig mit dem Tastaturblock darunter ist, können Sie die Taste auch dadurch erreichen, dass Sie links von der Tastenbeschriftung tippen.

Dabei zeigt die Touch Bar Funktionen an, die man durch Antippen verwenden und somit einsetzen kann. Die Touch Bar ist aber ebenfalls in der Lage, Regler zur Verfügung zu stellen, um z. B. die Lautstärke, die Bildschirmhelligkeit, die Farbe etc. einfach durch Streichen mit dem Finger auszuwählen.

Besonders elegant und zeitsparend ist die Verwendung von Reglern über die Touch Bar.

Tippen Sie beispielsweise auf den Button „Bildschirmhelligkeit", und halten Sie ihn gedrückt, um sofort über die Regler die Helligkeit zu justieren. Auch die Video- und Audiowiedergabe ist mit der Reglerfunktion einfach steuerbar. Haben Sie mehrere offene Videodateien, dann können Sie mit der Touch Bar wählen, welches Video Sie steuern möchten.

Die Touch-Bar-Funktionen können Sie im Bereich *Kontrollleiste* anpassen. Dazu navigieren Sie zu den *Systemeinstellungen –> Tastatur –> Kontrollleiste anpassen*.

Bewegen Sie einfach die gewünschte Funktion nach unten in die Touch Bar. Über den „Standardsatz" kommen Sie wieder zur ursprünglichen Einstellung zurück.

Sie haben maximal vier Funktionen zur Verfügung. Wählen Sie nun aus, welche vier Buttons in der *Kontrollleiste* erscheinen sollen. Wie auch beim Launchpad erkennen Sie am Wackelmodus, dass nun die Änderungen vorgenommen werden können. Sie können natürlich auch Icons entnehmen, um weniger als vier Funktionen dort erscheinen zu lassen.

Kapitel 1 Grundlagen

Auch die Funktionen der Touch Bar bei der Verwendung von Apps (hier Safari) können individualisiert werden.

 Haben Sie die App-Steuerungen aufgerufen und entsprechend konfiguriert, dann können Sie auch ganz einfach die Kontrollleistenfunktionen in der Touch Bar antippen, um auch diese gleich Ihren Bedürfnissen anzupassen. Tippen Sie wieder auf den App-Bereich, um zum Ausgangspunkt zurückzukehren.

Da die Touch-Bar-Funktionen hardwaregesteuert sind, können sie auch dann zum Einsatz kommen, wenn Sie mithilfe des Boot Camp-Assistenten eine Partition für Windows auf Ihrem Mac erstellt und eben Windows installiert haben. Über die Touch Bar können Sie nun ebenfalls die Lautstärke, die Bildschirmhelligkeit etc. regeln, während Sie beispielsweise gerade Windows 10 auf Ihrem Mac verwenden.

Möchten Sie ein Bildschirmfoto von der Touch Bar schießen (ab macOS 10.12.2), so nutzen Sie dazu die App *Bildschirmfoto* und verwenden im Menüpunkt *Fotos* den Eintrag *Touch Bar mit Selbstauslöser*. Alternativ können Sie auch die Tastenkombination *cmd + Shift + 6* verwenden bzw. *cmd + Shift + ctrl + 6*, um das Foto direkt in die Zwischenablage zu bringen. Diese Shortcuts können Sie natürlich nach Belieben ändern, wenn Sie in den *Systemeinstellungen –> Tastatur –> Kurzbefehle –> Bildschirmfotos* ansteuern.

Touch ID

Die Funktionalität von Touch ID ist Ihnen ja von den aktuellen iPhone- und iPad-Modellen hinlänglich bekannt. Über den Fingerabdrucksensor kann man sich authentifizieren und so die Passworteingabe ersparen. Nach einem Neustart des Computers muss einmalig das Passwort eingetippt werden. Darauf werden Sie aber auch hingewiesen.

Genauso funktioniert es auch am Mac unter macOS Sierra mit den neuen MacBook-Pro-Modellen. Wollen Sie beispielsweise eine neue App installieren, fragt der Finder Ihr Admin-Kennwort ab. Legen Sie nun einfach den Finger auf die Touch ID, anstatt das dafür notwendige Kennwort einzugeben.

Zusätzlich kann jeder Benutzer des Macs seinen eigenen Fingerabdruck hinterlegen und so direkt zu seinem Benutzeraccount wechseln, indem er seinen Finger auf den Sensor legt. Das funktioniert nicht nur im Anmeldefenster, sondern auch, wenn Benutzer A eingeloggt ist und nun Benutzer B die Touch ID verwendet. Sofort wird dann der Benutzerwechsel vollzogen.

Aber auch Apps wie z. B. *1Password* nutzen die Touch ID als alternative Methode der Zugangskontrolle. Während der Installation von macOS Sierra werden Sie bereits auf die Touch ID hingewiesen und können dort direkt Ihren Fingerabdruck einscannen. Falls Sie den Scan jedoch bei der Installation übersprungen haben, können Sie ihn jederzeit über *Systemeinstellungen –> Touch ID* nachholen und auch ändern. Wird ein neuer Benutzer (*Systemeinstellungen –> Benutzer*) definiert, so kann ebenfalls beim ersten Einloggen des neuen Anwenders direkt der Fingerabdruck für die Touch ID erstellt werden.

Pro Benutzeraccount können Sie bis zu drei Fingerabdrücke hinterlegen. Zudem können Sie angeben, wofür die Touch ID zum Einsatz kommen soll. Damit die Touch ID beim Einloggen funktioniert, muss die automatische Anmeldung (Systemeinstellungen –> Benutzer oder Sicherheit –> Allgemein) deaktiviert sind.

 In der Summe können Sie pro Computer maximal fünf Fingerabdrücke für alle Benutzeraccounts erzeugen.

Sie können nach dem erfolgreichen Einlesen Ihres Fingerabdrucks diesen auch benamen. Klicken Sie dazu auf „Finger 1" etc. und führen die Beschriftung durch. Ein Fingerabdruck kann auch wieder gelöscht werden: Bewegen Sie den Mauszeiger auf den den Fingerabdruck und entfernen diesen über das x.

Kapitel 1 Grundlagen

Ist der Fingerabdruck erfolgreich eingelesen worden, dann können Sie ihn in Zukunft als Passwortersatz nutzen.

Ihr Fingerabdruck kann ab sofort als Passwortersatz an verschiedensten Stellen zum Einsatz kommen.

Programme starten und beenden

Es gibt unter macOS verschiedene Wege, ein Programm zu starten (Sie werden sie alle in Kapitel 4 kennenlernen), aber am einfachsten geht es wohl über das Dock: Wenn Sie dort ein Symbol anklicken, wird das entsprechende Programm geöffnet.

Während des Ladevorgangs hüpft das Symbol auf und ab und signalisiert so, dass das Programm aktiv wird. Sobald das Programm gestartet ist, gibt das Symbol natürlich Ruhe und hüpft erst dann wieder kurz hoch, wenn das Programm im Hintergrund läuft und eine Eingabe von Ihnen erwartet.

Die Menüleiste

Klicken Sie einfach mal auf ein paar Symbole im Dock (eventuell auftauchende Abfragen oder Fehlermeldungen können Sie dabei getrost ignorieren). Achten Sie darauf, wie sich der Inhalt der Menüleiste ändert, je nachdem, welches Programm Sie gestartet haben. Um zu einem bestimmten Programm zu wechseln, klicken Sie auf das entsprechende Symbol im Dock.

	Finder	Ablage	Bearbeiten	Darstellung	Gehe zu	Fenster	Hilfe	
	Mail	Ablage	Bearbeiten	Darstellung	Postfach	E-Mail	Format	Fenster	Hilfe
	Safari	Ablage	Bearbeiten	Darstellung	Verlauf	Lesezeichen	Entwickler	Fenster	Hilfe
	Kontakte	Ablage	Bearbeiten	Darstellung	Visitenkarte	Fenster	Hilfe	
	Notizen	Ablage	Bearbeiten	Format	Fenster	Hilfe		
	iBooks	Ablage	Bearbeiten	Darstellung	Gehe zu	Store	Fenster	Hilfe

Je nach geöffnetem Programm ändert sich der Inhalt der Menüleiste, wobei die Standardeinträge (fast) immer in der gleichen Reihenfolge erscheinen.

 Nach einem Klick auf das Launchpad-Symbol (die Rakete) werden Sie feststellen, dass sich der komplette Bildschirm ändert – was das soll und wie Ihnen das Launchpad bei der Arbeit an Ihrem Mac hilft, erfahren Sie in Kapitel 4. Fürs Erste genügt es, einfach auf eine leere Stelle zu klicken oder die *esc*-Taste zu drücken, um das Launchpad wieder verschwinden zu lassen.

Das Launchpad bietet Ihnen eine schnelle Möglichkeit, auf alle installierten Programme zuzugreifen.

Kapitel 1 Grundlagen

Fenster schließen und Tabs

Wie bei jeder modernen Benutzeroberfläche werden alle Programme in Fenstern dargestellt. Wie von Windows gewohnt, können auch unter macOS viele Programme mehrere Fenster gleichzeitig öffnen. Das kann mitunter etwas unübersichtlich werden. Hier hilft es, die Fenster eines Programms in Tabs zusammenzufassen. In diesem Fall wird oben im Fenster eine Tableiste eingeblendet, über die Sie zwischen den verschiedenen Tabs wechseln können. Einen neuen Tab öffnen Sie fast immer über *Ablage –> Neuer Tab*. Schneller geht es über die Tastenkombination *cmd + T*. Um einen Tab zu schließen, zeigen Sie auf seinen Titel. Links wird nun ein kleines „x" eingeblendet, über das Sie den Tab schließen können. Es ist problemlos möglich, jederzeit zwischen der Darstellung in Tabs oder in einzelnen Fenstern zu wechseln. Um aus einem Tab ein eigenes Fenster zu machen, ziehen Sie den Tab aus der Tableiste auf den Schreibtisch. Um mehrere Fenster eines Programms zu einem Fenster mit Tabs zusammenzufassen, wählen Sie *Fenster –> Alle Fenster zusammenführen*. Ein Fenster schließen Sie mit einem Klick auf die rote Kugel links oder durch die Tastenkombination *cmd + W*.

 Alle Fenster schließen: Wenn ein Programm mehrere Fenster geöffnet hat, die Sie alle schließen möchten, dann halten Sie die **alt**-Taste gedrückt und klicken auf die rote Kugel.

Programme schließen

Anders als Sie es vermutlich von Windows her gewohnt sind, wird ein Programm nicht unbedingt geschlossen, wenn Sie alle Programmfenster schließen. Manche Programme bleiben auch dann im Hintergrund aktiv, wenn kein Fenster mehr geöffnet ist. Um ein Programm vollständig zu beenden, wählen Sie im Menü des Programms entweder *Beenden* oder drücken die Tastenkombination *cmd + Q* (Q steht für „quit", also „beenden").

Resume

Eine weitere Besonderheit von macOS ist das „Resume"-Feature. Wenn Sie ein Programm beenden, merkt es sich den aktuellen Zustand, also etwa welche Dokumente geöffnet sind, und stellt diesen Zustand beim erneuten Start wieder her. Sie können also exakt an der Stelle weiterarbeiten, an der Sie das Programm verlassen haben.

Die Fenster von macOS

Wie bei jedem gängigen Betriebssystem sind auch bei macOS die Fenster ein zentrales Element, um Inhalte aller Art anzuzeigen. Diese Fenster verhalten sich fast so, wie Sie es vielleicht von Windows her kennen, zeigen aber einige Besonderheiten.

Für den Anfang öffnen Sie einfach ein Finder-Fenster, indem Sie im Dock auf den Eintrag *Finder* klicken.

Ein typisches Fenster in macOS am Beispiel des Finders: Oben gibt es die kombinierte Titel- und Symbolleiste ❶. Viele Programme bieten eine Seitenleiste mit verschiedenen Kategorien ❷, deren Inhalt im Hauptfenster ❸ angezeigt wird. Über die farbigen Kugeln ❹ wird ein Fenster geschlossen, minimiert oder maximiert (was in der Regel heißt, dass das Fenster den kompletten Bildschirm belegt und die ansonsten unverrückbaren Elemente Menüleiste und Dock ausgeblendet werden).

Die Titelleiste

Ein Fenster bietet mindestens eine Titelzeile, in deren Mitte der Name des aktuellen Programms bzw. der Titel des aktuellen Fensterinhalts steht. Links sehen Sie (fast) immer drei bunte Kugeln, über die Sie ein Fenster schließen, verkleinern und zoomen.

- *Rote Kugel:* Mit einem Klick auf diese Kugel schließen Sie ein Fenster. Alternativ dazu können Sie auch *cmd + W* drücken. Anders als Sie es vielleicht von Windows her kennen, wird das dazugehörige Programm dabei mitunter nicht beendet, sondern steht im Hintergrund weiterhin bereit und wartet auf seinen nächsten Einsatz.

Kapitel 1 Grundlagen

- *Gelb:* Die mittlere Kugel hat die gleiche Funktion wie das linke Symbol bei Windows: Das aktive Fenster wird (mit einer netten Animation) verkleinert und im Dock abgelegt. Wenn Sie das lieber über die Tastatur erledigen, bitte sehr, das geht auch: *cmd + M* legt das Fenster im Dock ab.
- *Grün:* Mit einem Klick auf die rechte Kugel wird ein Fenster maximiert. Dabei nimmt es üblicherweise den kompletten Bildschirm ein: Menüleiste, Titelleiste und Dock werden ausgeblendet, und das Fenster belegt einen eigenen virtuellen Bildschirm, einen sogenannten Space (damit beschäftigen wir uns in Kapitel 5).
- *Doppelklick in die Titelleiste:* Mit einem Doppelklick in die Titelleiste wird das Fenster vergrößert. Was dabei genau passiert, hängt vom jeweiligen Programm ab. In den meisten Fällen führt dies zu einer annähernd bildschirmfüllenden Darstellung eines Fensters. Das Dock markiert dabei die untere Grenze eines Fensters, oben setzt die Menüleiste allen Ausdehnungen ein Ende. Mit einem erneuten Doppelklick in die Titelleiste kehren Sie zur vorherigen Darstellung zurück. Sie können den Doppelklick aber auch zum Minimieren eines Fensters verwenden. Ändern Sie dazu die notwendige Einstellung bei *Systemeinstellungen –> Dock*.

Die Symbolleiste

Viele Programmfenster bieten (wie hier im Beispiel der Finder) unterhalb der Titelzeile eine Symbolleiste, über die verschiedene Funktionen per Mausklick erreichbar sind oder die Darstellung geändert werden kann.

Die Symbolleiste eines Programmfensters lässt sich jederzeit Ihren Wünschen anpassen.

Um eine Symbolleiste anzupassen, klicken Sie einmal rechts in die Leiste. Es öffnet sich das Kontextmenü der Symbolleiste, in dem Sie ihr Erscheinungsbild bestimmen können. Alternativ dazu können Sie auch *Darstellung –> Symbolleiste anpassen* wählen. Sie sehen nun die verschiedenen Symbole und ihre Funktion, die Sie in die Symbolleiste ziehen und dort ablegen können. Um ein Symbol zu entfernen, ziehen Sie es aus der Leiste heraus.

Die Symbolleiste eines Programms ist nicht in Stein gemeißelt, sondern kann von Ihnen geändert werden.

Skalieren/Verschieben

Anders als unter Windows besitzen die Fenster unter macOS keinen Rahmen, doch genau wie bei Windows können Sie ein Fenster mit dem Mauszeiger am Rand oder an den Ecken anfassen, um es mit gedrückter Maustaste zu skalieren. Möchten Sie es bewegen, klicken Sie in die Titelzeile oder (falls vorhanden) in die Symbolleiste und verschieben es mit ebenfalls gedrückter Maustaste.

Die Statusleiste

Manche Programmfenster können um eine untere Statuszeile ergänzt werden, in der sich weitere Informationen finden. Diese Leiste ist häufig ausgeblendet. Um sie anzuzeigen, wählen Sie *Darstellung –> Statusleiste einblenden*. Sie können ein Fenster mit der Maus auch in der Statusleiste anfassen und verschieben.

Die Rollbalken

Auf den ersten Blick scheint ein Fenster unter macOS keine Rollbalken bzw. Scrollbars zu besitzen. Doch das täuscht. Die Balken werden abhängig vom angeschlossenen Eingabegerät ein- bzw. ausgeblendet.

Kapitel 1 Grundlagen

Ein Rollbalken besteht unter macOS aus einer relativ dünnen, grauen Linie, die in Abhängigkeit vom angeschlossenen Eingabegerät ein- bzw. ausgeblendet wird. Klicken Sie mit der Maus auf die Linie, wird sie etwas breiter dargestellt.

- Bei einem Touch-Interface, wie einem Trackpad oder der Magic Mouse, erscheint ein Rollbalken dann, wenn Sie im Dokument scrollen (also mit dem Finger bzw. den Fingern nach links, rechts, oben oder unten wischen).
- Bei anderen Eingabegeräten sind die Rollbalken immer sichtbar.

Wie macOS Rollbalken anzeigen soll, können Sie in den Systemeinstellungen festlegen (mehr dazu lesen Sie in Kapitel 17).

Paletten

Eine Sonderform der Fenster sind die Paletten, über die manche Programme Einstellungen und Informationen zum aktuellen Dokument einblenden. Im Unterschied zu normalen Fenstern lassen sich Paletten nicht skalieren oder minimieren, sind immer im Vordergrund und können allenfalls von anderen Paletten überdeckt werden.

Paletten lassen sich nicht über die Tastatur schließen, sondern nur über einen Klick auf die rote Murmel. Sie tauchen in der Programm- bzw. Fensterübersicht nicht auf, und sie lassen sich auch nicht in einen anderen Space verschieben (was es damit auf sich hat, erfahren Sie in Kapitel 5). Paletten erkennen Sie an den kleineren Farbmurmeln und an den rechtwinkligen, nicht abgerundeten Ecken sowie an der schmaleren Titel- und Symbolleiste.

Paletten ❶ haben im Vergleich zu einem Standardfenster ❷ etwas kleinere Farbmurmeln, keine abgerundeten Ecken und eine deutlich schmalere Titelleiste. Symbolleisten können bei Paletten ebenfalls auftauchen, sind aber eher die Ausnahme.

Die wichtigsten Tastenkürzel des Macs

Praktisch alle Operationen am Mac werden mit der Maus bzw. dem Touchpad ausgeführt. Doch das heißt nicht, dass Sie Ihren Mac nicht auch über die Tastatur steuern könnten. Die Tastenkürzel lassen sich anpassen und auch um neue Aktionen erweitern, doch mit dieser fortgeschrittenen Arbeitstechnik beschäftigen wir uns erst in Kapitel 17.

Kürzel	Aktion
cmd + A	Alles markieren
cmd + C	Das markierte Objekt in die Zwischenablage kopieren
cmd + X	Das markierte Objekt ausschneiden und in die Zwischenablage kopieren
cmd + V	Den Inhalt der Zwischenablage einfügen
alt + cmd + V	Eine kopierte Datei im Finder verschieben (Im Finder gibt es kein Ausschneiden.)
cmd + D	Eine Datei im Finder duplizieren
cmd + F	Suchen („Finden")
cmd + G	Mit dem eingegebenen Suchbegriff weitersuchen
cmd + H	Ein Programm samt allen Fenstern ausblenden
cmd + I	Informationen zum markierten Objekt einblenden
cmd + M	Ein Fenster verkleinern und im Dock ablegen
cmd + N	Ein neues Fenster oder Dokument öffnen
cmd + O	Datei öffnen
cmd + P	Das aktuelle Dokument drucken
cmd + S	Die aktuelle Version eines Dokuments speichern
cmd + T	Einen neuen Tab öffnen
cmd + <	Zwischen den Fenstern eines Programms wechseln
cmd + W	Das aktive Fenster/den aktiven Tab schließen (ohne das Programm zu beenden)
cmd + Q	Das aktive Programm beenden
cmd + Z	Die letzte Aktion rückgängig machen
cmd + Tab	Zwischen geöffneten Programmen wechseln
ctrl + Tab	Zwischen den Tabs eines Fensters wechseln
cmd + Backspace	Markierten Eintrag im Finder löschen

Kapitel 1 Grundlagen

Die wichtigsten Kürzel für Sonderzeichen

Anders als Sie es vielleicht von Windows her gewohnt sind, finden Sie auf der Tastatur des Macs so gut wie keine Sonderzeichen aufgedruckt, und es ist auf Anhieb nicht erkennbar, wie man ein Sonderzeichen (wie etwa die eckigen Klammern [ ] oder eine Tilde ~) eingibt. Der Grund: Anders als unter Windows sind alle Tasten beim Mac drei- oder gar vierfach belegt. Mit entsprechenden Tastenkombinationen lassen sich dann jede Menge Sonderzeichen eingeben, für die Sie unter Windows eher komplizierte Tastencodes eingeben müssen.

Zeichen	Tastenkürzel
[ ]	**alt + 5** bzw. **alt + 6**
{ }	**alt + 8** bzw. **alt + 9**
„ "	**alt + ^** (Zirkumflex) bzw. **alt + 2**
» «	**Shift + alt + Q** bzw. **alt + Q**
€	**alt + E**
@	**alt + L**
~	**alt + N**
|	**alt + 7**
\	**Shift + alt + 7**
…	**alt + .** (Auslassungszeichen, auch Ellipse genannt)
–	**alt + -** (Bindestrich, im Unterschied zum Minuszeichen)
	Shift + alt + + (Das Apple-Logo darf natürlich nicht fehlen.)

Für nur € 4,50 können Sie ein sehr nützliches Buch erwerben, in dem Sie zahlreiche Shortcuts von macOS und dessen Apps kennenlernen können. (ISBN 978-3-95431-046-3)

Der Beachball

Apple baut sehr schnelle Computer und legt Wert darauf, moderne Prozessoren zu benutzen. Entsprechend zügig und schnell reagiert macOS auf Benutzereingaben, Mausklicks und Ähnliches. Aber natürlich gibt es auch beim Mac immer wieder Situationen, in denen das System oder eine bestimmte Applikation beim besten Willen nicht in der Lage ist, auf den Menschen vor dem Monitor zu reagieren und eine Zeit lang mit sich selbst beschäftigt bleibt.

In diesem Fall verwandelt sich der Mauszeiger in einen sich drehenden bunten Ball. Dieser Ball heißt offiziell „Spinnig Wait Cursor", was sich ungefähr mit „drehender Wartezeiger" übersetzen lässt; unter den Anwendern hat sich der Name „Beachball" eingebürgert.

Wenn Sie diesen Ball sehen, bittet das System Sie um etwas Geduld. Sobald es sich wieder um Sie kümmern kann, wird aus dem Beachball ein normaler Mauszeiger.

Kapitel 1 Grundlagen

Kapitel 2

Apple-ID, iCloud, Accounts und die Mitteilungszentrale

Kapitel 2 Apple-ID, iCloud, Accounts und die Mitteilungszentrale

macOS besitzt eine Reihe von zentralen Einstellungen, die für verschiedene Programme und Funktionen auf dem Mac von Bedeutung sind. Dazu gehören etwa die Mitteilungszentrale, die „Handoff"-Funktion, die „Allgemeine Zwischenablage", iCloud oder die Apple-ID. In diesem Kapitel stelle ich Ihnen die wichtigsten dieser Einstellungen vor.

Die Apple-ID

Wie im ersten Kapitel erwähnt, ist die Apple-ID eine E-Mail-Adresse, die zusammen mit Ihrem Namen und Ihrer Anschrift bei Apple registriert ist. Diese ID wird für die verschiedensten Dienste und Angebote von Apple benötigt, zum Beispiel für die Telefonate mit FaceTime, für Einkäufe oder Downloads im App Store bzw. im iTunes Store, für die Nachrichten und einiges mehr.

Apple-ID anlegen

Falls Sie nicht bereits bei der Konfiguration Ihres Macs eine Apple-ID angelegt haben, können Sie dies jederzeit nachholen. Um eine Apple-ID anzulegen, müssen Sie online sein. Es gibt verschiedene Möglichkeiten, eine Apple-ID anzulegen; am einfachsten geht es wohl über den App Store.

Klicken Sie also auf das App-Store-Symbol im Dock, oder wählen Sie *Apfel-Menü –> App Store*. Klicken Sie in der Menüleiste auf *Store* und anschließend auf *Account erstellen*.

 Der Klammeraffe: Bei der Eingabe Ihrer E-Mail-Adresse benötigen Sie den „Klammeraffen", also das At-Zeichen @. Das erzeugen Sie auf der Mac-Tastatur mit **alt + L**.

Eine Apple-ID können Sie jederzeit über den App Store erstellen.

iCloud

Schon bei der Konfiguration Ihres Macs werden Sie dazu aufgefordert, einen kostenlosen iCloud-Account anzulegen. Falls Sie das noch nicht getan haben, sollten Sie es nun nachholen. Zwar müssen Sie iCloud nicht zwingend benutzen, um mit Ihrem Mac arbeiten zu können, doch iCloud erweitert die Fähigkeiten Ihres Macs ganz ungemein – und ohne iCloud bleiben Ihnen viele Möglichkeiten von macOS verschlossen.

Das ist iCloud

Mit iCloud bietet Apple einen kostenlosen Onlinedienst, über den Sie Ihre Daten zwischen verschiedenen Computern automatisch via Internet synchron halten können. Das funktioniert zwischen Macs, PCs und iOS-Geräten (iPhone, iPod touch, iPad).

Ändern Sie auf Ihrem Computer im Büro etwa einen Termin im Kalender, wird diese Änderung auch vom Mac daheim übernommen, ohne dass Sie sich darum kümmern müssen. Legen Sie unterwegs auf dem iPhone eine Notiz oder eine Erinnerung an, taucht diese dann automatisch auf Ihrem Mac auf.

Außerdem können Sie „in der Wolke" auch Dokumente und Dateien speichern. Arbeiten Sie etwa mit TextEdit, bietet Ihnen das Programm als Speicherort „iCloud" an. Das Dokument wird dann nicht mehr lokal auf Ihrem Computer, sondern auf den Servern von Apple abgelegt. Außerdem bietet Apple via iCloud auch kostenlose Office-Programme an, die Sie im Browser so benutzen können, als seien es regulär installierte Apps. Dazu gehören die Textverarbeitung *Pages*, die Tabellenkalkulation *Numbers* und das Präsentationsprogramm *Keynote*.

Standardmäßig bietet iCloud 5 GB Speicherplatz. Das reicht aus, wenn Sie via iCloud nur Ihre Mails, Kontakte, Notizen, Termine und Ähnliches synchron halten. Sobald Sie aber etwa die iCloud-Fotomediathek nutzen möchten, wird es eng. Wenn Sie mehr Speicherplatz benötigen, müssen Sie zahlen. 50 GB iCloud-Speicher kosten 99 Cent pro Monat, 200 GB schlagen mit 2,99 Euro im Monat zu Buche, für monatliche 9,99 Euro bekommen Sie 1 TB und satte 2 TB gibt es für 19,99 Euro im Monat (Stand: Oktober 2016).

Einen iCloud-Account anmelden

Falls Sie sich noch nicht für iCloud angemeldet haben, können Sie dies einfach in den Systemeinstellungen tun. Klicken Sie dazu unten im Dock auf *Systemeinstellungen* (das ist das Zahnrad-Symbol), oder wählen Sie *Apfel-Menü –> Systemeinstellungen*.

Hier klicken Sie nun auf das iCloud-Symbol und können sich jetzt mit Ihrer Apple-ID bei iCloud anmelden. Sollten Sie noch keine Apple-ID besitzen, klicken Sie auf *Apple-ID erstellen* und füllen die folgenden kurzen Dialoge aus. Sie können sich hier mit Ihrer E-Mail-Adresse anmelden oder eine kostenlose Adresse von Apple bekommen. Diese Adresse endet auf „@icloud.com".

Die Nutzung von iCloud ist kostenlos. Sie benötigen zur Anmeldung nicht mehr als Ihre Apple-ID.

iCloud im Browser

Sie müssen nicht zwingend an Ihrem eigenen Computer sitzen, um auf Ihre mit iCloud gespeicherten Daten zugreifen zu können. Dafür genügt auch ein normaler Webbrowser und ein Computer mit Internetzugang, etwa bei einem Bekannten oder im Internetcafé. Rufen Sie im Webbrowser die Adresse *www.icloud.com* auf, und melden Sie sich dort mit Ihrem iCloud-Account an. So können Sie praktisch mit jedem Computer auf Ihre Mails, Adressen, Termine und Kontakte zugreifen.

Die mit iCloud synchronisierten Daten sind auch über jeden Webbrowser verfügbar.

Vorsicht! Wenn Sie sich an einem fremden Computer mit Ihrem iCloud-Account angemeldet haben, denken Sie daran, sich zum Abschluss explizit abzumelden. Ansonsten haben alle anderen Benutzer des Computers nach Ihnen Zugriff auf Ihren iCloud-Account – und das möchten Sie ja nicht, oder?

Risiken von iCloud

Der Einsatz von iCloud ist außerordentlich praktisch und erleichtert die Arbeit mit dem Mac enorm (ganz besonders dann, wenn Sie mit mehr als einem Computer arbeiten oder neben einem Mac auch ein iPhone oder ein iPad besitzen).

Allerdings hat die Sache einen Haken: Alle Daten, die Sie bei iCloud speichern, liegen auf den Servern von Apple. Sie müssen also darauf vertrauen, dass Apple damit keinen Unfug treibt, sich um vernünftige Datensicherung kümmert und Hacker-Angriffen vorbaut.

Damit Privates privat bleibt: Auch für iCloud gilt die Faustregel, die für alle Onlinedienste gilt: Vertrauliche, persönliche und sensible Daten sollten Sie auf keinen Fall unverschlüsselt auf fremden Servern speichern – auch dann nicht, wenn die Server Apple gehören.

Wenn Sie sich intensiver mit der iCloud von Apple beschäftigen wollen, dann empfehle ich Ihnen das Buch „Apple-ID & iCloud – Mehr Sicherheit für Ihre Daten im Internet" aus dem amac-buch Verlag.

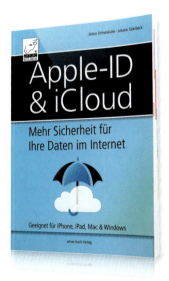

Im iCloud-Buch (ISBN 978-3-95431-034-0) finden Sie alle Raffinessen übersichtlich und klar erklärt.

Kapitel 2 Apple-ID, iCloud, Accounts und die Mitteilungszentrale

Accounts einrichten

Natürlich bietet nicht nur Apple einen Onlinedienst an, mit dem Sie Kontakte, Termine und Mails verwalten können, Ähnliches stellen Ihnen etwa auch Google, Microsoft oder Yahoo kostenlos zur Verfügung. Falls Sie in Ihrem Unternehmen mit Microsoft Exchange arbeiten, können Sie auch die darüber verfügbaren Daten mit Ihrem Mac abrufen.

Damit Sie die Accountdaten nicht bei jedem Programm – etwa *Mail*, *Kontakte* oder *Kalender* – erneut eingeben müssen, können Sie die Daten an zentraler Stelle eintragen, nämlich unter *Apfel-Menü –> Systemeinstellungen –> Internet-Accounts*.

Hier wählen Sie Ihren Anbieter aus – etwa Exchange, Google oder Yahoo – und tragen Ihre Accountdaten ein. Falls die Auswahl der verschiedenen Anbieter nicht angezeigt wird, klicken Sie unten links auf das Pluszeichen.

Sie können problemlos mehrere Accounts auf Ihrem Mac einrichten, etwa einen Google-Account, einen iCloud-Account und einen Mail-Account bei Ihrem Internetprovider.

Andere Accounts

Bei den namentlich aufgeführten Accounts nimmt macOS Ihnen die Konfiguration weitgehend ab; Sie müssen sich lediglich mit Ihrem Benutzernamen und Ihrem Passwort ausweisen. Falls Sie einen Account bei einem Anbieter benutzen möchten, den macOS von Haus nicht unterstützt, wählen Sie *Anderen Account hinzufügen*. Allerdings benötigen Sie hier in der Regel einige zusätzliche technische Angaben, die Sie von dem jeweiligen Anbieter erfahren.

Sobald der Account eingerichtet ist, legen Sie per Mausklick fest, welche Daten Sie benutzen möchten, zum Beispiel Ihre Mails von Google und Ihre Termine von Exchange. Die Daten tauchen dann automatisch in den entsprechenden Programmen auf – in unserem Beispiel also in *Mail* und *Kalender*. Von diesen Programmen aus haben Sie zudem jederzeit Zugriff auf Ihre Accounts und können sie individueller konfigurieren, als es über die zentrale Einrichtung in den Systemeinstellungen möglich ist.

Soziale Netzwerke: Bei den **Internet-Accounts** können Sie auch (falls vorhanden) Ihre Zugangsdaten für Twitter, Facebook, LinkedIn, Vimeo und Flickr eintragen. Dann ist es zum Beispiel möglich, aus Safari heraus einen Eintrag an Twitter zu schicken oder über das Programm **Vorschau** ein Foto bei Flickr hochzuladen.

Ihre Accounts bei Google, Microsoft, Yahoo und anderen Anbietern können Sie an zentraler Stelle in den Systemeinstellungen einrichten. Sie können beliebig viele Accounts verwalten. Die Auswahlseite zum Anlegen eines neuen Accounts erreichen Sie immer mit einem Klick auf das Pluszeichen.

Die Mitteilungszentrale

Die Mitteilungszentrale ist ein ständig aktiver Dienst, der im Hintergrund läuft und aktuelle Termine, Nachrichten, E-Mails, (verpasste) FaceTime-Anrufe, Erinnerungen und Ähnliches mehr sammelt. Hier können sich auch Programme anderer Hersteller eintragen und Sie etwa darüber informieren, dass eine Datei kopiert oder ein Download abgeschlossen ist.

Wird etwa ein Termin fällig oder trifft eine neue E-Mail ein, dann wird rechts oben ein Hinweis eingeblendet, der standardmäßig nach etwa fünf Sekunden wieder verschwindet. Gleichzeitig wird der Hinweis in die Mitteilungszentrale eingetragen.

Die Zentrale kann aber noch mehr. Haben Sie unter *Apfel-Menü –> Systemeinstellungen –> Internet-Accounts* etwa Ihre Zugangsdaten für Twitter oder Facebook eingetragen oder benutzen Sie Apples kostenloses Nachrichten-System, können Sie direkt aus der Mitteilungszentrale eine Nachricht bei Twitter & Co posten.

Kapitel 2 Apple-ID, iCloud, Accounts und die Mitteilungszentrale

Außerdem liefert Ihnen die Mitteilungszentrale den aktuellen Wetterbericht, die Aktienkurse oder schnellen Zugriff auf den Taschenrechner von macOS. Zudem können sich hier Programme anderer Anbieter eintragen und in der Zentrale Informationen und Funktionen bereitstellen.

Zentrale öffnen

Um die Mitteilungszentrale zu öffnen, klicken Sie oben rechts auf das Listensymbol ❶. Sie können die Zentrale auch durch eine Geste auf dem Trackpad öffnen. Wischen Sie dazu vom äußeren rechten Rand mit zwei Fingern nach links. Beim MacBook setzen Sie dabei etwas außerhalb des Trackpads an.

Die Mitteilungszentrale ist in zwei Bereiche geteilt: die Tagesansicht *Heute* ❷ und *Mitteilungen* ❸. Unter *Heute* werden alle aktuellen Informationen eingetragen, unter *Mitteilungen* finden Sie Hinweise auf E-Mails, Aktionen von Programmen und Ähnliches.

Die Mitteilungszentrale blenden Sie ein, indem Sie in der Menüleiste oben rechts auf das Listensymbol klicken.

Konfigurieren

Die Mitteilungszentrale lässt sich auf zwei Arten Ihren Wünschen anpassen:
- *Heute:* Bei *Heute* können Sie festlegen, welche Informationen Ihnen hier gezeigt werden sollen.
- *Mitteilungen:* Bei den *Mitteilungen* legen Sie fest, welche Programme Informationen in der Zentrale ablegen dürfen und wie macOS Sie darauf aufmerksam machen soll.

Welche Informationen Sie in der Mitteilungszentrale in welcher Reihenfolge sehen, bestimmen Sie.

Um *Heute* anzupassen, klicken Sie in der Mitteilungszentrale unten auf *Bearbeiten*. Nun können Sie mit einem Klick auf das rote Minuszeichen A Objekte aus der Zentrale entfernen, entsprechend fügen Sie sie mit einem Klick auf das grüne Pluszeichen B hinzu. Um die Reihenfolge der Objekte in *Heute* zu ändern, verschieben Sie sie, indem Sie auf die drei Striche C klicken und das Objekt an die gewünschte Position ziehen. Mit einem Klick auf *Fertig* D schließen Sie die Bearbeitung ab.

In den Systemeinstellungen legen Sie fest, ob und wie ein Programm die Mitteilungszentrale benutzen soll.

Kapitel 2 Apple-ID, iCloud, Accounts und die Mitteilungszentrale

Auf ähnliche Weise bestimmen Sie, wie ein Programm die Mitteilungszentrale nutzen soll. Klicken Sie dazu in der Mitteilungszentrale entweder auf das Zahnrad unten rechts oder rufen Sie *Apfel-Menü –> Systemeinstellungen –> Mitteilungen* auf. Hier wählen Sie das gewünschte Programm, etwa *Mail* ❶.

Es gibt zwei Hinweisstile: „Banner" ❷ und „Hinweise" ❸. Ein Banner wird für einige Sekunden angezeigt; ein Hinweis bleibt dagegen so lange auf dem Bildschirm stehen, bis Sie ihn explizit anklicken oder schließen. Neben den genannten Stilen kann ein Programm Sie auch noch auf andere Art über Neuigkeiten informieren, zum Beispiel durch einen Ton ❹ oder durch eine kleine Zahl am Programmsymbol ❺. Haben Sie zum Beispiel drei neue, ungelesene Mails in Ihrem Posteingang, erscheint eine kleine rote 3 am Symbol des Programms *Mail*. Sie können die verschiedenen Optionen nahezu beliebig kombinieren. Vergessen Sie zu guter letzt nicht, die Reihenfolge der Mitteilungen Ihren Bedürfnissen entsprechend anzupassen ❻.

Nachrichten, Wetter und mehr

Wenn Sie bei den Internetaccounts Ihre Twitter- oder Facebook-Daten hinterlegt haben, können Sie über die Mitteilungszentrale direkt Status-Updates an die sozialen Netzwerke schicken. Unterstützt wird hier natürlich auch Apples eigenes Nachrichten-System *iMessage*, mit dem wir uns in Kapitel 15 beschäftigen.

Öffnen Sie dazu die Mitteilungszentrale, und klicken Sie auf den gewünschten Dienst, etwa das Twitter-Symbol. Schreiben Sie Ihre Nachricht, und klicken Sie auf *Senden* – fertig!

Soziale Netzwerke in der Zentrale: Falls in der Zentrale die gewünschten sozialen Netzwerke nicht angezeigt werden, können Sie sie hinzufügen. Klicken Sie dazu in der Zentrale unter **Heute** auf **Bearbeiten** und anschließend bei **Sozial** auf das grüne Pluszeichen. Standardmäßig werden die Tasten für LinkedIn, Facebook, Twitter und Nachrichten eingeblendet. Wenn Sie die nicht alle benötigen – zum Beispiel, weil Sie zwar einen Twitter-, aber keinen LinkedIn-Account benutzen –, können Sie die überflüssigen Einträge entfernen. Klicken Sie dazu beim Eintrag **Sozial** auf das **i**, und entfernen Sie das Häkchen vor den entsprechenden Einträgen.

Falls Sie Twitter & Co in den Internetaccounts konfiguriert haben, können Sie direkt aus der Mitteilungszentrale eine Nachricht verschicken.

Die Tagesansicht bietet Ihnen auch einen Überblick über das aktuelle Wetter – und zwar von (fast) jeder beliebigen Stadt. Um bei *Wetter* eine Stadt hinzuzufügen oder eine Stadt aus der Vorschau zu entfernen, klicken Sie auf das *i* im Abschnitt *Wetter*. Nun können Sie über einen Klick auf das rote Minuszeichen ❶ eine Stadt entfernen, über das grüne Pluszeichen ❷ eine neue Stadt hinzufügen und über die drei Striche ❸ die Reihenfolge der Städte ändern. Es ist auch möglich, die Temperaturanzeige von Celsius auf Fahrenheit umzustellen ❹.

Die Wetter-Vorschau in der Tagesansicht der Mitteilungszentrale kann Ihnen das Wetter für beliebige Städte anzeigen.

Zu den Objekten, die Sie von Haus aus in die Tagesansicht einbinden können, gehört auch eine Weltzeituhr. Die fügen Sie über den *Bearbeiten*-Modus hinzu und können sie dann nach Wunsch anpassen. Standardmäßig zeigt die Uhr die Ortszeit von Apples Firmensitz Cupertino, aber das muss natürlich nicht so bleiben. Klicken Sie dazu in der Tagesansicht auf das *i* beim Eintrag *Weltzeituhr*. Über einen Klick auf das rote Minuszeichen Ⓐ bzw. auf *Hinzufügen* Ⓑ löschen Sie eine Stadt oder fügen eine neue hinzu. Die Reihenfolge der Uhren ändern Sie mit Drag & Drop: Klicken Sie eine Uhr an, und ziehen Sie sie an die gewünschte Position.

Mit macOS wissen Sie immer, was die Stunde geschlagen hat – weltweit.

Kapitel 2 Apple-ID, iCloud, Accounts und die Mitteilungszentrale

„Nicht stören"

So praktisch die Mitteilungszentrale auch ist – wenn Sie konzentriert an einem Projekt arbeiten, kann sie sich zu einem echten Störfaktor entwickeln. Doch keine Sorge, macOS bietet auch einen „Nicht stören"-Modus, in dem es Sie nicht mit Mitteilungen belästigt.

Um die Mitteilungszentrale vorübergehend auszuschalten, öffnen Sie sie mit einem Klick auf das Listensymbol und ziehen den Bildschirm mit zwei Fingern auf dem Trackpad nach unten. Nun wird ein Schalter *Nicht stören* angezeigt, über den Sie die Mitteilungszentrale deaktivieren können. Arbeiten Sie ohne Trackpad, schalten Sie die Zentrale am schnellsten aus, indem Sie das Listensymbol bei gedrückter *alt*-Taste anklicken.

Als Zeichen für die Aktivierung von „Nicht stören" wird das Listensymbol in der Menüleiste ausgegraut. Damit Sie beim nächsten Start Ihres Rechners nicht vergessen, den „Nicht stören"-Modus wieder zu deaktivieren, übernimmt macOS das automatisch für Sie.

Die Mitteilungszentrale lässt sich bis zum nächsten Tag vorübergehend ausschalten.

Die Aktivierung des „Nicht stören"-Modus lässt sich auch automatisieren. Öffnen Sie dazu *Apfel-Menü –> Systemeinstellungen –> Mitteilungen*, und klicken Sie hier auf *Nicht stören* ❶. Nun können Sie zum Beispiel festlegen, dass Ihr Mac in einem bestimmten Zeitraum ❷ keine Mitteilungen einblendet, wobei Sie für Anrufe auch Ausnahmen ❸ definieren können.

Der „Nicht stören"-Modus lässt sich in den Einstellungen auch automatisiert aktivieren.

Handoff: macOS im Verbund mit dem iPhone und dem iPad

Wenn Sie ein iPhone oder iPad besitzen, dann können Sie dank *Handoff* nahtlos zwischen Ihrem iOS-Gerät und Ihrem Mac wechseln. Ein einfaches Beispiel: Sie beginnen auf dem iPhone eine E-Mail und stellen dann fest, dass die Mail doch länger wird als gedacht – da tippt es sich auf dem Mac doch sehr viel leichter. Normalerweise müssen Sie nun auf dem iPhone die E-Mail als Entwurf speichern, auf dem Mac das Mail-Programm öffnen, einen Augenblick warten, bis der Entwurf vom iPhone an den Mail-Server und von diesem an Ihren Mac geschickt wird, und schließlich den Entwurf öffnen.

Mit *Handoff* wird das sehr viel einfacher. Denn nun erscheint das Mail-Symbol automatisch neben dem Dock. Klicken Sie es an, erscheint die auf dem iPhone begonnene Mail auf dem Mac und Sie können exakt an der Stelle weiterarbeiten, an der Sie auf dem iPhone aufgehört haben. Ähnliches gilt auch für Nachrichten. Sie können zum Beispiel auf dem Mac eine Nachricht beginnen und sie nahtlos auf dem iPhone weiterschreiben und verschicken. Die Daten werden dabei nicht auf irgendwelchen fernen Servern gespeichert, sondern via Bluetooth direkt zwischen iPhone/iPad und dem Mac ausgetauscht.

Damit *Handoff* funktioniert, müssen allerdings einige Voraussetzungen erfüllt sein:
1. Auf allen Geräten muss Bluetooth aktiviert sein (das ist standardmäßig der Fall) und die Geräte müssen sich im selben WLAN-Netzwerk befinden.

2. Der Mac muss Bluetooth 4.0 LE (LE = Low Energy) unterstützen. Das ist bei allen Macs ab 2012 und dem Mac Pro (2013) der Fall.
3. Das iOS-Gerät muss mindestens mit iOS 8 laufen und neueren Datums sein (was Sie daran erkennen, dass es einen Lightning-Adapter besitzt).
4. Sie müssen auf allen Geräten mit der gleichen Apple-ID angemeldet sein.
5. Sie müssen auf dem Mac unter *Apfel-Menü –> Systemeinstellungen -> Allgemein* den Punkt *Handoff zwischen diesem Mac und Ihren iCloud-Geräten erlauben* aktivieren, und am iPhone oder iPad in den *Einstellungen –> Allgemein –> Handoff* ebenfalls *Handoff* einschalten.

Aktuell wird *Handoff* nur von Apples Programmen wie *Mail*, *Safari*, *Nachrichten*, *Notizen* oder *Erinnerungen* unterstützt. Doch es ist nur eine Frage der Zeit, bis auch andere Anbieter diese Funktion nutzen werden.

> **Die allgemeine Zwischenablage:** Neben Handoff gibt es noch eine zweite Methode, wie iPhone und Mac nahtlos zusammenarbeiten können, wenn Sie auf beiden Geräten mit dem gleichen iCloud-Account angemeldet sind: Die „allgemeine Zwischenablage". Markieren und kopieren Sie etwa auf dem iPhone einen Text aus einem Dokument oder eine Webadresse, steht Ihnen der Inhalt auch auf dem Mac zur Verfügung. Die Voraussetzung sind die gleichen wie bei Handoff. Einziger Unterschied: Auf dem iPhone bzw. iPad muss iOS 10 installiert sein.

Das Dock von macOS zeigt links neben dem Finder an, dass am mobilen Gerät eine neue E-Mail erstellt wird, genauso wie der Programmumschalter

Umgekehrt finden Sie die Handoff-Übergabe vom Mac auf dem iPhone oder iPad direkt als Icon auf dem Sperrbildschirm bzw. in der Multitaskingleiste. Übrigens kennt auch die Apple Watch Handoff. Damit können Dinge von der Watch auf ein iPhone weitergegeben werden.

Kapitel 3

Dateien und Dokumente

Kapitel 3 Dateien und Dokumente

Auch bei macOS bilden Dateien und ihre Verwaltung das Rückgrat des Systems. In diesem Punkt unterscheidet sich macOS also nicht von Windows – wohl aber in der Art und Weise, wie das System Dateien verwaltet oder mit Dokumenten umgeht.

In diesem Kapitel widmen wir uns dem Finder (dem Pendant zum Windows-Explorer) und der Verwaltung von Dokumenten. Außerdem erfahren Sie, wie Sie mit macOS von Haus aus mit ZIP-Archiven und PDF-Dateien arbeiten können, ohne dafür eigene Programme installieren zu müssen.

Das ist der Finder

Was bei Windows der Explorer ist, das ist bei macOS der Finder: das Tor zu allen Dateien, Programmen, Ordnern und Laufwerken Ihres Computers.

Der Finder ist ein ständig aktives Programm, das untrennbar zu macOS gehört und nicht beendet werden kann – es sei denn, Sie schalten Ihren Mac aus. Der Finder verwaltet sämtliche Laufwerke, über den Finder greifen Sie auf Dateien und Ordner zu, legen neue Ordner an, kopieren, verschieben und löschen Dateien, benennen Dateien um und vieles mehr. Kurz: Sämtliche Dateioperationen werden im Finder ausgeführt.

Finder-Fenster

Um zum Finder zu wechseln, klicken Sie auf das freundlich lächelnde Logo links unten im Dock. Falls bereits ein Fenster geöffnet ist, wird es nach vorn geholt, falls nicht, wird eines geöffnet. Um ein neues oder ein weiteres Fenster zu öffnen, drücken Sie *cmd + N*.

Falls Ihnen die verschiedenen Finder-Fenster auf dem Bildschirm zu viel Platz wegnehmen, können Sie statt neuer Fenster auch einfach – wie Sie es vom Webbrowser gewohnt sind – neue Tabs öffnen. Dazu drücken Sie *cmd + T*. Ein Tab schließen Sie genau so wie ein normales Fenster. Mit *cmd + W* wird das aktuelle Tab geschlossen. Um ein beliebiges Tab zu schließen, zeigen Sie auf seinen Titel. Links wird nun ein kleines *x* eingeblendet, über das Sie das Tab schließen können, ohne dorthin wechseln zu müssen.

Möchten Sie ein Tab in ein eigenes Fenster verwandeln, ziehen Sie das gewünschte Tab aus dem Finder-Fenster heraus und legen es auf dem Schreibtisch ab.

Um verschiedene Finder-Fenster zu einem Fenster mit Tabs zusammenzufassen, wählen Sie *Fenster –> Alle Fenster zusammenführen*.

Ein typisches Fenster des Finders: Links sehen Sie die Seitenleiste ❶*, über die Sie schnellen Zugriff auf wichtige Komponenten erhalten, rechts sehen Sie den Inhalt des gewählten Eintrags* ❷ *(hier den Inhalt des „Programme"-Ordners in der Symboldarstellung). Wie von anderen Programmen gewohnt, können Sie mehrere Fenster öffnen oder sich alle gewünschten Inhalte auf Tabs* ❸ *anzeigen lassen.*

 Fensterwahl: Standardmäßig öffnet der Finder in einem neuen Fenster automatisch **Alle meine Dateien**. Das ist zu Beginn ganz hilfreich, aber sobald Sie mit Ihrem Mac eine Zeitlang gearbeitet haben, wird **Alle meine Dateien** eher unübersichtlich und bremst Sie aus. Da trifft es sich gut, dass Sie unter **Finder –> Einstellungen –> Allgemein** bei **Neue Finder-Fenster zeigen** einen Ordner Ihrer Wahl einstellen können.

Die Seitenleiste des Finders

Ein typisches Finder-Fenster ist zweigeteilt. Links sehen Sie die farblich abgesetzte Seitenleiste. Im rechten Teil wird der Inhalt des in der Seitenleiste gewählten Eintrags gezeigt. Die Seitenleiste bildet eine Ordnungsebene aus Verweisen auf Objekte, die sich nicht an den Strukturen der Festplatte orientiert, sondern an den Ansprüchen des Anwenders.

Die Breite der Seitenleiste legen Sie mit der Maus fest. Wenn Sie auf die Trennlinie zwischen der Seitenleiste und dem eigentlichen Fenster zeigen, wird der Mauszeiger zu einem Doppelpfeil. Halten Sie nun die rechte Maustaste gedrückt, und ziehen Sie die Seitenleiste auf bzw. zu.

Kapitel 3 Dateien und Dokumente

Inhalte der Seitenleiste

Die Seitenleiste im Finder ist standardmäßig in drei Rubriken unterteilt:
- *Favoriten:* Damit sind Ordner und Dateien gemeint, auf die Sie häufig zugreifen und die Sie von hier aus mit einem Klick ansteuern können. Hier finden Sie von Haus aus etwa Verweise auf Programme und Dokumente, Bilder, Musik und so weiter. Diese Rubrik kann von Ihnen natürlich angepasst werden.
- *Geräte:* Hier werden die angeschlossenen physikalischen und virtuellen Laufwerke aufgeführt, also interne und externe Festplatten, USB-Sticks, CDs und DVDs.
- *Tags:* In macOS können Sie allen Dateien Stichwörter zuweisen, über die Sie auf der Festplatte verstreute, aber thematisch zusammengehörende Dateien blitzschnell finden können. Diese Stichwörter heißen unter macOS „Tags" (was sich mit „Etikett" oder „Aufkleber" übersetzen lässt). Mit den Tags beschäftigen wir uns ausführlich in Kapitel 5.

Falls Sie in einem Netzwerk mit freigegebenen Ressourcen arbeiten, taucht hier noch ein vierter Punkt auf:
- *Freigaben:* Hier werden alle im Netzwerk zur gemeinsamen Nutzung freigegebenen Laufwerke angezeigt.

Alle Rubriken lassen sich zu- und wieder aufklappen. Wenn Sie mit der Maus auf den Namen einer Rubrik – etwa *Favoriten* – zeigen, erscheint rechts neben dem Namen der Eintrag *Ausblenden*. Nach einem Klick auf diesen Eintrag bleibt nur noch der Name in der Seitenleiste stehen. Kommen Sie diesem Eintrag mit dem Mauszeiger zu nahe, wird entsprechend *Einblenden* angezeigt.

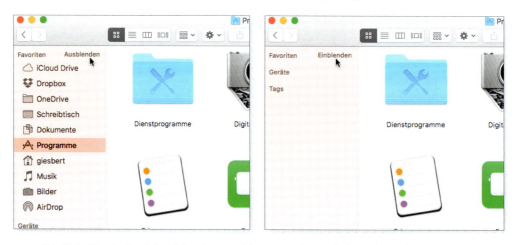

Die Rubriken in der Seitenleiste lassen sich aus- und natürlich auch wieder einblenden.

Wie unter Windows gibt es auch unter macOS eine Reihe von Standardordnern, in denen die verschiedenen Inhalte verwaltet werden. Diese Ordner werden in der Rubrik *Favoriten* angezeigt, wobei die Namen selbsterklärend sind, etwa *Programme*, *Dokumente*, *Downloads*, *Filme* oder *Musik*.

Drei Einträge sind allerdings auf den ersten Blick vielleicht ein wenig verwirrend:

- *Alle meine Dateien:* Dabei handelt es sich nicht um einen Verweis auf einen Ordner, sondern um eine fest gespeicherte Suchabfrage im Finder. Dieser Eintrag zeigt alle Dateien (Bilder, Dokumente, Musik, Filme …) in Ihrem Benutzerordner (mit dem wir uns weiter unten beschäftigen). Haben Sie etwa eine Word-Datei im Ordner *Dokumente* gespeichert, ein PDF-Dokument aus dem Internet heruntergeladen (das automatisch im Ordner *Downloads* landet), Fotos von Ihrer Kamera im Ordner *Bilder* oder Musikstücke im Ordner *Musik* abgelegt, dann tauchen diese unterschiedlichen Dateien unter *Alle meine Dateien* auf. Ein Klick auf *Dokumente* zeigt Ihnen dagegen nur das Word-Dokument, ein Klick auf *Downloads* nur die PDF-Datei und so weiter.
- *iCloud Drive:* Das *iCloud Drive* ist ein spezieller Ordner im Dateisystem Ihres Macs, dessen Inhalt automatisch mit einem Ordner auf den iCloud-Servern von Apple abgeglichen wird. So können Sie etwa in iCloud Drive Dateien ablegen, auf die Sie dann mit anderen Computern, einem Webbrowser oder auch Ihrem iPhone oder iPad zugreifen können. Dem iCloud Drive widmen wir uns in Kapitel 6.
- *AirDrop:* Auch bei AirDrop handelt es sich nicht um einen konkreten Ordner auf der Festplatte Ihres Macs, sondern um eine Methode für den direkten Austausch von Dateien, die von Macs und iOS-Geräten beherrscht wird. Mehr zu AirDrop finden Sie in Kapitel 6.

Seitenleiste konfigurieren

Was der Finder in welcher Reihenfolge in der Seitenleiste anzeigt, hängt ganz von Ihren Wünschen ab, schließlich lässt sich die Seitenleiste ganz nach Ihren Vorlieben konfigurieren.

Kapitel 3 Dateien und Dokumente

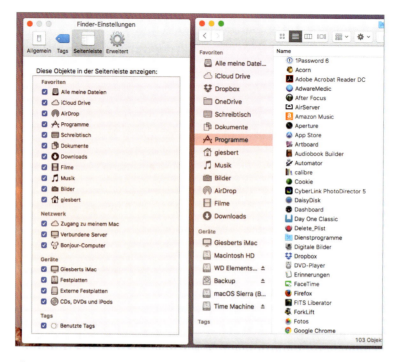

Welche Einträge der Finder in der Seitenleiste anzeigen soll, legen Sie in seinen Einstellungen fest. In diesem Beispiel sind sämtliche Optionen aktiviert; standardmäßig blendet macOS einige Punkte aus.

- *Standardeinträge ein-/ausblenden:* Um einen der Standardeinträge in der Seitenleiste ein- oder auszublenden, wählen Sie *Finder –> Einstellungen* und klicken auf *Seitenleiste*. Hier finden Sie alle Objekte, die der Finder in seiner Seitenleiste von Haus aus anzeigen kann. Standardmäßig ist der *Festplatten*-Eintrag unter *Geräte* nur halb markiert, das Kästchen zeigt also kein Häkchen, sondern einen Strich. Damit wird signalisiert, dass nicht alle Festplatten in der Seitenleiste angezeigt werden, sondern lediglich die Festplatten, die extern an Ihren Mac angeschlossen sind. Möchten Sie das ändern und auch die interne Festplatte in der Seitenleiste sehen, entfernen Sie die Markierung mit einem Mausklick und setzen sie erneut.
- *Beliebige Ordner hinzufügen:* Neben den Standardeinträgen können Sie beliebige Ordner und auch Dateien der Seitenleiste hinzufügen. Dazu ziehen Sie den gewünschten Eintrag in die Seitenleiste in den Abschnitt *Favoriten*.
- *Einträge verschieben:* Sowohl die einzelnen Einträge innerhalb einer Rubrik als auch komplette Rubriken lassen sich verschieben. Klicken Sie dazu den entsprechenden Eintrag an, und ziehen Sie ihn mit gedrückter Maustaste an die gewünschte Position.
- *Einträge löschen:* Die Einträge in der Seitenleiste lassen sich mit der Maus aus der Leiste herausziehen. Damit Sie nicht versehentlich einen Eintrag löschen, erscheint am Symbol erst nach zwei

Sekunden ein kleines „x", das Ihnen zeigt, dass der Eintrag beim Loslassen nun gelöscht wird. Alternativ dazu klicken Sie einen Eintrag mit der rechten Maustaste an und wählen *Aus der Seitenleiste entfernen*.

 Rechte Maustaste: Wie in Kapitel 1 erwähnt, erhalten Sie einen „rechten Mausklick" bzw. einen „Sekundärklick", wenn Sie beim Klick mit Maus oder Trackpad die **ctrl**-Taste drücken oder mit zwei Fingern auf das Trackpad tippen.

Seitenleiste ausblenden

Möchten Sie die Seitenleiste komplett ausblenden, ziehen Sie die Trennlinie mit der Maus entweder bis zum linken Rand oder wählen *Darstellung –> Seitenleiste ausblenden*. Mit *Darstellung –> Symbolleiste ausblenden* verschwinden sowohl die Seiten- als auch die Symbolleiste.

Orientierung im Finder

Im Umgang unterscheidet sich der Finder nicht wesentlich vom Windows-Explorer. Sie wählen in der Seitenleiste ein Eintrag (also einen Ordner oder ein Laufwerk) und bekommen dessen Inhalt im rechten Fensterbereich angezeigt. Dabei merkt sich der Finder Ihren Weg durch Ihre Laufwerke und Ordner und bietet Ihnen über die Pfeiltasten oben links die Möglichkeit, sich im Verlauf vor- und zurückzubewegen. Einen Ordner öffnen Sie mit einem Doppelklick.

Normalerweise öffnet der Finder jeden Ordner im gleichen Fenster. Möchten Sie einmal einen Ordner in einem eigenen Tab öffnen, klicken Sie das Ordnersymbol bei gehaltener *cmd*-Taste doppelt an.

Darstellung

Bei der Orientierung im Finder helfen Ihnen die verschiedenen Darstellungen, die Sie über das Menü *Darstellung*, über die entsprechenden Symbole in der Symbolleiste oder über die Tastenkürzel *cmd + 1*, *cmd + 2*, *cmd + 3* oder *cmd + 4* wählen.

- *Symbole (cmd + 1):* Die Einträge werden in Form von Dateisymbolen dargestellt. Bei einem Programm ist dies das jeweilige Programmsymbol, bei einer Datei wird, wann immer möglich, eine Minivorschau auf den Inhalt der Datei gegeben. So können Sie etwa Fotos, Präsentationen, aber auch Textdateien bereits im Finder überfliegen, ohne die Datei öffnen zu müssen. Wenn Sie *Darstellung –> Statusleiste einblenden* aktivieren, lässt sich über einen Schieberegler in der Statusleiste die Größe der Symbole festlegen.
- *Liste (cmd + 2):* Die Einträge werden in Listenform untereinander dargestellt. Ordner innerhalb der Liste werden mit einem Klick auf den kleinen Pfeil links daneben geöffnet bzw. geschlossen. Dabei merkt sich der Finder den Zustand eines Ordners (geschlossen/offen). Schließen Sie etwa einen Ordner, dessen Unterordner geöffnet sind, dann werden diese Unterordner beim erneuten Öffnen des übergeordneten Ordners ebenfalls wieder geöffnet.

> **Alle Ordner schließen/öffnen:** Bei weitverzweigten Ordnerstrukturen wäre es sehr lästig, wenn Sie in der Listenansicht zum Aufräumen alle Ordner einzeln schließen müssten. Das müssen Sie auch nicht: Halten Sie beim Schließen eines Ordners die **alt**-Taste gedrückt, so werden automatisch auch sämtliche geöffneten Unterordner geschlossen. Entsprechend öffnen Sie sämtliche Unterordner, wenn Sie einen Ordner mit gedrückter **alt**-Taste öffnen.

- *Spalten (cmd + 3):* Bei der Spaltendarstellung werden Inhalte von Ordnern in einer neuen Spalte rechts aufgeführt. Die Spaltenbreite lässt sich mit der Maus festlegen, wobei Ihnen macOS helfen kann: Wenn Sie auf eine Trennlinie zwischen zwei Spalten doppelklicken, wird die Breite der linken Spalte optimiert; halten Sie dabei die *alt*-Taste gedrückt, werden alle Spaltenbreiten angepasst.
- *Cover Flow (cmd + 4):* Hier werden gewissermaßen Symbol- und Listendarstellung kombiniert. Im oberen Teil des Fensters sehen Sie das Symbol oder bei Dokumenten die Vorschau des aktuell ausgewählten Eintrags und im unteren Teil die Listendarstellung, in der Sie mit den Pfeiltasten nach oben und unten steuern können.

Ausrichten

Zusätzlich bietet der Finder die Möglichkeit, die angezeigten Objekte nach verschiedenen Kriterien zu gruppieren bzw. zu sortieren, etwa nach dem Dateinamen, der Kategorie, dem Dateityp, der Größe und Ähnlichem mehr. Die gewünschte Option wählen Sie entweder über die entsprechende Schaltfläche in der Symbolleiste oder unter *Darstellung –> Ausrichten nach*.

Jede Darstellung (hier: Liste) kann nach verschiedenen Kriterien geordnet werden. Zudem können Sie in „Finder –> Einstellungen –> Erweitert" die Funktion „Beim Sortieren nach Namen Ordner oben behalten" nutzen, um wie bei Windows, Ordner und Dateien getrennt voneinander zu sortieren (rechts). Notwendig hierfür ist die Sortierung nach Name in einer der vier Darstellungsoptionen.

Darstellung konfigurieren

Jede Darstellung im Finder hat eigene Konfigurationsmöglichkeiten. Wechseln Sie zur gewünschten Darstellung, und wählen Sie anschließend *Darstellung –> Darstellungsoptionen einblenden*. Alternativ dazu können Sie auch *cmd + J* drücken.

Die Darstellungsoptionen werden als Palette eingeblendet, die immer zu sehen ist und deren Inhalt sich der jeweils aktuellen Auswahl im Finder anpasst. Sobald Sie hier Änderungen vornehmen, also zum Beispiel die Schrift- oder Symbolgröße ändern, die Sortierung anpassen oder festlegen, welche Informationen angezeigt werden sollen, werden Ihre Änderungen sofort übernommen.

Über die Darstellungsoptionen lässt sich der Finders den eigenen Wünschen anpassen (hier: Listendarstellung).

Kapitel 3 Dateien und Dokumente

Normalerweise speichert der Finder die gewählte Darstellung als neuen Standard eines Objekts und öffnet es in Zukunft immer in der zuletzt gewählten Darstellung. Möchten Sie das verhindern, deaktivieren Sie in den Darstellungsoptionen den Punkt *Immer in ...darstellung öffnen*.

Gehe zu

Über den Menüpunkt *Gehe zu* haben Sie schnellen Zugriff auf die Ordner in Ihrem Benutzerverzeichnis – auch dann, wenn die entsprechenden Einträge nicht in der Seitenleiste angezeigt werden. Besonders praktisch ist hier der Punkt *Benutzte Ordner*, über den Sie schnell zu einem Ordner wechseln, den Sie in der letzten Zeit geöffnet hatten, ohne dass Sie sich erst wieder mühsam durch die Ordnerhierarchie klicken müssen. Überdies können Sie via *Apfelmenü –> Benutzte Objekte* rasch auf die zuletzt verwendeten Dateien zugreifen (Dokumente)

Geräte, Laufwerke, Ordner und Dateien

Bevor wir uns mit den täglichen Dateioperationen beschäftigen, werfen wir rasch einen Blick auf die Ordner- bzw. Dateistruktur von macOS, damit Sie wissen, in welchem Ordner Ihr Mac normalerweise bestimmte Informationen speichert.

Von oben nach unten

Auf der obersten Verwaltungsebene steht für das System natürlich der Computer selbst, zu dessen Betrieb es schließlich installiert ist. Angezeigt wird der Gerätename Ihres Macs, den Sie in den *Systemeinstellungen* unter *Freigaben* ändern können.

 Computer einblenden: Standardmäßig zeigt der Finder den Eintrag zum Computer nicht an. Über **Finder –> Einstellungen** kann er auf der Registerkarte **Seitenleiste** im Abschnitt **Geräte** jedoch eingeblendet werden.

In der Hierarchie folgen alle an den Computer angeschlossenen Laufwerke (die unter macOS „Volumes" heißen). Darunter werden alle internen und externen Festplatten, CD/DVD-Laufwerke (falls eine CD/DVD eingelegt ist), USB-Sticks, MP3-Player, Netzlaufwerke und Ähnliches verstanden.

Um sich diese oberste Ebene anzeigen zu lassen, drücken Sie im Finder entweder *Shift + cmd + C* (C für „Computer"), klicken (falls eingeblendet) in der Seitenleiste auf den Eintrag zu Ihrem Computer oder wählen *Gehe zu –> Computer*.

Angeschlossene Laufwerke

Externe Laufwerke oder USB-Sticks werden beim Anschluss an den Mac automatisch erkannt und nach einem kurzen Moment im Finder angezeigt. Soll ein Laufwerk auch als Symbol auf dem Schreibtisch angezeigt werden, aktivieren Sie unter *Finder –> Einstellungen* im Register *Allgemein* den entsprechenden Eintrag. Falls Sie sich unter Windows angewöhnt haben, einen USB-Stick einfach abzuziehen, sollten Sie das unter macOS lieber vermeiden, da hier Datenverlust droht. Das Risiko ist zwar relativ gering, aber es besteht – und bei Daten sollte man lieber auf Nummer sicher gehen und nicht auf sein Glück vertrauen.

Melden Sie ein externes Laufwerk vor der Trennung von Ihrem Mac also immer beim System ab. Dazu klicken Sie im Finder auf das Auswurfsymbol ⏏ neben dem Laufwerkseintrag.

 Die ⏏-Taste auf der Tastatur: Auf der Tastatur gibt es ebenfalls eine Taste zum Auswerfen eines Laufwerks, doch diese bezieht sich ausschließlich auf den Auswurf von CDs oder DVDs.

Falls Sie gerade kein Finder-Fenster geöffnet haben, markieren Sie das Laufwerkssymbol auf dem Schreibtisch und drücken *cmd + E* (E für „eject", auswerfen).

Wenn Sie ein externes Laufwerk kurzerhand vom Mac abziehen, warnt das System Sie, da hier immer Datenverlust droht. Externe Laufwerke sollten Sie daher immer über einen Klick auf das Auswurfsymbol vom System abmelden, bevor Sie sie vom Mac trennen.

Virtuelle Laufwerke

Neben den Laufwerken, die Sie physikalisch an Ihren Mac anschließen, kennt macOS noch virtuelle Laufwerke. Dabei handelt es sich zwar um Dateien, doch werden diese Dateien vom System so behandelt wie physikalische Laufwerke.

Virtuelle Laufwerke heißen auch „Disk Images" und liegen als DMG-Datei vor (DMG = Disk Image). Wenn Sie eine solche Datei mit einem Doppelklick öffnen, erkennt macOS ein neues Laufwerk, das auch in der Seitenleiste des Finders angezeigt wird. Bevor Sie eine DMG-Datei löschen können, müssen Sie das virtuelle Laufwerk wie ein physikalisches auswerfen.

DMG-Dateien (links) sind Dateien, die nach dem Öffnen so behandelt werden, als seien es reale Laufwerke (rechts).

Das Startvolume

Das wichtigste Laufwerk ist natürlich das Startvolume, also das Laufwerk, auf dem das System installiert ist und von dem aus der Mac gebootet wird. In der Regel wird das die lokale Festplatte des Computers sein (die üblicherweise „Macintosh HD" heißt). Es ist allerdings auch möglich, von einer externen Festplatte, einer anderen Partition, einer System-DVD, via Netzwerk oder von einem USB-Stick zu booten (dazu lesen Sie mehr im Zusammenhang mit den Systemeinstellungen in Kapitel 17).

Standardmäßig zeigt Ihnen der Finder diese Festplatte nicht an (es gibt im Arbeitsalltag üblicherweise nur wenige Situationen, in denen Sie auf diese oberste Ebene zugreifen müssen), sie lässt sich aber über *Finder –> Einstellungen –> Seitenleiste* einblenden.

Die Ordner im Root

Die oberste Ebene auf dem Startvolume ist das „Rootverzeichnis" oder auch kurz „Root" genannt (root = Wurzel). Hier sind vor allem vier Ordner für das System lebenswichtig:

Benutzer: macOS ist ein Mehrbenutzersystem (wie Sie Ihren Mac mit anderen Personen gemeinsam nutzen, erfahren Sie in Kapitel 17). Hier finden Sie (mindestens) zwei Ordner:
- *Benutzerordner:* Ihr Benutzerordner wird durch ein kleines Haus symbolisiert und trägt den Namen, den Sie bei der Konfiguration Ihres Macs als Ihren Kurznamen gewählt haben. Hier werden Ihre sämtlichen Dokumente und Dateien verwaltet. Jeder Benutzer hat einen eigenen Benutzerordner, den er mit einem Passwort sichert. Im Benutzerordner finden Sie weitere Ordner für *Bilder*, *Dokumente*, *Downloads*, *Filme* und *Musik*.
- *Für alle Benutzer:* Daneben finden Sie hier den Ordner *Für alle Benutzer*, in dem Dateien abgelegt werden, auf die alle Benutzer des Macs Zugriff haben sollen.

Library: Hier legt das System die verschiedensten Informationen, Einstellungen und Daten zum System ab. Normalerweise müssen Sie sich um diesen Ordner nicht kümmern – und sollten es auch erst dann tun, wenn Sie genau wissen, was Sie tun.

Benutzer-Library: Neben der System-Library gibt es auch in jedem Benutzer-Ordner eine Library. Dort wird sie allerdings standardmäßig ausgeblendet. Wie Sie die Benutzer-Library sichtbar machen, erfahren Sie in Kapitel 17.

Programme: Der Name sagt alles – in diesem Ordner landen alle Programme, die auf Ihrem Mac von Haus aus installiert sind und die Sie in Zukunft noch installieren werden. Wie Sie Programme installieren (und auch wieder loswerden), erfahren Sie in Kapitel 4.

System: Der Systemordner enthält die eigentlichen Betriebssystemdaten. Auch hier sollten Sie sich nur tummeln, wenn Sie wissen, was Sie tun. Im Zweifelsfall lassen Sie einfach die Finger davon. Und die Maus natürlich erst recht.

Weitere Ordner: Neben diesen vier Ordnern, die Sie auf jeden Fall im Root finden, können hier auch noch weitere Ordner auftauchen. Installieren Sie etwa zu einem späteren Zeitpunkt einmal die Entwicklerwerkzeuge von macOS, dann kommt hier zum Beispiel noch der Ordner **Developer** hinzu.

Kapitel 3 Dateien und Dokumente

Proxy-Icon und Pfade

Jeder Ordner kann beliebig verzweigte Ordnerstrukturen besitzen, also weitere Unter- und Unterunterordner. Da kann es beim Stöbern im Finder schon einmal passieren, dass man sich ein wenig verheddert und nicht mehr so genau weiß, an welcher Stelle in den Systemstrukturen man sich eigentlich befindet. Hier bietet der Finder verschiedene Orientierungshilfen.

Das kleine Symbol in der Titelzeile eines Finder-Fensters ist das „Proxy-Icon". Darüber erhalten Sie raschen Zugriff auf die Ordnerstruktur.

- *Proxy:* Da ist zum einen das kleine Symbol in der Titelleiste eines Fensters, das „Proxy-Icon" genannt wird. Das Wort „Proxy" lässt sich mit „Stellvertreter" übersetzen, und dieses Symbol ist ein Stellvertreter für den aktuellen Inhalt eines Fensters, über das sich verschiedene Dateioperationen erledigen lassen. Wenn Sie das Proxy-Icon mit gehaltener *cmd*-Taste oder mit der rechten Maustaste anklicken, öffnet sich ein kleines Fenster, in dem der vollständige Pfad zum aktuellen Ordner angezeigt wird. Mit einem Klick auf einen Eintrag wechseln Sie auf eine übergeordnete Ebene.
- *Pfadleiste:* Zur weiteren Orientierung können Sie sich über *Darstellung –> Pfadleiste einblenden* den genauen Pfad zum aktuellen Ordner anzeigen lassen. Der Pfad wird am unteren Rand des Fensters eingeblendet. Mit einem Doppelklick auf eine der übergeordneten Stufen wechseln Sie zum entsprechenden Ordner.
- *Symbolleiste:* Schließlich können Sie den Pfad zum aktuellen Ordner auch über ein Symbol in der Symbolleiste einblenden. Rufen Sie dazu *Darstellung –> Symbolleiste anpassen* auf, und ziehen Sie das *Pfad*-Symbol an die gewünschte Stelle in der Symbolleiste. Wenn Sie dieses Symbol anklicken, wird der aktuelle Pfad angezeigt. Mit einem Klick auf einen Eintrag wechseln Sie auch hier zu übergeordneten Ordnern.

Die tägliche Dateiarbeit

Im Prinzip arbeiten Sie im Finder in macOS so wie im Explorer unter Windows. Hier können Sie also Ihre Dateien verwalten. Es gibt allerdings kleinere Unterschiede.

Öffnen

Um unter macOS einen Ordner, eine Datei oder ein Programm zu öffnen, klicken Sie den entsprechenden Eintrag im Finder entweder doppelt an oder klicken mit der rechten Maustaste darauf und wählen *Öffnen*.

Umbenennen

Falls Sie versucht haben, einen Ordner oder ein Programm mit der Eingabetaste zu öffnen, dann sind Sie schon über einen der kleinen Unterschiede zwischen macOS und Windows gestolpert. Denn wenn Sie unter macOS einen Eintrag im Finder markieren und anschließend die Eingabetaste drücken, dann wird die Datei nicht – wie unter Windows – geöffnet, sondern der Dateiname wird zu einem Eingabefeld und Sie können die Datei umbenennen.

Wie unter Windows gewohnt, öffnen Sie auch unter macOS einen Eintrag mit einem Doppelklick. Doch anders als bei Windows wird ein Eintrag im Finder nach dem Drücken der Eingabetaste nicht geöffnet, sondern der Dateiname wird zu einem Eingabefeld, über das Sie den Namen ändern können.

Kapitel 3 Dateien und Dokumente

Das Dateinamensuffix

Auch unter macOS haben Dateien eine Dateiendung, an der man den Typ der Datei erkennt (etwa „dokument.pdf" oder „musik.mp3"). In macOS heißt diese Endung „Dateinamensuffix". Unter *Finder –> Einstellungen –> Erweitert* legen Sie fest, ob das Suffix immer aus- bzw. immer eingeblendet werden soll. Hier legen Sie auch fest, ob der Finder bei der Umbenennung der Dateiendung nachfragen soll. Wenn Sie die Suffixe standardmäßig ausblenden, die Endung aber für eine bestimmte Datei einblenden möchten, aktivieren Sie die entsprechende Option in den *Infos* der Datei (mehr dazu finden Sie weiter unten).

Normalerweise blendet der Finder alle Dateinamensuffixe aus – das können Sie aber ändern: Setzen Sie einfach ein Häkchen bei „Alle Dateinamensuffixe einblenden".

Markierungen

Einträge im Finder lassen sich – wie von Windows her gewohnt – mit der Tastatur oder Maus markieren.
- Eine Markierung lässt sich in der Listenansicht bei gehaltener *Shift*-Taste mit den *Pfeiltasten nach oben/unten* erweitern bzw. einschränken. In der Symbolansicht können Sie mit allen vier Pfeiltasten arbeiten; eine Markierung wird dabei allerdings nur erweitert, nicht wieder eingeschränkt.
- Um einen zusammenhängenden Bereich zu markieren, klicken Sie in der Listenansicht den ersten Eintrag an und klicken dann mit gehaltener *Shift*-Taste auf den letzten Eintrag. Möchten Sie in der Symbolansicht mehrere Einträge zusammenhängend markieren, ziehen Sie mit der Maus ein Rechteck um diese Dateien.

Um in der Symbolansicht mehrere Dateien auf einen Streich zu markieren, ziehen Sie mit der Maus ein Rechteck auf, das die gewünschten Einträge umfasst bzw. berührt.

- Mehrere, nicht zusammenhängende Einträge markieren Sie, indem Sie bei gehaltener *cmd*-Taste mit der Maus auf die entsprechenden Einträge klicken. Das funktioniert in jeder Ansicht.
- Um markierte Einträge eines Bereichs gezielt abzuwählen, klicken Sie den gewünschten Eintrag mit gedrückter *cmd*-Taste an. Auch diese Technik können Sie in jeder Ansicht im Finder einsetzen.

Mehrere Dateien auf einmal umbenennen

In der Praxis kommt es häufig vor, dass Sie mehrere Dateien auf einen Streich nach einem bestimmten Muster umbenennen möchten. Zum Beispiel sollen die Urlaubsfotos nicht so rätselhafte Bezeichnungen wie „IMG_1834", „IMG_1835" oder „IMG_1836" besitzen, sondern schon mit Namen wie „Museum München 1", „Museum München 2" oder „Museum München 3" verraten, was auf ihnen zu sehen ist.

In diesem Fall müssen Sie die Dateien nicht mühsam von Hand umbenennen, sondern können das macOS überlassen. Dazu markieren Sie zuerst alle Dateien, die umbenannt werden sollen. Anschließend klicken Sie die Markierung mit der rechten Maustaste an und wählen Sie hier *x Objekte umbenennen* (wobei das x für die Anzahl der markierten Dateien steht).

Kapitel 3 Dateien und Dokumente

Wählen Sie nun als Art der Umbenennung *Format* ❶. Als *Format des Namens* legen Sie *Name mit Index* ❷ fest und geben unter *Ort* an, dass der Index – also die fortlaufende Nummerierung – *Nach dem Namen* ❸ stehen soll. Unter *Eigenes Format* ❹ geben Sie nun den neuen Titel der Dateien an, in unserem Beispiel also „Museum München". Bei *Beginnt mit* ❺ legen Sie den Startwert des Index fest; standardmäßig beginnt er mit 1. Nach einem Klick auf *Umbenennen* ❻ werden die Dateinamen entsprechend geändert.

Im Finder lassen sich mehrere Dateien auf einen Streich umbenennen.

Kopieren & Co

So kopieren, verschieben, duplizieren oder löschen Sie einen markierten Eintrag:

- *Kopieren und einfügen (Tastatur):* Mit *cmd + C* schieben Sie eine Kopie der markierten Datei(en) in die Zwischenablage von macOS. Wechseln Sie in den Zielordner, und fügen Sie sie dort mit *cmd + V* ein.
- *Kopieren und einfügen (Maus):* Markierte Dateien lassen sich mit der Maus kopieren und an anderer Stelle einfügen. Halten Sie dazu die *alt*-Taste gedrückt, und ziehen Sie die Dateien an die gewünschte Stelle. Als Zeichen dafür, dass kopiert (und nicht verschoben) wird, wird der Mauszeiger um ein grünes Pluszeichen ergänzt. Werden mehrere Dateien kopiert, erscheint eine entsprechende Ziffernanzeige neben dem Mauszeiger.
- *Bewegen (Tastatur):* Kopieren Sie mit *cmd + C* die gewünschten Dateien in die Zwischenablage. Wechseln Sie in den Zielordner, und drücken Sie dort *alt + cmd + V*. Die Datei wird nun nicht kopiert, sondern vom Quell- in den Zielordner bewegt, also verschoben.

- *Bewegen (Maus):* Eine Datei bewegen Sie wie gewohnt mit der Maus, wobei auch hier bei mehreren Dateien eine kleine Ziffer erscheint, die die Zahl der zu verschiebenden Dateien angibt. Halten Sie eine Datei über einen Ordner, ohne sie loszulassen, öffnet sich nach kurzer Zeit der Ordner.

Externe Laufwerke: Eine Datei, die Sie von einem Laufwerk auf ein anderes ziehen – also zum Beispiel vom USB-Stick auf den Schreibtisch (und damit von einem externen Laufwerk auf Ihre Festplatte) –, wird mit dieser Aktion lediglich kopiert, nicht verschoben.

- *Duplizieren:* Mit der Tastenkombination *cmd + D* erzeugen Sie im gleichen Ordner eine Kopie der markierten Datei(en). Dabei wird der ursprüngliche Dateiname um das Wort „Kopie" ergänzt, dem bei Bedarf ein Zähler hinzugefügt wird.
- *Löschen (Tastatur):* Markieren Sie die Einträge, die Sie löschen möchten, und drücken Sie anschließend die Tastenkombination *cmd + Backspace*.
- *Löschen (Maus):* Klicken Sie die markierte(n) Datei(en) mit der rechten Maustaste an, und wählen Sie *In den Papierkorb legen*. Oder wählen Sie *Ablage –> In den Papierkorb legen*.

Neue Ordner anlegen

Natürlich liegen auch unter macOS die einzelnen Dateien nicht kreuz und quer auf der Festplatte verstreut herum, sondern werden in Ordnern verwaltet. Und natürlich können (und sollten) Sie auch für Ihre eigenen Dateien Ordner verwenden, die Sie ganz nach Gutdünken strukturieren und benennen können.

Spielen wir die verschiedenen Arten, einen Ordner anzulegen, an einer Standardsituation durch, und legen wir einen neuen Ordner auf dem Schreibtisch an. Denn auch, wenn es nicht so aussieht, ist der komplette Schreibtisch im Grunde nichts anderes als ein Finder-Fenster.

Schreibtisch

Wechseln Sie gegebenenfalls zuerst zum Schreibtisch, indem Sie ihn kurz anklicken. Da der Schreibtisch wie gesagt nur ein spezielles Finder-Fenster ist, erscheint in der Menüleiste oben links als Name des aktuell aktiven Programms der Eintrag *Finder*. Nun haben Sie folgende Möglichkeiten, einen neuen Ordner anzulegen:

Kapitel 3 Dateien und Dokumente

- *Menü:* Wählen Sie den Menüpunkt *Ablage –> Neuer Ordner*.
- *Tastatur:* Drücken Sie *Shift + cmd + N*.
- *Kontextmenü:* Klicken Sie mit der rechten Maustaste auf eine leere Fläche des Schreibtischs, und wählen Sie *Neuer Ordner*.

Listenansicht

Ebenso funktioniert die Anlage neuer Ordner auch im Finder-Fenster. Allerdings kann hier eine Eigenschaft anfangs für Verwirrung sorgen: Der Befehl *Neuer Ordner* bezieht sich immer auf den aktuell geöffneten Ordner – und das ist in der Listenansicht nicht unbedingt der Ordner, den Sie gerade markiert haben.

Das klingt vielleicht etwas verwirrend, ist im Grunde aber recht einfach und soll am folgenden Bildschirmfoto erläutert werden:

Auf den ersten Blick scheint man sich hier im markierten Ordner „PDF" ❶ zu befinden, doch das täuscht. Tatsächlich ist der aktive Ordner der Ordner „Dokumente", der in der Seitenleiste markiert ist ❷ und in der Titelzeile genannt ❸ wird. Der Befehl zum Anlegen eines neuen Ordners fügt also in „Dokumente" einen neuen Ordner hinzu – nicht im Ordner „PDF".

Bevor man also in einem Ordner einen Unterordner anlegen kann, muss man in diesen Ordner wechseln. Das geht am schnellsten, indem man den Ordner doppelt anklickt. In unserem Beispiel doppelklicken Sie also zuerst auf *PDF* und legen erst dann einen neuen Ordner an.

Aus Auswahl

Schließlich gibt es noch die Möglichkeit, Dateien im Finder zu markieren und einen neuen Ordner mit den markierten Dateien anzulegen.

Dazu markieren Sie die Dateien, die Sie zusammen in einen neuen Ordner stecken möchten. Anschließend wählen Sie *Ablage –> Neuer Ordner mit Auswahl* bzw. klicken die markierten Einträge mit der rechten Maustaste an und wählen den entsprechenden Eintrag im Kontextmenü.

Der Finder kann einen neuen Ordner auch automatisch mit markierten Dateien füllen.

Kapitel 3 Dateien und Dokumente

Der Papierkorb

Ein Eintrag, den Sie im Finder löschen, wird nicht sofort von der Platte geputzt, sondern landet zunächst im Papierkorb. Dabei merkt sich macOS, woher eine Datei ursprünglich stammt, und kann sie auf Wunsch dorthin zurücklegen.

Zurücklegen

Um eine Datei aus dem Papierkorb zu fischen, öffnen Sie den Papierkorb mit einem Klick auf das Symbol im Dock und ziehen die Datei an die gewünschte Stelle, etwa auf den Schreibtisch. Soll die Datei wieder an ihren ursprünglichen Platz zurückgelegt werden, klicken Sie sie mit der rechten Maustaste an und wählen im Kontextmenü den Eintrag *Zurücklegen*.

Das funktioniert auch mit einer auf Anhieb etwas verwirrenden Tastenkombination, nämlich mit *cmd + Backspace*. Damit löschen Sie normalerweise eine Datei und bewegen sie in den Papierkorb. Liegt die Datei aber bereits im Papierkorb, wird durch das nochmalige Löschen die erste Löschaktion widerrufen; die Datei wandert aus dem Papierkorb also wieder zurück an ihre ursprüngliche Position.

Papierkorb leeren

Der Papierkorb ist im Prinzip ein Ordner wie jeder andere auch. Er hat keine maximale Größe, sondern belegt auf der Festplatte so viel Platz, wie er zur Speicherung der gelöschten Dateien benötigt.

Das erlaubt zwar einerseits, dass Sie versehentlich gelöschte Dateien jederzeit zurückholen können, es kann aber auch dazu führen, dass Sie Ihre Festplatte mit längst nicht mehr relevanten Dateien zumüllen.

Das gilt insbesondere dann, wenn Sie Dateien von temporär angeschlossenen Laufwerken (wie einem USB-Stick) löschen möchten. Denn solange die gelöschten Daten im Papierkorb liegen, gelten sie zwar als gelöscht, bleiben aber auf dem Stick (bzw. der Festplatte) und belegen dort Speicherplatz. Wenn Sie zum Beispiel einen fast vollen Speicherstick löschen, den Papierkorb anschließend aber nicht leeren, werden Ihnen die gelöschten Dateien auf dem Stick zwar nicht mehr angezeigt – aber der von den (vermeintlich) gelöschten Dateien belegte Speicherplatz steht Ihnen trotzdem nicht zur Verfügung.

Wenn Sie den Papierkorb nicht regelmäßig leeren, füllt er immer größere Bereiche auf der Festplatte oder Speicherstick (links). Oder macOS kümmert sich selbst darum, dass der Papierkorb regelmäßig geleert wird (rechts=.

Soll der Inhalt des Papierkorbs endgültig von Ihrer Festplatte bzw. dem Stick gelöscht werden, wählen Sie *Finder –> Papierkorb entleeren*. Alternativ dazu können Sie den Papierkorb auch mit der rechten Maustaste anklicken und *Papierkorb entleeren* wählen. Möchten Sie vor dieser Löschaktion noch einmal einen Blick auf den Inhalt des Papierkorbs werfen, öffnen Sie ihn und klicken dann, wenn Sie sich davon überzeugt haben, dass Sie die Dateien nicht mehr benötigen, auf die Taste *Entleeren*.

Sie können die Löschaktion aber auch ganz einfach automatisieren und macOS überlassen. Aktivieren Sie unter *Finder –> Einstellungen –> Erweitert* den Punkt *Objekte nach 30 Tagen aus dem Papierkorb löschen*, dann kümmert sich macOS darum, dass Ihr Papierkorb im Laufe der Zeit nicht überquillt.

 Nachfrage: Standardmäßig schiebt macOS beim Entleeren des Papierkorbs eine Sicherheitsabfrage ein, die auf Dauer vielleicht etwas nervig ist. Diese Abfrage können Sie unter **Finder –> Einstellungen –> Erweitert** ausschalten. Allerdings gilt dann: Was weg ist, ist weg!

Kapitel 3 Dateien und Dokumente

Dokumente: ZIP und PDF inklusive

Die beiden Dateiformate ZIP (für Archive) und PDF (für Dokumente) sind ein weit verbreiteter Standard, den macOS von Haus aus unterstützt. Sie brauchen weder ein spezielles Archivierungsprogramm noch einen PDF-Viewer, um diese Dateien zu öffnen. Ja, mehr noch: macOS kann sowohl ZIP-Archive als auch PDF-Dokumente direkt erzeugen.

ZIP-Archive

Um mehrere Dateien zu einem ZIP-Archiv zusammenzufassen, markieren Sie die Dateien und wählen *Ablage –> x Objekte komprimieren* (das *x* steht dabei für die Anzahl der markierten Dateien). Dieses Kommando finden Sie auch im Kontextmenü, das Sie mit einem Rechtsklick in die Markierung aufrufen.

Wenn Sie nur eine Datei komprimieren, übernimmt macOS den Dateinamen auch für das Archiv; bei mehreren Dateien wird eine Datei namens „Archiv.zip" angelegt, die Sie natürlich nach Belieben umbenennen können (bei Archivdateien zeigt macOS das Dateinamensuffix ausnahmsweise standardmäßig an).

macOS kann von Haus aus ZIP-Archive anlegen (und natürlich auch öffnen).

Um eine ZIP-Datei zu öffnen, klicken Sie sie doppelt an. Der Inhalt des Archivs wird in einen eigenen Ordner entpackt, die Archivdatei selbst bleibt davon unberührt. Und damit Sie wissen, zu welcher ZIP-Datei ein Ordner gehört, legt macOS den Ordner halb über die ZIP-Datei.

PDF-Dateien

Eine PDF-Datei können Sie, wie jede andere Datei unter macOS auch, mit einem Doppelklick öffnen. Daraufhin wird das Programm *Vorschau* gestartet (mit dem wir uns in Kapitel 14 noch ausführlich beschäftigen werden) und die PDF-Datei angezeigt.

Viele Programme besitzen den Menübefehl *Ablage –> Als PDF exportieren*. Doch selbst dann, wenn dieser Befehl fehlt, können Sie mit jedem Programm, mit dem Sie drucken können, auch PDF-Dateien erzeugen.

Dazu rufen Sie über *Ablage –> Drucken* den Druckdialog auf und klicken dort auf die Schaltfläche *PDF*. Nun können Sie über den Punkt *Als PDF sichern* das aktuelle Dokument als PDF-Datei speichern. Den Druckdialog können Sie auch dann aufrufen, wenn überhaupt kein Drucker angeschlossen ist. Sie können also jederzeit auf Ihrem Mac PDF-Dokumente erzeugen. Mit dem Thema „Drucken" beschäftigen wir uns in Kapitel 17.

Die Option „PDF" ❶ findet sich in jedem Druckdialog unter macOS und bietet immer die Möglichkeit, das aktuelle Dokument als PDF-Datei zu speichern ❷. Den Druckdialog können Sie auch dann aufrufen, wenn überhaupt kein Drucker zur Verfügung steht ❸.

> **Dateipakete:** Der Vollständigkeit halber soll noch ein besonderes Dateiformat von macOS erwähnt werden: das „Bundle" oder Paket. Dabei handelt es sich zwar um einen Ordner, der beliebige Dateien und Ordner enthalten kann, der Finder zeigt ein solches Bundle aber wie eine einzige Datei an. Unter macOS sind zum Beispiel alle Programme derartige Bundles.

Kapitel 3 Dateien und Dokumente

Die Datei-Infos

Jede Datei (oder allgemeiner: jedes Objekt) unter macOS hat eine ganze Reihe von Eigenschaften: einen Namen, einen Speicherort, eine bestimmte Größe, ein Datum, an dem es angelegt oder zuletzt benutzt wurde, und so weiter und so fort.

Alle diese Eigenschaften eines Objekts können Sie sich über die Datei-Infos anzeigen lassen. Dazu markieren Sie den entsprechenden Eintrag im Finder (oder das Symbol auf dem Schreibtisch) und drücken die Tasten *cmd + I*.

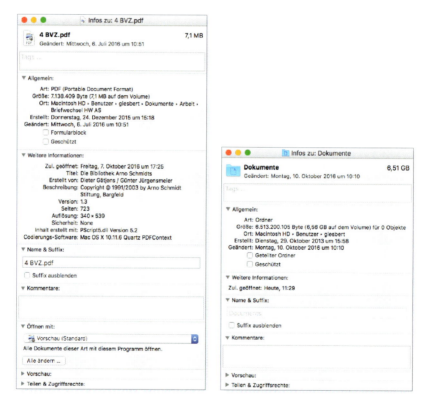

Die Datei-Infos geben Ihnen ausführlich Auskunft über die verschiedenen Eigenschaften einer Datei oder eines Ordners.

Welche Eigenschaften in dieser Übersicht angezeigt werden, hängt natürlich stark vom jeweiligen Objekt ab, aber die Struktur ist immer gleich:

- Am Anfang stehen Dateisymbol, Name, Größe und Datum, gefolgt von einem Textfeld *Tags*. Dieses Feld können Sie für Stichwörter benutzen, anhand derer der Finder sie automatisch zusammenfasst und die systemweite Dateisuche Spotlight sie schnell wiederfindet (mit Tags und Spotlight werden wir uns in Kapitel 5 ausführlicher beschäftigen).

- *Allgemein:* Hier finden Sie Angaben zur genauen Größe, zum Speicherort, zum Erstellungsdatum der Datei und Ähnliches. Aktivieren Sie hier den Punkt *Geschützt*, um die Datei vor versehentlichem Löschen zu bewahren. Ein geschütztes Objekt wird mit einem Schloss markiert. Wenn Sie versuchen, ein solches Objekt zu löschen, erscheint eine Sicherheitsabfrage, die ein versehentliches Löschen verhindert. Ein geschütztes Objekt lässt sich auch nicht bewegen, sondern lediglich kopieren.
- *Weitere Informationen:* Dieser Abschnitt enthält objektspezifische Angaben. Bei Fotos erfahren Sie etwa die Bildgröße in Pixel, das Kameramodell, die Brennweite und Ähnliches mehr; bei PDF-Dateien erhalten Sie hier Informationen zur Auflösung, Seitenzahl oder zu einem vorhandenen Passwortschutz. Dateien, die Sie aus dem Internet geladen oder per E-Mail bekommen haben, zeigen hier auch die Quelle an, aus der sie stammen.
- *Name & Suffix:* Hier lässt sich der Objektname ändern und festlegen, ob für dieses Objekt das Dateinamensuffix angezeigt werden soll oder nicht. Die hier gewählte Einstellung überschreibt für das gewählte Objekt die generelle Einstellung im Finder. So können Sie das Suffix üblicherweise ausblenden (Standardeinstellung von macOS) und für bestimmte Dateien gezielt Ausnahmen festlegen.
- *Kommentare:* Wie der Name schon sagt, können Sie hier Kommentare zum jeweiligen Objekt hinterlegen. Das ist vor allem für die Arbeit im Team interessant („An alle: Letzte Fassung, kann gedruckt werden!"). Kommentare lassen sich auch via Spotlight aufspüren.
- *Öffnen mit:* Hier legen Sie fest, mit welchem Programm eine Datei geöffnet werden soll. Mehr dazu lesen Sie in Kapitel 17.
- *Vorschau:* Bietet eine Miniaturansicht der Datei. Bei mehrseitigen Dokumenten können Sie in dieser Vorschau sogar blättern. So erhalten Sie einen raschen Überblick über den Inhalt einer Datei, ohne sie öffnen zu müssen.
- *Freigabe & Zugriffsrechte* definieren im Netzwerk, ob andere Benutzer eine Datei oder einen Ordner öffnen und verändern können.

Zusammengefasste Infos

Sie können sich auch die Infos zu mehreren Dateien anzeigen lassen. So erfahren Sie etwa, wie viel Speicherplatz mehrere markierte Objekte belegen. Auch ist es hier möglich, mehreren Dateien gemeinsame Tags zu verpassen oder festzulegen, ob das Dateinamensuffix angezeigt werden soll oder nicht.

Kapitel 3 Dateien und Dokumente

Um diese Informationen aufzurufen, markieren Sie die gewünschten Dateien und drücken anschließend die Tastenkombination *alt + cmd + I*. Es wird eine Palette *Zusammengefasste Infos* eingeblendet, die die Informationen des aktuell angezeigten Ordners oder der aktuell markierten Datei zeigt. Wenn Sie die Markierung ändern, also zum Beispiel Dateien hinzufügen oder entfernen, werden die Informationen automatisch angepasst. Falls Sie unterschiedliche Dateien verschiedenen Typs markiert haben, nennen die Infos die Art und Anzahl, etwa „3 Dokumente, 2 Ordner".

Die zusammengefassten Infos geben Ihnen einen raschen Überblick über die Größe ganzer Ordner und mehrerer Dateien.

Der Dialog *Zusammengefasste Infos* ist aber auch dann praktisch, wenn Sie sich die Informationen zu nur einer Datei ansehen. Denn da das Fenster eine Palette ist, wird sein Inhalt automatisch aktualisiert. Das Fenster liegt also immer im Vordergrund, ist immer sichtbar und passt seinen Inhalt an, sobald Sie im Finder eine neue Datei auswählen. So können Sie rasch die Informationen verschiedener Dateien nachschlagen und vergleichen, ohne dass Sie für jede Datei immer wieder *cmd + I* drücken müssen.

Dokumente speichern

Eine Besonderheit von macOS, die bei Ein- und Umsteigern regelmäßig für Verwirrung sorgt, ist das anfangs irritierende Verhalten des Systems, wenn Sie ein Dokument speichern möchten. Mit diesem Thema werden wir uns in Kapitel 13 im Zusammenhang mit iWork noch etwas ausführlicher beschäftigen, aber schon an dieser Stelle möchte ich Ihnen den typischen *Sichern*-Dialog von macOS kurz erläutern.

Wenn Sie in einer typischen macOS-Applikation ein Dokument erstmals mit *cmd + S* speichern möchten, dann sehen Sie in der Regel nur eine sehr verkürzte Version des Dialogs. Hier können Sie dem Dokument einen Namen geben ❶, aber unter *Ort* ❷ bietet Ihnen das System nur eine Handvoll Ordner an, und es scheint unmöglich zu sein, ein Dokument gezielt in einem bestimmten Ordner abzulegen. Doch keine Sorge – das täuscht.

Wenn Sie auf den kleinen Pfeil ❸ neben dem Dateinamen klicken, wird der Dialog zum kompletten Finder-Fenster erweitert, in dem Sie nun wie gewohnt jeden Ordner auf allen angeschlossenen Laufwerken wählen können. Hier lässt sich auch problemlos ein *Neuer Ordner* ❹ anlegen. Nach einem Klick auf den Pfeil ❺ wird der Dialog wieder verkleinert.

Der Dialog zum Speichern von Dokumenten präsentiert sich anfangs ausgesprochen sparsam. Aber nach einem Mausklick gibt er Ihnen den vollen Zugriff auf Ihre Laufwerke.

Kapitel 3 Dateien und Dokumente

Kapitel 4

Programme (Apps)

Kapitel 4 Programme (Apps)

Ohne Programme ist selbst ein so schöner Computer wie ein Mac kaum mehr als ein kostspieliger Türstopper oder ein etwas unhandlicher Briefbeschwerer. Erst Programme hauchen der Hardware Leben ein. In diesem Kapitel widmen wir uns der Frage, wie Sie Programme – die bei Apple „Apps" genannt werden – auf Ihrem Mac installieren, verwalten und bei Nichtgefallen wieder loswerden.

Programme finden und starten

Wie Sie Programme starten und wieder beenden, haben Sie bereits im ersten Kapitel kurz erfahren. Im Folgenden werden wir dieses Thema und alle verwandten Aspekte rund um „Programme" ausführlich behandeln.

Apps: Unter macOS werden Programme auch „Apps" genannt. App ist die Abkürzung für das englische Wort „Application", das mit „Anwendung" oder „Programm" übersetzt wird.

Es gibt verschiedene Arten, Programme zu verwalten, zu finden und zu starten:

Dock: Oft benutzte Programme können Sie im Dock ablegen, um sie jederzeit sofort griffbereit zu haben. Hier genügt zum Starten ein Klick auf das Programmsymbol. Wie Sie das Dock nach Ihren Wünschen konfigurieren, erfahren Sie in nächsten Abschnitt.

Launchpad: Das Launchpad zeigt Ihnen die installierten Programme in einer übersichtlichen Darstellung, die Sie an Ihre Anforderungen anpassen können und in der Sie die Programme zum Beispiel nach bestimmten Kriterien gruppieren können.

Programme: Ein Programm lässt sich aber auch aus dem Ordner *Programme* im Finder starten. Diesen Weg werden Sie wohl nur bei selten benutzten Programmen einschlagen, erweisen sich die anderen Methoden in der Praxis doch als flexibler.

Spotlight: Wenn Sie nicht mehr so genau wissen, wo Sie ein Programm abgelegt haben, hilft Ihnen die systemweite Suche *Spotlight* weiter – vorausgesetzt, Sie können sich noch an den Namen des gesuchten Programms erinnern. (Mit Spotlight beschäftigen wir uns in Kapitel 5 noch etwas ausführlicher.)

Siri: Sagen Sie einfach „Öffne Safari" um beispielsweise die App Safari zu starten. Sie können auch „Starte Safari" sagen. Mehr Infos zu Siri finden Sie im Kapitel 17.

Programme im Dock

Das Dock haben Sie bereits in Grundzügen kennengelernt. Es dient als Schnellstarter für Programme, die Sie oft benötigen und auf die Sie daher möglichst schnell und unkompliziert zugreifen möchten. Außerdem erscheinen hier alle Programme, die aktuell aktiv sind.

Wie Sie das Dock benutzen, zeige ich Ihnen am Beispiel des Grafik- und PDF-Programms Vorschau (mit dem wir uns in Kapitel 14 beschäftigen). Dieses überaus nützliche Programm gehört zwar zum Lieferumfang von macOS, standardmäßig jedoch nicht zum normalen Bestand des Docks. Aber das macht nichts, Sie können es natürlich jederzeit selbst hinzufügen.

Das Dock organisieren

- *Symbol hinzufügen:* Möchten Sie ein bestimmtes Programm im schnellen Zugriff haben, ziehen Sie das Programmsymbol aus dem Ordner *Programme* ins Dock.
- *Symbole verschieben:* Um die Anordnung der Symbole im Dock zu ändern, bewegen Sie sie mit der Maus an die gewünschte Position.
- *Symbol entfernen:* Möchten Sie ein Symbol aus dem Dock entfernen, ziehen Sie es mit der Maus auf den Schreibtisch und warten ein wenig, bis das Symbol um eine Wolke ergänzt wird. Lassen Sie es nun los, verpufft es in einer netten Animation. Damit Sie nicht versehentlich ein Symbol entfernen, müssen Sie es ein Stück vom Dock wegziehen.

Fügen wir nun also *Vorschau* dem Dock hinzu und entfernen es wieder:
1. Öffnen Sie ein Finder-Fenster, und klicken Sie in der Seitenleiste auf *Programme*.
2. Ziehen Sie den Eintrag *Vorschau* auf das Dock, und lassen Sie ihn an der gewünschten Position los.
3. Ein Verweis auf *Vorschau* wird im Dock eingefügt. Sie können das Programm nun mit einem einfachen Mausklick auf sein Symbol im Dock starten.

Kapitel 4 Programme (Apps)

Sie können für jedes Programm einen Verweis im Dock ablegen, indem Sie das Programmsymbol in das Dock ziehen und dort ablegen.

Denken Sie daran, dass die Programmdatei selbst ihre Position nicht verändert hat. Sie haben das Programm also nicht aus seinem angestammten Ordner ins Dock verschoben, sondern nur einen Verweis auf das Programm im Dock hinterlegt.

Um den Eintrag wieder zu entfernen, ziehen Sie ihn auf den Schreibtisch. Sobald das Symbol weit genug vom Dock entfernt ist und wenn Sie ein klein wenig warten, wird das Symbol um ein Wölkchen ergänzt. Lassen Sie nun die Maustaste los, verpufft der Eintrag.

 Ein laufendes Programm dem Dock hinzufügen: Wenn Sie ein Programm über einen anderen Weg als über das Dock gestartet haben (etwa über das Launchpad), dann erscheint sein Programmsymbol im Dock, solange das Programm aktiv ist. Möchten Sie es dauerhaft im Dock behalten, klicken Sie das Symbol mit der rechten Maustaste an und wählen **Optionen –> Im Dock behalten**.

Programme im Launchpad

Alle Programme, die im *Programme*-Ordner installiert werden, tauchen automatisch im Launchpad auf. Entsprechend verschwindet ein Programmsymbol aus dem Launchpad, wenn das Programm gelöscht wird.

Launchpad starten

 Das Launchpad starten Sie mit einem Klick auf das *Launchpad*-Symbol im Dock. Falls Sie mit einem Trackpad arbeiten, können Sie das Launchpad auch aufrufen, indem Sie auf dem Trackpad vier Finger zusammenziehen.

Das Launchpad blendet den aktuellen Bildschirminhalt aus und blendet die Symbole aller verfügbaren Programme groß ein. Um ein Programm zu starten – in unserem Beispiel also das Programm *Vorschau* –, genügt ein Klick auf das entsprechende Programmsymbol.

Das Launchpad bietet einen schnellen und komfortablen Weg zum gesuchten Programm. Programme können in Ordnern ❶ *und auf mehreren Bildschirmseiten* ❷ *organisiert werden. Über die Suche* ❸ *finden Sie schnell jedes Programm.*

Vielleicht halten Sie das Launchpad nun für eine zwar nette, aber letztlich doch sinnlose Spielerei – doch das täuscht. Denn im Launchpad werden Programme nicht nur gestartet, sondern auch auf eine sehr intuitive Art organisiert.

Die Anordnung der Symbole lässt sich ändern, Apps können in Ordnern sortiert werden, neue Bildschirmseiten können problemlos eingefügt werden, und Programme, die Sie im App Store gekauft haben, lassen sich über das Launchpad auch wieder löschen. Mit anderen Worten: Sie können klassische Dateioperationen vornehmen, ohne mit dem Finder oder dem Dateisystem in Berührung zu kommen – und ohne, dass Sie versehentlich etwas verschieben oder verändern, was Sie besser in Ruhe gelassen hätten.

Kapitel 4 Programme (Apps)

Das Launchpad organisieren

Und so geht's:

- *Symbole verschieben:* Um die Reihenfolge der Symbole zu ändern, ziehen Sie das Symbol mit der Maus an die gewünschte Position.
- *Ordner anlegen:* Ziehen Sie ein Symbol über ein anderes, wird automatisch ein Ordner mit den beiden Symbolen erzeugt. Weitere Symbole fügen Sie auf die gleiche Weise hinzu. Ordner lassen sich wie Programmsymbole verschieben, es ist allerdings nicht möglich, Ordner in Ordnern anzulegen.

Ordner lassen sich im Launchpad bequem mit der Maus anlegen, indem Sie ein Symbol über ein anderes ziehen.

- *Ordner öffnen:* Einen Ordner öffnen Sie mit einem einfachen Mausklick auf sein Symbol.
- *Ordner umbenennen:* macOS schlägt automatisch einen Namen für einen Ordner vor, den Sie natürlich ändern können. Dazu klicken Sie den Namen bei der Neuanlage an und geben den gewünschten Namen ein. Möchten Sie einen Ordner später einmal umbenennen, öffnen Sie ihn und klicken anschließend auf den Namen. Der Name wird zu einem Eingabefeld und kann nun geändert werden.
- *Ordner löschen:* Um einen Ordner zu löschen, ziehen Sie alle Apps aus diesem Ordner. Sobald ein Ordner nur noch eine App enthält, wird er aufgelöst.
- *Neue Seiten einfügen:* Um weitere Seiten für Programmsymbole einzufügen, ziehen Sie ein Symbol mit der Maus über den rechten Bildschirmrand hinaus. Nach einer kurzen Pause wird eine neue Seite angelegt, auf der Sie das Symbol ablegen können. So lassen sich schnell und einfach alle zusammengehörenden Programme sortieren.
- *Zwischen Seiten wechseln:* Den Seitenwechsel erledigen Sie mit einem Fingerwisch nach rechts bzw. links. Beim Trackpad benutzen Sie dazu zwei Finger, bei der Magic Mouse reicht einer. Bei einer klassischen Maus oder einem Trackball ziehen Sie die Seiten mit gedrückter Maustaste nach links bzw. rechts. Über die Tastatur wechseln Sie mit den Pfeiltasten nach links bzw. rechts bei gleichzeitig gedrückter *cmd*-Taste von einer Seite zur nächsten.

Das Launchpad durchsuchen

Wenn Sie sehr viele Programme installiert haben, dann hilft Ihnen auch die beste Ordnung im Launchpad bei der Suche nach einem bestimmten Programm nicht immer weiter. Doch keine Sorge, das Launchpad verfügt über eine leistungsfähige Suchfunktion, mit der Sie jedes Programm blitzschnell finden.

Klicken Sie dazu im Launchpad einfach in das Suchfeld, und geben Sie den Namen des gesuchten Programms ein. Sobald Sie den ersten Buchstaben eintippen, präsentiert das Launchpad Ihnen bereits eine erste Trefferliste, die mit jedem weiteren Buchstaben verfeinert wird.

Sobald Sie in das Suchfeld ❶ *Text eingeben – und sei es auch nur ein einziger Buchstabe –, zeigt das Launchpad Ihnen blitzschnell passende Apps an* ❷*. Mit einem Klick auf das „x"* ❸ *löschen Sie Ihre Sucheingabe.*

Programme-Ordner und Spotlight

Standardmäßig landen sämtliche Programme im gleichnamigen Ordner und lassen sich aus diesem Ordner heraus auch starten. Für unser Beispielprogramm *Vorschau* öffnen Sie also ein Finder-Fenster, klicken in der Seitenleiste auf den Eintrag *Programme* und anschließend doppelt auf den Eintrag *Vorschau*.

Schließlich können Sie ein Programm auch über die systemweite Suche namens *Spotlight* starten. Mit den Möglichkeiten von Spotlight beschäftigen wir uns in Kapitel 5; hier geht es nur darum, die Suchfunktion als Schnellstarter einzusetzen und das Beispielprogramm *Vorschau* aufzurufen.

Kapitel 4 Programme (Apps)

Spotlight als Schnellstartfunktion

Um Spotlight zu nutzen, klicken Sie entweder oben rechts auf das Lupensymbol oder drücken die Tastenkombination *cmd + Leertaste*. Geben Sie nun den Namen des gesuchten Programms ein, also „Vorschau". Sie werden bemerken, dass Spotlight bereits nach der Eingabe des ersten Buchstabens damit beginnt, eine Trefferliste aufzubauen. Spätestens nach der Eingabe „Vor" sollte in unserem Beispiel das Programm auftauchen. Sie können den entsprechenden Eintrag nun mit der Maus anklicken oder mit den Cursor-Tasten ansteuern und das Programm mit der *Return*-Taste starten. Oft sortiert Spotlight das gesuchte Programm bereits als „Top-Treffer" und markiert es, sodass Sie nur noch die *Return*-Taste drücken müssen.

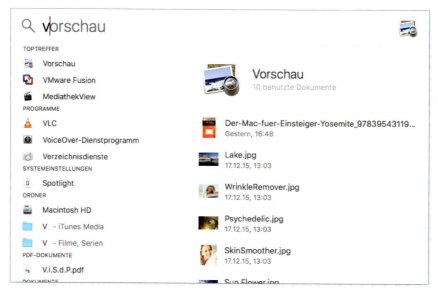

Die systemweite Suche „Spotlight" kann auch als Schnellstarter für Programme eingesetzt werden.

 Schneller starten: Sobald Spotlight Ihren Suchbegriff automatisch ergänzt (also etwa aus „Vor" das Wort „Vorschau" macht), können Sie mit einem Druck auf die **Return**-Taste das Programm starten. Sie müssen also nicht warten, bis das Spotlight-Fenster vollständig aufgebaut ist.

Zwischen Programmen wechseln

Um zwischen aktiven Programmen zu wechseln, gehen Sie bei macOS ähnlich vor wie unter Windows:
- *Dock:* Während Sie bei Windows ein Programm über die Startleiste auswählen, klicken Sie bei macOS auf das entsprechende Programmsymbol im Dock.
- *Tastatur:* Auch der von Windows her vertraute Wechsel zwischen den Programmen über die *Tab*-Taste funktioniert unter macOS, hier jedoch in Kombination mit der *cmd*-Taste.

Der Programmumschalter

Mit *cmd + Tab* rufen Sie den Programmumschalter auf. Das ist eine halbtransparente Leiste, in der alle Symbole der laufenden Programme angezeigt werden. Halten Sie die *cmd*-Taste gedrückt, und bewegen Sie sich mit *Tab* von links nach rechts durch das Band mit den Symbolen aller laufenden Applikationen. Mit *Shift + Tab* bewegen Sie sich bei weiterhin gedrückter *cmd*-Taste von rechts nach links. Sie können die *Tab*-Taste auch loslassen und mit der Maus oder den Pfeiltasten im Umschalter navigieren.

Das aktuell markierte Programm wird farblich hervorgehoben, umrandet und zusätzlich mit seinem Namen versehen. Sobald Sie die Tasten loslassen, wechselt macOS zum markierten Programm.

Mit dem Programmumschalter wechseln Sie schnell zwischen aktiven Applikationen. Das aktuelle Programm steht links außen (hier: „Bildschirmfoto", ein Dienstprogramm von macOS, mit dem dieser Screenshot gemacht wurde). Zum markierten Programm (hier: „Finder") wird gewechselt, sobald die Tasten losgelassen werden.

Kapitel 4 Programme (Apps)

Symbolanordnung und schneller Wechsel

Die Platzierung der Symbole im Programmumschalter ist nicht statisch, sondern passt sich Ihrer Programmnutzung an. Ganz links steht immer das aktuell benutzte Programm, rechts daneben wird das Programm angezeigt, mit dem Sie zuvor gearbeitet haben. So ist es möglich, blitzschnell zwischen zwei Programmen hin- und herzuwechseln. Das klingt so abstrakt vielleicht etwas seltsam, also machen wir uns das Verfahren rasch an einem praktischen Beispiel klar.

Nehmen wir an, Sie arbeiten an einem Text und recherchieren dazu im Internet. Dabei müssen Sie während der Arbeit immer wieder zwischen Ihrer Textverarbeitung und dem Browser wechseln. Beginnen wir mit der Textverarbeitung. Der erste Schritt führt also von der Textverarbeitung zum Browser:

1. Mit *cmd + Tab* rufen Sie den Programmumschalter auf und wechseln von der Textverarbeitung zum Browser. Dort lesen Sie nach, was Sie nachlesen wollten. Nun möchten Sie zur Textverarbeitung zurückkehren.
2. Rufen Sie mit *cmd + Tab* erneut den Programmumschalter auf. Der Browser steht nun an erster Stelle, die Textverarbeitung als zuletzt aktives Programm folgt an zweiter Stelle. Jetzt genügt ein weiterer Druck auf *cmd + Tab*, um vom Browser zur Textverarbeitung zurückzukehren.
3. Nun steht im Programmumschalter die Textverarbeitung wieder an erster, der Browser an zweiter Stelle. Der Browser ist jetzt seinerseits nur ein *cmd + Tab* entfernt.

Und so weiter. Schneller ist ein Wechsel zwischen zwei Programmen wohl kaum zu realisieren.

Programme beenden

Beim Starten von und beim Wechsel zwischen Programmen sind sich Windows und macOS also sehr ähnlich, beim Beenden von Programmen unterscheiden sich die beiden Systeme allerdings ein wenig.

Bei Windows wird ein Programm dann beendet, wenn Sie das letzte Programmfenster schließen. Unter macOS ist das nicht unbedingt der Fall: Manche Programme bleiben bei macOS auch fensterlos aktiv. Es ist in der Regel jederzeit möglich, zu einem fensterlosen Programm zu wechseln und über *cmd + N* ein neues Programmfenster zu öffnen.

Aktive Programme

Wenn Sie im Blick behalten möchten, ob ein Programm aktiv ist oder nicht, kann das Dock Ihnen helfen. Rufen Sie in den *Systemeinstellungen* den Eintrag *Dock* auf, und aktivieren Sie hier den Punkt *Anzeige für geöffnete Programme einblenden*.

Ab sofort blendet das Dock einen Punkt unter einem Programmsymbol ein, wenn das entsprechende Programm aktiv ist.

Apps schließen

Um nicht nur ein Fenster zu schließen, sondern ein Programm tatsächlich zu beenden, gibt es verschiedene Wege:
- *Menü:* Wechseln Sie zum Programm, wählen Sie im Menü den Programmeintrag links (also den Menüpunkt mit dem Namen des Programms) und dort den letzten Eintrag: *[Programm] beenden*.
- *Tastatur:* Wechseln Sie zum Programm, und drücken Sie *cmd + Q* (das Q steht für „quit").
- *Dock:* Klicken Sie mit der rechten Maustaste auf das Programmsymbol im Dock, und wählen Sie *Beenden*.
- *Umschalter:* Rufen Sie den Programmumschalter auf, und markieren Sie das gewünschte Programm. Bewegen Sie nun Ihren Finger von der *Tab*-Taste nach rechts, und drücken Sie – bei gehaltener *cmd*-Taste – das *Q*. Das System erkennt jetzt ein *cmd + Q* und beendet das Programm, ohne den Programmumschalter zu verlassen.

Sobald ein Programm beendet ist, wechselt macOS automatisch zum zuletzt benutzten Programm. Ein Beispiel: Starten Sie Ihren Mac, läuft auf jeden Fall der Finder (ohne den bei macOS überhaupt nichts geht).

Starten Sie nun der Reihe nach *Safari*, *Mail* und *Kalender*. Wenn Sie jetzt *Kalender* beenden, befinden Sie sich automatisch in *Mail*. Beenden Sie *Mail*, landen Sie in *Safari*, beenden Sie auch *Safari*, sind Sie wieder am Ausgangspunkt, also im *Finder*.

Resume: Dokumente merken

Beim Schließen eines Programms bietet macOS auf Wunsch ein besonderes Feature: *Resume*, was sich mit „Fortsetzen", „Weitermachen" übersetzen lässt. Wenn eine Applikation Resume unterstützt, dann sind Sie fein raus: Denn in diesem Fall speichert das Programm vor dem Beenden seinen aktuellen Zustand und den Inhalt aller aktuell geöffneten Dokumente. Starten Sie es dann später erneut, wird genau der Zustand wiederhergestellt, in dem Sie das Programm beendet haben, und Sie können genau an der Stelle weitermachen, an der Sie aufgehört haben.

Damit das funktioniert, müssen Sie die Funktion unter Umständen zuerst aktivieren. Dazu wählen Sie in den *Systemeinstellungen* den Eintrag *Allgemein* und entfernen das Häkchen bei *Fenster beim Beenden eines Programms schließen*.

Soll Resume ausnahmsweise beim Beenden nicht genutzt, das Programm also beendet werden, ohne sich die aktuell geladenen Dokumente zu merken, dann beenden Sie das Programm mit gedrückter *alt*-Taste, also mit *alt* + *cmd* + *Q*.

Das funktioniert auch andersherum. Wenn die Option *Fenster beim Beenden eines Programms schließen* aktiviert ist (wenn sich eine App also beim Beenden die geöffneten Dokumente standardmäßig nicht merkt), dann können Sie mit *alt* + *cmd* + *Q* ausnahmsweise Resume aktivieren.

Programmabstürze

Es kommt selten vor, aber es passiert auch unter macOS: Gelegentlich stürzt ein Programm derart hoffnungslos ab, dass Sie es nur noch auf die harte Tour beenden können.

Das bedeutet, dass Sie ein Programm nicht über das Menü verlassen und dabei eventuell noch ungesicherte Daten speichern können, sondern dass Sie das Betriebssystem anweisen müssen, einen laufenden Prozess kurzerhand und ohne Rücksicht auf Verluste für beendet zu erklären.

> **Nur für den Notfall:** Das Beenden eines Programms über das Betriebssystem ist eine Notmaßnahme, die Sie auch nur in Notfällen benutzen sollten. Wenn Sie ein Programm über diesen Notausgang verlassen, besteht immer die Gefahr des Datenverlusts. Greifen Sie also nur dann zu diesem Mittel, wenn die üblichen Maßnahmen nicht fruchten. Versuchen Sie immer, ein Programm über sein Menü, **cmd + Q** oder über das Kontextmenü im Dock zu beenden, bevor Sie zu drastischen Maßnahmen greifen.

Abwarten

Manchmal ist ein Programm einfach nur zu sehr mit sich selbst beschäftigt – warten Sie also ein wenig ab, bevor Sie eingreifen. Mitunter reagiert ein Programm nach ein paar Minuten wieder wie gewohnt.

Programme sofort beenden

Wenn ein Programm auch nach einer Wartezeit nicht mehr reagiert, gibt es zwei Möglichkeiten, um es sofort zu beenden.

Wählen Sie *Apfel-Menü –> Sofort beenden*. Falls das störrische Programm auch die Menüleiste blockiert, drücken Sie die Dreier-Kombination *alt + cmd + esc*. Die Tastenkombination sieht etwas wild aus, ist aber mit einer Hand zu greifen. Sie müssen lediglich den Daumen etwas abspreizen, dann können Sie die Kombination *alt + cmd* mit dem Daumen drücken, während der Zeigefinger wie von selbst *esc* erreicht. Es öffnet sich ein kleines Fenster, in dem Sie das störrische Programm auswählen und beenden können.

Über den Dialog „Programme sofort beenden" können Sie normalerweise jedes störrische Programm schließen. Das sollten Sie allerdings erst dann tun, wenn ein Programm wirklich nicht mehr reagiert. Sie können ein Programm, das nicht mehr reagiert, auch über das Kontextmenü im Dock beenden.

Bei besonders hartnäckigen Fällen schlägt der Weg über das Menü allerdings fehl, weil das Menü selbst nicht mehr reagiert. In diesem Fall bleibt nur noch der Weg über das Programmsymbol im Dock. Rufen Sie das Kontextmenü des widerspenstigen Programms auf, indem Sie mit der rechten Maustaste auf das Programmsymbol im Dock klicken. Bei einem aktuell nicht reagierenden Programm zeigt das Kontextmenü nun statt des Standardeintrags *Beenden* den Eintrag *Sofort beenden*. Sollte das nicht der Fall sein, können Sie das Menü auch durch einen Druck auf die *alt*-Taste ändern.

Den Finder neu starten

Mitunter kann es passieren, dass nicht irgendein Programm, sondern der Finder selbst aus dem Tritt gekommen ist und neu gestartet werden sollte. Um den Finder neu zu starten, gibt es zwei Möglichkeiten:
- Sie können unter *Apfel-Menü –> Sofort beenden* den Eintrag *Finder* auswählen und auf *Neu starten* klicken.
- Oder Sie halten die *alt*-Taste gedrückt und klicken mit der rechten Maustaste auf das *Finder*-Symbol im Dock. Das Kontextmenü wird damit um den Punkt *Neu starten* ergänzt.

Mit gedrückter „alt"-Taste und einem Rechtsklick auf das Finder-Symbol können Sie auch den Finder neu starten.

Programme aus dem App Store laden

Der bequemste (aber nicht der einzige) Weg, ein Programm zu installieren, führt über den App Store. Hier haben Sie Zugriff auf eine sehr umfangreiche Auswahl an Programmen aus allen möglichen Kategorien und für die unterschiedlichsten Einsatzgebiete. Im App Store finden Sie nur Programme, die von Apple geprüft und zugelassen wurden. Um Programme aus dem App Store laden bzw. kaufen zu können, benötigen Sie eine Apple-ID (s. dazu Kapitel 2). Probieren wir den Download und die Installation eines Programms via App Store einfach mal mit einem kostenlosen Angebot aus.

Ein Programm aus dem App Store laden

Starten Sie also den App Store mit einem Klick auf das App-Store-Symbol im Dock. Falls Sie das Symbol aus dem Dock entfernt haben, erreichen Sie den App Store immer über *Apfel-Menü –> App Store*. In der rechten Spalte sehen Sie verschiedene Kästen, darunter auch die zehn beliebtesten Gratis-Angebote im App Store. Mit einem Klick auf *Alle* lassen Sie sich eine Übersicht über alle kostenlosen Apps anzeigen. Suchen Sie sich ein Programm aus, das Sie interessiert (über einen Klick auf den Namen bzw. das Symbol

Kapitel 4 Programme (Apps)

des Programms können Sie sich weitere Informationen zeigen lassen), klicken Sie auf *Gratis* und anschließend auf *App installieren*.

Geben Sie nun Ihre Apple-ID und Ihr Passwort ein. macOS beginnt sofort mit dem Download und der anschließenden Installation – Sie müssen sich um nichts mehr kümmern.

Der App Store ist der wohl bequemste Weg, um neue Programme zu installieren.

Während des Downloads zeigt das Launchpad-Symbol im Dock einen Fortschrittsbalken. Bei sehr umfangreichen Programmen kann das schon mal eine Weile dauern. Wenn Sie sich hier über den Fortschritt informieren möchten, wechseln Sie zum Launchpad oder klicken im App Store auf *Einkäufe*. Hier sehen Sie, wie weit der Download bereits fortgeschritten ist und wie lange er vermutlich noch dauern wird.

Sobald das neue Programm verfügbar ist, macht das Launchpad mit einem Hüpfer im Dock auf sich aufmerksam. Wenn Sie nun zum Launchpad wechseln, sehen Sie, dass das neu installierte Programm mit einem blauen Punkt markiert ist.

Während des Ladevorgangs zeigen das Launchpad-Symbol (links) und das Programmsymbol im Launchpad (Mitte) einen Fortschrittsbalken an. Zeigen Sie auf das Launchpad-Symbol, erhalten Sie eine genaue Übersicht über den aktuellen Ladefortschritt. Ein neu installiertes Programm wird im Launchpad mit einem blauen Punkt markiert (rechts).

Einkäufe und Updates

Der App Store informiert Sie auch, wenn ein Programm aktualisiert wurde. Updates im App Store sind kostenlos und werden im Register *Updates* des App Stores angezeigt. Sie sehen die verfügbaren Updates auch als Ergänzung des Eintrags *Apfel-Menü –> App Store*.

Ob ein Update vorliegt, erfahren Sie auch im Apfel-Menü.

Standardmäßig sucht macOS eigenständig nach Updates und informiert Sie darüber, wenn ein Update installiert werden kann. Wenn Sie das jedoch selbst in die Hand nehmen möchten, dann klicken Sie im App Store auf das Register *Updates*.

> **Erneutes Laden ist kostenlos:** Im Register **Einkäufe** werden sämtliche Käufe und Downloads verwaltet, die Sie im App Store getätigt haben. Haben Sie ein Programm gelöscht und möchten es erneut installieren, laden Sie es hier einfach erneut. Wenn Sie einen zweiten Mac benutzen oder sich einen neuen Mac zugelegt haben, können Sie über dieses Register alle bereits gekauften bzw. geladenen Programme ebenfalls erneut laden – ohne nochmals zur Kasse gebeten zu werden, versteht sich.

Updates ❶ werden über den App Store kostenlos installiert. Auch Ihre bisherigen Einkäufe ❷ können Sie jederzeit erneut und ohne zusätzliche Kosten aus dem App Store laden und installieren.

Kapitel 4 Programme (Apps)

Programme ohne App Store installieren

Nicht alle Anbieter oder Programmierer bieten ihre Programme über den App Store an. Viele Programme werden traditionell auf einem Datenträger verkauft oder als Installationsdatei im Internet bereitgestellt.

Fragt sich nur, wie man ein Programm installiert, bei dem der App Store einem nicht die Arbeit abnimmt. Unter Windows wird eine Installationsroutine entweder durch Einlegen einer CD automatisch oder durch einen Doppelklick auf eine Datei wie „setup.exe" gestartet. Unter macOS ist das anders. Ganz anders.

- *Kein Autostart:* Zum einen gibt es hier die von Windows her vertraute Autostart-Funktion nicht. Legen Sie eine CD oder DVD ein, wird sie als neues Symbol auf dem Schreibtisch angezeigt und eventuell wird ein Finder-Fenster geöffnet – aber es wird nicht automatisch ein Programm gestartet.
- *Kein Installer:* Zum anderen gibt es bei einer typischen Mac-Applikation keinen Installer bzw. kein Installationsprogramm.

„Wenn es typische Applikationen gibt", werden Sie jetzt vielleicht denken, „gibt es wohl auch untypische". Das stimmt. Und bei diesen (wenigen) Ausnahmen finden Sie mitunter einen Installer. Aber der Reihe nach. Widmen wir uns zuerst dem Standardfall.

DMG-Dateien

Die meisten Programme liegen zur Installation in Form einer DMG-Datei vor. Wie im dritten Kapitel erläutert wurde, handelt es sich dabei um ein virtuelles Laufwerk (DMG = Disk Image), also um eine Datei, die vom System wie ein reales Laufwerk behandelt wird. Bevor Sie das Programm der DMG-Datei auf Ihrem Mac installieren können, müssen Sie die Datei also mit einem Doppelklick öffnen.

Viele Umsteiger sind allerdings verwirrt, wenn sie sehen, wie sich eine DMG-Datei anschließend präsentiert. Denn hier lassen sich die Entwickler nicht lumpen und machen mitunter ausgiebig Gebrauch von den grafischen Fähigkeiten des Macs. Da werden dann farbige Hintergründe oder Bildmotive benutzt, und das Programmsymbol selbst wird sehr groß dargestellt.

Manche DMG-Dateien mit neuen Programmen wirken auf den ersten Blick verwirrend, entpuppen sich aber rasch als normale Finder-Fenster in Symboldarstellung mit Hintergrundbild.

Aber lassen Sie sich von den grafischen Anstrengungen der Anbieter nicht irritieren – was Sie zu sehen bekommen, ist immer ein ganz normales Finder-Fenster. Das merken Sie sofort, wenn Sie sich mit *alt + cmd + T* die Seiten- und Symbolleiste einblenden lassen.

Installation mit Drag & Drop

Eine Installation per Drag & Drop empfiehlt sich schon deshalb, weil Sie so bequem auf den Eintrag *Programme* in der Seitenleiste zugreifen können. Denn um ein typisches Mac-Programm zu installieren, müssen Sie nicht mehr tun, als das Programmsymbol in den *Programme*-Ordner zu ziehen. Den Rest erledigt macOS. Je nachdem, wie umfangreich das Programm ist, erscheint kurz ein Dialog, der über den Fortgang der Installation informiert (die im Prinzip ein einfacher Kopiervorgang ist). Meistens ist die Sache aber so schnell vorbei, dass man das kaum mitbekommt.

Eine Programminstallation ist unter macOS meist nichts anderes als ein simpler Kopiervorgang.

Manche Hersteller – in unserem Beispiel der Anbieter von Firefox – machen es Ihnen noch einfacher und ersparen es Ihnen, den *Programme*-Ordner im Finder anzeigen zu lassen. Stattdessen wird der Programmdatei ein Alias für den Standardordner mit auf den Weg gegeben. (Bei einem Alias handelt es sich um einen Verweis auf die Originaldatei bzw. den Originalordner.) Ziehen Sie die Installationsdatei auf diese Alias-Verknüpfung, wird das Programm ebenfalls in den *Programme*-Ordner kopiert, also: installiert.

Kapitel 4 Programme (Apps)

Installer

Das Laden aus dem App Store und das Kopieren der Programmdatei sind die Standardverfahren zur Installation von Programmen unter macOS. Doch es geht auch anders: Manche Programme müssen nämlich, ähnlich wie unter Windows, über eine eigene Routine installiert werden.

Hierbei handelt es sich oft um Programme, die nicht speziell für macOS, sondern systemübergreifend für mehrere Betriebssysteme (Windows, Linux, macOS) entwickelt wurden oder die sehr stark ins System eingreifen.

Auch diese Programme werden oft als DMG-Datei weitergegeben, aber das virtuelle Laufwerk enthält dann keine mit Drag & Drop installierbare Programmdatei, sondern ein Paket mit der Dateiendung PKG oder MPKG. Als Symbol wird in diesem Fall keine Festplatte, sondern ein Paket benutzt. Nach einem Doppelklick auf diese Datei startet die Installation.

 Vorsicht bei Passwortabfragen! Manche Programme fragen während der Installation nach Ihrem Passwort. Sobald das passiert, sollten Sie misstrauisch werden. In diesem Fall will das Programm auf geschützte Systembereiche zugreifen und braucht dazu Ihre Genehmigung, die Sie ihm nicht leichtfertig gewähren sollten. Geben Sie Ihr Passwort nur ein, wenn Sie sich sicher sind, dass es sich um ein legales und seriöses Programm handelt – andernfalls laufen Sie Gefahr, Schadsoftware auf Ihrem Mac zu installieren. Mehr zum Thema Schadsoftware finden Sie in Kapitel 16.

So werden Sie Programme wieder los

So einfach wie die Installation ist in aller Regel auch die Deinstallation eines Programms. Einen dezidierten Uninstaller werden Sie unter macOS, anders als unter Windows, nur bei sehr wenigen Programmen finden, denn dergleichen wird nur selten benötigt.

 Uninstaller: Einige Programme, die stark ins System eingreifen, werden mit einem Uninstaller geliefert, der zum Entfernen des Programms unbedingt benutzt werden sollte. Nur so können Sie sicher sein, dass alle Eingriffe und Änderungen, die das Programm vorgenommen hat, auch wieder rückgängig gemacht werden.

Launchpad

Am einfachsten entfernen Sie ein Programm über das Launchpad, was allerdings nur dann funktioniert, wenn es sich um ein Programm handelt, das Sie aus dem App Store installiert haben.

Rufen Sie das Launchpad auf, und blättern Sie zu der Seite mit dem Symbol des Programms, das Sie löschen möchten. Klicken Sie ein beliebiges Symbol etwas länger an oder drücken Sie die *alt*-Taste: Die Symbole fangen nun an zu wackeln, und alle Programme, die Sie löschen können, werden mit einem schwarzen *x* markiert. Nach einem Klick auf ein *x* erscheint eine Sicherheitsabfrage. Bestätigen Sie sie, wird das entsprechende Programm vom Mac entfernt.

Programme, die Sie aus dem App Store geladen haben, lassen sich sehr einfach und schnell über das Launchpad löschen.

Kapitel 4 Programme (Apps)

Finder

Programme lassen sich auch im Finder löschen. Hier genügt es in der Regel, das entsprechende Programmsymbol in den Papierkorb zu ziehen. Alternativ dazu können Sie das Programm auch mit der Tastenkombination *cmd + Backspace* löschen – und dann den Papierkorb leeren.

Möchten Sie auf diese Weise ein Programm löschen, das Sie aus dem App Store geladen haben, müssen Sie sich mit Ihrem Passwort ausweisen. Programme aus anderen Quellen werden in der Regel ohne Rückfrage entfernt.

Dabei werden allerdings nicht sämtliche Spuren des Programms von der Festplatte entfernt, es finden sich noch kleinere Konfigurationsdateien in den Libraries. Diese können Sie allerdings einfach ignorieren – sie belegen praktisch keinen Speicherplatz und stören das System nicht.

Gatekeeper, der Pförtner im Mac

Auf dem Mac ist es nicht anders als bei einem Windows-PC: Wenn man alles, was einem so unter den Mauszeiger kommt, ohne genauer hinzuschauen installiert, dann kann man sich im Internet Schadsoftware einfangen. Allerdings werden Sie auf dem Mac vom „Gatekeeper" (also dem „Pförtner") davor geschützt, ein dubioses Programm auch tatsächlich zu starten.

Eingangskontrolle

Standardmäßig lässt dieser Pförtner nur Programme passieren, die Sie entweder aus dem App Store geladen oder von einem Entwickler mit gültiger Entwicklerlizenz von Apple bezogen haben. Das hat seinen guten Grund und sorgt für mehr Sicherheit.

Apple lässt nur Programme in den App Store, die bestimmten strengen Spielregeln gehorchen. Die Gefahr, sich hier Schadsoftware einzufangen, geht gegen null.

Ähnlich verhält es sich mit Programmen, die mit einer gültigen Entwicklerlizenz signiert sind. Hier sind zwar Funktionen enthalten, die Apple im App Store nicht akzeptiert, doch durch die Signatur ist der Weg zum Entwickler eindeutig zurückzuverfolgen. Auch hier läuft man kaum Gefahr, ein Schadprogramm zu installieren. Beim ersten Start dieser Programme wird zudem ein Warnhinweis eingeblendet.

Beim ersten Start von Programmen, die Sie nicht aus dem App Store bezogen haben, erscheint eine Sicherheitsabfrage.

Daneben gibt es aber noch eine dritte Gruppe an Entwicklern, die völlig unabhängig von Apple Programme für macOS anbieten. Auch deren Programme können Sie natürlich auf dem Mac installieren. Doch es wird Ihnen auf Anhieb nicht gelingen, ein solches Programm auch zu starten.

Auch das hat seinen guten Grund: Wenn Sie überhaupt Schadsoftware auf Ihrem Mac installieren, dann sind dies mit an Sicherheit grenzender Wahrscheinlichkeit Programme, die weder aus dem App Store kommen noch eine gültige Signatur besitzen. Aus diesem Grund wird der Start eines solchen Programms abgeblockt.

Programme von „nicht verifizierten Entwicklern" werden von Gatekeeper gestoppt – vorausgesetzt, Sie haben das Programm aus dem Internet geladen.

 Nur Internet: Der Pförtner kontrolliert nur Programme, die Sie aus dem Internet geladen haben. Programme, die Sie aus anderen Quellen – etwa von einer DVD – installieren, passieren unkontrolliert.

Den Pförtner überlisten

Nun gibt es natürlich jede Menge Programme dieser Art, die völlig harmlos und nützlich sind und die dennoch vom Pförtner aufgehalten werden. Was tun? Nun, ganz einfach: Öffnen Sie im Finder den Ordner *Programme*, und lokalisieren Sie dort das gewünschte Programm. Klicken Sie das Programm mit der rechten Maustaste an, und wählen Sie *Öffnen*. In diesem Fall drückt der Pförtner ein Auge zu und lässt das Programm nach einer erneuten Warnung passieren. Außerdem merkt sich Gatekeeper Ihre Entscheidung und startet das Programm in Zukunft wie gewohnt.

Kapitel 4 Programme (Apps)

Öffnen Sie ein Programm eines „nicht verifizierten Entwicklers" über das Kontextmenü, warnt der Pförtner Sie zwar auch, bietet Ihnen aber nun die Möglichkeit, das Programm zu starten. Nach dem ersten Start eines solchen Programms gibt der Pförtner Ruhe; in Zukunft startet das Programm dann ohne weitere Rückfragen.

Einstellungen

Wie genau *Gatekeeper* bei einem Programm hinschauen soll, definieren Sie in den Systemeinstellungen. Rufen Sie in den *Systemeinstellungen* den Punkt *Sicherheit* auf. Klicken Sie hier auf das Schloss unten links, und geben Sie Ihr Passwort ein, um die Sicherheitseinstellungen bearbeiten zu können. Nun haben Sie unter *Apps-Download erlauben von* die Wahl:

- *Mac App Store:* Es werden nur Programme ausgeführt, die Sie aus dem App Store geladen haben. Das ist die sicherste, aber auch rigideste Einstellung.
- *Mac App Store und verifizierte Entwickler:* Dies ist die Standardeinstellung, bei der Programme aus dem App Store und von Entwicklern, die sich bei Apple registriert haben, akzeptiert werden.

Wie genau der Pförtner beim Start eines Programms hinschaut, können Sie in den Systemeinstellungen festlegen.

Kapitel 5

Den Überblick behalten

Kapitel 5 Den Überblick behalten

Der Mac hat kein Problem damit, mehrere Dinge gleichzeitig zu erledigen und mit zahlreichen Fenstern zu jonglieren. Unsereins tut sich da schon etwas schwerer und verläuft sich mitunter im Fensterdschungel. Doch keine Sorge, in diesem Kapitel lernen Sie die Tools kennen, die macOS Ihnen bereitstellt, damit Sie immer den Überblick behalten. Außerdem erfahren Sie, wie Sie jede Datei auf Ihrem Mac blitzschnell finden und wie Sie sich Dateien anzeigen lassen können, ohne sie öffnen zu müssen. Und da zu einer übersichtlichen Umgebung auch die Anpassung an die eigenen Vorlieben gehört, zeige ich Ihnen zu Beginn, wie Sie das Erscheinungsbild von macOS Ihren Wünschen anpassen können.

Das Erscheinungsbild anpassen

Die Art und Weise, wie sich macOS Ihnen präsentiert, wird von Apple zwar recht rigide vorgegeben, und so weitreichende Anpassungen, wie Sie sie vielleicht von Windows gewohnt sind, gibt es hier nicht. Aber so ganz sind Sie Apples Vorgaben auch nicht ausgeliefert: Es sind durchaus Anpassungen möglich.

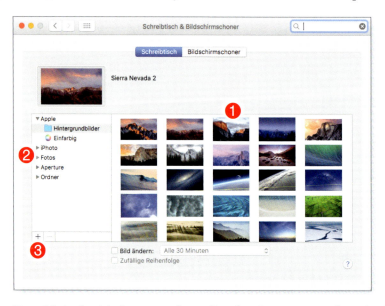

Bei Hintergrundbildern lässt sich Apple nicht lumpen und spendiert dem System eine Fülle an hochwertigen Fotografien.

Das beginnt beim Hintergrundbild des Schreibtischs. Um das zu verändern, klicken Sie einmal mit der rechten Maustaste auf eine leere Stelle des Bildschirms und wählen *Schreibtischhintergrund ändern*. Nun haben Sie die Wahl zwischen zahlreichen hochwertigen Fotografien und Grafiken, die Apple dem System mit auf den Weg gibt ❶. Falls Sie eigene Bilder in einem von macOS unterstützten Fotoprogramm verwalten (iPhoto, Fotos oder Aperture ❷) sind diese ebenfalls verfügbar. Haben Sie Ihre Fotos in anderen Ordnern abgelegt, können Sie diese über die Plustaste ❸ zur Auswahl hinzufügen. Jedes neu gewählte Bild ist sofort aktiv und wird als Hintergrund angezeigt.

Auf dem Schreibtisch werden in der Praxis zahlreiche Dateien und Ordner abgelegt. Da herrscht bald ein ziemliches Durcheinander. Doch keine Sorge, macOS kann Ihnen das Aufräumen abnehmen. Klicken Sie dazu mit der rechten Maustaste auf eine leere Stelle des Schreibtischs, und wählen Sie aus dem Kontextmenü den Eintrag *Aufräumen*, *Aufräumen nach* oder *Sortieren nach*. Beim Aufräumen werden die Symbole lediglich am Raster ausgerichtet, beim Sortieren wandern alle Symbole fein säuberlich an den rechten Rand.

Falls Ihnen die Darstellung der Symbole auf dem Schreibtisch zu klein (oder zu groß) ist, können Sie auch das problemlos ändern. Klicken Sie mit der Maus einmal auf eine leere Stelle des Schreibtischs, und drücken Sie anschließend *cmd + J*. Es werden nun die Darstellungsoptionen für den Schreibtisch eingeblendet. Hier können Sie die *Symbolgröße* ändern, über *Gitterabstand* das generelle Ordnungsraster definieren und auch die *Textgröße* der Beschriftung bestimmen.

Wenn Sie möchten, kann macOS automatisch für Ordnung auf dem Schreibtisch sorgen.

Wenn Ihnen das Erscheinungsbild von macOS generell etwas zu bunt oder gar zu grell ist, lässt sich die Farbgebung ein wenig dämpfen. Dazu wählen Sie *Apfel-Menü -> Systemeinstellungen* und hier den Punkt *Allgemein*. Unter *Erscheinungsbild* können Sie die Standardfarbe *Blau* für Tasten, Menüs und Fenster auf den Grauton *Graphit* ändern. Über den Punkt *Dunkle Menüleiste und Dock verwenden* aktivieren Sie den „Dark Mode". Wenn Sie nun noch unter *Auswahlfarbe* einen Grauton wählen, haben Sie macOS die Farben so ziemlich ausgetrieben.

Kapitel 5 Den Überblick behalten

Wem macOS in den Standardeinstellungen zu farbig ist, der wird am „Dark Mode" Gefallen finden.

macOS ist Ihnen aber immer noch zu bunt und überhaupt – diese transparenten Effekte beim Dock, der Menüleiste und einigen anderen Stellen im System sagen Ihnen auch nicht so recht zu? Kein Problem, auch das können Sie ändern. Rufen Sie *Apfel-Menü -> Systemeinstellungen* auf, und wählen Sie *Bedienungshilfen*. Klicken Sie hier in der Seitenleiste auf *Anzeige*, und aktivieren Sie die Punkte *Graustufen verwenden* und *Transparenz reduzieren*: Grauer wird macOS nun nicht mehr.

Mission Control

Wie jedes moderne Betriebssystem kann auch macOS verschiedene Programme gleichzeitig ausführen. Diese Fähigkeit wird im Arbeitsalltag natürlich weidlich genutzt: Programme wie *Safari* (der Webbrowser von macOS), *Mail*, *Kalender*, *Kontakte*, *iTunes* oder *Notizen* sind fast auf jedem Mac im ständigen Einsatz. Hinzu kommen die verschiedenen Programme, mit denen Sie Ihre tägliche Arbeit erledigen, also zum Beispiel Textverarbeitung, Tabellenkalkulation oder ein Grafikprogramm. Jedes Programm besitzt dabei ein oder mehrere Fenster, weshalb sich der Schreibtisch schon nach kurzer Zeit mit zahllosen Fenstern füllt. Da stellt sich natürlich die Frage, wie man am Mac arbeiten kann, ohne in der Fensterflut zu versinken.

Hier wartet macOS mit leistungsfähiger Unterstützung auf, die auf den etwas pompösen Namen „Mission Control" hört und verschiedene Techniken bietet, mit denen Sie den Überblick behalten.

> **Steuerung:** Mission Control wird mit verschiedenen Tasten, Tastenkombinationen oder Wischgesten gesteuert. Die genaue Steuerung von Mission Control kann sich von Mac zu Mac je nach Modell und benutzten Eingabegeräten unterscheiden. In diesem Kapitel gehe ich von den Standardeinstellungen eines iMacs mit Standardtastatur und Trackpad aus. In den Systemeinstellungen können Sie die Steuerung von Mission Control Ihren Wünschen anpassen. Mehr dazu lesen Sie in Kapitel 17.

Alle Fenster aller Programme

Um die Fähigkeiten von Mission Control kennenzulernen, öffnen Sie am besten zuerst ein paar Programme und Fenster. Klicken Sie zum Beispiel auf das Finder-Symbol im Dock, und öffnen Sie mit *cmd + N* einige Fenster. Starten Sie zudem durch einen Klick auf die entsprechenden Symbole den App Store, die *Kontakte*, den *Kalender* und die *Systemeinstellungen*. Nun ist der Bildschirm bereits ganz schön voll, und die verschiedenen Fenster verdecken sich gegenseitig.

Das lässt sich aber leicht ändern: Drücken Sie *F3* (oder *ctrl + Pfeil nach oben*), oder wischen Sie auf dem Trackpad mit drei Fingern nach oben. Wie von Zauberhand werden der Schreibtisch und die Fenster aller aktiven Programme verkleinert – Sie haben nun den vollen Überblick. Außerdem sehen Sie am oberen Rand den Eintrag *Schreibtisch*. Zeigen Sie mit der Maus auf den Eintrag, wird er zu einer Miniatur des aktuellen Schreibtischs vergrößert. Dabei handelt es sich um einen „Space". Mit diesem Thema beschäftigen wir uns später in diesem Kapitel.

Mission Control sorgt für Übersicht über alle geöffneten Programme und Fenster.

Kapitel 5 Den Überblick behalten

Möchten Sie nun zu einem bestimmten Fenster bzw. einem bestimmten Programm wechseln, klicken Sie es in der Übersicht an. Sie kehren zur Standardansicht zurück, und das gewählte Fenster liegt nun auf der obersten Ebene.

Nur die Fenster eines Programms

In der Standardansicht von Mission Control werden alle Fenster aller Programme gezeigt. Das ist mitunter etwas unübersichtlich. Nämlich dann, wenn Sie nur die Fenster eines Programms sehen möchten. In diesem Fall wechseln Sie zu dem entsprechenden Programm und drücken *ctrl + Pfeil nach unten* oder wischen auf dem Trackpad mit drei Fingern nach unten. Alternativ dazu können Sie das Symbol des Programms im Dock mit der rechten Maustaste anklicken und *Alle Fenster anzeigen* wählen.

Nun sehen Sie eine geordnete Ansicht mit allen Fenstern des aktuellen Programms. Fenster, die Sie minimiert im Dock abgelegt haben, werden dabei als Miniatur dargestellt. Bei vielen Programmen werden zusätzlich als Miniatur die zuletzt geöffneten Dokumente gezeigt. Diese Variante von Mission Control heißt *App Exposé*. Klicken Sie eine der Miniaturen an, können Sie direkt aus Mission Control heraus das entsprechende Dokument öffnen.

Hat ein Programm (hier: Finder) mehrere Fenster geöffnet, können Sie mit Mission Control für Übersicht sorgen ❶. *Minimierte Fenster werden als Miniaturen angezeigt* ❷.

Damit nicht genug: Sie können sich diese Übersicht auch für andere Programme anzeigen lassen, ohne diese Darstellung verlassen zu müssen. Drücken Sie dazu die *Tab*-Taste, bis das gewünschte Programm erscheint.

Der Schreibtisch

Je mehr Fenster und Programme Sie geöffnet haben, desto voller wird der Schreibtisch und desto eher verdeckt ein Fenster ein Symbol auf dem Schreibtisch, das Sie just im Moment benötigen. Auch hier hilft Mission Control: Drücken Sie *cmd + F3*, so werden rasch alle Fenster aus dem Weg geräumt und Sie haben freien Blick auf den Schreibtisch. Alternativ dazu können Sie auch vier Finger auf dem Trackpad auseinanderziehen.

 Störende Fenster ausblenden: Möchten Sie, dass nur das aktuelle Programmfenster zu sehen ist und alle anderen Fenster ausgeblendet werden, dann halten Sie die **alt**- und die **cmd**-Taste gleichzeitig gedrückt und klicken das Programmsymbol im Dock an. Nun werden alle anderen Fenster ausgeblendet und nur noch das Fenster des angeklickten Programms gezeigt.

Spaces: Schafft zwei, drei, viele Schreibtische

Mit „Spaces" bietet macOS virtuelle Schreibtische, zwischen denen Sie blitzschnell wechseln können. So ist es zum Beispiel möglich, auf dem einen Schreibtisch mit der Tabellenkalkulation zu arbeiten, auf einem anderen den Browser geöffnet zu haben und auf einem dritten ein kleines Spielchen laufen zu lassen, mit dem man sich in kurzen Arbeitspausen zwischendurch entspannt.

Jeder Space kann ein eigenes Hintergrundbild besitzen, was für mehr Übersichtlichkeit sorgt. Insgesamt kann macOS bis zu 16 Spaces verwalten. In der Praxis werden Sie wohl mit zwei oder drei zusätzlichen Bildschirmen auskommen.

Kapitel 5 Den Überblick behalten

Spaces anlegen

Einen neuen Space legen Sie in der Gesamtübersicht von Mission Control an. Zeigen Sie dort mit der Maus auf das Pluszeichen in die obere rechte Ecke, so erscheint eine Fläche mit dem aktuellen Hintergrundbild. Mit einem Klick auf diese Fläche fügen Sie einen weiteren Space hinzu. Die verschiedenen Spaces werden einfach durchnummeriert: „Schreibtisch 1", „Schreibtisch 2", „Schreibtisch 3" und so weiter.

Unter macOS können Sie mit bis zu 16 virtuellen Schreibtischen, den „Spaces", arbeiten, die Mission Control am oberen Rand in Miniaturen anzeigt ❶. *Über die Plustaste rechts legen Sie neue Spaces an* ❷. *Der aktuelle Space wird mit allen Programmen und Fenstern übersichtlich angezeigt* ❸.

Spaces löschen

Um einen Space zu löschen, zeigen Sie in der Übersicht von Mission Control mit der Maus auf den entsprechenden Space. Es wird ein kleines *x* eingeblendet, über das Sie den Space entfernen. Alternativ dazu können Sie auch die *alt*-Taste drücken. Nun erscheint an jedem Space ein kleines *x*. Falls sich auf diesem virtuellen Bildschirm Fenster befinden, werden sie auf den zuletzt aktiven Space verschoben.

Zwischen Spaces wechseln

Um zwischen diesen Spaces zu wechseln, gibt es verschiedene Möglichkeiten. Am einfachsten ist es wohl, sich mit einer Wischbewegung auf dem Trackpad bzw. der Magic Mouse zwischen den virtuellen Bildschirmen zu bewegen. Wischen Sie dazu beim Trackpad mit drei bzw. vier Fingern (je nach Konfiguration) und bei der Magic Mouse mit zwei Fingern in die gewünschte Richtung. Alternativ dazu können Sie auch mit *ctrl + Pfeil links* bzw. *ctrl + Pfeil nach rechts* zwischen den Spaces hin- und herschalten. Schließlich ist es auch möglich, in der Gesamtübersicht von Mission Control den gewünschten Space anzuklicken. Damit verlassen Sie die Übersicht in Mission Control und befinden sich dann auf dem gewünschten virtuellen Schreibtisch.

Möchten Sie die Reihenfolge der Spaces verändern, so ist auch das kein Problem – ziehen Sie in Mission Control den entsprechenden Space mit gedrückter Maustaste einfach an die gewünschte Position.

 Spaces in Mission Control wechseln: Auch in der Gesamtübersicht von Mission Control wechseln Sie mit einer Wischbewegung bzw. Tastenkombination zwischen den Spaces, ohne Mission Control zu verlassen.

Gemeinsamkeiten

Die verschiedenen virtuellen Arbeitsflächen sind nicht vollständig voneinander unabhängig, sondern haben einige Gemeinsamkeiten. So bleiben das Dock und der rechte Bereich der Menüleiste in allen Spaces gleich, und auch die Symbole auf dem Schreibtisch sind in allen Arbeitsbereichen identisch. Wenn Sie also in einem Space auf dem Schreibtisch einen neuen Ordner anlegen, ist dieser Ordner auch in den anderen Spaces vorhanden.

Fenster verschieben

Bis auf die erwähnten Gemeinsamkeiten verhält sich jeder Space wie ein eigener Schreibtisch. Das heißt, Sie können auf jeder virtuellen Arbeitsfläche Programme starten und Fenster ablegen, anschließend zu einer anderen virtuellen Arbeitsfläche wechseln und dort andere Programme starten.

Um ein Fenster von einem Bildschirm auf einen anderen zu bewegen, gibt es zwei Möglichkeiten. Sie können das Fenster mit der Maus über den rechten bzw. linken Rand des Bildschirms hinausziehen. Nach einer kurzen Pause wechselt macOS den Space, und Sie können das Fenster dort ablegen (das funktioniert natürlich nur, wenn es an der Seite einen entsprechenden Space gibt). In der Gesamtübersicht von Mission Control ist das ebenfalls möglich. Ziehen Sie dort das gewünschte Fenster einfach auf den gewünschten Space.

Kapitel 5 Den Überblick behalten

Fenster in neuem Space ablegen

Falls Sie aktuell nur mit einem Space arbeiten, ein Fenster aber gern auf einem zweiten Bildschirm ablegen möchten, können Sie dies mit einer Mausbewegung erledigen: Ziehen Sie das Fenster an den oberen Bildschirmrand und versuchen Sie, das Fenster nach oben aus dem Bildschirm hinauszuschieben. Das funktioniert natürlich nicht (höher als bis zur Menüleiste können Sie kein Fenster schieben) – aber jetzt öffnet sich Mission Control. Hier schieben Sie das Fenster auf das Pluszeichen rechts außen und lassen es dort los. macOS legt nun einen neuen Space mit dem Fenster an.

Vollbild als Space

In macOS werden Fenster nach einem Klick auf die grüne Murmel bildschirmfüllend dargestellt. Dabei verschwinden sowohl das Dock als auch das Menü, und der Bildschirm wird vollständig mit dem Fensterinhalt gefüllt. Menüleiste und Dock werden automatisch eingeblendet, sobald Sie mit der Maus auf den oberen bzw. unteren Bildschirmrand zeigen.

Diese Vollbilddarstellung wird ebenfalls als Space ausgeführt. Sie können also mit einer einfachen Wischbewegung zum nächsten Space und damit zum gewohnten Schreibtisch wechseln, ohne die Vollbilddarstellung verlassen zu müssen.

Auch eine App in Vollbilddarstellung (hier: Safari) wird als Space behandelt.

Um die Vollbilddarstellung zu verlassen, blenden Sie im Programm die Menüleiste ein und klicken dann auf die grüne Murmel. Alternativ dazu können Sie auch einfach auf die *esc*-Taste drücken. Das funktioniert auch in der Übersicht von Mission Control. Zeigen Sie hier auf eine App, die im Vollbildmodus ausgeführt wird, erscheint links oben ein Pfeilsymbol. Klicken Sie darauf, wird die App wieder zu einem normalen Fenster verkleinert und auf dem Schreibtisch links neben der App abgelegt.

Neue Fenster und Spaces

Wenn Sie auf diese Weise mehrere Programme auf verschiedene virtuelle Arbeitsflächen verteilt haben, dann wechseln Sie mit einem Klick auf das Programmsymbol im Dock automatisch in den Space, in dem das Programm läuft.

Das ist natürlich einerseits sehr praktisch, weil man sich schließlich nicht immer merken kann, auf welchem Schreibtisch nun gerade das gewünschte Programm läuft. Doch andererseits ist das mitunter auch kontraproduktiv.

Haben Sie zum Beispiel auf dem ersten Schreibtisch ein Finder-Fenster geöffnet und wechseln dann zu Schreibtisch 2 und möchten dort ebenfalls ein Fenster im Finder öffnen, dann haben Sie ein Problem. Denn ein Klick auf das Finder-Symbol im Dock katapultiert Sie umstandslos aus Ihrem aktuellen Arbeitsumfeld Schreibtisch 2 zurück zum Schreibtisch 1. Um diesen ungewollten Wechsel zu vermeiden, klicken Sie das Programmsymbol (in unserem Beispiel also den Finder) mit der rechten Maustaste an und wählen im Kontextmenü den Eintrag *Neues Fenster*. Das neue Fenster wird nun im aktuellen Space geöffnet.

Split View: Zwei Programme nebeneinander ausführen

Mitunter benötigt man für seine Arbeit zwei Programme parallel, zwischen denen man immer wieder wechselt, also etwa zwischen einer Textverarbeitung und dem Browser Safari. Das funktioniert natürlich über den in Kapitel 4 vorgestellten Programmumschalter, aber dabei kann es manchmal ein kleines Problem geben: Die Fenster der beiden Programme, zwischen denen Sie wechseln, sind nur Fenster neben vielen anderen Fenstern auf dem Bildschirm. Wenn Sie sich bei Ihrer Arbeit wirklich konzentrieren möchten, sind alle anderen Fenster auf dem Bildschirm eine störende Ablenkung.

Für diesen Fall bietet macOS den „Split View" an. Dabei werden zwei Programmfenster bildschirmfüllend nebeneinander dargestellt, und Sie können problemlos zwischen beiden Programmen wechseln. Sie können also etwa in einer Textverarbeitung einen Text schreiben und im zweiten Fenster Safari für Ihre Recherchen im Internet platzieren.

Um Split View zu aktivieren gibt es verschiedene Möglichkeiten. Am einfachsten geht es über die grüne Murmel: Klicken Sie diese an und halten Sie die Maustaste gedrückt. Nach einem kurzen Moment wird die linke Hälfte des Bildschirms blau hinterlegt. Schieben Sie das Fenster – bei immer noch gedrückter Maustaste! – nach rechts, wird entsprechend die rechte Hälfte blau hinterlegt. Lassen Sie die Maustaste los, wird das Fenster im blau markierten Bereich abgelegt, füllt also zum Beispiel die komplette linke Bildschirmseite. Auf der rechten Seite sehen Sie die übrigen aktuell geöffneten Fenster. Klicken Sie ein Fenster an, wird es in der anderen Hälfte des Bildschirms abgelegt. Beide Programmfenster stehen nun bildschirmfüllend nebeneinander. Über die Trennlinie in der Mitte lässt sich die Aufteilung des Bildschirms jederzeit ändern.

Was mit den Fenstern von zwei Programmen geht, geht natürlich auch mit zwei Fenstern eines Programms. Haben Sie zum Beispiel zwei Finder-Fenster geöffnet, lassen sich diese beiden Fenster ebenfalls nebeneinander platzieren.

Um Split View zu beenden, klicken Sie einfach bei einem der beiden Programme auf die grüne Murmel. Das entsprechende Fenster wird wieder normal auf dem Schreibtisch dargestellt. Das zweite Fenster bleibt im Vollbildmodus als eigener Space. Möchten Sie den Split View wiederherstellen (oder das im Space verbliebene Programmfenster neben einem zweiten darstellen), dann ziehen Sie das gewünschte Fenster einfach an den oberen Rand und versuchen, es über den Rand hinauszuschieben. Es öffnet sich nun Mission Control. Hier legen Sie das Fenster in dem als Space im Vollbildmodus betriebenen Programm ab.

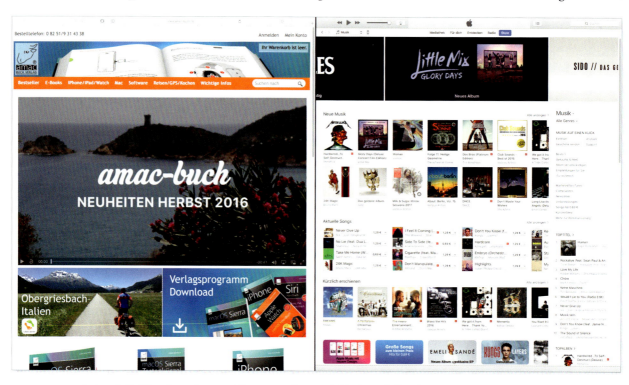

Beim „Split View" werden zwei Programmfenster bildschirmfüllend nebeneinander dargestellt. Hier: Safari (links) und iTunes (rechts).

Mit mehreren Monitoren arbeiten

Wer mit einem MacBook arbeitet, der schließt das Gerät mitunter an einen externen Monitor an. In diesem Fall verwaltet macOS die angeschlossenen Monitore separat. Jeder Monitor hat seine eigene Menüleiste, sein eigenes Mission Control und seine eigenen Spaces. Auch hat der Vollbildmodus einer App auf dem einen Monitor keinen Einfluss auf den Inhalt oder das Verhalten des anderen. Obendrein ist es möglich, in Mission Control eine App vom einen Display auf das andere zu verschieben. Sie können also beispielsweise auf dem Bildschirm des MacBooks den Kalender geöffnet haben und auf dem externen Monitor den Finder und eine Textverarbeitung. Falls Sie ein Apple TV besitzen, können Sie Ihren Fernseher zudem als weiteren Monitor einsetzen.

Stapel im Dock

Bislang haben Sie das Dock vor allem als Schnellstartleiste kennengelernt und den durch eine Linie abgetrennten rechten Bereich ein wenig außer Acht gelassen. Nun ist es höchste Zeit, sich darum zu kümmern. Denn dabei handelt es sich um den Bereich, in dem Sie Ordner ablegen können, um schneller und übersichtlicher Zugriff auf Daten und Dokumente zu bekommen.

Stapel

Diese Ordner im Dock heißen unter macOS „Stapel". Sie werden mit einem Mausklick geöffnet, und ihr Inhalt kann in verschiedenen Formen angezeigt werden: als Fächer, Gitter oder Liste. So können Sie bei wichtigen und oft benutzten Ordnern wie etwa *Dokumente* oder *Downloads* sofort auf bestimmte Dokumente und Dateien zugreifen, ohne erst den Finder bemühen zu müssen. Welche Darstellungsform ein Stapel einnehmen soll, legen Sie über sein Kontextmenü fest, das Sie mit einem Rechtsklick auf den Stapel aufrufen.

- *Fächer:* Bei der Fächerdarstellung wird der Inhalt des Ordners mit einer eleganten Animation aufgeblättert. Das funktioniert allerdings nur, wenn im Ordner nur einige wenige Dateien abgelegt sind, andernfalls wird es etwas unübersichtlich.

Kapitel 5 Den Überblick behalten

- *Gitter:* Die Gitterdarstellung sortiert die Dateisymbole schön ordentlich neben- und untereinander. Sie können sich in diesem Fenster wie in einem normalen Finder-Fenster bewegen, also Unterordner öffnen und über einen Rollbalken durch einen umfangreichen Datenbestand navigieren.
- *Liste:* Die Listendarstellung ist, wie der Name schon sagt, eine nüchterne Auflistung der Ordnerinhalte.

Neben dem Zugriff auf die Dateien bietet jede Darstellung noch die Möglichkeit, über *Im Finder öffnen* den Ordner im Finder anzuzeigen.

Von Haus aus ist die Darstellung eines Staples auf *Automatisch* festgelegt, macOS entscheidet also selbst, welche Darstellungsform wohl die beste ist. So werden Stapel etwa standardmäßig als Fächer angezeigt; erst wenn es um acht oder mehr Einträge geht, greift macOS zur Gitterdarstellung.

Anders als beim Finder genügt zum Öffnen einer Datei in einem Stapel ein einfacher Klick. Sie können jede Datei aus einem Stapel auf den Schreibtisch oder in einen anderen Ordner ziehen.

Stapel lassen sich in verschiedenen Darstellungen öffnen. Hier sehen Sie die Listendarstellung. Standardmäßig entscheidet macOS automatisch, welche Darstellung gewählt wird. Das können Sie in den „Optionen" natürlich genauso ändern wie die Sortierreihenfolge.

Sortierung

Wie bei einem echten Stapel, in dem das neueste Dokument immer zuoberst liegt, zeigt auch das Symbol eines Stapels im Dock standardmäßig immer die Datei, die zuletzt hinzugefügt wurde. Bei der Fächerdarstellung wird die Reihenfolge allerdings umgekehrt: Hier stehen die jüngsten Dateien unten, sie werden also gewissermaßen unter den Stapel geschoben. Das hat seinen guten Grund: Denn so ist der Mausweg vom Klick zum neuesten Eintrag im Stapel so kurz wie möglich. Und genau das ist normalerweise auch gewünscht, etwa wenn man auf einen gerade abgeschlossenen Download zugreifen möchte, der automatisch im Ordner *Downloads* landet, der als Stapel im Dock platziert ist.

Natürlich können Sie die Sortierreihenfolge im Stapel auch ändern. Klicken Sie dazu den Stapel mit der rechten Maustaste an, und wählen Sie im Abschnitt *Sortiert nach* die gewünschte Ordnung.

Stapel verwalten

Von Haus aus finden Sie nur einen Stapel im Dock: *Downloads*. Aber natürlich können Sie sich auch jeden anderen Ordner als Stapel anzeigen lassen. Ziehen Sie ihn dazu aus dem Finder oder vom Schreibtisch in den rechten Bereich des Docks. Dabei wird der Ordner selbst nicht verschoben oder kopiert, sondern im Dock wird lediglich ein Verweis auf ihn angelegt.

Die Reihenfolge der Stapel legen Sie so fest wie die Reihenfolge der Programmsymbole im Dock – Sie verschieben sie mit der Maus.

Um einen Stapel zu löschen, gehen Sie so vor, wie es beim Dock üblich ist: Ziehen Sie den nicht mehr benötigten Stapel einfach heraus, warten Sie, bis eine kleine Wolke angezeigt wird, und lassen Sie den Stapel los – er verpufft in einer kleinen Bitwolke. Da es sich dabei nur um einen Verweis auf den echten Ordner handelt, müssen Sie nicht befürchten, bei dieser Aktion versehentlich Dateien zu löschen.

Fenster im Dock

Im rechten Bereich des Docks werden nicht nur Ordner abgelegt, sondern auch die Fenster, die Sie über einen Klick auf die mittlere, gelbe Murmel links oben oder mit *cmd + M* minimiert haben. Solange Sie nur ein oder zwei Fenster verkleinern, ist das eine feine Sache, da Sie über einen Klick auf die Miniaturen im Dock sofort ein bestimmtes Fenster wieder nach vorn holen können. Doch sobald Sie drei, vier oder mehr Fenster auf diese Weise im Dock ablegen, bekommen Sie ein Platzproblem: Denn mit jedem abgelegten Fenster wird das Dock länger, die Symbole werden kleiner, und schon bald herrscht im Dock ein ziemlich unübersichtliches Gedränge.

Je mehr Fenster Sie im Dock ablegen, desto kleiner werden die Symbole und desto unübersichtlicher wird es.

Das muss nicht sein: Lassen Sie die verkleinerten Fenster hinter dem jeweiligen Programmsymbol im Dock verschwinden, und holen Sie sie bei Bedarf mit Mission Control hervor.

Rufen Sie *Apfel-Menü –> Systemeinstellungen* auf, und wählen Sie den Eintrag *Dock*. Hier aktivieren Sie den Punkt *Fenster hinter Programmsymbol im Dock ablegen*.

Ab sofort nehmen minimierte Fenster keinen Platz im Dock mehr weg, sondern verschwinden hinter dem jeweiligen Programmsymbol. Um zu einem bestimmten Fenster zu wechseln, öffnen Sie mit einem Rechtsklick auf das Programmsymbol das Kontextmenü. Hier werden alle aktuellen Fenster des Programms aufgelistet (minimierte Fenster sind mit einer Raute markiert), und Sie können mit einem Mausklick zum gewünschten Fenster wechseln.

Ein rascher Blick auf den Inhalt einer Datei

Eine der häufigsten Aktionen bei der täglichen Arbeit am Mac ist der Blick in eine Datei, um sich einen Überblick über deren Inhalt zu verschaffen. Was genau zeigt die Datei „urlaub-2012-05-01_b.jpg"? Was steht in „vertrag_01.rtf"? Und welche Informationen bietet „entwurf.pdf"?

Übersicht vs. Öffnen

Nun, nichts leichter als das – wir öffnen die Datei halt rasch per Doppelklick und schauen nach. Das ist natürlich richtig. Aber es ist auch etwas lästig, erst darauf warten zu müssen, dass etwa die Textverarbeitung startet, nur weil man schnell einen Blick in ein Dokument werfen möchte.

Hier hat Apple mit der Funktion *Übersicht* für Abhilfe gesorgt. Auf Englisch heißt sie *Quick Look*, was die Sache etwas besser trifft. Denn dabei handelt es sich um eine schnelle Dateivorschau, mit der Sie rasch einen Blick auf den Inhalt einer Datei werfen können.

Dabei kann die Übersicht mit den unterschiedlichsten Dateitypen umgehen und zeigt Ihnen Bilder und Dokumente aller Art umstandslos an. Selbst mit Musik oder Filmen hat diese Funktion kein Problem.

Ein rascher Blick

Für den raschen Einblick markieren Sie die gewünschte Datei und drücken die *Leertaste*. Der Inhalt der Datei wird (fast) sofort angezeigt. Durch einen Klick auf den Doppelpfeil ❶ links oben wird die Anzeige bildschirmfüllend vergrößert. Mit einem Klick auf die Taste *Öffnen mit ...* ❷ übergeben Sie das Dokument an die passende Applikation, in der Sie es auch bearbeiten können.

Mit der „Übersicht"-Funktion werfen Sie per Tastendruck einen Blick auf den Inhalt einer Datei.

Die rasche Übersicht funktioniert nicht nur mit Bildern und Dokumenten, sondern auch mit Video- und Musikdateien. In diesem Fall gibt die Übersicht den Inhalt wieder und blendet zusätzliche Elemente zur Wiedergabe der Datei ein.

Ordnerinhalte

Die Übersicht bleibt so lange aktiv, bis Sie sie explizit wieder schließen. Wählen Sie im Finder ein anderes Objekt, zeigt die Übersicht den Inhalt des neu gewählten Objekts an. Das ist dann besonders praktisch, wenn Sie sich rasch einen Überblick über den Inhalt eines ganzen Ordners verschaffen möchten,

Kapitel 5 Den Überblick behalten

etwa über eine Fotosammlung. In diesem Fall wählen Sie den ersten Eintrag im Ordner an, drücken die *Leertaste* und können sich nun mit den Pfeiltasten durch das gesamte Verzeichnis bewegen und die gewünschten Dateien der Reihe nach markieren. Sobald Sie eine Datei markieren, wird sie sofort in der Übersicht angezeigt.

Ordner: Wenn Sie einen Ordner im Finder markieren und anschließend mit der Leertaste die Übersicht aufrufen, dann sehen Sie keine Inhalte des Ordners, sondern nur das Ordnersymbol. Aber dafür verrät Ihnen die Übersicht sofort, wie viele Dateien sich in diesem Ordner befinden, wie viel Speicherplatz er belegt und wann er zuletzt geändert wurde.

Mehrere Dateien

Was mit einer Datei geht, geht natürlich auch mit mehreren. Wenn Sie mehrere Dateien markieren, dann zeigt Ihnen die Übersicht nach einem Druck auf die *Leertaste* zunächst den Inhalt der ersten Datei. Über die Pfeilsymbole in der Titelzeile können Sie sich durch die verschiedenen Dateien bewegen. Möchten Sie alle Dateien im Überblick sehen, klicken Sie auf das Index-Symbol. Anschließend werden alle Dateien fein säuberlich als Miniaturen angezeigt, und Sie können die gewünschte Datei mit einem Mausklick auswählen.

Markieren Sie mehrere Dateien ❶*, können Sie im Überblick über die Pfeiltasten* ❷ *durch alle markierten Dateien blättern oder sich mit einem Klick auf das Index-Symbol* ❸ *Miniaturen der Dateien anzeigen lassen.*

Schließen

Sie verlassen die Übersicht durch einen Klick auf das *x* links oben oder durch einen Druck auf *esc* bzw. die *Leertaste*.

> **Weitere Inhalte:** Falls die Übersicht mit einem Dateiformat nichts anzufangen weiß, wird lediglich das Dateisymbol gezeigt. Von Haus aus kommt die Übersicht mit den gängigsten Grafik- und Dokumentenformaten klar, sie verweigert aber zum Beispiel den Blick in ein ZIP-Archiv. Doch hier gibt es inzwischen Abhilfe. Die Übersicht kann über zusätzliche Filter um beliebige Formate erweitert werden. Suchen Sie im Internet einfach mal nach „Quick Look Plugins".

Tags: Stichwörter für Dateien

Bei einem prall gefüllten Aktenordner sind farbige Markierungen und Stichwörter ein probates Mittel, um Wichtiges von Unwichtigem zu unterscheiden und zusammengehörige Dokumente auf einen Blick zu erfassen. Das ist bei digitalen Dingen nicht anders. Auch hier helfen Ihnen Markierungen und Stichwörter dabei, Zusammenhänge zu erkennen und bestimmte Dateien mit einem Blick wiederzufinden. Diese Markierungen werden bei macOS „Tags" genannt.

Das sind Tags

Ein Tag („Etikett") ist ein Stichwort, das Sie einer Datei zuordnen können. Wenn Sie zum Beispiel die Dokumente und Dateien, die zu einem bestimmten Projekt gehören, mit dem gleichen Stichwort versehen, können Sie alle zusammengehörenden Dateien im Finder auf Mausklick gruppieren. Dabei müssen Sie sich nicht mit nur einem Stichwort pro Datei begnügen, sondern können jeder Datei beliebig viele Stichwörter zuweisen.

Von Haus bietet der Finder sieben farbig markierte Tags, die standardmäßig nach ihren Farbwerten benannt sind („Rot", „Orange", „Gelb", „Grün" und so weiter). Zudem gibt es die farblosen Stichwörter „Büro", „Privat" und „Wichtig".

Kapitel 5 Den Überblick behalten

Das ist für ein Schlagwortsystem allerdings ein wenig dürftig, doch keine Sorge. Die Vorgaben von macOS sind nur als Anregung zu verstehen. Sie können alle Tags nach Belieben umbenennen und natürlich auch beliebig viele eigene Stichwörter vergeben.

Tags vergeben

Tags sind im Dateisystem von macOS praktisch allgegenwärtig. Immer dann, wenn Sie auf Dateiebene operieren – ganz gleich, ob Sie im Finder arbeiten, sich Datei-Infos anzeigen lassen oder eine Datei speichern möchten –, haben Sie die Möglichkeit, Tags zu vergeben oder neue Tags zu definieren.

Tags vergeben Sie im Finder über das Tag-Symbol ❶. *Dabei können Sie aus Ihren Standard-Tags wählen* ❷ *oder neue Tags definieren* ❸.

- *Im Finder:* Markieren Sie die gewünschte(n) Datei(en) im Finder, und klicken Sie auf das Tag-Symbol. Hier können Sie nun per Mausklick eines der vorgegebenen Tags auswählen oder ein neues Tag vergeben.
- *Datei-Infos:* Markieren Sie die Datei, und rufen Sie mit cmd + I die Datei-Infos auf. Im Feld *Tags* tippen Sie nun die gewünschten Stichwörter ein. Bei der Eingabe werden Ihnen zum einen die bereits vordefinierten Tags gezeigt, die Sie mit einem Mausklick auswählen. Natürlich können Sie auch hier eigene Tags definieren.
- *Zusammengefasste Infos:* Möchten Sie mehrere Dateien mit den gleichen Stichwörtern versehen, markieren Sie die Dateien und rufen mit alt + cmd + I die zusammengefassten Infos auf. Auch hier können Sie über das Feld *Tags* die gewünschten Stichwörter vergeben.
- *Datei speichern:* Im Speichern-Dialog eines Programms tragen Sie die gewünschten Tags im Feld *Tags* ein. Auch hier können Sie aus den Standard-Tags wählen oder eigene Tags definieren.

Bereits beim Speichern – hier ein Text im Programm „Pages" – können Sie einer Datei die gewünschten Stichwörter mit auf den Weg geben.

Tags definieren

Die Definition eines Tags ist denkbar simpel: Sie tippen das gewünschte Stichwort ein und schließen die Definition mit einem Komma ab. Dabei müssen Sie sich nicht auf einzelne Wörter beschränken, sondern können auch mehrere zusammen als ein Tag speichern. Möchten Sie etwa Ihre Urlaubsfotos mit Stichwörtern versehen, geben Sie beispielsweise „Urlaub, Sommer 2015, Urlaub in Bayern" oder Ähnliches ein. So erzeugen Sie automatisch die drei Tags „Urlaub", „Sommer 2015" und „Urlaub in Bayern", unter denen Sie die Fotos problemlos wiederfinden.

Mit Tags arbeiten

Alle Tags werden in der Seitenleiste des Finders im Abschnitt *Tags* gezeigt. Klicken Sie hier einen Eintrag an, werden die Dateien, die mit dem entsprechenden Stichwort versehen sind, im Finder-Fenster angezeigt.

Um ein Tag umzubenennen, klicken Sie den Eintrag in der Seitenleiste mit der rechten Maustaste an und wählen „*{Tag-Name}*" *umbenennen*. Das funktioniert mit allen Tags, also auch mit denen, die macOS von Haus aus mitbringt. Schließlich sind Benennungen wie „Dringend" oder „Abgeschlossen" aussagekräftiger als „Rot" und „Grün".

Kapitel 5 Den Überblick behalten

Sobald Sie Tags vergeben haben, genügt ein Klick auf das Tag im Finder ❶, um alle Dateien mit einem bestimmten Stichwort anzeigen zu lassen. In der Seitenleiste zeigt der Finder nur die wichtigsten Tags. Möchten Sie sämtliche Stichwörter sehen, klicken Sie auf „Alle Tags" ❷. Klicken Sie ein Tag mit der rechten Maustaste an, können Sie es im Kontextmenü bearbeiten ❸, also umbenennen, löschen oder seine Farbe ändern.

Oft werden Tags nicht für die Ewigkeit, sondern nur im Rahmen eines bestimmten Projekts benötigt. Sobald das Projekt abgeschlossen ist, können diese Tags gelöscht werden. Am einfachsten geht dies, wenn Sie das entsprechende Tag im Finder mit der rechten Maustaste anklicken und *{Tag-Name} löschen* wählen. Nach einer Sicherheitsabfrage wird das entsprechende Tag bei allen betroffenen Dateien gelöscht.

Möchten Sie zwar ein Tag von einer Datei entfernen, das Tag selbst aber behalten, markieren Sie die Dateien und klicken auf das Tag-Symbol in der Symbolleiste des Finders. Hier können Sie nun das entsprechende Tag ganz einfach löschen.

Sie können Tags im Finder auch als Kriterium für die Gruppierung von Dateien einsetzen. So wird zusammen angezeigt, was zusammengehört. Dazu klicken Sie in der Symbolleiste auf das Symbol für *Ausrichten nach* und wählen den Eintrag *Tags*.

Tags konfigurieren

In der Seitenleiste des Finders und bei der Vergabe von Tags bietet macOS Ihnen eine Tag-Auswahl an. Welche Tags Ihnen hier gezeigt werden, definieren Sie unter *Finder –> Einstellungen –> Tags* ❹.

Die Tags, die in der Seitenleiste gezeigt werden sollen, markieren Sie mit einem Häkchen ❺. Die Reihenfolge, in der die Tags in der Seitenleiste aufgeführt werden, legen Sie mit der Maus fest – ziehen Sie einen Eintrag einfach an die gewünschte Position. Die Tags, die in den verschiedenen Tag-Dialogen zur Auswahl stehen, markieren Sie, indem Sie sie aus der Liste aller Tags in das Feld *Tags (Favoriten)* ziehen ❻. Über die Plustaste ❼ fügen Sie neue Tags hinzu, über die Minustaste werden die markierten Tags entsprechend gelöscht.

In den Finder-Einstellungen legen Sie fest, welche Tags in der Seitenleiste angezeigt und welche als Favoriten angeboten werden. Dazu ziehen Sie das gewünschte Tag einfach auf das Favoritenfeld.

Suchen und finden mit Spotlight

Die systemweite Suche mit Spotlight haben Sie schon im vierten Kapitel in Zusammenhang mit dem Starten von Programmen kurz kennengelernt. Jetzt wird es Zeit, sich diese hilfreiche Funktion von macOS etwas genauer anzusehen.

Buchführung mit Spotlight

Das Programm läuft seit dem ersten Einschalten Ihres Macs still und (fast immer) unauffällig im Hintergrund und führt eifrig Buch. Jede Datei wird intern verschlagwortet und einem Volltextindex hinzugefügt, über den Sie eine gesuchte Datei blitzschnell wiederfinden. Dabei gibt es kaum etwas, das Spotlight entgeht; lediglich einige bestimmte, systemnahe Bereiche werden gemieden.

Die Indizierung der Festplatte dauert beim ersten Mal naturgemäß einige Zeit, später erfolgt dieser Vorgang praktisch in Echtzeit.

Sobald Sie eine Datei auf Ihrem Mac speichern, eine E-Mail empfangen, einer Datei Tags hinzufügen oder ein Programm installieren, fügt Spotlight die entsprechenden Daten seinem Index so schnell hinzu, dass Sie keine Verzögerung wahrnehmen werden.

Kapitel 5 Den Überblick behalten

 Lüfter: Die einmalige Indizierung der gesamten Festplatte verlangt von Ihrem Mac eine hohe Rechenleistung. Dabei wird es dem Computer unter Umständen ziemlich warm, und der Lüfter läuft auf Hochtouren. Das ist normal und kein Grund zur Sorge.

Bei der Suche berücksichtigt Spotlight nicht nur den Namen einer Datei, sondern auch deren Inhalt und die Tags einer Datei. So findet Spotlight etwa E-Mails oder Dokumente, in denen das gesuchte Stichwort auftaucht.

Spotlight und Finder

macOS unterscheidet zwei Arten, wie Sie Spotlight aufrufen:
- *Spotlight-Suche:* Hier suchen Sie über das Spotlight-Symbol in der Menüleiste, also die Lupe rechts oben. Das ist der Standardeinsatz von Spotlight und eine sehr schnelle Methode, um das Gesuchte zu finden.
- *Finder-Suchfenster:* Auch die Suchfunktion im Finder basiert auf Spotlight; hier stehen Ihnen erheblich mehr Möglichkeiten zur Verfügung als bei der einfachen Spotlight-Suche.

Die Spotlight-Suche

Spotlight ist nicht nur schnell, sondern auch sehr einfach zu benutzen. Probieren Sie's aus!
1. Drücken Sie *cmd + Leertaste*, oder klicken Sie auf die Lupe oben rechts. In der Mitte des Bildschirms öffnet sich ein Eingabefeld, in das Sie den Namen der gesuchten Datei oder ein Stichwort zu ihr eintragen. Das Fenster lässt sich wie gewohnt beliebig verschieben.
2. Noch während Sie tippen, durchstöbert Spotlight seinen Index nach passenden Einträgen und zeigt sie Ihnen an.
3. Sie müssen nicht warten, bis Spotlight seine Suche vollständig beendet hat, sondern können jederzeit auf einen Eintrag in der Trefferliste klicken.
4. Sie öffnen einen Eintrag mit einem Doppelklick oder mit einem Druck auf die *Return*-Taste.

Spotlight markiert automatisch den Eintrag, den es für den vermutlich gesuchten hält, und platziert ihn als *Top-Treffer*. Vielfach stimmt diese Einschätzung, was die Suche sehr schnell und effizient werden lässt: Aufrufen von Spotlight über das Tastenkürzel, Eintippen des Suchbegriffs, Drücken der *Return*-Taste – und die gesuchte Datei wird geöffnet.

Das Spotlight-Fenster ist dreigeteilt. Oben erscheint der Suchbegriff, in der Seitenleiste links werden alle Treffer aufgeführt, und rechts wird eine Vorschau auf den aktuell markierten Treffereintrag gezeigt.

Die Treffer werden dabei nach der Art sortiert, also unter *Programme*, *Ordner*, *Mail & Nachrichten* und so weiter zusammengefasst. Bei der Suche greift Spotlight auch auf das Internet zu, sucht nach dem eingegebenen Begriff und führt die Treffer ebenfalls an. Markieren Sie einen Programm-Eintrag – zum Beispiel „Pages" –, dann zeigt Spotlight Ihnen im Vorschaubereich alle Dokumente, die mit diesem Programm verknüpft sind und die den Suchbegriff enthalten. Bei mehrseitigen PDF-Dokumenten können Sie in der Vorschau vor- und zurückscrollen und sich bereits hier einen raschen Eindruck von dem Dokument verschaffen. Obendrein lässt sich die Trefferliste auf bestimmte Dateitypen begrenzen. Mit „art:pdf" zeigt Spotlight Ihnen zum Beispiel nur noch PDF-Dateien an. So finden Sie die gesuchte Datei garantiert.

Spotlight findet alle Dateien auf Ihrer Festplatte. Schon während der Sucheingabe ❶ werden die Treffer nach Kategorien angezeigt ❷. Programm-Einträge zeigen im Vorschaufenster die zuletzt mit dem Programm geöffneten Dateien an ❸. Bei mehrseitigen PDF-Dokumenten ❹ können Sie im Vorschaufenster durch das Dokument scrollen.

 Spotlight kann mehr als nur nach Stichwörtern suchen. Es ist auch in der Lage, Beziehungen auszuwerten. Mit „Meine Mails von gestern" werden Ihre Mails gefunden, die Sie am Tag zuvor geschrieben oder bekommen haben, mit „Bilder vom August 2012" werden die entsprechenden Bilder gezeigt. Laut Apple soll auch die Abfrage von Wetter- oder Sportdaten möglich sein, das funktioniert allerdings bislang nur mit englischen Systemen.

Finder öffnen

Spotlight bietet mit seiner Trefferliste nur eine Auswahl aus sämtlichen Treffern. Üblicherweise genügt dies, um die gesuchte Datei zu finden. Sollte das einmal nicht der Fall sein oder sollte eine einfache Schlagwortsuche den Datenbestand nicht fein genug sieben, können Sie über *Alle im Finder zeigen* – dieser Punkt steht immer am Schluss der Trefferliste – ein Finder-Fenster mit sämtlichen Treffern öffnen. Hier stehen Ihnen dann weitere Suchfunktionen zur Verfügung.

Kapitel 5 Den Überblick behalten

 Wo liegt die Datei? Manchmal möchte man nur wissen, in welchem Ordner sich eine Datei befindet, ohne die Datei zu öffnen. Auch das ist kein Problem: Halten Sie beim Druck auf die **Return**-Taste die **cmd**-Taste gedrückt. Es öffnet sich ein Finder-Fenster, in dem die gesuchte Datei markiert ist.

Rechnen mit Spotlight

Spotlight „findet" auch das Ergebnis einer Berechnung. Wenn Sie als Suchbegriff eine Rechenformel wie etwa „27*6+(19/56)" eintippen, zeigt Spotlight Ihnen das Ergebnis. Dabei arbeitet Spotlight mit den üblichen Rechenregeln („Punkt vor Strich", Klammerung) und kann neben den vier Grundrechenarten auch Potenzieren (dazu benutzen Sie das Caret-Zeichen ^) mit „sqrt" die Wurzel ziehen, mit „sin" und „cos" Winkelfunktionen wie Sinus oder Cosinus einsetzen und vieles mehr. Auch die Umrechnungen von Einheiten (etwa US-Dollar in Euro) ist möglich.

Mit Spotlight können Sie auch rechnen. Dabei beherrscht Spotlight nicht nur die vier Grundrechenarten, sondern auch fortgeschrittene Berechnungen.

Suchen mit Finder

Die Standardsuche über Spotlight reicht in vielen Fällen aus, um eine Datei schnell zu finden. Aber es gibt natürlich auch Fälle, in denen die Suche etwas präziser formuliert sein muss, um zum Ziel zu führen. In diesen Fällen hilft das Spotlight-Fenster im Finder weiter, in dem Sie Ihre Suchabfrage nahezu beliebig verfeinern können.

Es gibt verschiedene Methoden, um eine Suche im Finder zu starten:

- Sie klicken in der Trefferliste von Spotlight auf den letzten Eintrag *Alle im Finder anzeigen*.

- Sie drücken während Ihrer Arbeit im Finder die Tastenkombination *cmd + F*.
- Sie geben den Suchbegriff in das Feld *Suchen* in der Symbolleiste ein.
- Sie drücken die Tastenkombination *alt + cmd + Leertaste*. Dieses Kürzel funktioniert an jeder beliebigen Stelle in macOS.

Das Finder-Suchfenster

Das Finder-Suchfenster ist eine Variante eines normalen Finder-Fensters, das um einige Elemente erweitert wurde.

So wird etwa eine neue Menüleiste eingeblendet, in der Sie festlegen, wo gesucht werden soll. Sie können entweder die komplette Festplatte auswählen (*Diesen Mac*) oder den aktuellen Ordner.

Schon während der Eingabe der ersten Buchstaben durchstöbert Spotlight den Index und bietet Ihnen eine Eingrenzung der Suche an. Sie können hier im Dateinamen oder auch nur nach bestimmten Dateitypen suchen.

Seine Stärke entfaltet das Finder-Suchfenster, wenn Sie nicht nur einen Suchbegriff definieren, sondern auch angeben, welche Dateitypen gefunden werden sollen. Dazu benutzen Sie die Auswahlleiste. Mit „Art ist Bild JPEG" findet der Finder alle Bilder im JPEG-Format. Über die Plustaste können Sie weitere Kriterien definieren, etwa den Zeitraum oder die Größe einer Datei.

Im Finder können Sie nahezu beliebig komplexe Suchabfragen definieren. Dazu legen Sie fest, wo gesucht werden soll ❶ *und definieren die Suchkriterien* ❷*. Über die über Plus- und Minustasten* ❸ *können Sie weitere Kriterien hinzufügen bzw. löschen. Bei den Kriterien schlägt Ihnen macOS die gängigsten vor, über „Andere"* ❹ *können Sie aus einer umfangreichen Fülle weiterer Kriterien wählen.*

Kapitel 5 Den Überblick behalten

Spotlight anpassen

Standardmäßig wird Spotlight über die Kombination *cmd + Leertaste* aufgerufen, doch das lässt sich natürlich ändern, also den Gegebenheiten Ihrer Arbeitsumgebung anpassen. Wählen Sie dazu *Apfel-Menü –> Systemeinstellungen*, und klicken Sie auf *Spotlight*.

Suchergebnisse

Auf der Registerkarte *Suchergebnisse* können Sie folgende Punkte festlegen:

- *Kategorien:* Wenn Sie nicht möchten, dass bestimmte Dateien (wie Bilder oder Webseiten) in der Trefferliste aufgeführt werden, entfernen Sie den Haken vor dem entsprechenden Eintrag.
- *Tastaturkurzbefehle:* Klicken Sie auf die entsprechende Taste, können Sie die Tastaturkurzbefehle für den Aufruf von Spotlight selbst definieren.

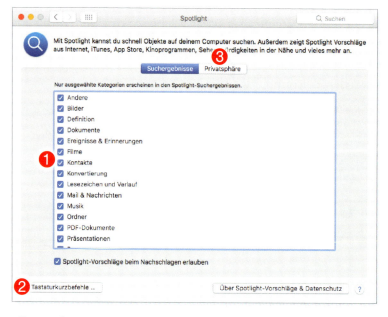

In den Systemeinstellungen können Sie Spotlight Ihren Wünschen anpassen. Hier legen Sie fest, welche Daten Spotlight überhaupt anzeigen soll ❶. *Die Tastaturkurzbefehle zum Aufruf von Spotlight lassen sich ebenfalls festlegen* ❷. *Soll Spotlight bestimmte Bereiche komplett ausklammern, kennzeichnen Sie sie als „Privatsphäre"* ❸.

Privatsphäre

Von Haus aus indiziert Spotlight alle Dateien (außer den systemnahen Einträgen und Einstellungen) auf allen Laufwerken. Das muss aber so nicht sein. Schließlich gibt es mitunter sehr umfangreiche Ordner (zum Beispiel mit Filmen), bei denen eine Suche überflüssig ist, oder Ordner mit sensiblen Daten, bei denen man nicht möchte, dass sie über Spotlight so einfach zu finden sind.

Hier bietet Spotlight die Möglichkeit, bestimmte Laufwerke und Ordner von der Indizierung auszunehmen. Wechseln Sie dazu zum Register *Privatsphäre*.

Über die Plustaste können Sie nun gezielt Ordner und Laufwerke von der Indizierung ausnehmen. Um einen Eintrag aus dieser Liste zu entfernen, markieren Sie ihn und klicken anschließend auf die Minustaste.

Auf der Registerkarte „Privatsphäre" A können Sie beliebige Ordner und Laufwerke B von der Indizierung durch Spotlight ausnehmen. Über die Plus-/Minustasten C fügen Sie Einträge hinzu bzw. löschen sie.

Spotlight-Index neu aufbauen

Wenn Sie sehr lange und intensiv mit Ihrem Mac arbeiten, Ihr Datenbestand also immer stärker anwächst und sich stetig verändert, dann kann es mitunter passieren, dass Spotlight ein wenig aus dem Tritt gerät. Sie erkennen das daran, dass die Suche länger dauert und dass Sie Dateien, von denen Sie sicher wissen, dass sie irgendwo auf Ihrer Festplatte liegen, mit Spotlight nicht aufspüren können.

In diesem Fall hilft ein Großreinemachen: Zwingen Sie Spotlight dazu, den Index zu löschen und komplett neu anzulegen. Das dauert zwar einige Zeit, aber danach ist Spotlight wieder so schnell und zuverlässig, wie man sich das wünscht.

Bevor Sie den Spotlight-Index für Ihre komplette Festplatte löschen, fragt macOS sicherheitshalber noch einmal nach.

Um den Index komplett zu löschen, müssen Sie lediglich die komplette Festplatte Ihres Macs wie gezeigt zur Privatsphäre erklären. Spotlight gibt eine Warnung aus – schließlich hängt die Suchfunktion in manchen Programmen an einem funktionierenden Spotlight-Index –, die Sie in diesem Fall aber getrost ignorieren können. Spotlight löscht nun umgehend seinen kompletten Index. Anschließend wählen Sie den Eintrag Ihrer Festplatte aus und entfernen ihn mit einem Klick auf die Minustaste. Nun baut Spotlight den soeben gelöschten Index neu auf. Wie gesagt, das dauert einige Zeit. Diese Aktion sollten Sie also nicht durchführen, wenn Sie Ihren Mac gerade ausschalten möchten.

Kapitel 6

Netzwerk und Internet

Kapitel 6 Netzwerk und Internet

Ihr Mac ist eine außerordentlich kommunikationsfreudige Maschine. Ganz gleich, ob Sie zum Datenaustausch zwei oder mehr Macs miteinander verbinden oder mit Ihrem Mac ins Internet möchten: Das ist alles kein Problem und im Grunde nach wenigen Mausklicks erledigt. macOS unterstützt alle benötigten Protokolle, und auch die Hardware Ihres Macs ist auf optimale Vernetzung ausgelegt.

Die Netzwerkanschlüsse eines Macs

Eine Netzwerkverbindung kann über verschiedene Wege aufgebaut werden, von denen Apple nur noch einige ausgewählte direkt unterstützt:

- *WLAN:* Die drahtlose Verbindung aller Geräte ist heute der etablierte Standard. Sämtliche Mac-Computer unterstützen daher WLAN.
- *Bluetooth:* Bluetooth dient vor allem dazu, verschiedene Geräte, wie Drucker oder Tastaturen, drahtlos mit Ihrem Mac zu verbinden. Es ist aber auch möglich, zwei Macs via Bluetooth zu vernetzen oder ein Smartphone mit einem Mac via Bluetooth zu koppeln. Bluetooth wird auch für Handoff und die Allgemeine Zwischenablage benötigt.
- *Ethernet:* Die kabelgestützte Vernetzung wird von Apple nur noch teilweise unterstützt und in Zukunft wohl völlig wegfallen. Einen entsprechenden Anschluss bieten nur der Mac mini, der iMac und der MacPro.
- *Firewire:* Firewire ist eine Entwicklung von Apple, die sich als schnelle Alternative zu USB auch im PC-Markt etabliert hat. Es ist möglich, zwei Macs über ein Firewire-Kabel zu verbinden, was heute allerdings kaum noch eine Rolle spielt. Denn inzwischen ist der Standard in die Jahre gekommen und soll durch Thunderbolt abgelöst werden. In seinen aktuellen Geräten setzt Apple kein Firewire mehr ein.
- *Thunderbolt:* Thunderbolt ist eine gemeinsame Entwicklung von Intel und Apple. Über diese rasend schnelle Schnittstelle können diverse Peripheriegeräte an einen Mac angeschlossen oder auch zwei Macs vernetzt werden.
- *Modem bzw. eingebaute SIM-Karte:* Beides wird von Apple nicht mehr angeboten.

In diesem Kapitel werden wir uns auf den wichtigsten Anschluss – WLAN – konzentrieren.

Mit dem Mac ins Internet

Der Internetzugang mit einem Mac unterscheidet sich im Prinzip nicht von dem Zugang mit anderen Computern: Sie verbinden sich mit einer WLAN-Basisstation, die ihrerseits mit dem Internet verbunden ist.

AirPort

Die Apple-eigene WLAN-Lösung hört auf den Namen *AirPort* und umfasst sowohl Basisstationen (AirPort Express, AirPort Extreme) als auch die WLAN-Karte in Ihrem Mac, die ebenfalls auf den Namen *AirPort Extreme* hört. In den Dialogen von macOS wird dieser Name allerdings vermieden (wohl um Verwechslungen mit der gleichnamigen Basisstation zu verhindern). Stattdessen heißt es in macOS *WLAN*.

AirPort unterstützt das übliche WLAN-Protokoll 802.11 in den Varianten a, b, g und n. Sie müssen für Ihr WLAN also nicht unbedingt eine Basisstation von Apple kaufen, sondern können jede andere standardkonforme Lösung einsetzen.

WLAN anzeigen

Standardmäßig zeigt macOS rechts oben in der Menüleiste den Netzwerkstatus mit einem Antennensymbol in Form eines Tortenstücks an. Ist WLAN bei Ihrem Mac deaktiviert (wie das geht, erfahren Sie weiter unten), ist das Tortenstück leer; besteht eine Verbindung, ist es je nach Qualität der Verbindung gefüllt.

Falls das Symbol nicht zu sehen ist (oder Sie es im Gegenteil dort nicht sehen möchten), dann rufen Sie *Apfel-Menü –> Systemeinstellungen* auf. Dort klicken Sie auf den Eintrag *Netzwerk*, wo Sie den Eintrag *WLAN-Status in der Menüleiste anzeigen* aktivieren bzw. deaktivieren können.

Verbindung aufnehmen

Schon bei der ersten Inbetriebnahme sucht der Mac nach verfügbaren Netzwerken. Findet er dabei ein frei zugängliches WLAN, fragt er nach, ob dieses Netzwerk benutzt werden soll. Andernfalls zeigt er Ihnen eine Liste der verfügbaren Netzwerke, aus der Sie das gewünschte Netzwerk auswählen. Geben Sie dann die Zugangsdaten ein, um sich in das Netzwerk einzuloggen.

Kapitel 6 Netzwerk und Internet

Sobald Sie das Passwort zu einem WLAN eingegeben haben, nimmt macOS die Verbindung auf und merkt sich standardmäßig die Eingabedaten. Beim nächsten Mal werden Sie ohne Rückfrage verbunden.

Falls das einmal nicht funktionieren sollte, klicken Sie oben rechts auf das WLAN-Symbol und wählen aus der Liste der verfügbaren WLANs das gewünschte Netzwerk aus.

Unsichtbare WLANs: Ein WLAN kann so konfiguriert sein, dass es nicht direkt sichtbar ist. In diesem Fall müssen Sie den Namen des WLANs kennen, um es kontaktieren zu können. Wählen Sie dazu **Mit anderem Netzwerk verbinden**.

WLAN (de)aktivieren

Bei WLAN-Störungen kann es hilfreich sein, die Verbindung kurz zu deaktivieren und danach wieder einzuschalten. Klicken Sie dazu auf das WLAN-Symbol in der Menüleiste, und wählen Sie *WLAN deaktivieren*. Das Antennensymbol wird nun als leeres Tortenstück gezeigt. Klicken Sie das Symbol erneut an, und wählen Sie *WLAN aktivieren*. Der Mac meldet sich nun erneut im WLAN an.

Kabelgestützte Verbindung ins Internet: Auch wenn WLANs weit verbreitet sind, sind sie doch nicht überall anzutreffen. Mitunter muss man seinen Mac auch mit einem Netzwerkkabel an ein DSL-Modem anschließen und eine PPPoE-Verbindung manuell aufbauen. (PPPoE steht für „Point-to-Point Protocol over Ethernet" und bezeichnet das Protokoll, über das sich Ihr Mac in diesem Fall mit dem Internet verbindet.) Verbinden Sie dazu Ihren Mac über ein Netzwerkkabel (Ethernet-Kabel) mit dem DSL-Modem, und öffnen Sie **Apfel-Menü –> Systemeinstellungen –> Netzwerk**. Dort wählen Sie links **Ethernet** und unter **IPv4 konfigurieren** den Eintrag **PPPoE-Dienst erstellen**. Geben Sie im folgenden Dialog die Zugangsdaten ein (die Sie vom Betreiber des Netzwerks erhalten), klicken Sie auf **Anwenden** und anschließend auf **Verbinden**.

Via iPhone ins Internet

Nicht immer steht ein WLAN zur Verfügung, wenn Sie mit Ihrem Mac ins Internet möchten. Wenn Sie ein iPhone besitzen, dann sind Sie fein raus, denn in diesem Fall können Sie die Hotspot-Funktion von iOS benutzen. Dann können Sie via WLAN den Internetzugang des iPhones benutzen. Das geht so:

- *iPhone ab iOS 4.3, jeder Mac:* Aktivieren Sie auf dem iPhone unter *Einstellungen -> Persönlicher Hotspot* den Schalter *Persönlicher Hotspot*. Warten Sie einen kleine Augenblick ab, und klicken Sie dann in der Menüleiste des Macs auf das WLAN-Symbol. Hier wählen Sie Ihr iPhone aus und geben das WLAN-Passwort ein, das das iPhone Ihnen anzeigt.
- *iPhone ab iOS 8, Mac ab 2012:* Wenn Sie mit einem neueren Mac arbeiten und ein iPhone mit iOS 8 oder später besitzen, wird die Sache noch einfacher. Vorausgesetzt, Sie sind auf dem Mac und dem iPhone mit der gleichen Apple-ID angemeldet, taucht Ihr iPhone automatisch im WLAN-Menü auf, ohne dass Sie die Hotspot-Funktion auf dem iPhone aktivieren müssen. Sie können sich sofort mit dem iPhone verbinden, ohne ein Passwort eingeben zu müssen. Apple nennt diese Funktion „Instant Hotspot". (Das funktioniert übrigens wirklich nur zwischen Ihrem Mac und Ihrem iPhone – für alle anderen ist der Hotspot überhaupt nicht vorhanden.)

> **Die Festplatte im Internet:** Zum Leistungsumfang von Apples kostenlosem Online-Dienst iCloud gehört auch eine Festplatte im Internet, das iCloud-Drive. Dabei handelt es sich um Speicherplatz auf Apples Servern, der mit Ihrem iCloud-Account verknüpft ist. Hier können Sie zum einen beliebige Dateien ablegen, auf die Sie dann mit einem anderen Computer – ganz gleich, ob Mac oder Windows – via Webbrowser über die Seite **www.icloud.com** oder mit einem iPhone/iPad zugreifen können. Programme, die es sowohl für Mac als auch iOS gibt (zum Beispiel Apples iWork-Suite) nutzen diesen Speicher üblicherweise, um problemlos Daten zwischen iPhone und Mac auszutauschen. Das iCloud-Drive ist standardmäßig aktiv, falls Sie es nicht in der Seitenleiste des Finders angezeigt bekommen, aktivieren Sie es unter **Apfel-Menü –> Systemeinstellungen –> iCloud**.

Kapitel 6 Netzwerk und Internet

Dateifreigaben

Zwei Computer, die gleichzeitig in einem gemeinsamen Netzwerk eingeloggt sind (also zum Beispiel die gleiche WLAN-Verbindung benutzen, um ins Internet zu gehen), sind über das Netzwerk auch untereinander verbunden und können Daten austauschen. Damit das funktioniert, muss allerdings die Dateifreigabe aktiviert werden.

Freigaben aktivieren

Rufen Sie dazu *Apfel-Menü –> Systemeinstellungen* auf, und klicken Sie auf *Freigaben*. Hier sehen Sie nun eine Liste der verschiedenen Dienste, die Sie für die Nutzung durch einen mit Ihrem Mac verbundenen Computer freigeben können, ganz gleich ob dieser Rechner unter macOS, Windows oder Linux läuft. Hier können Sie zum Beispiel festlegen, dass lediglich das DVD-Laufwerk zugänglich sein soll oder dass ein an Ihren Mac angeschlossener Drucker auch von anderen Computern aus angesteuert werden kann.

Für den Datenaustausch zwischen Ihrem Mac und anderen Computern müssen Sie den Zugriff auf die Festplatte Ihres Macs erlauben. Das erledigen Sie mit einem Häkchen beim Punkt *Dateifreigabe*.

Auf Ressourcen, die Sie für die Nutzung im Netzwerk freigegeben haben, können alle Anwender im Netzwerk zugreifen. Aktivieren Sie die Dateifreigabe ❶*, können Sie Ordner bestimmen, die über das Netzwerk anderen Personen zugänglich sein sollen* ❷*. Zu jedem freigegebenen Ordner legen Sie fest, wer darauf zugreifen darf und welche Zugriffsrechte er hat* ❸*. Der Gerätename* ❹ *gibt an, unter welchem Namen Ihr Mac im Netzwerk erscheinen soll.*

Vorsicht in öffentlichen WLANs! Wenn Sie sich mit Ihrem Mac in ein öffentliches WLAN einwählen – etwa in einem Internet-Café oder im Hotel –, dann sollten Sie tunlichst darauf achten, dass die Dateifreigabe ausgeschaltet ist. Andernfalls haben alle anderen Nutzer des öffentlichen WLANs potenziell Zugriff auf Ihren Mac und alle freigegebenen Ordner. Und das möchten Sie ja nicht, oder?

Gerätename

Bei den Freigaben können Sie auch den Netzwerknamen Ihres Macs festlegen, unter dem er bei einer Verbindungsaufnahme angesprochen wird. Klicken Sie dazu einfach in das entsprechende Textfeld, und geben Sie den gewünschten Namen ein. Sobald Sie das Feld verlassen, wird die Änderung übernommen.

Zwischen Mac und Windows

Die Verbindung zweier Macs funktioniert auf Anhieb. Hier müssen Sie keine besonderen Einstellungen vornehmen, sondern lediglich einen kurzen Moment warten, bis der freigegebene Mac im Finder unter *Freigaben* auftaucht.

Möchten Sie einem Windows-Rechner Zugriff auf Ihren Mac gewähren, müssen Sie ein weiteres Protokoll aktivieren. Klicken Sie dazu unter *Dateifreigabe* auf *Optionen*, und aktivieren Sie hier *Dateien und Ordner über SMB (Windows) freigeben*.

Öffentlich

 Mit der Aktivierung der Dateifreigabe ist der Zugriff auf Ihre Festplatte prinzipiell möglich, aber noch nicht erlaubt. Damit sich nicht jedermann via Netzwerk auf Ihrem Mac tummeln kann, müssen Sie den Zugriff auf bestimmte Ordner noch explizit freigeben. Dabei können Sie festlegen, ob andere Nutzer einen bestimmten Ordner nur lesen dürfen oder ob sie dort auch Dateien ablegen können. Es ist auch möglich, neue Benutzer mit Name und Passwort anzulegen, denen Sie bestimmte Zugriffsrechte erlauben.

Standardmäßig ist der Lesezugriff auf den Ordner *Öffentlich* in Ihrem Benutzerordner generell für alle Anwender erlaubt (andere Anwender können via Netzwerk also einen Blick in den Ordner werfen und Dateien aus diesem Ordner laden, aber keine Dateien speichern oder verändern). Möchten Sie etwa Dateien an einen anderen Anwender via Netzwerk weitergeben, dann speichern Sie sie in diesem Ordner und aktivieren *Dateifreigabe*. Bei anderen Anwendern taucht dann nach kurzer Zeit Ihr Mac als Netzwerklauf-

Kapitel 6 Netzwerk und Internet

werk oder Freigabe auf (die genaue Bezeichnung hängt vom benutzten Betriebssystem ab), bei dem bzw. der sie sich als „Gast" anmelden können. Danach erhalten sie Zugriff auf den Ordner *Öffentlich* und können die bereitgestellten Dateien herunterladen.

Sobald die Dateifreigabe aktiviert ist, hat potenziell jeder Anwender im Netzwerk Lesezugriff auf den Ordner „Öffentlich". Über den Ordner „Briefkasten" können andere Teilnehmer Ihnen Dateien zukommen lassen.

 Gastbenutzer: Der Zugriff als Gastbenutzer ist beim Mac in der Regel aktiviert. Wie Sie einem Gastbenutzer Zugang zu Ihrem Mac gewähren bzw. verweigern, erfahren Sie in Kapitel 17.

Der Briefkasten

Möchten Sie über das Netzwerk Daten empfangen, so ist auch dies problemlos möglich, ohne dass Sie sich um die Feinheiten der Freigaberegelungen kümmern müssen. Denn dafür gibt es unter *Öffentlich* den Ordner *Briefkasten*, dessen Name Programm ist. So, wie Sie in einen Briefkasten zwar etwas einwerfen, aber nicht in den Kasten hineinsehen können, so können andere Anwender Dateien mit Drag-and-Drop in diesen Ordner kopieren, haben aber keine Möglichkeit, sich in Ihrem Briefkasten umzusehen. Anders gesagt: Die anderen Anwender haben hier zwar Schreib-, aber keine Leserechte.

Sie können nicht nachschauen, was im Briefkasten eines anderen Benutzers liegt.

Ordner-Freigaben regeln

Natürlich sind Sie bei der Freigabe von Ordnern nicht auf *Öffentlich* und *Briefkasten* beschränkt, sondern können prinzipiell jeden beliebigen Ordner auf Ihrer Festplatte für andere Personen im Netzwerk freigeben und die Zugriffsrechte festlegen. Dabei bietet macOS folgende Rechte an:

- *Nur Lesen:* Personen im Netzwerk können den Inhalt des Ordners einsehen, dürfen dort aber keine Dateien ablegen. Das entspricht den Zugriffsrechten des Ordners *Öffentlich*.
- *Nur Schreiben:* Personen im Netzwerk können Dateien ablegen, sehen aber nicht den Inhalt des Ordners. Das entspricht den Zugriffsrechten des Ordners *Briefkasten*.
- *Lesen & Schreiben:* Personen im Netzwerk haben vollen Zugriff auf den Ordner, sehen dessen Inhalt, können Dateien öffnen, speichern, bearbeiten und auch löschen.

Um einen beliebigen Ordner auf Ihrer Festplatte freizugeben, gibt es zwei Möglichkeiten. Sie können zum einen unter *Systemeinstellungen –> Freigaben –> Dateifreigabe* im Abschnitt *Freigegebene Ordner* den gewünschten Ordner über die Plustaste hinzufügen und die Freigaben regeln. Doch das ist ein eher lästiger Weg. Einfacher ist es, die Freigaben eines Ordners direkt im Finder zu definieren.

Markieren Sie dazu den gewünschten Ordner im Finder, und drücken Sie *cmd + I*. So rufen Sie die Datei-Infos auf. Hier klicken Sie zuerst auf das Schloss-Symbol ❶ rechts unten und entsperren den Zugriff durch Eingabe Ihres Admin-Passworts.

Im Abschnitt *Freigabe & Zugriffsrechte* ❷ sehen Sie den aktuellen Stand der Dinge. Standardmäßig ist hier neben Ihnen als Admin des Computers die Benutzergruppe *everyone*, also jeder, eingetragen. Allerdings haben diese Benutzer üblicherweise keinerlei Zugriffsrechte. Das ändern Sie, indem Sie unter *Zugriffsrechte* auf *Keine Rechte* klicken und dann den gewünschten Zugriff festlegen ❸. Damit auch alle Unterordner einbezogen werden, klicken Sie auf das Zahnrad ❹ und wählen *Auf alle Unterobjekte anwenden* ❺. Sollen nicht alle, sondern nur bestimmte Anwender Zugriffsrechte bekommen, klicken Sie auf das Pluszeichen ❻ und fügen die gewünschten Anwender hinzu. Die neuen Zugriffsrechte werden sofort aktiv.

Kapitel 6 Netzwerk und Internet

Jeder Ordner kann für andere Anwender im Netzwerk zur gemeinsamen Nutzung freigegeben werden.

Falls Sie auf diese Weise mehrere Ordner freigegeben haben, könnten Sie schon einmal vergessen, welche Ordner das sind. In diesem Fall empfiehlt es sich, unter *Systemeinstellungen –> Freigaben –> Dateifreigabe* einen Blick in den Abschnitt *Freigegebene Ordner* zu werfen. Hier werden sämtliche Freigaben aufgeführt. Um die Freigaben komplett zu widerrufen, klicken Sie den Ordner hier an und entfernen ihn mit einem Klick auf die Minustaste.

 Vorsicht! Seien Sie mit den Freigaben sehr knausrig, und tragen Sie nicht ohne Not neue Ordner ein. Andernfalls kann es passieren, dass Sie anderen Anwendern versehentlich sehr weitreichende Rechte einräumen. An dieser Stelle sei noch einmal darauf hingewiesen, dass Sie die Dateifreigaben nur bei Bedarf und in öffentlichen WLANs überhaupt nicht aktivieren sollten.

Ad-hoc-Netzwerk via AirDrop: Schneller Dateiaustausch zwischen Macs und iPhones/iPads

Oft möchte man nur eine Handvoll Dateien oder sogar nur eine Datei an einen Kollegen durchreichen – muss man dafür jetzt extra einen Ordner freigeben? Keine Sorge, das müssen Sie nicht – vorausgesetzt, Ihr Kollege arbeitet ebenfalls mit einem Mac oder besitzt ein iPhone oder iPad. Denn dann können Sie die Funktion *AirDrop* einsetzen. Über AirDrop können Sie auf Mausklick und ohne weitere Konfiguration ein verschlüsseltes Netzwerk für den Dateiaustausch zwischen Macs oder zwischen Macs und iOS-Geräten (iPhone, iPad) aufbauen. Die Verbindung wird direkt zwischen den beteiligen Geräten etabliert; eine WLAN-Basisstation oder ein Netzwerk wird dafür nicht benötigt. Sie können eine AirDrop-Verbindung also überall aufbauen, selbst auf der grünen Wiese, fernab von allen Netzwerken und WLANs.

AirDrop in Aktion

Der Einsatz von AirDrop ist denkbar einfach, wie das folgende Beispiel zeigt. Nehmen wir an, Sie möchten eine Datei an einen Kollegen weiterreichen, der ebenfalls an einem Mac oder mit einem iPhone arbeitet. Dann geht das so:

1. Sowohl Sie als auch Ihr Kollege klicken in der Seitenleiste des Finders auf den Eintrag *AirDrop*. Das AirDrop-Logo wird zu einem Radarschirm und symbolisiert so, dass AirDrop aktiv ist. (Beim iPhone bzw. iPad aktivieren Sie AirDrop im Kontrollzentrum.)
2. Nach kurzer Zeit steht die Netzwerkverbindung zwischen den Geräten, und Sie sehen im Finder den Netzwerknamen des Computers und das Account-Foto Ihres Kollegen (entsprechend sieht er bei sich den Namen Ihres Computers und Ihr Foto). Dieses Foto symbolisiert den via AirDrop verbundenen Mac Ihres Kollegen.
3. Ziehen Sie die Datei auf das Foto Ihres Kollegen. Es erscheint eine Sicherheitsabfrage, die Sie mit *Senden* bestätigen.
4. Bei Ihrem Kollegen erscheint der Hinweis, dass die Datei auf seinem Mac gespeichert werden soll, was er mit einem Mausklick erlaubt.

Kapitel 6 Netzwerk und Internet

5. Die Datei wird nun von Ihrem Mac via AirDrop an Ihren Kollegen geschickt und landet dort schließlich im Ordner *Downloads*.

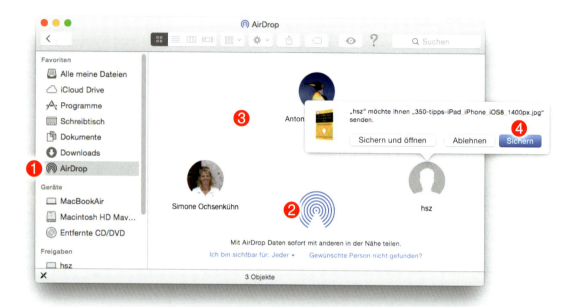

AirDrop baut ohne Konfiguration oder Freigaben eine Verbindung zwischen zwei Macs oder iPhones und iPads auf und erlaubt den Dateiaustausch per Drag & Drop. Sobald Sie den Eintrag in der Seitenleiste des Finders auswählen ❶*, wird AirDrop aktiv. Ihr eigener Mac wird unten angezeigt* ❷*, und alle in Reichweite befindlichen Macs mit aktivem AirDrop tauchen als Symbol im Fenster auf* ❸*. Um eine Datei an einen anderen Mac zu senden, ziehen Sie die Datei einfach auf das Symbol des entsprechenden Macs. Sie müssen den Empfang jeder Datei explizit bestätigen, bevor sie auf Ihrem Mac gespeichert wird* ❹*.*

 Verbindung beenden: Sobald Sie in der Seitenleiste des Finders einen anderen Eintrag anwählen, wird AirDrop automatisch beendet.

Kapitel 7

Safari

Kapitel 7 Safari

Mit Webbrowsern ist es ganz einfach: Kennen Sie einen, kennen Sie alle. Schließlich sind die Grundfunktionen bei allen Browsern gleich: Adressen und Suchbegriffe werden in dem kombinierten Adress-/Suchfeld eingegeben, Webseiten in verschiedenen Registern dargestellt, und wichtige Adressen kann man in den Lesezeichen speichern. Hier unterscheidet sich Safari nicht von anderen Browsern, wie dem Internet Explorer, Google Chrome, Firefox oder Opera. Doch ein, zwei Besonderheiten hält jeder Browser parat – auch Safari.

Eine kleine Tour durch Safari

Safari ist ein moderner Webbrowser, der alle gängigen Standards unterstützt und verschiedene Webseiten innerhalb eines Fensters auf verschiedenen Registerkarten (die hier *Tabs* heißen) darstellen kann. Wenn Sie mit anderen Browsern gearbeitet haben, wird Safari Ihnen vertraut vorkommen. Allerdings wartet er auch mit einigen Besonderheiten auf.

Das Programm ist für den Einsatz unter MacOS optimiert. Es ist sehr schnell, robust und zuverlässig. Die Grundfunktionen von Safari unterscheiden sich dabei nicht von denen anderer Browser; Sie werden sich also sehr schnell mit Safari anfreunden können.

Flash und Java

Der größte Unterschied zu anderen Browsern besteht wohl darin, dass MacOS von Haus aus weder Flash noch Java unterstützt. Sie können in Safari also keine Webseiten anzeigen, die damit arbeiten. Doch keine Sorge: Dergleichen lässt sich unproblematisch nachträglich installieren. Sobald Sie auf eine Webseite stoßen, die Flash oder Java voraussetzt, finden Sie dort zuerst den Hinweis *Fehlendes Plug-In* Ⓐ. Wenn Sie diesen Hinweis anklicken, informiert Safari Sie, welches Plug-In fehlt, und bringt Sie nach einem Klick auf *Weitere Infos* Ⓑ zum jeweiligen Anbieter. Dort können Sie das benötigte Plug-In laden und installieren. Anschließend kehren Sie zur Ausgangswebseite zurück, die nun problemlos funktioniert.

Sobald Sie auf eine Webseite stoßen, die Java oder Flash benötigt, sehen Sie in der Regel den Hinweis „Fehlendes Plug-In" Ⓐ. Wenn Sie diesen Hinweis anklicken, erfahren Sie, welches Plug-In benötigt wird – in diesem Beispiel Java –, und können es nach einem Klick auf „Weitere Infos" Ⓑ laden.

Leisten

Safari besitzt fünf Leisten, die bei Bedarf über den Menüpunkt *Darstellung* ein- oder ausgeblendet werden können:

- *Symbolleiste* ❶*:* Wie fast alle Programme unter MacOS besitzt auch Safari eine Symbolleiste, in der sich nicht nur die Symbole für den schnellen Zugriff auf bestimmte Funktionen des Browsers finden, sondern auch das Feld zur Eingabe/Anzeige der aktuellen Adresse und zur Eingabe von Suchbegriffen.
- *Favoriten* ❷*:* Hier können Sie Lesezeichen ablegen, also Webadressen, auf die Sie besonders einfach und schnell zugreifen möchten.
- *Tableiste* ❸*:* In der Tableiste werden die Titelleisten der aktuell gleichzeitig geöffneten Webseiten angezeigt. Diese Leiste wird automatisch eingeblendet, sobald Sie mehr als eine Webseite im Safari-Fenster öffnen.
- *Seitenleiste* ❹*:* Über die Seitenleiste erhalten Sie Zugriff auf alle gespeicherten Lesezeichen, die Leseliste und „gesendete Links" (was es damit auf sich hat, erfahren Sie weiter unten in diesem Kapitel).
- *Statusleiste* ❺*:* Die Statusleiste wird am unteren Fensterrand eingeblendet und bietet Ihnen vor allem Informationen über das Ziel eines Links auf einer Webseite. Zeigen Sie auf einen Link, wird in der Statusleiste die Webadresse des Ziels angezeigt. Standardmäßig ist die Statusleiste ausgeblendet. Sie sollten sie sich aber über *Darstellung –> Statusleiste einblenden* anzeigen lassen. Denn so können Sie auch vor dem Klick auf einen Link sehen, mit welcher Webseite der Link Sie verbinden wird.

Kapitel 7 Safari

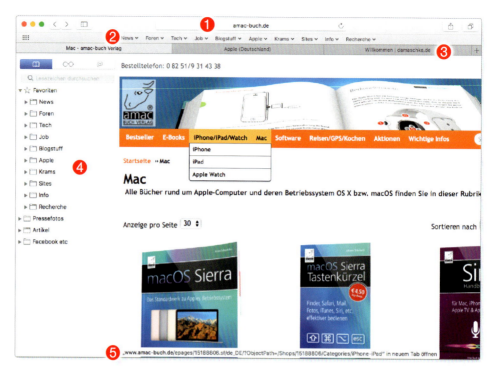

Safari besitzt die übliche Symbolleiste, zu der auch das Feld zur Eingabe von Adressen/Suchbegriffen gehört ❶, *eine Favoritenleiste* ❷, *eine Tableiste* ❸, *eine Seitenleiste* ❹ *und eine Statusleiste* ❺.

Tabs und Fenster

Safari stellt Webseiten entweder in einzelnen Fenstern oder in mehreren Tabs innerhalb eines Fensters dar. Wie genau Safari mit Tabs umgehen soll, legen Sie unter *Safari –> Einstellungen –> Tabs* fest.

Ein neues Safari-Fenster öffnen Sie mit *cmd + N*. Jedes Fenster kann beliebig viele Tabs enthalten. Es gibt mehrere Möglichkeiten, einen neuen Tab einzurichten. Am schnellsten geht es wohl mit der Tastenkombination *cmd + T* oder mit einem Klick auf das Pluszeichen rechts außen. Üblicherweise steht das Zeichen in der Tableiste. Falls diese ausgeblendet ist, finden Sie es in der Favoritenleiste; wird auch diese nicht angezeigt, wandert es in die Symbolleiste.

Über das Pluszeichen rechts außen legen Sie neue Tabs auf Mausklick an.

Einen Tab schließen Sie mit *cmd + W*, wobei das Browserfenster geöffnet bleibt. Erst wenn Sie den letzten Tab innerhalb eines Fensters schließen, schließen Sie auch das Fenster. Ein Fenster mit mehreren Tabs schließen Sie über die rote Murmel links oben.

Welcher Inhalt in ein neues Fenster oder einen neuen Tab geladen werden soll, legen Sie unter *Safari –> Einstellungen –> Allgemein* fest. Sie können Tabs mit der Maus verschieben oder auch herausziehen, um einen Tab in einem neuen Fenster zu öffnen. Mehrere Fenster lassen sich über *Fenster –> Alle Fenster zusammenführen* als Tabs in einem gemeinsamen Browserfenster bündeln.

Um zwischen Tabs zu wechseln, klicken Sie den jeweiligen Karteireiter in der Tableiste an. Das funktioniert allerdings nur, wenn Sie relativ wenige Tabs geöffnet haben. Andernfalls schrumpfen die Karteireiter so stark zusammen, dass Sie die Titel der entsprechenden Seiten nicht mehr lesen können.

In diesem Fall wählen Sie *Darstellung –> Alle Tabs einblenden* oder klicken auf das Symbol *Alle Tabs einblenden* Ⓐ rechts außen. Noch schneller geht es, wenn Sie auf dem Trackpad zwei Finger zusammenziehen.

Nun werden die Tabs verkleinert im Fenster des Browsers gezeigt Ⓑ, und Sie sehen auf einen Blick, welche Seite in welchem Tab angezeigt wird. Mit einem Klick auf die gewünschte Seite wechseln Sie zum entsprechenden Tab. Zeigen Sie mit der Maus auf einen Tab, wird oben links ein *x* Ⓒ eingeblendet. Mit einem Klick darauf wird der Tab geschlossen.

In der Übersicht über alle Tabs werden alle aktuell geöffneten Webseiten in einer übersichtlichen Darstellung gezeigt.

> **!** **Tabs stummschalten:** Auf manchen Webseiten sorgen Videos, Anzeigen und andere Elemente für Töne, Musik und Geräusche. Diese Geräuschkulisse lässt sich für jeden Tab gezielt aus- und einschalten. Bei jedem Tab, in dem Sound wiedergegeben wird, erscheint in der Tableiste ein kleiner Lautsprecher. Ein Klick auf diesen Lautsprecher schaltet den Ton für diesen Tab aus. Möchten Sie Safari komplett zum Schweigen bringen, klicken Sie auf das Lautsprechersymbol in der Adressleiste. Mit einem erneuten Klick wird die Soundwiedergabe wieder eingeschaltet.

Adress- und Suchfeld

Das Adressfeld ist Bestandteil der Symbolleiste. Es kombiniert das Feld zur Eingabe bzw. Anzeige einer Webadresse mit dem Eingabefeld für eine Suche im Internet. Wenn Sie hier einen Begriff eingeben, werden automatisch das Internet, die Lesezeichen und der Verlauf im Browser nach diesem Begriff durchsucht. Die Suche beginnt sofort, sobald Sie Text in das Feld eintragen. Welche Suchmaschine Safari benutzen soll, legen Sie unter *Safari –> Einstellungen –> Suchen* fest. Zur Auswahl stehen neben den üblichen Suchmaschinen Google, Yahoo und Bing auch die Alternative DuckDuckGo, deren Anbieter damit werben, im Unterschied zu Google & Co keine Benutzerdaten zu speichern oder zu sammeln.

Wenn Sie in das Suchfeld klicken, wird zudem automatisch ein Feld mit Ihren Favoriten und den von Ihnen am häufigsten besuchten Seiten angezeigt.

Neben den üblichen Suchmaschinen von Google, Yahoo und Microsoft kann Safari standardmäßig auch mit DuckDuckGo suchen.

Standardmäßig zeigt das Adressfeld nur die Domain der Adresse der Seite an, die aktuell dargestellt wird. Statt einer vollen Adresse wie „http://www.damaschke.de/vita/index.php" sehen Sie nur „www.damaschke.de". Möchten Sie die genaue Adresse einer Seite sehen, klicken Sie einmal in die angezeigte Adresse. Soll Safari immer die volle Adresse anzeigen, wählen Sie *Safari -> Einstellungen -> Erweitert* und aktivieren dort bei *Intelligentes Suchfeld* die Option *Vollständige Adresse der Website anzeigen*.

Reader

Viele Webseiten enthalten nicht nur Text, sondern auch zahlreiche Bilder, Werbebanner und andere Elemente, die bei der Lektüre eines Textes eher stören. Hier bietet Safari mit der Reader-Funktion eine pfiffige Lösung, mit der sich Webseiten in einer gut lesbaren Form darstellen lassen. Artikel, die auf mehrere Seiten aufgeteilt sind, werden möglichst als ein zusammenhängendes Dokument dargestellt.

Das funktioniert nicht immer, aber doch sehr häufig, und es erleichtert die Lektüre längerer Artikel oder Webseiten ungemein.

Falls eine Webseite in diesem Modus dargestellt werden kann, erscheint links außen in der Adresszeile ein Textsymbol Ⓐ. Mit einem Klick darauf wechseln Sie in den Readermodus. Über die Buchstabentaste Ⓑ können Sie die Schrift und die Fargebung ändern und die Schrift vergrößern bzw. verkleinern. Mit einem erneuten Klick verlassen Sie diesen Modus. Alternativ dazu genügt auch das Drücken der *esc*-Taste.

Mit einem Klick auf das Textsymbol Ⓐ stellen Sie eine Webseite in einer lesefreundlichen Version dar. Über die Buchstaben Ⓑ passen Sie das Aussehen der Seite an.

Downloads

Die Dateien aus dem Internet werden standardmäßig im Ordner *Downloads* abgelegt. Sie können das unter *Safari –> Einstellungen –> Allgemein* ändern, wo Sie auch festlegen können, dass Safari die Liste der Downloads automatisch leert, sobald ein Download abgeschlossen ist oder das Programm beendet wird.

Sobald Sie Dateien aus dem Internet heruntergeladen haben, erscheint in der Symbolleiste ein neues Symbol ❶, über das Sie die Liste aller Downloads öffnen. Hier sehen Sie, wie weit ein Download bereits gediehen ist ❸. Ein Klick auf die Lupe ❷ zeigt Ihnen die heruntergeladene Datei im Finder. Mit „Löschen" ❹ leeren Sie die komplette Download-Liste, und das Download-Symbol verschwindet wieder aus der Symbolleiste.

Das Download-Fenster von Safari.

Passwörter

Bei digitalen Kaufhäusern, Webforen und ähnlichen Seiten ist der Zugang über ein Passwort geschützt. Nun ist es allerdings etwas lästig, wenn Sie bei jedem Aufruf erneut Ihre Daten eingeben müssen, doch keine Sorge, hier kann Safari Ihnen die Arbeit ein wenig erleichtern. Denn Safari kann sich Ihre Zugangsdaten zu bestimmten Webseiten merken und die Anmeldung beim nächsten Mal automatisch ausfüllen. Damit das funktioniert, müssen Sie unter *Safari –> Einstellungen –> Autom. ausfüllen* den Punkt *Benutzernamen und Passwörter* aktivieren.

Safari kann sich auf Wunsch die Zugangsdaten zu Benutzerkonten im Internet merken. Beim nächsten Besuch wird das Formular dann automatisch ausgefüllt.

Auch Webformulare, in denen Sie – etwa bei einer Bestellung – Ihre komplette Adresse eintragen sollen, kann Safari für Sie ausfüllen. Dazu aktivieren Sie unter *Safari –> Einstellungen –> Autom. Ausfüllen* den Punkt *Info von meiner Visitenkarte verwenden*. Ihre Visitenkarte legen Sie in der *Kontakte*-App an, mit der wir uns in Kapitel 9 beschäftigen.

 Kein Standard: Das automatische Ausfüllen einer Adresse in einem Formular ist ein kleines Glücksspiel, das nur dann funktioniert, wenn die Feldbezeichnungen im HTML-Code des Formulars von Safari korrekt erkannt werden. Da es hier leider keine verbindlichen Standards gibt, ist das mal mehr, mal weniger zuverlässig der Fall.

Safari kann Ihnen auch weiterhelfen, wenn Sie Ihre Zugangsdaten einmal in einem anderen Browser eingeben müssen, sie aber nicht parat haben. Denn über *Safari –> Einstellungen –> Passwörter* haben Sie jederzeit Zugriff auf alle gespeicherten Daten. Natürlich stehen die Einträge hier nicht für jedermann sichtbar im Klartext, sondern werden nur durch Punkte symbolisiert. Erst nach der Eingabe Ihres Admin-Passworts erscheint der Klartext.

Bleibt noch das kleine Problem falsch gespeicherter Zugangsdaten. Hier kann es in seltenen Fällen passieren, dass Safari immer wieder auf diese falschen Daten zugreift und Sie keine Möglichkeit haben, die korrekten Daten einzutragen. Doch das Problem ist schnell gelöst: Löschen Sie einfach unter *Safari –> Einstellungen –> Passwörter* den fatalen Eintrag.

Kreditkarten

Die bevorzugte Bezahlmethode im Internet ist die Zahlung per Kreditkarte. Dazu geben Sie die Daten Ihrer Karte in ein Formular ein. Wenn Sie bei mehreren Anbietern im Internet einkaufen, kann es etwas lästig werden, bei jedem Anbieter die Kartendaten erneut einzutippen. Schließlich hat man die Karte nicht immer sofort zur Hand, und bei der Eingabe der Zahlenkolonnen kann man sich auch schon mal vertippen.

Hier bietet Safari Ihnen an, sich die Daten Ihrer Kreditkarte zu merken. Wenn Sie die Daten dann später noch einmal benötigen, kann Safari Ihnen das Ausfüllen eines Formulars deutlich erleichtern.

Die Kartendaten lassen sich auf zwei Arten speichern:

- *Webseite:* Wenn Sie auf einer Webseite Ihre Kartendaten eingetragen haben, fragt Safari nach, ob der Browser sich die Karte merken soll.
- *Einstellungen von Safari:* Sie können die Daten auch unabhängig von einer Webseite bei Safari hinterlegen. Diese Methode ist zu empfehlen, da Sie hier in Ruhe die Nummern eintragen können, ohne von einem laufenden Bestellvorgang gedrängt zu werden. Rufen Sie dazu *Safari –> Einstellungen –> Autom. ausfüllen* auf, und klicken Sie beim Eintrag *Kreditkarten* auf *Bearbeiten*. Mit einem Klick auf *Hinzufügen* können Sie nun Ihre Daten in Safari speichern.

Der iCloud-Schlüsselbund und Ihre Passwörter

Wenn Sie nicht nur mit Ihrem Mac, sondern auch mit dem iPhone oder iPad im Internet unterwegs sind, dann ist es natürlich mehr als lästig, dass Sie sowohl auf dem Mac als auch auf Ihrem mobilen Begleiter die Passwörter und Kartendaten eingeben müssen. Das müssen Sie aber gar nicht, denn dafür gibt es den iCloud-Schlüsselbund. Damit werden sämtliche Daten des Schlüsselbundes auf Ihrem Mac – in dem alle

Zugangsdaten, Passwörter und mehr gespeichert sind – in Apples iCloud kopiert und von dort auf das jeweilige Endgerät geschoben. Ändern Sie unterwegs ein Passwort, steht Ihnen das neue Passwort dann auch gleich auf Ihrem Mac zur Verfügung und umgekehrt.

Und nicht nur das: Sobald diese Funktion aktiviert ist, kann Safari Ihnen auch sichere Passwörter vorschlagen. Denn mit Passwörtern ist das ja so eine Sache – Passwörter, die wir uns leicht merken können, können andere auch leicht erraten. Passwörter, die schwer zu erraten sind, sind entsprechend schwer zu merken. Aus dieser Zwickmühle bietet Safari Ihnen mit den automatisch generierten Passwörtern einen Ausweg. Da Safari sich diese Daten merkt – und Sie sie jederzeit unter *Safari –> Einstellungen –> Passwörter* nachschlagen können –, müssen Sie das nicht tun und haben trotzdem mit jedem Endgerät Ihre Zugangsdaten parat.

Den iCloud-Schlüsselbund aktivieren Sie unter *Apfel-Menü –> Systemeinstellungen –> iCloud*.

Über den iCloud-Schlüsselbund können Passwörter drahtlos abgeglichen werden (links). Selbst das Erstellen neuer Passwörter ist automatisiert möglich (rechts).

PDF-Dateien

MacOS kann von Haus aus prima mit PDF-Dateien umgehen, weshalb es für Safari kein Problem ist, eine PDF-Datei, die auf einer Webseite verlinkt ist, direkt im Browser anzuzeigen. Wenn Sie den Mauszeiger an den unteren Rand des Fensters bewegen, werden Tasten zum Zoomen und zum Speichern der angezeigten PDF-Datei eingeblendet. Außerdem können Sie die PDF-Datei direkt an das Programm *Vorschau* übergeben, mit dem wir uns in Kapitel 14 beschäftigen werden.

Safari zeigt PDF-Dateien umstandslos an. Wenn Sie die Maus in den unteren Fensterbereich bewegen, wird ein Menü eingeblendet. Über die Lupen ❶ *können Sie das Dokument verkleinern bzw. vergrößern. Mit einem Klick auf das Foto-Symbol* ❷ *übergeben Sie die Datei an das Programm „Vorschau", und über das Pfeil-Symbol* ❸ *speichern Sie die Datei im „Downloads"-Ordner.*

Videos auf Webseiten

Videos auf Webseiten gibt Safari üblicherweise im jeweiligen Fenster oder Tab wieder. Hier hat der Browser eine kleine Besonderheit zu bieten: Es ist möglich, ein Video in ein eigenes Fenster auszulagern, das unabhängig von anderen Browserfenstern skaliert und in eine der vier Ecken des Bildschirms platziert werden kann. So können Sie ein Video außerhalb von Safari weiterlaufen lassen und mit Safari in einem neuen Tab weitersurfen. Um diese Funktion aufzurufen, zeigen Sie mit der Maus auf das Video. Daraufhin wird eine Leiste mit Steuerelementen eingeblendet. Klicken Sie hier auf die sich überlagernden Rechtecke Ⓐ, wird das Video wird in einem eigenen Fenster gezeigt. Um das Video wieder in den Browser einzubetten, zeigen Sie auf das Video und klicken auf die Rechtecke Ⓑ. Möchten Sie das Video schließen, klicken Sie auf das *x* Ⓒ.

Videos in Safari oder auch iTunes können als eigenständige Fenster dargestellt werden.

Lesezeichen und Verlauf

Wie jeder Browser bietet auch Safari die Möglichkeit, Verweise auf Webseiten als Lesezeichen zu speichern. Dabei unterscheidet Safari zwischen den allgemeinen Lesezeichen und den Favoriten. Die Favoriten sind besonders wichtige Lesezeichen, auf die Sie möglichst rasch zugreifen wollen und die sich als eigene Leiste einblenden lassen.

Über das *Lesezeichen*-Menü ❶ können Sie auf alle Lesezeichen zugreifen. Übersichtlicher als das Menü ist allerdings die Seitenleiste mit den Lesezeichen ❷. Sie blenden die Leiste mit einem Klick auf das entsprechende Symbol ❸ ein, oder Sie wählen *Lesezeichen –> Lesezeichen anzeigen*.

Auf die Lesezeichen können Sie über den gleichnamigen Menüpunkt zugreifen ❶. Deutlich übersichtlicher ist allerdings die Seitenleiste ❷, die Sie mit einem Klick auf das entsprechende Symbol ❸ öffnen bzw. schließen.

Lesezeichen anlegen

Es gibt verschiedene Möglichkeiten, um ein Lesezeichen anzulegen. Der Standardweg führt über *Lesezeichen –> Lesezeichen hinzufügen* oder die Tastenkombination *cmd + D*. Damit öffnen Sie eine Dialogbox, in der Sie den Speicherort und den Namen des Lesezeichens festlegen.

In der Favoritenleiste können Sie ein Lesezeichen auch einfach mit der Maus ablegen. Klicken Sie dazu einmal in die Adressleiste, und ziehen Sie das Favicon – das ist das kleine Symbol, das links neben der Adresse angezeigt wird – in die Leiste. Auf dem gleichen Weg werden Sie es auch wieder los: Ziehen Sie es einfach aus der Leiste heraus.

Natürlich können Sie Lesezeichen auch direkt in der Seitenleiste ablegen, indem Sie das Favicon einer Seite an die gewünschte Position in der Leiste ziehen.

Lesezeichen organisieren

Je mehr Lesezeichen Sie speichern, desto unübersichtlicher wird es. Da hilft nur eins: aufräumen. Klicken Sie dazu in der Seitenleiste auf *Bearbeiten* oder wählen Sie *Lesezeichen –> Lesezeichen bearbeiten*. Nun können Sie Ihre Lesezeichen nach Herzenslust bearbeiten, verschieben, in Ordnern organisieren und

Kapitel 7 Safari

Ähnliches mehr. Über das Suchfeld rechts oben ❶ können Sie Ihre Lesezeichen auch nach beliebigen Stichwörtern durchsuchen. Dabei berücksichtigt Safari den Namen einer Seite und auch ihre Adresse. Klicken Sie einen Eintrag mit der rechten Maustaste an, können Sie das Lesezeichen über die entsprechenden Einträge im Kontextmenü ❷ ebenfalls bearbeiten. Um eine Adresse direkt aus dem Editor aufzurufen, klicken Sie den entsprechenden Eintrag doppelt an. Um diese Ansicht wieder zu verlassen, klicken Sie auf den Pfeil nach links ❸.

Am einfachsten können Sie Lesezeichen im Editor bearbeiten.

Verlauf

Im Verlauf speichert Safari die Adressen aller Webseiten, die Sie in der letzten Zeit besucht haben. Sie rufen den Verlauf durch einen Klick auf den gleichnamigen Menüpunkt auf.

Wie weit dieses Surfprotokoll zurückreichen soll, legen Sie unter *Safari –> Einstellungen*, Register *Allgemein*, im Dropdown-Menü *Objekte aus Verlauf entfernen* fest. Standardmäßig speichert Safari einen Surfverlauf von einem Jahr. Sie können ihn aber auch auf einen Tag, eine Woche, zwei Wochen oder einen Monat beschränken. Wenn Sie nicht möchten, dass Safari den Verlauf überhaupt automatisch löscht, sondern das lieber selbst in die Hand nehmen möchten, wählen Sie hier *Manuell*.

Gespeicherte Daten im Verlauf können Sie jederzeit löschen. Rufen Sie dazu *Verlauf –> Gesamten Verlauf anzeigen* auf. Markieren Sie die Einträge, die Sie löschen möchten, und drücken Sie die *Backspace*-Taste. Möchten Sie den kompletten Verlauf löschen, wählen Sie *Verlauf –> Verlauf löschen*. Nach einer Sicherheitsabfrage wird der Verlauf gelöscht.

Lesezeichen mit iCloud synchronisieren

Wenn Sie an mehreren Macs arbeiten oder unterwegs auf einem iPhone oder iPad im Web surfen, dann bietet iCloud Ihnen noch einen besonderen Service, nämlich die Synchronisation der Lesezeichen. Wenn Sie unterwegs etwa auf dem iPhone ein neues Lesezeichen anlegen, dann taucht dieses Lesezeichen auch auf Ihrem Mac daheim auf. Dazu aktivieren Sie unter *Apfel-Menü –> Systemeinstellungen –> iCloud* den Punkt *Safari*.

Doch damit nicht genug: iCloud synchronisiert auch die Adressen geöffneter Webseiten zwischen den verschiedenen Geräten. Haben Sie zum Beispiel auf dem iPhone oder iPad mehrere Webseiten geöffnet, dann haben Sie in der Übersicht über alle geöffneten Tabs jederzeit Zugriff auf die Adressen der Seiten und können sie mit einem Mausklick auch auf dem Mac öffnen. Zeigen Sie auf eine dieser Adressen, erscheint ein kleines *x*, über das Sie die Seite auf dem iPhone oder iPad auch schließen können.

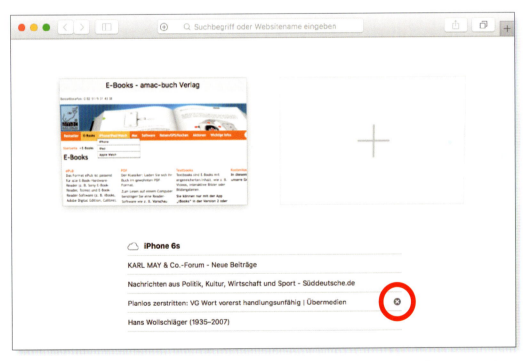

Wenn Sie die Synchronisation der Lesezeichen mit iCloud aktivieren, haben Sie über die Tab-Übersicht auch Zugriff auf die Seiten, die Sie auf dem iPhone oder iPad geöffnet haben.

Tabs fixieren

Eine Sonderform der Lesezeichen sind fixierte Tabs. Dabei werden Webseiten fest am linken Rand der Tableiste positioniert. Beenden Sie Safari und starten Sie das Programm erneut, stehen diese Webseiten dann sofort in einem Tab zur Verfügung und müssen nicht erst aus den Lesezeichen manuell aufgerufen werden.

Um einen Tab zu fixieren rufen Sie *Fenster –> Tab fixieren* auf. Falls die Tableiste eingeblendet ist, können Sie den gewünschten Tab auch einfach an den linken Rand ziehen. Um Platz zu sparen wird der Tab-Eintrag auf einen einzelnen Buchstaben reduziert.

Um einen fixierten Tab wieder zu lösen, rufen Sie entweder *Fenster –> Tab loslösen* auf oder ziehen den fixierten Tab nach rechts.

Die Leseliste und „gesendete Links"

Eine besondere Form der Lesezeichen sind die Leseliste und die „gesendeten Links". In der Leseliste können Sie Webadressen ablegen, die Sie sich später noch einmal genauer ansehen möchten. Dabei werden nicht nur die Adressen, sondern die kompletten Webseiten gespeichert. Sie können diese Seiten also auch dann abrufen, wenn Sie aktuell nicht online sind, etwa unterwegs im Flugzeug. Die „gesendeten Links" enthalten die Links, die Ihre Kontakte in sozialen Netzwerken wie Twitter geteilt haben – vorausgesetzt, Sie haben unter *Apfel-Menü -> Systemeinstellungen -> Internetaccounts* Ihre Zugangsdaten zu den sozialen Netzwerken hinterlegt.

Um die aktuelle Webseite in die Leseliste aufzunehmen, klicken Sie auf das Pluszeichen ❶, das neben der Adresse eingeblendet wird, sobald Sie mit der Maus darauf zeigen. Möchten Sie nicht die aktuelle Seite, sondern eine dort verlinkte Webseite für die spätere Lektüre vormerken, klicken Sie den Link mit gedrückter *Shift*-Taste an.

Die Leseliste blenden Sie in der Seitenleiste durch einen Klick auf das Brillen-Symbol ❷ ein. Sie sehen nun alle gemerkten Einträge, wobei Safari nicht nur den Titel, sondern auch einen kleinen Textauszug anzeigt. Mit einem Klick auf einen Eintrag wird die entsprechende Seite geladen.

Um einen Eintrag zu löschen, zeigen Sie darauf und klicken anschließend auf das *x*, das rechts oben beim Eintrag eingeblendet wird. Möchten Sie alle Einträge löschen, klicken Sie mit der rechten Maustaste in die Seitenleiste und wählen *Alle Objekte entfernen* ❸.

Die „gesendeten Links" blenden Sie mit einem Klick auf das @-Zeichen ❹ in der Seitenleiste ein.

Die „Leseliste" (links) speichert komplette Webseiten, die Sie auch dann abrufen können, wenn Sie keine Verbindung zum Internet haben. In den „gesendeten Links" (rechts) werden Links Ihrer Kontakte aus sozialen Netzwerken wie Twitter angezeigt. Hier lassen sich sich RSS-Feeds von Webseiten verwalten.

Die Erweiterungen

Safari kann zwar eine ganze Menge, aber bei Weitem nicht alles, was das Programm leisten könnte. Doch das ist kein Problem, denn über die Erweiterungen lassen sich die Fähigkeiten von Safari fast grenzenlos anpassen. So gibt es etwa unzählige Erweiterungen, mit denen Sie nervige Plug-Ins und störende Anzeigen auf Webseiten blockieren können, oder Tools, die es Ihnen erlauben, eine komplette Webseite als Screenshot zu speichern. Auch die Anbieter von Hilfsprogrammen für MacOS bieten mitunter Erweiterungen an, damit Sie diese Programme auch direkt im Browser nutzen können.

Apple bietet eine recht umfangreiche Sammlung an Erweiterungen, die Sie mit *Safari –> Safari-Erweiterungen* aufrufen. Alternativ dazu können Sie auch unter *Safari –> Einstellungen –> Erweiterungen* auf *Weitere Erweiterungen* klicken.

Safari lädt nun die „Safari Extensions Gallery", wo Erweiterungen vorgestellt werden und auch sofort geladen werden können.

Suchen Sie sich eine Erweiterung aus, die Sie interessiert, und klicken Sie auf *Install now*. Die Erweiterung wird geladen, automatisch installiert und steht sofort zur Verfügung. Sie müssen den Browser also nicht neu starten, um in den Genuss der neuen Möglichkeiten zu kommen.

Kapitel 7 Safari

Um Safari durch kleine Tools und Add-Ons zu erweitern, tippen Sie auf „Weitere Erweiterungen" ❶. Über die Checkbox links ❷ (de)aktivieren Sie die jeweilige Erweiterung. Um eine Erweiterung zu löschen, wählen Sie sie in der Seitenleiste aus und klicke auf „Deinstallieren" ❸.

 Risiken & Nebenwirkungen: So sinnvoll und nützlich die meisten Erweiterungen auch sind – das Verfahren ist nicht ohne Probleme. So sind etwa Erweiterungen denkbar, die sich wie Trojaner oder andere Schadsoftware verhalten. Aus diesem Grund sollten Sie Erweiterungen nur aus vertrauenswürdigen Quellen (wie etwa Apples offizieller Galerie) installieren.

Die Mitteilungen

Viele Webseiten bringen aktuelle Neuigkeiten und Nachrichten und verändern damit ihren Inhalt fast stündlich. Wenn Sie hier keine Änderung verpassen möchten, können Sie die Mitteilungszentrale auch für Webseiten öffnen. Standardmäßig ist diese Funktion aktiviert. Rufen Sie eine Webseite auf, die die Mitteilungen von Safari unterstützt, erscheint ein Dialog, in dem Sie entscheiden können, ob Sie von dieser Webseite in Zukunft eine Mitteilung bekommen möchten, wenn sich ihr Inhalt geändert hat. Unter *Safari -> Einstellungen -> Mitteilungen* können Sie Ihre Entscheidung jederzeit revidieren und eine erteilte Erlaubnis wieder zurückziehen. Möchten Sie diese Funktion nicht nutzen, dann entfernen Sie dort das

Häkchen vor *Websites erlauben, nach Berechtigungen zum Senden von Push-Benachrichtigungen zu fragen*. Wie genau Safari Sie auf solche Mitteilungen aufmerksam macht, legen Sie wie gewohnt unter *Apfel-Menü -> Systemeinstellungen -> Mitteilungen* für den Eintrag *Safari* fest.

Auch Webseiten können Sie über die Mitteilungszentrale auf neue Inhalte aufmerksam machen – natürlich nur, wenn Sie dies wünschen.

Sicherheit und Datenschutz

Neben all den schönen Sachen, die Sie im und mit dem Netz erleben können, hält es mitunter auch eher unangenehme Überraschungen bereit: Auch im Internet tummeln sich die bösen Buben, und Sie tun gut daran, sich mit den Einstellungen zur Sicherheit und zum Datenschutz in Safari zu beschäftigen.

„Sichere" Dateien

Apple möchte es Ihnen am Mac so einfach wie möglich machen und Ihnen jeden überflüssigen Mausklick ersparen. Bei Safari ist man dabei allerdings etwas über das Ziel hinausgeschossen: Denn standardmäßig öffnet Safari Dateien, die vom Programm als „sicher" eingestuft werden, automatisch.

So werden etwa ZIP- oder DMG-Dateien, die Sie aus dem Internet laden, automatisch entpackt. Das ist im Grunde eine gute Idee, in der Praxis kann dies aber dazu führen, dass unerfahrene Anwender von Trickbetrügern dazu gebracht werden, bestimmte Software zu installieren.

Kapitel 7 Safari

Am besten ist es, diese etwas leichtsinnige Hilfestellung Safaris abzulehnen und unter *Safari –> Einstellungen –> Allgemein* die entsprechende Option „*Sichere" Dateien nach dem Laden öffnen* zu deaktivieren.

Auch vermeintlich „sichere" Dateien können Risiken bergen. Die Option zum automatischen Öffnen nach dem Download sollten Sie besser deaktivieren.

Cookies, Tracking und Ortung

Cookies sind kleine Textschnipsel, die eine Webseite auf Ihrem Mac ablegen kann, um Sie bei Ihrem nächsten Besuch der Seite wiederzuerkennen. Das ist sehr praktisch und erwünscht, wenn es sich etwa um ein Internetkaufhaus oder ein Forum handelt, bei dem Sie anhand des Cookies erkannt und eingelassen werden, ohne jedes Mal aufs Neue Ihre Zugangsdaten eingeben zu müssen. Andererseits können Cookies dazu missbraucht werden, Ihren Weg durch das Netz zu protokollieren (was auch als „Tracking" bezeichnet wird).

Es empfiehlt sich, die gespeicherten Cookies regelmäßig zu überprüfen und alle dubiosen Einträge zu löschen. Das erledigen Sie unter *Safari –> Einstellungen –> Datenschutz*. Hier erfahren Sie, wie viele Webseiten aktuell Cookies auf Ihrem Mac abgelegt haben. Mit *Alle Website-Daten entfernen* löschen Sie sämtliche Cookies und andere gespeicherte Daten, und mit *Details* lassen Sie sich eine Liste mit allen gespeicherten Daten anzeigen, in der Sie gezielt Einträge löschen können.

Bei *Cookies und Website-Daten* bleiben Sie am besten bei der Standardeinstellung *Nur von Websites erlauben, die ich besuche*. Dabei handelt es sich um einen guten Kompromiss aus *Immer blockieren* bzw. *Immer zulassen*.

Die Ortungsdienste von MacOS können Ihre geografische Position (genauer: die Ihres Macs) einigermaßen präzise bestimmen. Diese Ortsdaten kann Safari einer Webseite auf Anfrage zur Verfügung stellen – natürlich nicht einfach so, sondern nur, wenn Sie explizit zustimmen. Wann genau und wie oft Safari Sie in diesem Fall fragen soll, legen Sie ebenfalls unter *Safari –> Einstellungen –> Datenschutz* fest.

Webseiten speichern auf Ihrem Mac verschiedene Daten. Wenn Sie hier gezielt nachsehen wollen, welche Webseiten welche Daten speichern, um sie gegebenenfalls gezielt zu löschen, wählen Sie im Register „Datenschutz" ❶ den Punkt „Details" ❷. Cookies selbst sind nützlich, die Cookies von Werbeanbietern allerdings nicht – diese Cookies sollten Sie blockieren ❸. Möchten Sie alle gespeicherten Daten löschen, klicken Sie auf „Alle Webseite-Daten entfernen" ❹. Im „Datenschutz"-Dialog legen Sie auch fest, wie oft eine Website nachfragen muss, um Zugriff auf die Ortungsdienste zu bekommen ❺. Die Option „Tracking durch Websites ablehnen" ❻ ist eher ein frommer Wunsch als eine sinnvolle Funktion. Damit fordert Safari einen Webserver auf, den Anwender nicht zu markieren und ihm nicht zu folgen – ob sich der Server daran hält, steht auf einem ganz anderen Blatt.

Sicherheit

Alle Einstellungen zur Sicherheit von Safari nehmen Sie auf der entsprechenden Registerkarte unter *Safari –> Einstellungen –> Sicherheit* vor. Hier können Sie etwa JavaScript ausschalten oder genau definieren, welche Webseite auf ein Plug-In zugreifen darf. Hier schalten Sie auch den Pop-Up-Blocker ein oder aus.

 Pop-Ups: Pop-Ups sind Fenster, die von einer Webseite beim Aufruf ohne Ihr Zutun geöffnet werden. Hierbei handelt es sich fast immer um Werbung. In seltenen Fällen kann es allerdings vorkommen, dass in einem Pop-Up-Fenster wichtige Informationen angezeigt werden, etwa der Anmeldedialog für ein Forum. Standardmäßig sind Pop-Ups ausgeschaltet; falls eine Seite sie zwingend benötigt, schalten Sie sie vorübergehend ein.

Kapitel 7 Safari

Betrügerische Seiten

Der wichtigste Eintrag unter *Safari –> Einstellungen –> Sicherheit* ist der Punkt *Bei betrügerischen Inhalten warnen*. Damit fängt Safari sogenannte „Phishing-Sites" ab, also Webseiten, die es darauf anlegen, Ihnen Ihre Zugangsdaten zu passwortgeschützten Seiten abzuluchsen. Es gibt keinen Grund, diese Option auszuschalten.

> **!** **Vorsicht vor den Passwortfischern!** „Phishing" ist ein Kunstwort aus „Password" und „fishing" und kann mit „Passwort angeln" übersetzt werden. Beim Phishing werden in betrügerischer Absicht vermeintlich echte Mitteilungen großer Unternehmen (wie E-Bay, PayPal oder Geldinstituten) per E-Mail verschickt, mit dem Ziel, von arglosen Anwendern Passwörter, Zugangsdaten und ähnlich sensible Daten zu erfahren. Eine typische Phishing-Mail fordert den Empfänger dazu auf, sich umgehend auf einer bestimmten Webseite anzumelden, um Schäden oder finanzielle Verluste zu verhindern. Die verlinkten Webseiten liegen meist auf Servern in eher exotischen Gegenden und überraschen mit mehr oder weniger echt aussehenden Formularseiten. Wer hier seine Daten einträgt, übermittelt sie an die Betrüger, die nun versuchen, aus diesen Daten möglichst schnell Kapital zu schlagen.

Privates Surfen

Wenn Sie nicht möchten, dass Safari überhaupt etwas speichert – weder Cookies noch den Verlauf noch Kennwörter –, dann wählen Sie *Ablage –> Neues privates Fenster*. Alle in diesem Fenster geöffneten Tabs sind gegeneinander isoliert, es ist also nicht möglich, dass etwa ein Werbenetzwerk Sie über mehrere Seiten verfolgt. Ein privates Fenster erkennen Sie am schwarz hinterlegten Adressfeld. Möchten Sie die private Surftour beenden, schließen Sie einfach das Fenster oder wechseln zu einem normalen Safari-Fenster.

Kapitel 8

Mail

Kapitel 8 Mail

Die elektronische Post ist das wohl wichtigste Kommunikationsmittel, das Ihnen das Internet zu bieten hat. Natürlich unterstützt MacOS von Haus aus Mail und liefert ein Programm mit, mit dem Sie Ihre E-Mails empfangen, senden und verwalten können. Das Programm heißt, wenig überraschend, *Mail*. Das Design wirkt schlicht, aber *Mail* erweist sich in der Praxis als erstaunlich zuverlässig, leistungsfähig und flexibel.

Mail-Accounts

Bevor Sie mit dem Programm *Mail* arbeiten können, müssen Sie es (wie jedes Mail-Programm) einrichten. Falls Sie das noch nicht getan haben (s. dazu Kapitel 2), fordert *Mail* Sie beim Start dazu auf. Sie können auch später jederzeit einen zusätzlichen Account einrichten. Wählen Sie dazu *Mail –> Accounts*. Wenn Sie bei der Konfiguration von MacOS ein iCloud-Konto eingerichtet haben, ist der Mail-Account von iCloud bereits angelegt worden.

Accounts konfigurieren

Ein Account kann jederzeit bearbeitet und konfiguriert werden. In der Regel ist das nicht notwendig, aber es gibt einige Szenarien, in denen Sie mit individuellen Einstellungen besser fahren als mit den Standardvorgaben von *Mail*. Dabei gehen die Konfigurationsmöglichkeiten in *Mail* weit über das hinaus, was Ihnen die zentrale Account-Verwaltung in den Systemeinstellungen anbietet.

Sämtliche Anpassungen nehmen Sie unter *Mail –> Einstellungen –> Accounts* vor. Hier finden Sie für jeden Account drei verschiedene Registerkarten:

- *Accountinformationen:* Hier können Sie den Namen des Accounts oder Ihren Absendernamen ändern. Auf dieser Karte können Sie einen Account auch deaktivieren (also ihn vorübergehend ausschalten, ohne ihn zu löschen).
- *Postfach-Verhalten:* In diesem Register legen Sie unter anderem fest, wie *Mail* mit gelöschten E-Mails umgehen soll oder ob die Postfächer *Entwürfe* und *Werbung* auch auf dem Server gesichert werden sollen.
- *Servereinstellungen:* Auf der dritten Registerkarte verwalten Sie die Einstellungen für den Posteingangs- und den Postausgangsserver. Diese Angaben werden Sie im Normalfall nicht bearbeiten müssen, aber wenn etwas schief geht, können Sie hier die Konfiguration des Accounts korrigieren. Die dazu benötigten Angaben erhalten Sie von Ihrem E-Mail-Anbieter.

> **Einstellungen speichern:** Anders als Sie es von anderen Einstellungen unter MacOS gewöhnt sind, müssen Sie alle Änderungen, die Sie unter **Accounts** vornehmen, explizit speichern, bevor sie greifen. Um das zu tun, genügt es etwa, die Registerkarte zu wechseln oder das Fenster zu schließen. Es erscheint dann ein Dialog, der Sie fragt, ob die Änderungen übernommen werden sollen.

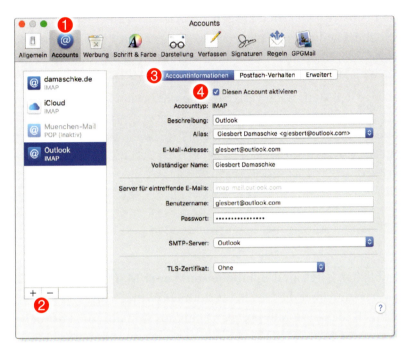

Auf der Registerkarte „Accounts" ❶ in den „Einstellungen" von Mail konfigurieren Sie Ihre E-Mail-Accounts. Über die Plus-/Minustasten ❷ fügen Sie weitere Accounts hinzu bzw. löschen eingerichtete Accounts. Die Registerkarten ❸ bieten Zugriff auf sämtliche Parameter. In der Regel müssen Sie hier allerdings so gut wie nie etwas eintragen oder ändern; das übernimmt Mail. Falls Sie einen Account vorübergehend pausieren wollen, ohne ihn gleich zu löschen, schalten Sie die Option „Diesen Account aktivieren" ❹ aus.

Kapitel 8 Mail

Der Aufbau von Mail

Standardmäßig startet Mail mit zwei Spalten: Links sehen Sie den Inhalt des aktuell ausgewählten Postfachs, rechts im großen Fenster die aktuell ausgewählte Mail. Nach einem Klick auf Postfächer ❶ wird links zusätzlich eine Spalte mit allen Postfächern eingeblendet. Die Liste der Mails kann nach verschiedenen Kriterien sortiert werden. Klicken Sie dazu auf die graue Kopfleiste der Spalte, in der standardmäßig Nach Datum sortieren ❷ steht, und wählen Sie die gewünschte Sortierung aus. Über das Filtersymbol ❸ können Sie die Anzeige der Mails nach verschiedenen Kriterien filtern.

Die klassische Ansicht: Das zwei- bzw. dreispaltige Layout von **Mail** ist bei Bildschirmgrößen ab 13 Zoll und mehr gut lesbar – also praktisch immer. Auf dem 11-Zoll-Display des kleinsten MacBook Air kann sie aber schon ein wenig verschwenderisch mit dem knappen Platz umgehen. Hier kann es sinnvoll sein, auf die ältere Ansicht umzuschalten, bei der der Inhalt des Postfachs und die aktuell gewählte Mail nicht neben-, sondern untereinander gezeigt werden. Um zu dieser Darstellung zu wechseln, wählen Sie **Mail –> Einstellungen –> Darstellung** und aktivieren **Klassisches Layout verwenden**.

Neben den beiden üblichen Titel- und Symbolleisten kennt Mail auch noch eine Favoritenleiste, die standardmäßig aktiviert ist und über die Sie ein bestimmtes Postfach direkt anspringen können, ohne erst in der Postfachliste danach suchen zu müssen. Von Haus aus sind dort die Postfächer Eingang, Gesendet und Markiert ❹ abgelegt. Sie können aber auch eigene Postfächer der Leiste hinzufügen. Wie das geht, erfahren Sie weiter unten. Unten in der Postfachliste informiert Mail Sie über aktuelle Aktivitäten, also den Empfang oder Versand von E-Mails ❺. Mit einem Klick auf den Umschlag ❻ rufen Sie Ihre Mails ab, und ein Klick auf das stilisierte Blatt mit Stift ❼ öffnet ein neues, leeres Mail-Formular.

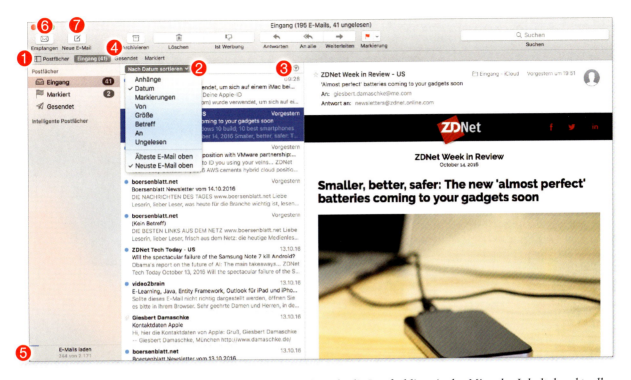

Das Mail-Fenster in der üblichen Drei-Spalten-Ansicht: Links steht die Postfachliste, in der Mitte der Inhalt des aktuellen Postfachs, und rechts wird die aktuell gewählte Mail angezeigt.

Üblicherweise zeigt ein Klick auf ein Postfach sämtliche E-Mails an, die in diesem Postfach enthalten sind. Durch einen Klick auf das kleine Filtersymbol ❸ lässt sich die Anzeige ändern. Klicken Sie auf das Symbol, wird standardmäßig der Filter *Ungelesen* aktiviert. Klicken Sie auf *Ungelesen*, öffnet sich ein kleines Menü, in dem Sie weitere bzw. andere Filterkriterien wählen können, etwa *Nur E-Mails mit Anhängen*. Die verschiedenen Optionen lassen sich kombinieren – es ist also möglich, sich zum Beispiel nur ungelesene E-Mails mit Anhängen anzeigen zu lassen – und werden mit einem Mausklick ein- bzw. ausgeschaltet.

Kapitel 8 Mail

> **!** **Mails in Tabs:** Wenn Sie eine neue Mail schreiben oder eine Mail in einem Postfach doppelt anklicken, wird die Mail in einem eigenen Fenster geöffnet. Das kann unter Umständen etwas unübersichtlich werden. In diesem Fall wählen Sie **Fenster –> Alle Fenster zusammenführen**. Die Mails werden nun in Tabs in einem gemeinsamen Fenster dargestellt.

E-Mails schreiben und sichern

Sobald ein Account eingerichtet ist, wird es Zeit für einen kleinen Test. Dazu schicken Sie am besten eine Test-Mail an sich selbst. So erkennen Sie sehr schnell, ob alles so funktioniert, wie Sie sich das denken, und ob Sie E-Mails sowohl verschicken als auch empfangen können.

Test-Mail schreiben

Klicken Sie also in der Symbolleiste auf die Taste *Neue E-Mail erstellen*, oder drücken Sie *cmd + N*. *Mail* öffnet ein neues, leeres Mail-Formular. Tragen Sie hier als Empfänger Ihre Mail-Adresse ein. Nach einem Klick auf die blaue Plustaste können Sie die Empfänger auch aus Ihren Kontakten wählen (mit dem Programm *Kontakte* beschäftigen wir uns in Kapitel 9). Sie können in *Mail* mit Formatvorlagen arbeiten und einfach Fotos in Ihre Mails übernehmen. Mehr dazu lesen Sie weiter unten in diesem Kapitel.

Das Formular für eine neue Mail ist recht übersichtlich aufgebaut. Im Kopfbereich ❶ tragen Sie den/die Empfänger und den Betreff Ihrer Mail ein, und mit einem Klick auf das blaue Pluszeichen ❷ greifen Sie auf Ihre Kontakte zu. Im großen leeren Bereich ❸ schreiben Sie Ihren Text. Über die Bildertaste ❹ können Sie Fotos übernehmen ❺, und ein Klick auf die Vorlagentaste ❻ öffnet die Vorlagenauswahl ❼. Welche Felder im Kopf des Formulars angezeigt werden sollen, bestimmen Sie über einen Klick auf die Taste mit dem Listensymbol ❽. Ein Klick auf den Papierflieger schickt Ihre Mail auf die Reise ❾.

Als Entwurf speichern

Sie können die Mail mit einem Klick auf den Papierflieger sofort versenden, doch übungshalber speichern wir sie zuerst als Entwurf. Schließlich kommt es in der Praxis immer wieder vor, dass Sie eine Mail zwar anfangen, aber nicht beenden können, zum Beispiel, weil Sie bei der Arbeit unterbrochen wurden oder mit Ihrer Mail noch nicht so recht zufrieden sind und sie zu einem späteren Zeitpunkt noch einmal bearbeiten möchten.

Mail sichert neue, noch nicht verschickte Mails in der Regel automatisch, aber um sicher zu sein, drücken Sie *cmd + S*. Die Mail wird nun gespeichert und taucht im Postfach *Entwürfe* auf. Das Mail-Formular selbst bleibt weiterhin geöffnet und kann weiterbearbeitet werden. Um die Arbeit vorläufig zu unterbrechen, schließen Sie das Mail-Formular mit *cmd + W* und klicken auf *Sichern*.

Möchten Sie die Mail später weiterbearbeiten, lassen Sie sich mit einem Klick auf *Entwürfe* Ihre gespeicherten Mails anzeigen und klicken die gewünschte Mail doppelt an. Das Mail-Formular wird geöffnet, und Sie können Ihre Arbeit fortsetzen.

 Vorsicht, Falle! Wenn Sie eine Mail aus den Entwürfen weiterbearbeiten und die Bearbeitung abbrechen (zum Beispiel, indem Sie das Mail-Formular schließen), dann fragt **Mail** nach, ob Sie die Mail sichern möchten. Hier müssen Sie unbedingt auf **Sichern** tippen, andernfalls wird der Entwurf gelöscht!

Kapitel 8 Mail

E-Mails senden und empfangen

Nachdem Sie Ihre Mail fertiggestellt haben, schicken Sie sie mit einem Klick auf die Taste mit dem Papierflugzeug auf die Reise. Klicken Sie nun auf den Eintrag *Gesendet*. Sie sehen Ihre verschickten Mail.

Test-Mail empfangen

Sobald Sie die Mail abgeschickt haben, taucht sie normalerweise auch schon wieder als neue, ungelesene Mail im Postfach *Eingang* auf. Falls das Internet oder Ihr Mail-Anbieter just im Moment einen kleinen Schluckauf hat, kann sich der Empfang auch verzögern. Klicken Sie dann auf die Taste *Empfangen* – den Briefumschlag – in der Symbolleiste.

E-Mails löschen

Nachdem Sie sich von der generellen Funktionstüchtigkeit Ihrer Konfiguration überzeugt haben, können Sie die Test-Mail löschen. Klicken Sie dazu auf den entsprechenden Eintrag, und befördern Sie die Mail mit einem Klick auf das Papierkorbsymbol oder durch Drücken der *Backspace*-Taste in den Papierkorb.

Papierkorb löschen

Alle Mails, die Sie löschen, landen zuerst im Papierkorb, von wo aus sie wieder zurückgeholt werden können. Möchten Sie die Mails endgültig löschen, so klicken Sie den Eintrag *Papierkorb* in der Postfachliste mit der rechten Maustaste an und wählen *Gelöschte Objekte endgültig löschen*.

 Einblenden: Um den Papierkorb angezeigt zu bekommen, müssen Sie die Postfachliste einblenden. Falls Sie lieber nur mit zwei Spalten arbeiten, ist der Punkt auch im Menü unter **Postfach –> Objekte endgültig löschen** erreichbar.

Papierkorb automatisch leeren

Sie können das Leeren des Papierkorbs auch *Mail* überlassen. Das Programm löscht auf Wunsch alle Mails im Papierkorb nach einer bestimmten Zeitspanne. Von Haus aus wirft *Mail* automatisch alles weg, was seit mehr als 30 Tagen im Papierkorb liegt. Um eine andere Zeitspanne zu wählen oder um die automatische Leerung zu deaktivieren, wählen Sie *Mail –> Einstellungen –> Accounts –> Postfach-Verhalten*. Im Abschnitt *Papierkorb* legen Sie nun fest, ob und wann *Mail* den Papierkorb leeren soll.

Signaturen

Es ist im Mail-Verkehr üblich, seine E-Mails mit einer Signatur zu versehen. Das ist eine Standardformulierung, die automatisch an den Schluss einer E-Mail angehängt wird. Üblicherweise enthält die Signatur den Namen, die Homepage und manchmal auch die Firma des Absenders oder eine Grußformel. *Mail* kann mit beliebig vielen Signaturen umgehen, die Sie je nach Anlass oder Empfänger Ihrer Mail einsetzen können.

Signatur definieren

Um eine Signatur anzulegen, wählen Sie *Mail –> Einstellungen –> Signaturen*. Wählen Sie hier den Account, dem Sie eine Signatur zuordnen möchten, und klicken Sie auf das Pluszeichen. Geben Sie Ihrer Signatur einen Namen, und schreiben Sie den Text der Signatur in das Textfeld.

Unter *Signatur auswählen* legen Sie fest, welche Signatur *Mail* automatisch einfügen soll. Möchten Sie Signaturen nur ausnahmsweise verwenden, dann wählen Sie hier *Ohne*.

Signatur zuweisen

Wenn Sie mit mehreren Accounts arbeiten, können Sie jedem Account ein eigenes Set an Signaturen zuweisen. Möchten Sie ein und dieselbe Signatur mit mehreren Accounts benutzen, müssen Sie diese Signatur nicht mehrfach eingeben. Stattdessen wählen Sie *Alle Signaturen* und ziehen die gewünschte Signatur auf den entsprechenden Account.

Kapitel 8 Mail

Signatur auswählen

Über das Feld *Signatur auswählen* legen Sie fest, welche Signatur ein Account standardmäßig benutzt. Bei einer neuen Mail setzt *Mail* nun automatisch die Signatur in das Mail-Formular. Falls Sie mehrere Signaturen angelegt haben, können Sie über das Auswahlmenü *Signatur* im Mail-Formular natürlich auch eine andere (oder keine) Signatur für die aktuelle Mail wählen.

Auf der Registerkarte „Signaturen" ❶ *legen Sie die kleinen Textschnipsel fest, die „Mail" automatisch an Ihre Mails anfügen kann. Für jeden Account* ❷ *lassen sich beliebig viele Signaturen definieren. Eine neue Signatur fügen Sie mit einem Klick auf die Plustaste* ❸ *hinzu. Jede Signatur kann aus der Liste der Signaturen* ❹ *auf einen Account gezogen und ihm so zugewiesen werden. Die Signatur wird so in die Mail eingefügt, wie Sie sie im Textfeld* ❺ *definiert haben.*

Antworten, Zitate, Weiterleiten, Konversation

Die elektronische Post ist natürlich keine Einbahnstraße, sondern sie wird beantwortet oder weitergeleitet, und so entstehen zum Teil umfangreiche Konversationen zwischen Ihnen und Ihren Mail-Partnern. *Mail* nimmt darauf natürlich Rücksicht.

Antworten

Bei Antworten auf eine Mail gibt es zwei Möglichkeiten. Im einfachsten Fall antworten Sie direkt auf eine Mail, die nur Sie bekommen haben. Bei Mails, die an mehrere Adressaten geschickt wurden, können Sie entweder nur dem Absender oder auch dem Absender und allen anderen Empfängern antworten. Das erledigen Sie über die entsprechenden Symbole, die Sie in der Symbolleiste sehen und die auch in jeder Mail eingeblendet werden, sobald Sie mit der Maus auf die Trennlinie zwischen dem Mail-Kopf und der eigentlichen Mail zeigen.

- *Antwort nur an den Absender:* Klicken Sie auf den einfachen Pfeil nach links.
- *Antwort an alle:* Klicken Sie auf den Doppelpfeil nach links.
- *Weiterleiten:* Klicken Sie auf den Pfeil nach rechts.

> **Antworten zeigen:** Eine Mail, auf die Sie geantwortet haben, wird links mit einem kleinen Pfeil markiert. Ein Klick auf diesen Pfeil öffnet automatisch Ihre Antwort.

Über einen Klick auf das entsprechende Symbol – „Antworten" ❶, „Allen antworten" ❷, „Weiterleiten" ❸ – wird eine Mail beantwortet bzw. weitergeleitet. Diese Symbole werden auch im Mail-Formular eingeblendet ❹, sobald Sie mit der Maus auf die Trennlinie zwischen Mailheader und Mailtext zeigen.

Zitate

Standardmäßig übernimmt Mail den gesamten Text einer Mail, auf die Sie antworten, in Ihre Antwort und markiert ihn als Zitat. Möchten Sie nur einen bestimmten Teil zitieren, so markieren Sie die entsprechende Passage und klicken erst dann auf den Pfeil. Nun wird nur die Markierung als Zitat übernommen.

 Keine Zitate: Das Zitierverhalten von **Mail** können Sie unter **Mail –> Einstellungen –> Verfassen** steuern. Sie können auch die automatische Übernahme von Zitaten komplett unterbinden.

Weiterleiten

Möchten Sie eine Mail an einen anderen Empfänger weiterleiten, so klicken Sie dazu in der Symbolleiste auf den Pfeil nach rechts. Dabei übernimmt *Mail* den kompletten Text inklusive der Angaben wie Absender, Betreff und Datum in ein neues Mail-Formular.

Bei dieser Form der Weiterleitung werden einige technische Daten ignoriert, die in einer Mail unsichtbar enthalten sind. Möchten Sie diese ebenfalls mitschicken (etwa zur Fehleranalyse), so wählen Sie *E-Mail –> Als Anhang weiterleiten*.

Konversation und Zusammenhänge

Einen Mail-Wechsel fasst *Mail* automatisch zu einer Konversation zusammen. In diesem Fall sehen Sie statt der einzelnen Mails einen einzigen Eintrag in Ihrem Postfach. Eine kleine Ziffer gibt an, wie viele Mails in diesem Eintrag zusammengefasst sind. Klicken Sie diesen Eintrag an, werden alle Mails in chronologischer Reihenfolge untereinander angezeigt, und Sie können gezielt auf einen bestimmten Beitrag zugreifen.

Falls Sie eine chronologische Liste bevorzugen, ohne dass zusammengehörende Mails gruppiert werden, entfernen Sie das Häkchen unter *Darstellung –> Nach Konversationen ordnen*.

Zusammengehörende Mails werden als Konversation zusammengefasst. Eine kleine Zahl mit einem Pfeil ❶ *gibt an, wie viele Mails zur Konversation gehören. Klicken Sie den Pfeil an, werden alle Beteiligten gezeigt* ❷*. Sie können eine Mail in der Liste gezielt auswählen oder mit einem Klick auf den obersten Eintrag* ❸ *die komplette Konversation einblenden.*

Bei einer Konversation werden auch die Mails gezeigt, die in einem anderen als dem aktuellen Postfach liegen. Haben Sie zum Beispiel auf eine E-Mail im Posteingang geantwortet, dann speichert *Mail* Ihre Antwort im Postfach „Gesendet". Im Posteingang wird die Mail, auf die Sie geantwortet haben, mit einer kleinen „2" versehen und zusammen mit Ihrer Antwort angezeigt. Diese Darstellung ist üblicherweise sinnvoll, kann aber bei umfangreicheren Mail-Wechseln manchmal etwas verwirrend sein. In diesem Fall wählen Sie *Darstellung –> Zugehörige E-Mails ausblenden*. Mit *Darstellung –> Zugehörige E-Mails einblenden* machen Sie diese Einstellung wieder rückgängig.

Konversationen und Zusammenhänge müssen Sie nicht über das Menü ein- und ausblenden, das geht auch über die Symbolleiste. Klicken Sie dazu mit der rechten Maustaste in die Symbolleiste, wählen Sie „Symbolleiste anpassen", und ziehen Sie die beiden Symbole in die Leiste. Nun können Sie sich Konversationen und Zusammenhänge bei Bedarf ganz schnell anzeigen lassen – und auch wieder ausschalten.

Kapitel 8 Mail

Das Format einer E-Mail

Generell gibt es zwei Möglichkeiten, E-Mails zu formatieren:
- *Reiner Text:* Die Mail enthält nur Text, keine Textauszeichnungen wie **fett** oder *kursiv*, keine Farben, keine unterschiedlichen Fonts oder Schriftgrößen und auch keine Bilder.
- *Formatierter Text:* Die Mail wird komplett in HTML gestaltet (also in der Sprache, in der auch Webseiten geschrieben werden). Hier ist im Prinzip alles möglich, was auch auf einer Webseite möglich ist: Farben, Fonts, Formatierungen, Tabellen, Listen, Bilder und so weiter und so fort.

Reiner Text vs. Format: Fast alle Mail-Programme können mit formatierten Mails umgehen – aber eben nur fast alle. Wer auf Nummer sicher gehen und dafür sorgen will, dass der Empfänger die Mails korrekt angezeigt bekommt, der wird um die Sparversion „Reiner Text" nicht herumkommen.

Formatwahl

Das generelle Format für neue E-Mails legen Sie unter *Mail –> Einstellungen –> Verfassen* fest. Wenn Sie in *Mail* mit *cmd + N* oder *Ablage –> Neue E-Mail* ein neues, leeres Mail-Formular öffnen, greift *Mail* auf dieses Standardformat zurück.

Möchten Sie das Format für eine Mail ausnahmsweise einmal wechseln, wählen Sie entweder den Eintrag *Format –> In reinen Text umwandeln* bzw. *Format –> In formatierten Text umwandeln* oder wechseln mit *Shift + cmd + T* zwischen den beiden unterschiedlichen Einstellungen hin und her.

Arbeiten Sie mit formatiertem Text, bietet *Mail* Ihnen im *Format*-Menü verschiedene Formatierungshilfen an, die Sie vermutlich auch von einer Textverarbeitung her kennen.

> **Format bei Antworten:** Unter **Mail –> Einstellungen –> Verfassen** legen Sie fest, ob bei einer Antwort auf eine Mail Ihre Mail im Format der Original-E-Mail erstellt werden soll oder ob Ihre allgemeine Formatwahl benutzt werden soll.

Vorlagen

Die Vorlagen bieten Ihnen gut 30 professionell gestaltete Briefbögen, die Sie für Ihre eigenen Mails benutzen können.

Um mit einer solchen Vorlage zu arbeiten, klicken Sie im Formular einer neuen Mail (*cmd + N*) in der Symbolleiste rechts auf die *Vorlagen*-Schaltfläche und wählen eine Vorlage aus, die Ihnen gefällt.

In vielen Vorlagen werden Fotos benutzt, die Sie natürlich durch eigene Bilder ersetzen können. Lassen Sie sich dazu die *Fotoübersicht* anzeigen (entweder durch einen Klick in die Symbolleiste oder über *Fenster –> Fotoübersicht*), und ziehen Sie das gewünschte Foto aus der Übersicht auf das Bild in der Vorlage, an dessen Stelle es eingesetzt werden soll. *Mail* formatiert und skaliert das Bild automatisch und bringt es auf das passende Format. Zudem lässt sich das eingefügte Foto mit der Maus positionieren. Über einen kleinen Schieberegler können Sie in das Bild hineinzoomen, um einen bestimmten Ausschnitt zu wählen.

Kapitel 8 Mail

Wenn Sie die Vorlagenauswahl ❶ *aktivieren, stellt Mail Ihnen eine Reihe professionell gestalteter Vorlagen für Ihre elektronische Post zur Verfügung* ❷*. Um die Platzhalter-Fotos durch eigene Bilder zu ersetzen, blenden Sie mit einem Klick auf die Fotos-Taste* ❸ *zuerst die Fotoübersicht ein* ❹ *und ziehen dann das gewünschte Bild an die entsprechende Position* ❺*. Das Foto wird automatisch eingesetzt und skaliert.*

Dateianhänge

Mit einer Mail können Sie nicht nur einfache Texte, sondern über einen Dateianhang auch gleich ein ganzes E-Paket verschicken.

Dateien anhängen

Der einfachste Weg, eine (oder mehrere) Datei(en) per E-Mail weiterzuleiten, besteht darin, die gewünschte Datei in das Mail-Formular zu ziehen. Wenn Sie die Dateien momentan nicht griffbereit haben, können Sie über die Büroklammer ein Finder-Fenster öffnen und die gesuchten Dateien von dort aus einfügen.

Dabei werden Bilder und Dokumente direkt in der Mail angezeigt, andere Dateien werden durch ein Dateisymbol dargestellt. Die automatische Vorschau von Bildern und Dokumenten ist zwar einerseits praktisch, braucht aber andererseits mitunter sehr viel Platz auf dem Bildschirm. Möchten Sie dies vermeiden, klicken Sie die Dateivorschau an und wählen *Als Symbol anzeigen*.

> **!** **Bildgröße: Mail** kann Bilder auf Wunsch verkleinern und so den Versand per Mail erleichtern. Wählen Sie die gewünschte Größe über die Taste **Bildgröße**. Das ist fein, hat aber einen kleinen Haken – **Mail** merkt sich fortan Ihre Einstellung. Kontrollieren Sie also diese Einstellung, und stellen Sie sicher, dass das Bild auch tatsächlich in der Größe verschickt wird, in der Sie es verschicken möchten.

Um ein Foto oder eine andere Datei per E-Mail zu verschicken, ziehen Sie die Datei einfach in das Mail-Formular. Bei Fotos lassen Sie sich über die „Fotos"-Schaltfläche ❶ *Ihre Bilder einblenden und ziehen das gewünschte Foto ins Formular* ❷*. Da Fotos in der Regel sehr groß sind, können Sie die Bildgröße vor dem Versand anpassen* ❸*. Dabei wird links außen die aktuelle Größe der Mail angezeigt* ❹*. Über die Büroklammer* ❺ *öffnen Sie ein Finder-Fenster und können nun jede beliebige Datei als Anhang hinzufügen. Bilder und PDF-Dateien können Sie vor dem Versand bearbeiten* ❻*.*

Bilder und PDF in Mail bearbeiten („Markierungen")

Bilder und PDF-Dateien können Sie nicht nur als Dateianhang verschicken – Sie können sie auch direkt in *Mail* bearbeiten. Dabei greift *Mail* auf die entsprechenden Funktionen des Programms *Vorschau* zu, mit dem wir uns in Kapitel 14 etwas ausführlicher beschäftigen.

Um die Bearbeitungsfunktion aufzurufen, zeigen Sie auf das Bild oder die PDF-Datei. Es erscheint oben rechts eine kleine Pfeiltaste. Klicken Sie diese an, und wählen Sie hier *Markierungen*. Falls der Anhang als Symbol angezeigt wird, klicken Sie das Symbol mit der rechten Maustaste an und wählen im Kontextmenü den Punkt *Markierungen*.

Nun können Sie über die Werkzeugleiste in einem Bild zeichnen, Formen und Texte hinzufügen und Ähnliches mehr. Es ist auch möglich, über diese Funktion PDF-Formulare direkt in *Mail* auszufüllen.

Kapitel 8 Mail

Bilder und PDF-Dateien können direkt in „Mail" bearbeitet werden. Über die Werkzeugleiste können Sie Freihand- oder geometrische Formen ❶ sowie Text und Signaturen ❷ hinzufügen. Strichmuster und Farben legen Sie über die nächsten drei Tasten fest ❸. Über das „A" ❹ bestimmen Sie den Schriftstil.

Sehr große Dateien verschicken

Manche Dateianhänge sind groß – sehr groß. Selbst bei wenigen Fotos kommen Sie problemlos in einen deutlich zwei- oder dreistelligen MByte-Bereich. Nun ist das Mail-Protokoll, das für den Versand von E-Mails verantwortlich ist, für solche Datenmengen überhaupt nicht gedacht. Die Übertragung funktioniert zwar mitunter – aber es wird ein enormer Überhang an Transportdaten erzeugt, der dafür sorgt, dass aus einer E-Mail mit rund 10 MByte Dateianhang schon mal eine Mail werden kann, die 15 oder 20 MByte groß ist. Obendrein sind die Posteingänge bei vielen Anbietern beschränkt und gar nicht darauf ausgelegt, E-Mails in solchen Größen aufzunehmen.

Sinnvoller ist es in diesen Fällen, die Dateien zuerst auf einen Server im Internet zu hinterlegen und dem Empfänger nur einen Link zum Download der Dateien zu schicken. Genau das übernimmt Mail automatisch – vorausgesetzt, Sie verschicken Ihre Mails über einen iCloud-Account. Denn dann wird der Dateianhang zuerst auf einen Server bei Apple hochgeladen, und anschließend wird eine Mail mit einem Link an den Empfänger verschickt. Die Anhänge bleiben 30 Tage auf dem Server. In dieser Zeit kann der Empfänger die verlinkten Dateien laden – danach werden sie gelöscht. Apple nennt dieses Verfahren „Mail Drop". Das Verfahren bietet Platz für bis zu 5 GByte große Anhänge, wobei dieser Speicherbedarf nicht auf Ihren sonstigen iCloud-Speicher angerechnet wird.

Das Verfahren funktioniert in der Praxis problemlos – aber Sie müssen Geduld haben. Es kann nämlich durchaus einige Zeit dauern, bis die Dateianhänge den Weg auf den iCloud-Server gefunden haben. Während dieser Zeit kann es passieren, dass die Mail-App nicht mehr zu reagieren scheint. In diesem Fall hilft nur eins: sehr geduldig abwarten.

Falls Sie Mail Drop nicht benutzen wollen und die volle Kontrolle über die Art und Weise, wie Sie Mail verschicken, behalten möchten, wählen Sie *Mail –> Einstellungen*. Hier wählen Sie das Register *Account* und dort Ihren Mailaccount. Anschließend wechseln zu *Erweitert* und entfernen das Häkchen bei *Große Anhänge mit Mail Drop senden*.

Dropbox als Alternative: Wenn Sie häufiger umfangreiche Dateien austauschen, dann stößt Mail Drop an seine Grenzen. Hier empfiehlt es sich, ein Konto bei einem Anbieter wie etwa Dropbox einzurichten und die Dateien dort abzulegen. Von Dropbox aus können Sie dann Ordner für andere Anwender freigeben, die die Dateien dann ganz einfach mit einem Webbrowser oder über die Dropbox-App herunterladen können.

Anhänge öffnen bzw. sichern

Einen Dateianhang können Sie entweder direkt von *Mail* aus öffnen bzw. an das geeignete Programm übergeben oder auf der Festplatte sichern:
- *Öffnen:* Doppelklicken Sie auf den Anhang.
- *Sichern:* Klicken Sie mit der rechten Maustaste auf den Dateianhang, und wählen Sie *Im Downloads-Ordner sichern*. Möchten Sie den Speicherort selbst festlegen, wählen Sie *Anhang sichern*. Wenn eine Mail mehrere Dateianhänge hat, klicken Sie auf das Anhangssymbol, das automatisch eingeblendet wird, und wählen hier *Alles sichern*.

Wenn Sie das Symbol eines Dateianhangs ❶ *mit der rechten Maustaste anklicken, wird ein Menü eingeblendet, über das Sie die Datei öffnen oder auf der Festplatte speichern können. Bei mehreren Anhängen klicken Sie auf das Anhangssymbol in der automatisch eingeblendeten Symbolleiste* ❷ *und wählen „Alles sichern".*

Kapitel 8 Mail

 Erst sichern, dann öffnen: Sobald Sie in **Mail** eine Datei öffnen, landet sie als geschützte Datei im Ordner **Library –> Mail Downloads** innerhalb Ihres Benutzerordners. Dieser Ordner ist von Haus aus versteckt. Im Laufe der Zeit sammeln sich hier nicht nur jede Menge Dateien, sondern unter Umständen auch sensible Daten an. Daher empfiehlt es sich, Dateianhänge zuerst im Ordner **Downloads** zu sichern, bevor man sie öffnet. Wie Sie die Library sichtbar machen, erfahren Sie in Kapitel 17.

Anhänge löschen

Alle Dateianhänge sind Bestandteil der Mail-Datenbank und werden etwa bei Backups zusammen mit Ihren Mails gesichert. Das ist natürlich sinnvoll, aber nicht immer notwendig. Vielfach werden Anhänge ohnehin auf der Festplatte gespeichert und in anderen Programmen weiterbearbeitet; oft sind Anhänge auch nur vorübergehend wichtig. In diesen Fällen gibt es eigentlich keinen Grund, die Mail-Datenbank mit diesem Byte-Ballast zu verstopfen. Da trifft es sich gut, dass *Mail* die Möglichkeit bietet, einen Anhang einer Mail zu löschen, die Mail selbst aber weiterhin zu behalten.

Klicken Sie dazu die entsprechende Mail an, und wählen Sie *E-Mail –> Anhänge entfernen*. Der Anhang wird aus der Mail gelöscht und durch einen entsprechenden Hinweis ersetzt: „[Der Anhang {Dateiname} wurde manuell entfernt]".

Mails markieren

Manche Mails sind wichtiger als andere, und man möchte sie jederzeit schnell zur Hand haben, ohne erst umständlich nach ihnen suchen zu müssen.

Fähnchen

In diesem Fall können Sie eine Mail mit einem kleinen Fähnchen bzw. Etikett versehen. Dazu genügt ein Klick auf das Fähnchen in der Symbolleiste. Sobald Sie eine Mail auf diese Art markiert haben, taucht in der Seitenleiste das Postfach *Markiert* auf. Hier werden alle markierten Mails automatisch zusammengefasst und stehen so schnell auf Mausklick zur Verfügung. Zur Markierung stehen Ihnen sieben verschiedene Farben zur Verfügung. Klicken Sie zum Zugriff auf eine bestimmte Farbe auf den Pfeil neben dem

Fähnchen-Symbol. Um ein Etikett wieder zu löschen, wählen Sie die entsprechende(n) Mail(s) aus und klicken erneut auf das Fähnchen-Symbol in der Symbolleiste.

Um bestimmte Mails schnell wiederzufinden, können Sie sie mit farbigen Fähnchen versehen. Dazu markieren Sie die entsprechenden Mails ❶ und wählen anschließend die gewünschte Farbe ❷.

Solange Sie mit einer Farbe arbeiten, zeigt Mail Ihnen in der Seitenleiste nur den Eintrag *Markiert*. Sobald Sie allerdings mehrere Farben einsetzen, gibt es dort Unterordner, die den Namen der jeweiligen Farbe tragen. Das ist mitunter nicht wirklich hilfreich. Um den Farbnamen umzubenennen, wählen Sie ihn mit einem Mausklick aus und klicken ihn anschließend erneut an. Der Eintrag wird zu einem Eingabefeld, und Sie können die Bezeichnung nach Wunsch anpassen.

E-Mails markieren

Neben der Vergabe von Etikettenfarben, können Sie E-Mails auch mit der Eigenschaften gelesen bzw. ungelesen versehen. Die Funktionalität hierzu, finden Sie im Menüpunkt *E-Mail –> Markieren*. Eine E-Mail ist, sobald Sie diese anklicken, gelesen. Möchten Sie z. B. zu einem späteren Zeitpunkt diese E-Mail erneut studieren, oder auf einem anderen Gerät lesen, dann sind ungelesene E-Mails stets rasch im Zugriff. Mail am Mac bietet beispielsweise das intelligente Postfach *Ungelesen* an, in der sich alle so gekennzeichneten E-Mails automatisch zusammenfinden. Möchten Sie beim Versenden von E-Mails auf deren Dringlichkeit beim Empfänger hinweisen, so ist das Setzen einer hohen Priorität sinnvoll. Das entsprechende Feld ist standardmäßig ausgeblendet. Sie lassen es sich anzeigen, indem Sie auf das Listensymbol klicken und *Prioritätsfeld* auswählen. Setzen Sie Prioritäten aber nur sehr sparsam ein – wenn Sie jede zweite Mail als besonders wichtig markieren, nutzt sich der Effekt ab und der Empfänger wird diese Mails am Ende gar ignorieren.

Mit einem Klick auf das Listensymbol ❶ *können Sie das „Prioritätsfeld"* ❷ *einblenden. Klicken Sie darauf, können Sie Ihrer Mail eine hohe, normale oder geringe Priorität zuweisen.*

Postfächer

Um für mehr Übersicht und Ordnung in Ihrem Mail-Wechsel zu sorgen, können Sie eigene Ordner oder, wie es bei *Mail* heißt, eigene Postfächer anlegen und Mails in diese Postfächer einsortieren.

Neues Postfach

Ein neues Postfach legen Sie entweder über *Postfach –> Neues Postfach* oder durch einen Klick auf das kleine Pluszeichen links unten an.

Postfächer lassen sich zudem verschachteln, womit sich auch komplexere Ordnungsstrukturen realisieren lassen. Allerdings tendieren diese Strukturen dazu, sehr schnell sehr unübersichtlich zu werden. Halten Sie sich am besten an die bewährte Faustregel, so viele Ordner wie nötig und so wenige wie möglich zu benutzen.

Mails bewegen

Am schnellsten bewegen Sie eine Mail in ein bestimmtes Postfach, indem Sie die Mail mit der Maus in das gewünschte Postfach ziehen. Das kann bei mehreren Mails allerdings etwas mühselig werden. In diesem Fall markieren Sie zuerst die Mails, die Sie verschieben möchten, und wählen anschließend *E-Mail –> Bewegen in*, wo Sie das gewünschte Ziel anklicken.

Mails kopieren

Wenn Sie beim Verschieben einer Mail die *alt*-Taste gedrückt halten, wird der Mauszeiger um ein Pluszeichen erweitert. In diesem Fall wird die Mail nicht verschoben, sondern kopiert, ist anschließend also doppelt vorhanden. Über das Menü kopieren Sie Mails mit *E-Mail –> Kopieren in*.

Archiv

Mail bringt von Haus aus bereits das Postfach *Archiv* mit, in das Sie Mails verschieben können, die Sie nicht löschen, aber auch nicht mehr im Posteingang behalten wollen. Dieses Postfach wird bei Bedarf angelegt. Markieren Sie dazu die Mails, die Sie archivieren möchten, und wählen Sie *E-Mail –> Archivieren*.

VIP-Postfach

Manchmal sind bestimmte Absender wichtiger als andere. Um zum Beispiel alle Mails Ihres Chefs oder Ihres Partners besonders hervorzuheben, deklarieren Sie den Absender als „VIP", also als „very important person". Dazu zeigen Sie in der Mail auf den Absender und klicken auf den Stern, der links neben dem Absender eingeblendet wird. Alle Mails dieses Absenders werden nun auch im Postfach *VIP* angezeigt.

Um einen Absender aus dem VIP-Postfach zu entfernen, lassen Sie sich eine Mail von ihm anzeigen und klicken auf das Sternchen links neben dem Absender.

Für jeden VIP-Eintrag wird ein eigener Ordner angelegt. Als Name für diesen Ordner wird der Name des Absenders eingetragen, den Sie zum VIP erklärt haben. Um das zu ändern, klicken Sie den entsprechenden Ordner in der Seitenleiste doppelt an. Der Name wird zum Eingabefeld und kann nun geändert werden.

Postfächer in der Favoritenleiste

Die Favoritenleiste bietet Ihnen auch dann schnellen Zugriff auf Ihre Postfächer, wenn Sie die Postfächer ausgeblendet haben. Ihr Einsatz ist denkbar einfach: Ziehen Sie ein Postfach einfach auf die Leiste – fertig. Entsprechend simpel entfernen Sie ein Postfach wieder aus der Leiste, indem Sie es herausziehen.

Kapitel 8 Mail

Regeln

Möchten Sie, dass Mails bereits beim Eintreffen automatisch in ein bestimmtes Postfach verschoben werden oder zum Beispiel farbig markiert werden, so erstellen Sie eine Regel (etwa: „Wenn im Betreff ‚Wichtig!' auftaucht, dann markiere die Mail rot und verschiebe sie in das Postfach ‚Wichtig'"). Mail überprüft bei jeder eintreffenden Mail, ob sie diese Regel erfüllt. Falls dies der Fall ist, führt Mail die Aktionen aus, die Sie in der Regel definiert haben.

Neue Regeln

Eine Regel erstellen Sie unter *Einstellungen –> Regeln*. Hier finden Sie von Haus aus eine Regel namens „Neuigkeiten von Apple", die dafür sorgt, dass Mails von Apple farbig markiert werden. Werfen Sie einmal mit einem Klick auf *Bearbeiten* einen Blick in diese Regel: Als Bedingungen werden die (vielen) unterschiedlichen Absender genannt, die eine Mail von Apple haben kann. Wenn eine der genannten Bedingungen erfüllt ist (also eine eintreffende Mail von einem der angeführten Absender stammt), dann werden zwei Aktionen ausgelöst:

- Die Mail wird farbig markiert.
- Die Überprüfung der Regeln wird abgebrochen.

Die zweite Aktion verhindert, dass die Mail unter Umständen durch eine andere Regel noch verändert, also zum Beispiel in einen anderen Ordner verschoben wird. Außerdem spart sie Zeit, da die restlichen definierten Regeln nicht mehr überprüft werden müssen. Es ist eine gute Idee, diese Aktion auch an den Schluss eigener Regeln zu setzen, da der Fall, dass eine Mail gleich zwei oder drei Regeln erfüllt, in der Praxis fast nie eintritt.

Die Definition einer Mail-Regel folgt immer dem gleichen Muster. Wählen Sie die Registerkarte „Regeln" ❶, und geben Sie der neuen Regel einen Namen ❷. Anschließend definieren Sie Bedingungen ❸, die erfüllt sein müssen, damit die Regel angewandt wird. Über die Plustaste ❹ können Sie weitere Bedingungen definieren. Nun legen Sie die Aktionen fest ❺, die ausgeführt werden sollen, wenn die Bedingungen erfüllt sind. Speichern Sie die Regel mit einem Klick auf „OK" ❻.

Regeln anwenden

Eine neu definierte Regel greift bei jeder neu eintreffenden Mail. Doch was ist mit den Mails, die sich bereits im Posteingang befinden und die Sie ebenfalls mit Ihren Regeln aufräumen möchten?

Kein Problem: Wechseln Sie in den Posteingang, markieren Sie sämtliche Mails mit *cmd + A*, und wählen Sie *E-Mail –> Regeln anwenden*. *Mail* überprüft nun der Reihe nach alle markierten Mails und wendet gegebenenfalls die definierten Regeln an.

Kapitel 8 Mail

Suchen

Postfächer hin, Regeln her – es hilft alles nichts: Je größer der Mail-Bestand wird, desto schwieriger wird es, eine ganz bestimmte Mail wiederzufinden.

Hier greift die Suchfunktion von Mail, die Ihr komplettes Mail-Archiv oder auch nur ein bestimmtes Postfach durchstöbern kann. Das funktioniert im Prinzip genauso wie beim Finder.

Dazu geben Sie im Suchfeld oben rechts den gesuchten Begriff ein. Schon nach den ersten Buchstaben macht *Mail* Ihnen aufgrund des Mail-Bestands Vorschläge, die Sie mit einem Mausklick übernehmen können. Einen Suchbegriff ordnet *Mail* automatisch einer Kategorie zu, auf die er sich bezieht (etwa: *Betreff* oder *Absender*), und mit einem Klick auf diese Kategorie kann das Suchspektrum geändert werden. Es ist auch möglich, zwei oder drei Suchbegriffe miteinander zu verknüpfen. In der Favoritenleiste können Sie zudem festlegen, in welchen Postfächern *Mail* suchen soll.

Die Suche in „Mail" entspricht der Suche im Finder. „Mail" macht Ihnen passende Vorschläge und erlaubt auch die Kombination verschiedener Kategorien, wie etwa „Von" und „Betreff".

Die intelligente Postablage

Bei einem „intelligenten Postfach" handelt es sich um gespeicherte Suchabfragen, die von *Mail* automatisch aktuell gehalten werden. Standardmäßig besitzt *Mail* ein intelligentes Postfach namens „Heute". Ein weiteres Beispiel haben Sie mit den VIP-Postfächern bereits kennengelernt.

Da diese Postfächer lediglich den Verweis auf und nicht die Mail selbst enthalten, ist es möglich, dass eine Mail in beliebig vielen intelligenten Postfächern aufgeführt wird. Intelligente Postfächer können auch problemlos gelöscht werden, ohne dass eine Mail verloren geht. Sie eignen sich daher gut für Ordnungsstrukturen, die nur vorübergehend benötigt werden, etwa für den Mail-Wechsel rund um ein aktuelles Projekt.

Von Haus aus bietet Mail als Beispiel für ein intelligentes Postfach das Postfach „Heute", in dem alle Mails auftauchen, die Sie am aktuellen Tag angesehen haben. Um ein eigenes intelligentes Postfach zu erstellen, zeigen Sie in der Seitenleiste auf den Eintrag „Intelligente Postfächer" und klicken auf das Plus-Zeichen ❶. *Falls Sie noch keine intelligenten Postfächer haben, wählen Sie „Postfach —> Neues intelligentes Postfach". Anschließend geben Sie dem Postfach einen Namen und legen die Regeln fest* ❷.

Beispiele

Wie Sie intelligente Postfächer einsetzen, hängt sehr stark von Ihren individuellen Anforderungen ab. Einige Beispiele sollen Ihnen ein Gespür dafür vermitteln, wie Ihnen diese Postfächer beim Umgang mit Mail helfen können:

- *Ungelesene Mails:* Definieren Sie als Bedingung *E-Mail ist ungelesen*. Das Postfach sammelt sofort und vollautomatisch sämtliche ungelesenen Mails, ganz gleich, in welchem Postfach sie sich befinden. Haben Sie viele Newsletter oder Ähnliches abonniert, kann es sich empfehlen, diese

Postfächer aus der Anzeige im intelligenten Postfach gezielt auszublenden. Fügen Sie dazu die Bedingung *E-Mail ist nicht im Postfach* hinzu.
- *Aktuelle Mails:* Ein intelligentes Postfach eignet sich auch sehr gut dazu, erst kürzlich eingetroffene Mails zu sammeln, um so rasch einen Überblick über die Korrespondenz der letzten zwei oder drei Tage zu haben. Einen solchen Ordner „Gestern und heute" (oder wie immer Sie ihn nennen möchten) erzeugen Sie mit der Bedingung *Empfangen vor weniger als 2 Tagen*.
- *Anhänge:* Eine einfache, aber wirkungsvolle Bedingung ist auch *Enthält Anhänge*. Ein solches Postfach gibt Ihnen immer einen aktuellen Überblick über sämtliche Mails, die einen Dateianhang besitzen. So finden Sie unter Umständen ein wichtiges Dokument, das Sie per Mail bekommen haben, rasch wieder, können aber auch überflüssige Anhänge löschen, um Platz auf der Platte zu sparen.
- *Kontakte:* Wirkungsvoll und vielfach nützlich ist auch die Kombination mit den Adressen, die Sie in der *Kontakte*-App gespeichert haben. Arbeiten Sie zum Beispiel mit verschiedenen Personen gemeinsam an einem Projekt, fügen Sie deren Adressen in *Kontakte* zu einer Gruppe „Projekt X" zusammen. Anschließend können Sie über die Bedingung *Absender ist Mitglied der Gruppe „Projekt X"* ein intelligentes Postfach anlegen, in dem sämtliche Mails dieser Personen angeführt werden. (Wie Sie in *Kontakte* Gruppen anlegen, erfahren Sie in Kapitel 9.)
- *Archiv:* Definieren Sie als Bedingung ein Anfangs- und Enddatum, so können Sie sämtliche Mails eines bestimmten Zeitraums bequem zusammenfassen. Mit *Empfangen nach dem 01.11.2016* und *Empfangen vor dem 01.12.2016* filtern Sie etwa alle Mails vom November 2016 aus Ihrem Mail-Bestand.

Regeln ändern: Natürlich sind die Regeln für ein intelligentes Postfach nicht unveränderlich, sondern lassen sich jederzeit anpassen. Klicken Sie dazu mit der rechten Maustaste auf das entsprechende intelligente Postfach und wählen Sie hier **Intelligentes Postfach bearbeiten**. Möchten Sie ein Postfach erzeugen, das auf sehr ähnlichen Regeln wie das aktuell gewählte basiert, wählen Sie hier **Intelligentes Postfach duplizieren**.

Die automatische Müllabfuhr

Der große Erfolg der elektronischen Post hat auch seine Schattenseiten: Spam. Das ist ein eingetragenes Markenzeichen für Dosenfleisch der Firma Hormel, aber auch der Name eines Sketches der britischen Komikertruppe Monty Python. Dort sorgt eine Horde Wikinger in einem Café durch lautes Singen von „Spam, Spam, Spam, lovely Spam, wonderful Spam …" dafür, dass jedes Gespräch unmöglich wird: Man wird von den Wikingern gewissermaßen „zugespammt".

In diesem übertragenen Sinne sorgt unerwünschte Post im Übermaß dafür, dass die erwünschten Nachrichten im Datenmüll versinken. Zwischen all der Werbung für dubiose Produkte, den obskuren Jobangeboten und angeblichen Gewinnbenachrichtigungen kann eine wichtige Nachricht schon einmal übersehen oder gar versehentlich gelöscht werden.

Übung macht den Meister

Den größten Teil des Mail-Mülls werden Sie gar nicht zu Gesicht bekommen, darum kümmert sich in der Regel Ihr Mail-Anbieter. Doch egal wie gut Ihr Provider Spam aussortiert – es wird immer noch ein wenig bis zu Ihnen durchsickern. Aber keine Sorge, um diesen Rest kümmert sich der Spamfilter von *Mail*. Dabei handelt es sich um einen Filter, der im Laufe der Zeit lernt, welche Mails bei Ihnen erwünscht und welche unerwünscht sind.

Dazu ist es zwar notwendig, dass Sie anfangs manche Mails explizit als „unerwünscht" bzw. als „erwünscht" einstufen, aber *Mail* lernt schnell, und schon nach wenigen Tagen erreicht der Spamfilter eine so hohe Treffsicherheit, dass Sie sich auf seine Arbeit verlassen können.

Filteraktionen

Der Werbefilter wird mit *Mail –> Einstellungen –> Werbung* über *Filter für unerwünschte Werbung aktivieren* eingeschaltet. Solange *Mail* noch im Lernmodus ist, werden echte oder vermeintliche Werbe-Mails braun markiert, verbleiben aber im Posteingang. Wenn *Mail* eine Spam-Mail nicht erkennt, markieren Sie diese Mail und klicken in der Symbolleiste auf die Taste mit dem Daumen nach unten. Entsprechend können Sie Mails, die das Programm fälschlich für Spam hält, mit dem Daumen nach oben als reguläre Mail ausweisen.

Mit jeder Einstufung, die Sie vornehmen, lernt *Mail* dazu. Sobald *Mail* genügend Daten beisammen hat, um mit hoher Treffsicherheit aktiv zu werden, fragt es nach, ob es Mails in Zukunft automatisch in das Postfach *Werbung* verschieben soll.

Auch Nichtstun wird gelernt! Mail lernt auch dann, wenn Sie nichts tun, also eine Nachricht als legitim akzeptieren, obwohl es sich um Spam handelt. Sie sollten eine Spam-Mail also nicht einfach löschen, sondern immer erst als Spam markieren, damit Mail nicht auf dumme Gedanken kommt.

Weg damit

Überprüfen Sie regelmäßig das Postfach *Werbung*, um *Mails* automatische Sortierung zu verfeinern oder zu korrigieren. Außerdem sollten Sie dieses Postfach regelmäßig leeren. Schließlich handelt es sich um Mail-Müll, den Sie nicht aufheben müssen. Das geht am einfachsten, indem Sie in der Seitenleiste unten auf das Werkzeug-Symbol klicken (das Zahnrad) und den Eintrag *Unerwünschte Werbung löschen* wählen.

Alles auf Anfang

Wenn Sie das Gefühl haben, dass der Werbefilter unzuverlässig arbeitet, dann ist vermutlich die Datenbank mit unsinnigen Daten verstopft. Denn viele Spam-Mails dienen heute gar nicht dem Verkauf eines konkreten Produktes, sondern sollen vor allem die Filter durch Überlastung aus dem Verkehr ziehen. Sollte der Werbefilter also einmal nicht so arbeiten, wie Sie sich das gedacht haben, dann hilft es, einfach von vorn anzufangen. Wählen Sie dazu *Mail –> Einstellungen –> Werbung*, und klicken Sie auf *Zurücksetzen*.

Mails exportieren und importieren

Manchmal müssen Mails oder auch ganze Postfächer von einem Mail-Programm zu einem anderen bewegt werden. Das geht so:

- *Einzelne Mails exportieren:* Ziehen Sie die Mail auf den Schreibtisch. Dort wird sie als EML-Datei abgelegt. EML ist ein standardisiertes Format für E-Mails, das sich mit jedem Editor öffnen lässt und von vielen Mail-Programmen importiert werden kann.
- *Postfächer exportieren:* Möchten Sie nicht nur einzelne Mails, sondern komplette Postfächer inklusive aller Unterordner exportieren, so markieren Sie das Postfach in der Seitenleiste und wählen *Postfach –> Postfach exportieren*.
- *Einzelne Mails importieren:* Öffnen Sie die Mail per Doppelklick, und wählen Sie anschließend *E-Mail –> Bewegen in*.
- *Postfächer importieren:* Wählen Sie dazu *Ablage –> Postfächer importieren* und anschließend das passende Programm bzw. Format aus. Die Mails befinden sich nun im Ordner *Importiert*.

Kapitel 8 Mail

Kapitel 9

Kontakte

Kapitel 9 Kontakte

Ihre Adressen verwalten Sie auf dem Mac im Programm *Kontakte*. Hier speichern Sie Informationen, wie Namen, Anschriften, Telefonnummern, E-Mail-Adressen und mehr. Auf die Daten, die Sie hier speichern, kann jede Applikation zugreifen, sodass Sie etwa in Ihrer Textverarbeitung problemlos einen Brief sauber adressieren oder via *Mail* auf die gespeicherten E-Mail-Adressen zugreifen können.

Kontakte

 Das Programm *Kontakte* ist Ihr Adressbuch auf dem Mac. Wie andere Programme dieser Art setzt auch *Kontakte* virtuelle Visitenkarten ein, deren Felder Sie nach Bedarf ausfüllen.

Fenster

Das Programm kommt in einer sehr schlichten, funktionalen Aufmachung daher, bei der Apple auf jede Ausschmückung verzichtet hat. Es gibt lediglich eine Titel-, aber keine Symbol- oder Statusleiste.

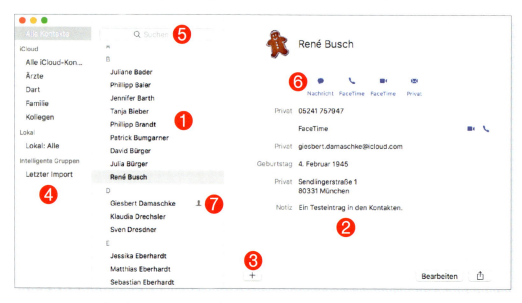

Das Programm „Kontakte" mit einer ausgewählten Visitenkarte.

Kontakte ist ein sehr übersichtlich aufgebautes Programm, in dem alle Adressdaten in Gruppen verwaltet werden ❶. Die Mittelspalte ❷ zeigt die Einträge der aktuellen Gruppe, rechts wird die aktuell gewählte Visitenkarten ❸ gezeigt. Neue Einträge fügen Sie über die Plustaste ❹ hinzu. Über das Eingabefeld ❺ können Sie gezielt nach einem bestimmten Eintrag suchen. Wenn Sie eine fremde Visitenkarte anzeigen lassen, erleichtert Ihnen das Programm durch Schnellwahltasten ❻ die Kontaktaufnahme via Mail, Nachrichten und FaceTime. Bei Ihrer eigenen Karte fehlen diese Tasten – schließlich werden Sie sich wohl eher selten selbst eine Mail oder Nachricht schicken wollen. Ihre Visitenkarte wird mit einem kleinen Person ❼ markiert.

Standardmäßig zeigt *Kontakte* in der linken Spalte die Gruppen, in die Sie Ihre Kontakte sortiert haben. Diese Spalte können Sie mit *cmd + 1* oder über das Menü *Darstellung* aus- und einblenden.

Möchten Sie nur eine bestimmte Visitenkarte sehen, wählen Sie den gewünschten Eintrag aus und drücken *cmd + I*. Alternativ dazu können Sie ihn auch einfach doppelt anklicken. So lassen sich auch mehrere Karten nebeneinander anordnen und das Hauptfenster des Programms schließen.

Kapitel 9 Kontakte

Einträge hinzufügen und bearbeiten

Einen neuen Kontakt nehmen Sie in einer neuen Visitenkarte auf. Klicken Sie dazu auf die Plustaste, und wählen Sie *Neuer Kontakt*. Alternativ dazu können Sie auch jederzeit *Ablage –> Neue Visitenkarte* wählen oder einfach *cmd + N* drücken. Im Register *Info* ❶ tragen Sie die Kontaktdaten ein, über das Register *Bild* ❷ können Sie einem Kontakt ein Bild zuweisen. Dabei könne Sie eines der verfügbaren Systembilder wählen, ein Bild aus der Fotos-App oder ein Bild mit der Kamera Ihres Macs aufnehmen. Mit *Fertig* ❸ speichern Sie den neuen Kontakteintrag.

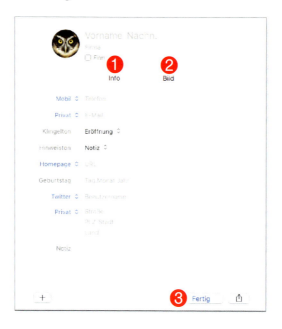

! **Ihre Visitenkarte:** Sie sollten auch für sich selbst eine Visitenkarte in **Kontakte** anlegen und diese möglichst vollständig ausfüllen. Denn auf die Daten dieses Eintrags können andere Programme zugreifen und Ihnen zum Beispiel dabei helfen, Formulare automatisch auszufüllen. Lassen Sie sich dazu Ihre Visitenkarte anzeigen, und wählen Sie **Visitenkarte –> Das ist meine Visitenkarte**. Der Eintrag, der als eigene Visitenkarte markiert wurde, wird in **Kontakte** durch eine stilisierte Person gekennzeichnet.

Felder

Standardmäßig zeigt *Kontakte* Ihnen auf einer neuen Visitenkarte nur eine Handvoll Felder, in die Sie die Kontaktdaten eintragen können. Zum Beispiel gibt es zwei Felder für Telefonnummern (*Arbeit* und *Mobil*) und ein Feld für eine E-Mail-Adresse (*Arbeit*).

Das ist nicht gerade üppig, doch keine Sorge, Sie können hier praktisch beliebig viele Felder für beliebig viele Informationen einfügen.

Wenn Sie zum Beispiel eine E-Mail-Adresse eingeben, werden Sie bemerken, dass automatisch ein neues Feld für eine weitere Mail-Adresse eingefügt wird. Das gilt für alle Felder, bei denen es mehr als einen Eintrag geben kann, also für Telefon, E-Mail, Adressen oder Webseiten, aber natürlich nicht für den Geburtstag.

Über das rote Minuszeichen lassen sich Felder aus einer Visitenkarte entfernen.

Zudem können Sie mit einem Klick auf die Plustaste oder über *Visitenkarte –> Feld hinzufügen* die Visitenkarte um zusätzliche Felder ergänzen. Diese Einstellungen gelten allerdings nur für die aktuelle Visitenkarte. Möchten Sie das Standardformular immer um bestimmte Einträge erweitern, müssen Sie die Vorlage bearbeiten (dazu gleich mehr).

Neue Felder fügen über das Menü „Visitenkarte" hinzu ❶ *oder durch einen Klick auf die Plustaste* ❷.

Kapitel 9 Kontakte

Etiketten

Auch die Beschriftungen („Etiketten") der Felder („Mobil", „Privat", „Startseite" und so weiter) können Sie ändern. Klicken Sie ein Etikett an, erscheint eine Liste mit möglichen Beschriftungen. Wenn in der Liste nichts Passendes dabei ist, können Sie natürlich auch eigene Etiketten definieren. Auch diese Ergänzungen gelten nur für die aktuelle Visitenkarte. Möchten Sie eigene Etiketten als Standard definieren, erledigen Sie dies ebenfalls über die Vorlage.

Vorlage

Welche Felder Ihnen das Formular für eine neue Visitenkarte standardmäßig anbietet, wird in einer Vorlage definiert, die Sie Ihren Wünschen entsprechend anpassen können. Wählen Sie dazu *Kontakte –> Einstellungen –> Vorlage*. Dort können Sie nun neue Felder hinzufügen, bestehende Felder entfernen und auch eigene Etiketten definieren, die Ihnen dann für jede Visitenkarte zur Verfügung stehen.

Fotos

Sie haben auch die Möglichkeit, neben den üblichen Kontaktdaten zusätzlich ein Foto zu integrieren. Klicken Sie dazu auf den Platzhalter für das Foto ❶ und anschließend auf das große Pluszeichen bzw. auf das alte Foto bei *Profilbild ändern* ❷. Nun können Sie eines der Systembilder wählen ❸, ein Bild von der Festplatte laden oder mit der internen Kamera eines Macs ein Foto aufnehmen. Das Foto lässt sich skalieren und verschieben, wodurch Sie einen Ausschnitt bestimmen können.

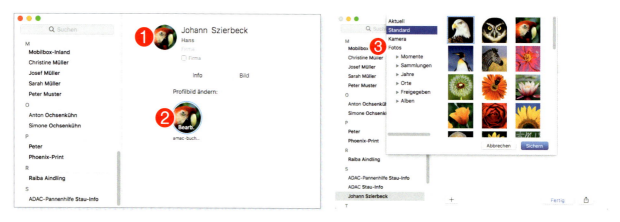

Jedem Kontakt kann ein Bild zugewiesen werden.

Sortierung

Standardmäßig werden die Kontakte alphabetisch nach dem Nachnamen der Einträge sortiert, wobei die Namen nach dem Muster „*Vorname Nachname*" angezeigt werden. Bevorzugen Sie das Format „*Nachname, Vorname*" oder möchten Sie die Adressen nach Vornamen sortieren, können Sie dies unter *Kontakte –> Einstellungen –> Allgemein* ändern.

Möchten Sie nur für bestimmte Visitenkarten die Anzeige oder Sortierung ändern, so markieren Sie die entsprechenden Einträge und legen im Menü *Visitenkarte* die gewünschte Ordnung fest.

Firmeneinträge

Üblicherweise werden Adressen nach den Personennamen sortiert. Bei geschäftlichen Kontakten kann es aber auch sinnvoll sein, die Einträge nach Firmennamen zu ordnen.

Damit *Kontakte* diese Ordnung anwendet, gibt es zwei Möglichkeiten: Entweder klicken Sie bei der Anlage oder der Bearbeitung einer Visitenkarte auf das Feld *Firma*, oder Sie markieren den gewünschten Eintrag und wählen *Visitenkarte –> Als Firma kennzeichnen*.

Bearbeiten, löschen

Eine Visitenkarte kann jederzeit um weitere Felder ergänzt werden, Fehler können korrigiert und überflüssige Einträge gelöscht werden. Lassen Sie sich dazu die entsprechende Visitenkarte anzeigen, und klicken Sie auf *Bearbeiten*. Soll nur das Foto geändert oder eine Notiz eingetragen werden, genügt auch ein Mausklick auf das Foto bzw. in das Notizfeld; ein Klick auf *Bearbeiten* ist hier unnötig. Um eine Visitenkarte zu löschen, wählen Sie sie aus und drücken die *Backspace*-Taste. Nach einer Rückfrage wird die Karte entfernt.

Kapitel 9 Kontakte

Gruppen

Eine Gruppe kann beliebig viele Visitenkarten enthalten und dafür sorgen, dass Sie mit wenigen Mausklicks genau die Kontakte sehen, die Sie aktuell benötigen, also zum Beispiel Ihre Arbeitskollegen, Kunden, Dienstleister oder Ihre Familie.

Gruppen dienen nicht nur als Filter bei der Anzeige der Kontakte, sondern sie können zum Beispiel auch als Verteileradresse in *Mail* benutzt werden. Eine Visitenkarte kann beliebig vielen Gruppen hinzugefügt werden. Das heißt, Sie können einen Kollegen, mit dem Sie sich etwa regelmäßig zum Joggen treffen, sowohl in eine Gruppe „Kollegen" als auch in „Laufen" eintragen.

 Verweise: Gruppen enthalten Einträge nur als Verweis auf die entsprechenden Visitenkarten. Sie können Einträge in Gruppen also problemlos löschen, ohne Gefahr zu laufen, die dazugehörige Visitenkarte zu verlieren.

Neue Gruppe

Um eine neue Gruppe anzulegen, blenden Sie gegebenenfalls mit *cmd + 1* die Gruppenliste ein. Wählen Sie nun *Ablage*, und anschließend *Neue Gruppe*. Alternativ dazu können Sie auch auf die Plustaste klicken und dort den Eintrag *Neue Gruppe* wählen. Es wird eine leere Gruppe *Neue Gruppe* angelegt. Geben Sie der Gruppe einen Namen, und klicken Sie anschließend auf *Alle Kontakte.* Ziehen Sie die Gruppenteilnehmer mit der Maus auf den Eintrag der neuen Gruppe.

Es ist auch möglich, mit gehaltener *cmd*-Taste die gewünschten Visitenkarten in *Alle Kontakte* zu markieren und anschließend über *Ablage –> Neue Gruppe aus Auswahl* eine neue Gruppe anzulegen, die die markierten Kontakte enthält.

Eine neue Gruppe legen Sie entweder über das „Ablage"-Menü ❶ *oder die Plustaste* ❷ *an.*

> **Neuer Kontakt in Gruppen:** Das Eingabeformular eines neuen Kontakts bietet keine Möglichkeit, den neuen Eintrag einer Gruppe zuzuweisen. Doch es gibt einen kleinen Trick: Bevor Sie den neuen Eintrag aufnehmen, wählen Sie zunächst die Gruppe, der Sie ihn zuweisen möchten. Anschließend erstellen Sie einen neuen Kontakt, der automatisch der aktuellen Gruppe zugeordnet wird.

Bearbeiten

Um den Namen einer Gruppe zu ändern, klicken Sie ihn in der Gruppenansicht einmal an. Der Name wird zu einem Eingabefeld, und Sie können nun einen neuen Namen vergeben.

Um einen Eintrag aus einer Gruppe zu löschen, wählen Sie die Gruppe aus und lassen sich den Eintrag anzeigen. Nach dem Drücken der *Backspace*-Taste werden Sie gefragt, ob Sie den Eintrag vollständig *Löschen* oder *Von der Gruppe entfernen möchten*. Wählen Sie *Von der Gruppe entfernen*, wird der Eintrag aus der Gruppe gelöscht, bleibt aber weiterhin in Ihren Kontakten.

Möchten Sie eine Gruppe komplett löschen, klicken Sie die Gruppe in der Gruppenansicht einmal an und drücken die *Backspace*-Taste.

Kapitel 9 Kontakte

Da eine Gruppe nur Verweise auf Visitenkarten enthält, aber nicht diese selbst, werden dabei keine Daten aus Ihren Adressen gelöscht. Sämtliche Visitenkarten der Gruppe sind weiterhin über *Alle Kontakte* zu erreichen.

Intelligente Gruppen

Bei einer intelligenten Gruppe definieren Sie die Kriterien der Gruppe, und Kontakte fischt alle passenden Einträge aus Ihren Kontakten zusammen und stellt sie als Gruppe dar. Eine solche Gruppe legen Sie über *Ablage -> Neue intelligente Gruppe* an.

So können Sie etwa schnell und einfach alle Kontakteinträge finden, die im Feld *Firma* einen bestimmten Eintrag enthalten, alle Kontakte in einer bestimmten Stadt zusammenfassen oder sich alle Einträge lassen, bei denen das Feld *Geburtstag* nicht vorhanden ist.

Da bei den Feldern auch die Notizen berücksichtigt werden, können Sie Ihre Kontakte auch über gemeinsame Stichwörter als Gruppe zusammenfassen lassen.

Bei einer intelligenten Gruppe definieren Sie die Bedingungen, und „Kontakte" kümmert sich um die Zusammenstellung.

Adressen im Einsatz

Die gesammelten Visitenkarten dienen nicht nur als Gedächtnisstütze oder zum Nachschlagen, sondern können direkt für verschiedene Aktionen benutzt werden.

- *Teilen:* Möchten Sie eine Visitenkarte an ein anderes Programm durchreichen, lassen Sie sich die Visitenkarte anzeigen, klicken auf die *Teilen*-Taste und wählen die gewünschte Aktion. Die Taste finden Sie in der Standard-Ansicht rechts unten, bei der Anzeige einer einzelnen Visitenkarte rechts oben.

Jede Visitenkarte lässt sich über die „Teilen"-Taste jederzeit problemlos weiterreichen.

- *Telefon:* Wenn Sie auf das Etikett einer Telefonnummer klicken, können Sie sich mit *Vergrößern* die Telefonnummer auf voller Bildschirmbreite einblenden lassen und sie so bequem lesen, während Sie die Nummer eintippen. Mit *Als Nachricht senden* und *Anrufen* schicken Sie eine iMessage an den Kontakt bzw. rufen den Kontakt via FaceTime an. Falls Sie ein iPhone besitzen, können Sie die Nummer auch direkt von Ihrem Mac aus anrufen. Der Mac nimmt dazu Kontakt zu Ihrem iPhone auf, das die Verbindung herstellt (mehr zu Nachrichten, FaceTime und zum Telefonieren mit macOS lesen Sie in Kapitel 15).
- *Mail-Adresse:* Ein Klick auf das Etikett bietet neben *E-Mail senden* und *Nachricht senden* die Möglichkeit, auf Ihrem Rechner nach dieser Adresse zu suchen und so etwa alle Mails dieser Person angezeigt zu bekommen. Mit *Meine Visitenkarte senden* schicken Sie Ihre Visitenkarte per Mail an die entsprechende Adresse.
- *Twitter & Co:* Falls Sie die Kontaktdaten für ein soziales Netzwerk wie Twitter, Facebook oder den Bilderdienst Flickr eingetragen haben, bringt ein Klick auf das Etikett Sie zur Profilseite des Kontakts. Es ist auch möglich, direkt eine Nachricht etwa via Twitter zu schicken.

- *Adressen:* Adressen lassen sich mit *In Karten öffnen* im Programm *Karten* anzeigen. Über *Adresse kopieren* bugsieren Sie die Adresse in die Zwischenablage. Mit *Karten-URL kopieren* lässt sich die Internetadresse der Anschrift kopieren.

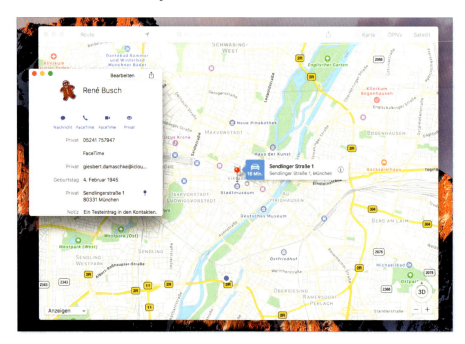

Ein Mausklick genügt, um sich die Adresse eines Kontakts in der „Karten"-App zeigen zu lassen.

Export/Import von Adressen

Die in *Kontakte* gespeicherten Daten werden von macOS normalerweise zwar in das automatische Backup mit Time Machine aufgenommen (dazu lesen Sie mehr in Kapitel 16), doch es kann immer wieder einmal vorkommen, dass Sie Ihren Adressbestand exportieren möchten. Sei es – sicher ist sicher –, um ein weiteres Backup anzulegen, sei es, um Ihre Kontakte weiterzugeben oder auf einem anderen Rechner zu installieren.

Einzelne Visitenkarten werden als VCF-Datei exportiert. Dabei handelt es sich um einen Standard für den Austausch von digitalen Visitenkarten. VCF-Dateien können nicht nur von *Kontakte* unter macOS, sondern auch von anderen Programmen auf anderen Plattformen wie Windows oder Linux verarbeitet werden.

- *Visitenkarten exportieren:* Am einfachsten exportieren Sie die Visitenkarten, indem Sie die gewünschten Karten markieren und mit der Maus auf dem Schreibtisch ablegen. Alternativ dazu können Sie auch *Ablage –> Exportieren –> vCard exportieren* wählen und einen Speicherort angeben.
- *Kontakte exportieren:* Um den gesamten Bestand zu sichern, wählen Sie *Ablage –> Exportieren –> Kontakte-Archiv*. Die Daten werden in einer Datei mit der Endung „..abbu" (für „Address Book Backup") gespeichert. Damit kann nur *Kontakte* von macOS wirklich etwas anfangen; zum Datenaustausch ist dieses Format nicht geeignet.

Der Import von Daten ist ähnlich einfach und beschränkt sich auf wenige Mausklicks:

- *Visitenkarten importieren:* Adressdaten, die Sie als VCF-Datei bekommen, lassen sich mit einem Doppelklick in *Kontakte* öffnen, wobei sie automatisch Ihrem Adressbestand hinzugefügt werden.
- *Kontakte importieren:* Eine ABBU-Datei importieren Sie mit *Ablage –> Importieren*. Dabei wird der aktuelle Inhalt von *Kontakte* durch die Archivdaten ersetzt.

Letzter Import: Sobald Sie Adressdaten importiert haben, legt **Kontakte** die Gruppe **Letzter Import** an, in der Sie die zuletzt importierten Einträge finden.

Adressbücher im Netz

Haben Sie Ihre Adressen und Kontaktdaten nicht nur auf Ihrem Mac, sondern auch bei iCloud oder Anbietern wie Google oder Yahoo? Kein Problem, *Kontakte* kann auch auf diese Daten zugreifen und den Adressbestand auf dem Mac mit dem im Internet abgleichen. Wenn Sie dann etwa unterwegs im Internet-Café eine neue Adresse in Ihre Kontakte bei Google aufnehmen, finden Sie diese Adressen dann auch daheim auf Ihrem Mac im Programm *Kontakte*. Zudem unterstützt *Kontakte* die verschiedenen Standards bei Adressbuchservern wie CardDAV oder LDAP, und natürlich können Sie auch auf den Exchange-Server Ihrer Firma ebenfalls mit *Kontakte* auf Ihrem Mac zugreifen.

Dazu wählen Sie *Kontakte –> Accounts hinzufügen* und tragen dort Ihre Zugangsdaten zu Ihrem Anbieter ein. Alternativ können Sie auch *Apfel-Menü –> Systemeinstellungen –> Internetaccounts* aufrufen.

Kapitel 9 Kontakte

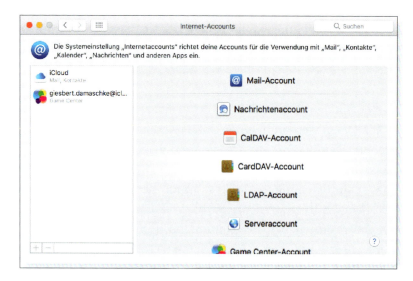

Falls Ihr Anbieter nicht aufgeführt wird, wählen Sie „Anderen Account hinzufügen". Die Liste der Accounts wird dann um zusätzliche, generische Möglichkeiten erweitert.

Kapitel 10

Kalender

Kapitel 10 Kalender

Wie der Name schon sagt: Das *Kalender*-Programm ist Ihr digitaler Kalender auf dem Mac. Hier verwalten Sie alle Ihre Daten und Termine, ganz gleich, ob es sich um private oder berufliche Termine handelt. Termine lassen sich problemlos mit anderen Personen teilen, und Kalender können für die gemeinsame Nutzung mit anderen via Internet freigegeben oder auch abonniert werden.

Der Aufbau von Kalender

Mit *Kalender* steht Ihnen ein digitaler Tages- und Terminplaner zur Verfügung. Sie können nahezu beliebig viele Kalender einbinden, die jeweils verschiedene Farben besitzen. So lassen sich nicht nur private und berufliche Termine sauber trennen, sondern auch Kalender für bestimmte Ereignisse – etwa für die Urlaubsplanung oder ein zeitlich begrenztes Projekt – anlegen.

Von Haus aus bietet das Programm fünf Standardkalender – zwei Kalender können Sie bearbeiten, drei werden vom Programm automatisch verwaltet. Beim ersten Start des Programms werden die Kalender ausgeblendet, doch das lässt sich rasch ändern: Die Seitenleiste mit der Liste der verfügbaren Kalender wird über die Taste *Kalender* links oben ein- bzw. ausgeblendet. In dieser Liste lässt sich jeder Kalender per Mausklick anzeigen bzw. verbergen.

- *Beruf:* Ein Kalender für Ihre beruflichen Termine. Hier können Sie nach freien Stücken schalten und walten.
- *Privat*: Ein Kalender für Ihre privaten Termine. Auch hier können Sie nach Belieben Termine eintragen, bearbeiten und löschen. Der Kalender kann auch gelöscht und bearbeitet werden.
- *Geburtstage:* In den Geburtstagskalender werden automatisch die Geburtstage übernommen, die Sie in den Kontakten eingetragen haben. In diesem Kalender können Sie keine Einträge oder Änderungen vornehmen.
- *Feiertage:* Dieser Kalender wird auf den Servern von Apple geführt und im Kalender-Programm auf Ihrem Mac über ein Kalender-Abo via Internet automatisch eingeblendet. Diesen Kalender können Sie ebenfalls nur lesen; es ist nicht möglich, eigene Termine einzutragen.
- *Gefunden in Apps:* Hier werden Termine eingeblendet, auf die die Kalender-App in anderen Apps gestoßen ist, etwa in *Mail* oder in den *Ereignissen*.

> **Geburtstage & Co dauerhaft ausblenden:** Entfernen Sie die Häkchen vor den Kalendern **Geburtstage**, **Feiertage** und **Gefunden in Apps**, dann blenden Sie zwar deren Einträge in der Anzeige aus, aber die Kalender selbst bleiben in der Seitenleiste stehen. Möchten Sie diese automatischen Kalender dauerhaft ausblenden, dann rufen Sie **Kalender –> Einstellungen** auf und entfernen auf der Registerkarte **Allgemein** die Haken bei den entsprechenden Optionen.

Die Seitenleiste bietet zudem eine Monatsübersicht. Wenn Sie deren Rand nach oben ziehen, sehen Sie statt einem nun zwei, drei oder mehr Monate, je nachdem, wie viel Platz in der Kalenderliste zur Verfügung steht und wie weit Sie den Rand nach oben ziehen.

Das Programm *Kalender* verwaltet beliebig viele Kalender, die in einer Seitenleiste angezeigt werden. Diese Seitenleiste können Sie mit einem Klick auf die Taste *Kalender* ❶ ein- und ausblenden. Um einen bestimmten Kalender ein- oder auszublenden, setzen oder löschen Sie mit einem Klick ein Häkchen vor dem entsprechenden Eintrag ❷. Zur Seitenleiste gehört auch eine Monatsübersicht, die Sie erweitern oder einschränken, indem Sie den Rand ❸ nach oben bzw. nach unten schieben. Die Einträge der aktivierten Kalender werden in der Anzeige farblich unterschieden ❹. Über die entsprechenden Tasten ❺ wechseln Sie zwischen der Anzeige von Tag, Woche, Monat und Jahr. Ein Klick auf *Heute* ❻ bringt Sie immer zum aktuellen Datum. Um im Kalender zu blättern, klicken Sie auf die Pfeiltasten ❼. Über die Suche ❽ können Sie alle Kalendereinträge nach Stichwörtern durchstöbern. Möchten Sie die Kalenderwochen angezeigt bekommen, müssen Sie diese Option in den Einstellungen des Kalenders auf der Registerkarte *Erweitert* ❾ aktivieren ❿.

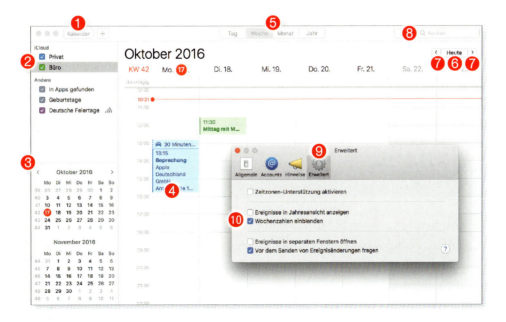

Kapitel 10 Kalender

Ansichten

Das Programm bietet vier verschiedene Ansichten, die Sie über die entsprechenden Tasten in der Symbolleiste des Kalender-Fensters auswählen. Mit einem Klick auf *Heute* – das in jedem Kalenderblatt eingeblendet wird – landen Sie immer beim aktuellen Tagesdatum.

- *Tag:* Hier sehen Sie auf der linken Seite das aktuelle Datum, eine zusätzliche Monatsübersicht und eine Übersicht über die kommenden Termine. Die rechte Fensterhälfte zeigt Ihnen die Ereignisse des gewählten Tages. Wie genau der Tageskalender dargestellt wird, wann also Ihr Arbeitstag beginnt bzw. endet und wie viele Stunden in der Ansicht angezeigt werden sollen, legen Sie unter *Kalender –> Einstellungen –> Allgemein* fest.
- *Woche:* Hier haben Sie die Termine einer Woche (beginnend mit Montag) im Überblick. Sollte Ihre Woche an einem anderen Tag beginnen, können Sie den Wochenbeginn unter *Kalender –> Einstellungen –> Allgemein* ändern. Möchten Sie die Kalenderwoche angezeigt bekommen, aktivieren Sie unter *Kalender –> Einstellungen –> Erweitert* den Punkt *Wochenzahlen einblenden*.
- *Monat:* Die Monatsübersicht zeigt Ihnen alle Einträge eines Monats.
- *Jahr:* Die Jahresübersicht schließlich bietet Ihnen einen Überblick über ein komplettes Jahr. Das aktuelle Tagesdatum wird rot hervorgehoben.

In jeder Ansicht blättern Sie über die Pfeile rechts und links neben *Heute* vor und zurück. Schneller geht es mit der Tastatur: Halten Sie hier die *cmd*-Taste gedrückt, und blättern Sie mit den Pfeiltasten.

Weitere Kalender

Um weitere Kalender einzurichten, wählen Sie *Ablage –> Neuer Kalender*. Der Kalender wird in der Kalenderliste eingetragen, wo Sie ihm einen passenden Namen – etwa „Urlaubsplanung" – geben können.

Um den Namen oder die Farbe eines Kalenders zu ändern, klicken Sie den Kalender in der Kalenderliste mit der rechten Maustaste an und wählen *Informationen*.

Kalender zusammenführen und löschen

Einen Kalender löschen Sie, indem Sie ihn mit der rechten Maustaste anklicken und anschließend den Punkt *Löschen* wählen. Dabei werden auch alle Einträge in diesem Kalender unwiederbringlich entfernt. Da das eine radikale Maßnahme ist, werden Sie zuvor gefragt, ob Sie den Kalender wirklich entfernen möchten. Als Alternative wird Ihnen angeboten, den Kalender, den Sie zum Löschen ausgewählt haben, mit einem anderen Kalender zusammenzuführen. Dabei werden alle Termine aus dem zu löschenden Kalender einen anderen Kalender überführt und der Kalender anschließend gelöscht.

Ereignisse

Um ein neues Ereignis in einen Kalender einzutragen, stehen Ihnen verschiedene Möglichkeiten zur Verfügung.

Schnelleingabe

Am schnellsten geben Sie ein neues Ereignis durch einen Klick auf das Pluszeichen links oben oder mit der Tastenkombination *cmd + N* ein.

Zuerst wird eine einfache Eingabezeile eingeblendet, in der Sie eine Bezeichnung für das Ereignis eintragen. Wenn Sie dann die *Eingabe*-Taste drücken, erscheint ein umfangreicheres Formular, in dem Sie alle Ereignisdetails (Datum, Uhrzeit, Ort, Stichpunkte, Kalender und so weiter) eingeben.

Dabei nimmt Ihnen *Kalender* die Arbeit ein wenig ab, versteht das Programm doch Datums- und Zeitangaben. Tragen Sie zuerst etwa „28. November Besprechung 11:30 bis 12:30" ein, wird ein Eintrag „Besprechung" am 28. November im Zeitraum von 11:30 Uhr bis 12:30 Uhr angelegt. Das funktioniert auch mit Tagesangaben wie „Mittwoch 14:00 Meeting" oder relativen Angaben wie „Nächsten Donnerstag", wobei Kalender übrigens zwischen „Nächsten" und „Kommenden Donnerstag" unterscheidet.

Bei der Analyse Ihrer Eingabe versucht Kalender auf Basis der bereits vorhandenen Einträge passende Vorschläge zu machen. Haben Sie etwa häufiger einen Eintrag wie „Meeting mit Meier" angelegt, schlägt *Kalender* Ihnen bei der nächsten Eingabe von „Meeting" bereits ein „Meeting mit Meier" vor, wobei auch

Kapitel 10 Kalender

die bei früheren Ereignissen eingetragenen Details (wie etwa Uhrzeit und Ort) übernommen werden können. Wie gut das funktioniert, hängt natürlich davon ab, was Sie in Ihren Kalender eintragen. Wenn Sie sehr wenige regelmäßige Termine mit ähnlichen Titeln und Details haben, dann kann *Kalender* Ihnen natürlich auch nichts vorschlagen.

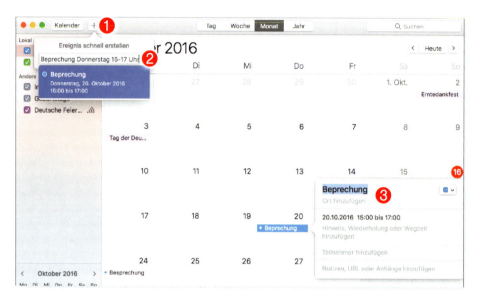

Neue Termine tragen Sie schnell und einfach nach einem Klick auf die Plustaste ❶ *in den aktuellen Kalender ein. Geben Sie in das Eingabefeld das Datum, die Uhrzeit und einen Titel ein* ❷*. Nach einem Druck auf die Eingabe-Taste wird der Eintrag im Kalender gezeigt* ❸*, wo Sie weitere Details festlegen können.*

 Standardkalender: Wenn Sie bei der Eingabe eines Termins keinen Kalender wählen, in den der Termin eingetragen werden soll, greift das Programm auf den Standardkalender zurück. Welcher Kalender das ist, legen Sie unter **Kalender –> Einstellungen –> Allgemein** fest.

Im Kalender eintragen

Alternativ dazu können Sie auch im Kalender auf das gewünschte Datum bzw. die Uhrzeit doppelklicken. Der Termin wird eingetragen, und ein Dialog erscheint, in dem Sie alle Details eintragen können. Um einen gespeicherten Eintrag nachträglich zu bearbeiten, klicken Sie ihn ebenfalls doppelt an.

Um ein neues Ereignis einzutragen, klicken Sie doppelt in das Kalenderblatt ❶. An der Stelle des Mausklicks fügt das Programm automatisch ein Ereignis mit der Dauer von einer Stunde ein und zeigt die Ereignisdetails. Hier können Sie dem Ereignis nun einen Namen geben ❷ und gegebenenfalls festlegen, in welchen Kalender es eingetragen werden soll ❸. Mit einem Klick auf Datum und Uhrzeit ❹ werden weitere Felder angezeigt, über die Sie Details des Ereignisses festlegen.

Ort hinzufügen

Wird ein Ereignisort hinzugefügt, so kann über das Programm *Karten* die Anreisezeit ermittelt und im Kalender angezeigt werden. Dabei wird bei der Eingabe des Ortes zudem die *Kontakte*-App mit verwendet. Gehen Sie anschließend auf *Wegzeit*, und lassen Sie sich diese einblenden bzw. direkt im Kalender eintragen. Die Reisezeit wird vor dem eigentlichen Termin eingetragen, damit Sie wissen, wann Sie aufbrechen müssen, um rechtzeitig am richtigen Ort zu sein.

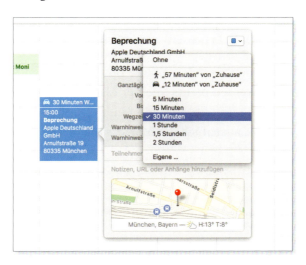

„Kalender" arbeitet eng mit „Karten" zusammen und kann deshalb die Reisezeit berechnen und in den Kalender eintragen.

Wiederholungen

Natürlich lassen sich auch wiederkehrende Termine eintragen. Klicken Sie dazu in den Ereignisdetails auf die Uhrzeit und anschließend auf *Wiederholen*. Hier legen Sie nun fest, ob der Eintrag *Täglich*, *Wöchentlich*, *Jeden Monat* oder *Jedes Jahr* wiederholt werden soll. Um eigene Intervalle wie „alle 3 Wochen", „jeden zweiten Sonntag" oder „am letzten Mittwoch im Monat" einzutragen, wählen Sie den Punkt *Anpassen*.

Erinnerungen

Damit Sie keinen Termin und kein Ereignis verpassen, können Sie sich zu einem beliebigen Zeitpunkt vor einem Termin eine Nachricht (mit oder ohne Ton) einblenden oder sich auch eine E-Mail schicken lassen. Ebenfalls möglich ist die zeitgesteuerte Ausführung eines Scripts oder das automatische Öffnen einer Datei zu einem bestimmten Termin. Zur Nachbereitung eines Termins kann *Kalender* Sie auch nachträglich an ein vergangenes Ereignis erinnern. In welcher Form die Benachrichtigung angezeigt wird – ob als Hinweis oder als Banner –, legen Sie unter *Apfel-Menü –> Systemeinstellungen –> Mitteilungen* fest (s. dazu Kapitel 2).

Sie können bis zu zwei Erinnerungen setzen, also zum Beispiel „2 Tage davor" und „1 Tag danach". Auch hier schlägt *Kalender* Ihnen eine Frist vor, die sich aber nach Gutdünken anpassen und ändern lässt.

Die entsprechenden Einstellungen nehmen Sie entweder direkt beim Eintragen des Termins vor oder nachträglich in den Ereignisdetails, die Sie mit einem Doppelklick auf den Eintrag aufrufen.

Suchen

Über das Suchfeld oben rechts können Sie jederzeit alle Einträge in allen Kalendern nach Stichwörtern durchsuchen. Die Suchergebnisse werden rechts in einer Liste eingeblendet. Mit einem einfachen Klick wechseln Sie zu dem entsprechenden Eintrag, und mit einem Doppelklick auf einen Treffer können Sie den Eintrag bearbeiten. Um die Liste auszublenden bzw. die Suche zu löschen, klicken Sie auf das kleine *x* im Suchfeld.

Kalender-Accounts

Kalender kann nicht nur Daten verwalten, die Sie lokal auf Ihrem Mac gespeichert haben, sondern auch Kalender via Internet einbinden, zum Beispiel Ihre Kalender bei iCloud, Google oder Yahoo. Auch die Einbindung von Exchange-Kalendern, die häufig in Unternehmen eingesetzt werden, ist möglich.

Account eintragen

Um einen externen Kalender einzubinden, gibt es verschiedene Möglichkeiten. Zum einen können Sie (wie in Kapitel 2 erläutert) unter *Apfel-Menü –> Systemeinstellungen –> Internetaccounts* einen Kalender-Account eintragen bzw. bei einem vorhandenen Account den Punkt *Kalender* aktivieren. Zum anderen geht das natürlich auch direkt im Programm *Kalender*.

Wählen Sie dazu *Kalender –> Account hinzufügen*. Wählen Sie den Accounttyp, und geben Sie die benötigten Daten ein. Für AOL, iCloud, Exchange, Google, Facebook und Yahoo bringt MacOS bereits alle benötigten Daten mit, sodass Sie sich hier unkompliziert und schnell mit Ihren Accountdaten anmelden können. Um etwa einen Google-Kalender einzubinden, geben Sie lediglich Ihre E-Mail-Adresse bei Google samt Passwort ein. Bei anderen Kalendern, die über den CalDAV-Standard Daten verwalten, benötigen Sie die Zugangsdaten, die Sie vom Anbieter des Kalenders bekommen (also etwa von den Netzwerkverantwortlichen in Ihrem Unternehmen).

Wenn Sie Ihren Online-Kalender bei einem der populären Anbieter verwalten ❶, *dann genügen Ihre Zugangsdaten, um Ihre Internet-Kalender auch über das Kalenderprogramm verwalten zu können* ❷. *Für alle anderen Anbieter* ❸ *benötigen Sie genauere Angaben, z. B. die Serveradresse des Kalenders. Diese Informationen bekommen Sie von Ihrem Anbieter.*

Kapitel 10 Kalender

Termine und Kalender teilen, abonnieren und veröffentlichen

Das Programm *Kalender* verwaltet alle Daten im ICS-Format. Dabei handelt es sich um einen Standard für Kalendereinträge, den nicht nur *Kalender* unter MacOS beherrscht, sondern den praktisch alle Kalenderprogramme auf anderen Plattformen verstehen. Es ist also problemlos möglich, einen Termin oder einen kompletten Kalender in Form einer ICS-Datei auszutauschen.

Teilen

Um ein Ereignis zu teilen, gibt es verschiedene Möglichkeiten:

- *Einladung:* Sie tragen die Teilnehmer in den Ereignisdetails ein und klicken auf *Senden*. Die Teilnehmer erhalten eine Einladung per E-Mail, die sie mit einem Klick auf einen Link annehmen oder ablehnen. Das funktioniert allerdings nur, wenn Teilnehmer in einem Netzwerk arbeiten, das Kalendereinladungen unterstützt, also zum Beispiel Google, iCloud oder Exchange. In diesem Fall werden Sie automatisch darüber informiert, ob ein Teilnehmer einen Termin akzeptiert hat oder nicht.
- *Per Mail:* Sie verschicken einen Termin als ICS-Anhang per Mail; die Empfänger können die Datei in ihr Kalendersystem übernehmen. In diesem Fall werden Sie nicht automatisch über die Annahme oder Ablehnung eines Termins informiert. Um einen Termin per Mail zu verschicken, klicken Sie den Eintrag mit der rechten Maustaste an und wählen *Ereignis senden*.

Abonnieren

Sie können Kalender nicht nur auf Ihrem Mac oder bei einem Anbieter wie Google, Yahoo oder Apple führen. Es ist auch möglich, fremde Kalender via Internet einzubinden bzw. zu „abonnieren". Ein Beispiel für einen solchen Kalender ist der Kalender *Feiertage*, den Apple dem Programm von Haus aus mit auf den Weg gibt und den Sie unter *Kalender –> Einstellungen –> Allgemein* ein- und ausblenden können.

Nehmen wir an, ein Kino möchte seine Besucher über sein aktuelles Programm auf dem Laufenden halten. Dann kann der Betreiber des Kinos einen Kalender mit den Startterminen der Filme als abonnierbaren Kalender im Internet publizieren. Diesen Kalender können Sie dann dem *Kalender*-Programm auf

Ihrem Mac hinzufügen. Sobald der Anbieter des Kino-Kalenders neue Termine einträgt, tauchen diese Termine auch in Ihrem *Kalender*-Programm auf.

Um einen Kalender zu abonnieren, benötigen Sie seine Adresse im Internet, die Ihnen vom Anbieter des Kalenders mitgeteilt wird. Wählen Sie *Ablage –> Neues Kalenderabonnement*, und geben Sie diese Adresse ein.

Häufig machen es Ihnen die Anbieter der Kalender auch einfach und stellen auf einer Webseite einen Link zum Kalender bereit. In diesem Fall genügt ein Klick auf den Link, um die Adresse an das *Kalender*-Programm zu übergeben.

Beispiele: Einige Beispiele für abonnierbare Kalender, wie Feiertags- und Ferienkalender, Kalender mit den Mondphasen oder den Zeiten für Sonnenaufgang und Sonnenuntergang, finden Sie unter **www.webcal.fi**. Falls Sie sich für Fußball interessieren, sollten Sie **www.fussball-spielplan.info** besuchen: Hier können Sie die Spielpläne der Fußballbundesliga abonnieren.

Geburtstage

Eine besondere Form der abonnierten Kalender ist der Geburtstagskalender. Damit werden die Geburtstage, die Sie im Programm *Kontakte* eingetragen haben, automatisch in *Kalender* eingebunden. Wenn Sie ein Datum in *Kontakte* ändern oder einen Geburtstag zu einer Visitenkarte hinzufügen, wird diese Änderung automatisch auch von *Kalender* übernommen.

Standardmäßig ist der Geburtstagskalender bereits aktiviert. Falls das auf Ihrem Gerät nicht so sein sollte, wählen Sie dazu *Kalender –> Einstellungen –> Allgemein* und aktivieren dort den Punkt *Geburtstagskalender einblenden*.

Veröffentlichen

Falls Sie Ihre Kalender mit iCloud verwalten, können Sie auch selbst Kalender im Internet veröffentlichen. Zeigen Sie dazu auf den gewünschten Kalender. Rechts wird nun ein Antennensymbol eingeblendet. Klicken Sie dieses an, um den Kalender freizugeben. Alternativ dazu klicken Sie den gewünschten Kalender mit der rechten Maustaste an und wählen *Freigabeeinstellungen*. Hier gibt es nun zwei Möglichkeiten:
- *Für bestimmte Personen:* Tragen Sie die E-Mail-Adressen der Personen ein, die auf den Kalender zugreifen dürfen. Anschließend klicken Sie auf den Pfeil neben der Adresse und legen fest, welche Zugriffsrechte die eingeladene Person haben soll. Standardmäßig hat sie Schreibrechte, kann also selbst Termine eintragen. Möchten Sie das ändern, aktivieren Sie *Nur Lesen*. Nach einem Klick auf *Fertig* verschickt Kalender entsprechende Benachrichtigungen. Die Empfänger

können diesen Kalender dann mit einem Mausklick einbinden. So lässt sich sehr einfach eine Arbeitsgruppe bilden, die ihren gemeinsamen Terminplan via Internet abstimmt.

Möchten Sie einen gemeinsamen Kalender führen, klicken Sie auf das kleine Antennensymbol neben dem Kalendereintrag ❶, geben die Namen bzw. E-Mail-Adressen der Teilnehmer ein ❷ und legen dann fest, welche Rechte eine Person hat ❸.

- *Für alle freigeben:* Klicken Sie dazu auf *Öffentlicher Kalender*. Sobald Sie diesen Punkt aktiviert haben, wird die Internetadresse des Kalenders eingeblendet. Durch einen Klick auf die *Bereitstellen*-Taste können Sie die Adresse sofort per E-Mail, Facebook & Co bekannt geben. Mit einem Rechtsklick auf die Adresse lässt diese sich auch in die Zwischenablage kopieren. Nun können Sie die URL zum Beispiel auf Ihrer Webseite veröffentlichen und so anderen Personen die Möglichkeit bieten, den Kalender zu abonnieren. Natürlich ist ein so veröffentlichter Kalender schreibgeschützt. Man kann diesen Kalender also zwar einsehen, aber keine Ereignisse neu anlegen.

Ein Kalender lässt sich auch im Internet veröffentlichen, wo ihn andere Personen abonnieren können. Dazu klicken Sie auf das Antennensymbol neben dem Kalender ❹, aktivieren den Punkt „Öffentlicher Kalender" ❺ und veröffentlichen die URL des Kalenders mit einem Klick auf die „Bereitstellen"-Taste ❻. Wenn Sie die Adresse ❼ mit der rechten Maustaste anklicken, können Sie die Adresse auch in die Zwischenablage kopieren und in beliebige Dokumente einfügen.

Ein freigegebener Kalender ist in der Kalenderliste durch ein kleines Antennensymbol gekennzeichnet. Um eine Freigabe zu beenden, entfernen Sie den Haken bei *Öffentlicher Kalender*.

Kalender exportieren und importieren

Sie können Ihre Kalender jederzeit als Datei exportieren und so eine Sicherungskopie Ihrer Termine und Aufgaben anlegen.

Exportieren

- *Einen Kalender:* Um einen einzelnen Kalender zu exportieren, markieren Sie ihn in der Kalenderliste und wählen anschließend *Ablage –> Exportieren –> Exportieren*. Der Kalender wird im ICS-Format gespeichert. Diese Datei kann von allen Programmen gelesen werden, die dieses Standardformat unterstützen.
- *Alle Kalender:* Den kompletten Datenbestand sichern Sie über *Ablage –> Exportieren –> Kalender-Archiv*. Die Dateiendung lautet diesmal „.icbu" (was für „iCal Backup" steht; „iCal" ist der frühere Name des Programms). Dabei handelt es sich um ein proprietäres Format, das nur vom *Kalender*-Programm von MacOS unterstützt wird.

Importieren

Exportierte Kalender werden über *Ablage –> Importieren* hinzugefügt:
- *ICS-Datei:* Beim Import einer ICS-Datei bietet *Kalender* an, die dort enthaltenen Einträge einem bereits vorhandenen Kalender hinzuzufügen. Möchten Sie stattdessen einen eigenen Kalender anlegen, wählen Sie im Import-Dialog die Option *Neuer Kalender*.
- *Kalender-Archiv:* Wenn Sie nicht nur eine einfache ICS-Datei, sondern ein komplettes Kalender-Archiv importieren, werden beim Import sämtliche bereits vorhandenen Einträge in Ihrem Kalender überschrieben. Da dies unter Umständen gar nicht gewünscht ist, gibt *Kalender* sicherheitshalber eine Warnung aus und fragt vor dem Import noch einmal nach.

Kapitel 10 Kalender

Kapitel 11

Karten

Kapitel 11 Karten

Das Programm *Karten* kombiniert Straßen- und Landkarten mit einem Routenplaner. Mit dieser App finden Sie nicht nur den Weg zu Ihrem Ziel (und zwar weltweit), sondern sie zeigt Ihnen auch Städte und Länder in Satellitenaufnahmen und mitunter in atemberaubender 3D-Darstellung, durch die Sie sich fast wie in einem Computerspiel frei bewegen können.

Grundfunktion von Karten

Mit der *Karten*-App haben Sie jederzeit den richtigen Stadtplan und die richtige Landkarte auf Ihrem Mac. *Karten* kann Ihnen genau sagen, wo Sie sich aktuell befinden, eine beliebige Adresse im Stadtplan zeigen und Ihnen natürlich auch verraten, wie Sie von einem Ort zu einem anderen kommen. Dabei ist *Karten* nicht auf Deutschland oder Europa beschränkt, sondern funktioniert weltweit.

Beim ersten Start fragt *Karten* nach, ob das Programm die Ortsdaten Ihres Macs benutzen darf (was Sie dem Programm sinnvollerweise erlauben sollten). Über das Suchfeld finden Sie jede beliebige Adresse. Von hier aus können Sie auch auf Ihre Favoriten (die Sie in Karten anlegen können) und Ihre Kontakte zugreifen.

Die Darstellung ändern Sie mit einem Klick auf die entsprechende Taste (*Karte*, *Satellit*). Die Taste *ÖPNV* blendet Verbindungen des öffentlichen Nahverkehrs ein, also etwa U-Bahn- oder Buslinien. Aktuell (Januar 2016) stehen diese Daten in Deutschland allerdings nur für Berlin zur Verfügung. Über die stilisierte Kompassnadel links wechseln Sie zu Ihrem aktuellen Standort.

Den gezeigten Kartenausschnitt zoomen Sie entweder über die Plus-/Minustasten rechts unten oder mit einer Zwei-Finger-Geste auf dem Trackpad: Ziehen Sie zwei Finger zusammen, zoomen Sie hinaus; ziehen Sie zwei Finger auseinander, zoomen Sie entsprechend hinein. Alternativ dazu können Sie auch die Tastenkombinationen *cmd + +* und *cmd + –* drücken. Je näher Sie an einen Punkt heranzoomen, desto detaillierter wird die Darstellung. Über die Taste *Anzeigen* links unten können Sie sich den aktuellen Verkehrsfluss und die Kartendarstellung in 3D anzeigen lassen.

Karten zeigt Ihnen jede Adresse und fast jeden Ort auf dieser Welt auf einer Karte an. Geben Sie den gesuchten Ort in das Suchfeld ein ❶, oder wählen Sie eine Adresse aus Ihren Kontakten ❷. Der gesuchte Ort wird mit einer Stecknadel ❸ markiert. Klicken Sie darauf, erhalten Sie je nach Ort mehr oder weniger umfangreiche Informationen und ein Kontextmenü mit weiteren Optionen ❹. Zum Satellitenbild wechseln Sie über die entsprechende Taste ❺. Die Kompassnadel ❻ bringt Sie zu Ihrem aktuellen Standort. Über die Plus-/Minustasten ❼ zoomen Sie in die Karte hinein oder aus ihr hinaus. Möchten Sie die Verkehrssituation sehen, klicken Sie unten links auf *Anzeigen* ❽ und wählen die gewünschte Option.

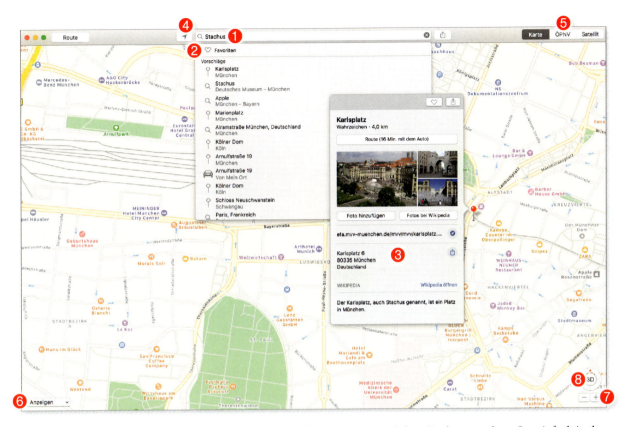

„Karten" zeigt Ihnen (fast) jede Adresse und jeden Ort auf einer Karte an. Geben Sie den gesuchten Ort einfach in das Suchfeld ❶ ein. Um auf die Adressen in Ihren Kontakten direkt aus Karten zuzugreifen, klicken Sie auf „Favoriten" ❷. Der gewählte Ort wird mit einer Stecknadel markiert. Nach einem Mausklick zeigt Ihnen Karten mehr oder weniger umfangreiche Informationen zur markierten Position ❸. Mit einem Klick auf die Kompassnadel ❹ zeigt Karten Ihnen Ihren aktuellen Standort. Über die Tasten rechts oben ❺ wechseln Sie die Ansicht. Möchten Sie die aktuelle Verkehrssituation sehen, klicken Sie unten links auf „Anzeigen" ❻ und wählen die gewünschte Option. Über die Plus-/Minustasten ❼ zoomen Sie in die Karte hinein oder aus ihr heraus. Mit einem Klick auf „3D" ❽ wechseln Sie zu einer dreidimensionalen Darstellung der Karte.

Kapitel 11 Karten

Kartenansichten

Mit der bloßen Anzeige einer Adresse auf einer Karte müssen Sie sich nicht begnügen, denn das Programm hat noch mehr zu bieten und kann Ihnen von fast allen Punkten der Erde Satellitenfotos zeigen, die zum Teil von hoher Genauigkeit sind. Bei vielen Städten steht zudem eine 3D-Darstellung zur Verfügung, durch die Sie sich fast wie in einem Computerspiel bewegen können.

- *Karte:* Diese Standardansicht zeigt Ihnen das gewohnte Bild einer Karte auf Papier, wobei wichtige Punkte (wie zentrale Bauwerke, Restaurants, Haltestellen und Ähnliches) angezeigt werden. Damit die Darstellung nicht zu überladen ist, werden diese Details erst eingeblendet, wenn Sie entsprechend nah herangezoomt haben.
- *ÖPNV:* Aktivieren Sie diese Ansicht, blendet Karten zu den Straßen auch die Linien des öffentlichen Personennahverkehrs ein. Das funktioniert in Deutschland allerdings bislang nur für Berlin, doch das wird sich im Laufe der Zeit sicherlich noch ändern.
- *Satellit:* Diese Ansicht zeigt Ihnen Satellitenaufnahmen des aktuell gewählten Gebiets. Auch hier können Sie natürlich zoomen, allerdings stehen nicht für alle Gebiete entsprechend hochaufgelöste Fotos zur Verfügung. Besonders in ländlichen, dünn besiedelten Regionen müssen Sie sich mit Fotos aus großer Höhe begnügen.

Noch einen Schritt weiter als die Satellitenbilder geht die Darstellung in 3D. Sie ist zwar nicht für alle Orte verfügbar, aber wenn sie es ist, dann bietet sie eine atemberaubende Darstellung. Die 3D-Ansicht steht Ihnen in sowohl bei *Karten* als auch *Satellit* zur Verfügung, aber erst bei der Kombination von Satellit und 3D bekommen Sie die volle Leistungsfähigkeit dieser Ansicht zu sehen.

Diese Ansicht aktivieren Sie durch einen Klick auf das 3D-Symbol rechts unten. Über die Tastenkombinationen *alt + Pfeil nach rechts* bzw. *alt + Pfeil nach links* drehen Sie sich. Den Blickwinkel ändern Sie mit gedrückter *alt*-Taste und einer Wischbewegung mit zwei Fingern auf dem Touchpad. Alternativ dazu können Sie auch das 3D-Symbol unten rechts anklicken und die Maus bei weiterhin gedrückter Maustaste nach oben oder unten bewegen. Die Neigung des 3D-Symbols gibt den aktuellen Blickwinkel wieder.

Die Kombination der 3D-Darstellung ❶ *mit Satellitenaufnahmen* ❷ *bietet vor allem bei Großstädten eine realistische Darstellung, durch die Sie sich frei bewegen können. Den Blickwinkel ändern Sie entweder via Touchpad oder über den stilisierten Kompass unten rechts* ❸.

Flyover-Touren

Für einige Städte und Sehenswürdigkeiten hat Apple einige sehr schicke 3D-Touren zusammengestellt, die sogenannten „Flyover-Touren". Dabei wird in einer automatisch ablaufenden Animation ein virtueller Rundflug über den gewählten Ort abgespielt, und die Namen markanter Punkte und von Sehenswürdigkeiten werden in Echtzeit eingeblendet. Die Touren enthalten dabei nur die anzufliegenden Koordinaten – die Bilder werden live berechnet.

Immer dann, wenn eine Flyover-Tour für einen Ort zur Verfügung steht, wird in den Informationen zum markierten Ort ein entsprechender Hinweis eingeblendet. Mit einem Tipp darauf beginnt der Rundflug.

Apple erweitert die Liste möglicher Touren stetig. Folgende Städte und Orte sollten Sie einmal ausprobieren: Ancona, Barcelona, Bordeaux, Cheyenne, Glasgow, Köln, London, New York, Paris, San Francisco USA, Stonehenge, Tokio.

Kapitel 11 Karten

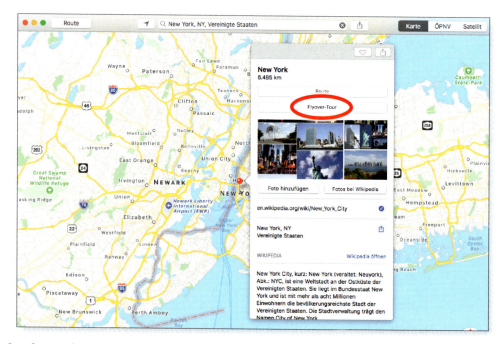

Für einige Orte hat Apple eine „Flyover-Tour" integriert, einen virtuellen Rundflug über Städte und Sehenswürdigkeiten.

Karten als Routenplaner

Mit dem Routenplaner von *Karten* können Sie sich den Weg von einem Ort zu einem anderen anzeigen lassen. Klicken Sie dazu auf *Route*. Links werden nun zwei Felder eingeblendet, in die Sie Start und Ziel der Reise eintragen. Über die Auto- und Fußgängertaste können Sie sich die Route entweder für eine Fahrt mit dem PKW oder als Fußweg anzeigen lassen. Wenn Sie über *Anzeigen* links unten die Option *Verkehr anzeigen* wählen, blendet *Karten* zudem Hinweise auf die aktuelle Verkehrsdichte ein, die Sie in Ihre Planung einbeziehen können.

Da es wohl eher unhandlich ist, mit einem MacBook auf dem Schoß durch den Verkehr zu steuern und Sie unterwegs auch nicht unbedingt online sind, können Sie sich die Route samt Kartenabbildungen über das Menü *Ablage* auch ausdrucken.

Noch praktischer ist es, wenn Sie ein iPad oder iPhone benutzen. In diesem Fall können Sie entweder über die Teilen-Taste oder, falls Ihr Mac das unterstützt, via Handoff die am Mac ermittelte Route direkt an das iPad bzw. iPhone übergeben.

246

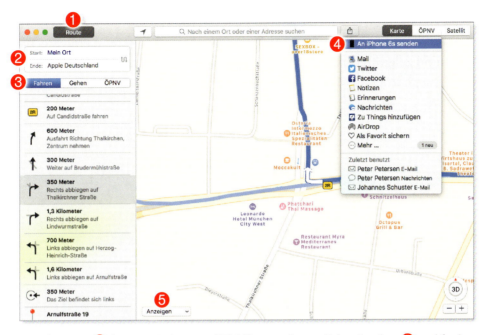

Nach einem Tipp auf „Route" ❶ können Sie Start und Ziel Ihrer geplanten Reise eingeben ❷ und festlegen, ob Sie die Reise per pedes oder mit dem Auto antreten möchten ❸. Die Route lässt sich problemlos an ein iPhone oder iPad senden ❹. Über „Anzeige" ❺ lässt sich zudem die aktuelle Verkehrsdichte einblenden.

Stecknadeln und Favoriten

Damit Sie eine gesuchte Adresse schnell lokalisieren können, setzt *Karten* eine kleine Stecknadel. Dabei wird in einer Sprechblase der aktuelle Ort angegeben. Wenn Sie auf das *i* in der Sprechblase klicken, erhalten Sie mehr Informationen und Möglichkeiten:

- *Als Favorite sichern / Herssymbol:* Die Position wird für den späteren schnellen Zugriff als Lesezeichen gespeichert. Auf Ihre Lesezeichen greifen Sie zu, indem Sie in das Suchfeld klicken und anschließend *Favoriten* wählen.
- *Route: Karten* zeigt Ihnen eine Route von Ihrer aktuellen Position zum markierten Punkt.
- *Zu Kontakten hinzufügen / Personen-Symbol:* Die Adresse wird entweder als neuer Kontakt aufgenommen oder Ihrem Adressbuch hinzugefügt.
- *Fehler melden:* Wenn die Informationen von Karten nicht korrekt sind, können Sie über diese Taste das Problem an Apple melden und so zur Verbesserung der Kartendaten beitragen.

Stecknadeln lassen sich natürlich auch freihändig setzen. Klicken Sie mit der rechten Maustaste auf die gewünschte Position, und wählen Sie *Stecknadel setzen*. *Karten* platziert nun eine Stecknadel mit einem lilafarbenen Kopf und zeigt, falls möglich, die Anschrift der markierten Position. Um die Nadel zu versetzen, ziehen Sie mit gedrückter Maustaste an die gewünschte Position.

Kapitel 12

Fotos

Kapitel 12 Fotos

Fotos ist das Standardprogramm von macOS zur Verwaltung Ihrer Bilder. Sie können Bilder von einer Digitalkamera oder Ihrem Smartphone importieren, Ihre Bilder bearbeiten, in Fotos in Alben und Ordnern sortieren, auf Ihr iPhone und iPad kopieren und anderes mehr.

Die Fotos-Mediathek: Fotos verwaltet alle Bilder in einer Mediathek. Dabei handelt es sich um ein Dateipaket (also einem Bundle, siehe dazu Kapitel 3), das standardmäßig in Ihrem Bilder-Ordner unter dem Namen **Fotos-Mediathek** gespeichert wird.

Im Rahmen dieses Buches kann ich Ihnen nur einen knappen Abriss der Möglichkeiten von Fotos vorstellen. Wenn Sie sich eingehender mit dem Programm beschäftigen möchten, dann schauen Sie doch einmal in mein Buch „Fotos Handuch – Mehr Spaß mit Bildern am Mac, iPhone & iPad" aus dem amac-buch Verlag.

Das „Fotos"-Buch stellt Ihnen die umfangreichen Möglichkeiten der Fotos-App ausführlich vor.
(ISBN 978-3-95431-051-7, € 19,95)

Der Aufbau von Fotos

Fotos präsentiert sich nach dem Start sehr übersichtlich, mit hellen, freundlichen Farben und aufgeräumt. Viele Aktionen werden über die Symbolleiste gesteuert.

Die Symbolleiste

Die Symbolleiste zeigt auf der linken Seite eine oder zwei Pfeiltaste(n) ❶, mit denen Sie in der Ansicht vor- und zurückblättern, also etwa von *Sammlungen* zu *Momenten* und zurück. Über den Schieberegler ❷ bestimmen Sie die Größe der Vorschaubilder.

Viele Aktionen steuern Sie in „Fotos" über die Symbolleiste.

In der Mitte sind die vier zentralen Tasten *Fotos*, *Andenken*, *Geteilt*, *Alben* und *Projekte* ❸, mit denen Sie die Darstellung von Fotos ändern. Falls Sie eine Kamera oder ein iPhone/iPad angeschlossen haben, erscheint hier zudem die Taste *Importieren* ❹. Wenn das Fenster zu schmal ist, um die Tasten nebeneinander darzustellen, erscheint statt der Tasten ein Dropdown-Menü mit den entsprechenden Einträgen.

Falls Sie die *Alben*-Darstellung gewählt haben, erscheint in der Symbolleiste eine Playtaste ❺, über die Sie die Bilder im aktuell gewählten Album zu einer Diashow zusammensetzen.

Über die Plustaste ❻ legen Sie rasch ein Album an oder wechseln in den Dialog zur Gestaltung von Büchern, Kalendern, Karten, Diashows oder Abzügen Ihrer Fotos.

Das auch von anderen Programmen bekannte Symbol für das Teilen von Inhalten – das Rechteck mit dem Pfeil nach oben ❼ – findet sich natürlich auch bei Fotos. Der Inhalt dieses Menüs passt sich der jeweiligen Arbeitsumgebung an. Hier lässt sich ein Foto etwa als Dateianhang von Mail oder Nachrichten verschicken, via AirDrop weiterreichen oder bei Flickr, Facebook & Co veröffentlichen, aber auch als Hintergrundbild des Desktops übernehmen. Die Teilen-Funktion bietet auch eine Schnittstelle für Anbieter anderer Programme, die hier ebenfalls auftauchen können. Schließlich gibt es noch ein Eingabefeld für die Suche ❽ in Ihren Bilderbeständen. Dabei werden nicht nur Titel, Schlagwörter, Albennamen oder auch Ortsinformationen durchsucht, sondern auch von Fotos durch automatische Mustererkennung erzeugte Kategorien wie „Bäume", „Blumen" oder „Sonnenaufgang".

Kapitel 12 Fotos

Die Seitenleiste

Mit *Darstellung –> Seitenleiste einblenden* oder der Tastenkombination *alt + Befehlstaste + S* ändert sich der Aufbau von Fotos. Am linken Rand wird nun eine Seitenleiste eingeblendet, mit der die Tasten in der Mitte der Symbolleiste überflüssig und entsprechend ausgeblendet werden.

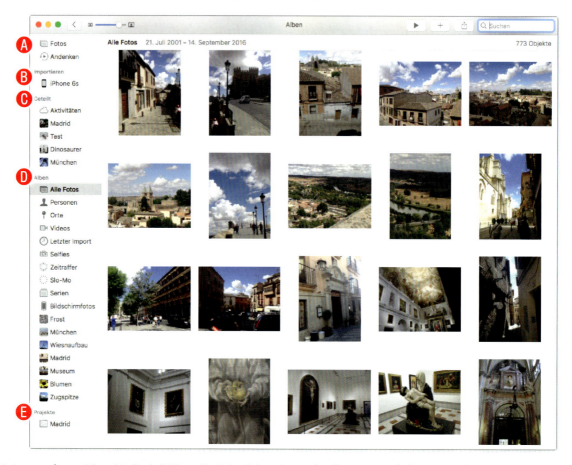

Bei einer umfangreichen Mediathek bietet die Seitenleiste einen schnelleren Zugriff als die Standardansicht von „Fotos".

Die Seitenleiste hat verschiedene Einträge und Rubriken, je nachdem, welche Funktionen von Fotos aktiviert sind.

Als ersten Eintrag sehen Sie in der Seitenleiste immer den Punkt *Fotos und Andenken* **A**. Über *Fotos* erreichen Sie die Ordnung Ihrer Bilder nach Jahren, Sammlungen und Momenten. Zwischen diesen Darstellungen wechseln Sie durch einen Klick auf die Pfeiltasten oben links oder mit der Zwei-Finger-Geste auf dem Trackpad.

Falls Sie eine Kamera angeschlossen haben, sehen Sie die Rubrik *Importieren* ❷. Hier werden alle angeschlossenen Geräte aufgeführt, von denen Fotos Bilder importieren kann. Mit einem Klick auf den entsprechenden Geräteeintrag zeigt Fotos Ihnen alle Bilder auf dem Gerät an.

Haben Sie iCloud aktiviert, folgt als nächste Rubrik *Geteilt* ❸. Hier werden alle freigegebenen Alben und Aktivitäten aufgeführt.

Die nächste Rubrik ist *Alben* ❹, die genau das bietet, was ihr Name verspricht: den Zugriff auf sämtliche Alben und Ordner, die Sie in Fotos verwalten. Mit einem Mausklick auf einen Eintrag öffnen Sie das entsprechende Album. Möchten Sie nicht ein bestimmtes Album, sondern sämtliche Alben angezeigt bekommen, dann klicken Sie auf den Rubrikennamen *Alben*.

Schließlich gibt es in der Seitenleiste auch die Rubrik *Projekte* ❺ – vorausgesetzt, Sie haben ein Projekt angelegt, also etwa einen Kalender oder ein Fotobuch. Wie bei den Alben bringt Sie ein Klick auf einen Projekteintrag zum gewünschten Projekt; ein Klick auf den Rubrikennamen *Projekte* zeigt Ihnen dagegen alle aktuellen Projekte.

Alle Rubriken lassen sich – wie vom Finder gewohnt – mit einem Mausklick aus- und einblenden. Zeigen Sie dazu auf den entsprechenden Rubrikennamen, und wählen Sie *Ausblenden* bzw. *Einblenden*. So sorgen Sie auch bei vielen Einträgen rasch für Übersicht.

Jahre, Sammlungen, Momente

Alle Bilder, die Sie in Fotos verwalten, werden von dem Programm automatisch in die Kategorien Jahre, Sammlungen und Momente eingeordnet. Diese Sortierung kann von Ihnen nicht beeinflusst werden.

Fotos sortiert Ihre Bilder automatisch nach Jahren, Sammlungen (hier zu sehen) und Momenten. Für die Aufteilung der Bilder greift Fotos dabei auf Ortsangaben und das Datum der Bilder zurück.

Diese Ordnung nach Jahren, Sammlungen und Momenten benutzt Fotos im Bereich *Fotos* ❶, zu dem Sie mit einem Klick auf den ersten Eintrag in der Seitenleiste bzw. das erste Register in der Symbolleiste wechseln. Zwischen den drei Kategorien *Jahre*, *Sammlungen* und *Momente* wechseln Sie mit einem Klick auf die Pfeiltasten links oben ❷. Sind Sie in der *Jahre*-Darstellung, ist der Pfeil nach links inaktiv (schließlich gibt es keine übergeordnete Kategorie mehr), klicken Sie auf den rechten Pfeil, gelangen Sie zu den *Sammlungen*, ein erneuter Klick öffnet die *Momente*. Ein Klick auf den Pfeil nach links bringt Sie eine Ebene höher, also von den *Momenten* zu den *Sammlungen* und von dort zu *Jahre*.

Bei der Sortierung der Bilder greift Fotos auf ihr Datum und eventuell vorhandene Ortsangaben zurück ❸. Unter *Jahre* werden die Fotos – wenig überraschend – nach Jahren sortiert, die unter Umständen noch nach Orten unterteilt werden. *Sammlungen* fasst Bilder aus einem größeren, zusammenhängenden Zeitraum zusammen. *Momente* legt ein noch etwas feineres Raster an.

Das mag auf Anhieb etwas verwirrend sein, also rasch ein einfaches Beispiel. Haben Sie in Ihrer Mediathek etwa Fotos aus dem Zeitraum vom 1. bis zum 17. Januar 2016, anschließend Fotos vom 20. und 21. Januar und schließlich eine Reihe von Bildern vom 30. Januar, dann tauchen diese Fotos unter *Jahre* allesamt unter „2016" auf. Wechseln Sie dann über die Pfeiltasten oben links zu den *Sammlungen*, werden die Fotos in drei Sammlungen sortiert (1. bis 17. Januar, 20. bis 21. Januar und 30. Januar). Nach einem erneuten Klick auf die Pfeiltaste oben links wechseln Sie von den *Sammlungen* zu den *Momenten*. Hier werden nun die Daten der Fotos feinteiliger ausgewertet.

Haben Sie etwa an einem Tag Fotos am Vormittag und Fotos am späten Abend gemacht, dann erscheinen diese Fotos zwar in einer Sammlung, werden aber in zwei Momente aufgeteilt. Ähnlich wirken sich die Ortsangaben in einem Foto aus. Fotos, die zeitlich beieinander liegen, aber an unterschiedlichen Orten aufgenommen wurden, werden automatisch verschiedenen Momenten zugeordnet. So werden etwa die Urlaubsfotos vom Sonnenaufgang am Meer und die Bilder von der Party am Abend des gleichen Tages in einer gemeinsamen Sammlung, aber in verschiedenen Momenten verwaltet.

Andenken

Auch die *Andenken* werden von *Fotos* automatisch verwaltet. Dabei stellt Fotos anhand der Bildinhalte, Orte und Daten eigenständig Bildersammlungen zusammen, die Sie sich einzeln oder in Form eines kleinen Films anschauen können. Diese Funktion müssen Sie allerdings explizit starten. Wechseln Sie dazu zu den *Andenken*, und klicken Sie auf *Beginnen*. Je nach Umfang Ihrer Fotosammlung kann es anfangs etwas dauern, bis Fotos die Analyse abgeschlossen hat. Anschließend präsentiert das Programm Ihnen einige Andenken; jeden Tag kommt dann ein neues Andenken hinzu. Mit einem Doppelklick öffnen Sie ein Andenken. Sie sehen nun ein großes Foto mit einem Titel, und darunter stehen alle Fotos, die für das Andenken zusammengestellt wurden. Nach ein paar Sekunden startet mit dem großen Foto die Animation.

In den „Andenken" setzt „Fotos" automatisch passende Bilder zusammen und präsentiert sie in einer kleinen Animation.

Alben

In der Theorie ist die automatische Gruppierung Ihrer Bilder eine feine Sache. Dumm nur, dass Fotos in der Praxis mitunter sehr eigenwillige und kaum nachvollziehbare Vorstellungen davon hat, welche Bilder zu einem Moment oder zu einer Sammlung gehören.

Da trifft es sich gut, dass Sie Ihre Bilder natürlich auch ganz nach eigenem Gusto sortieren und gruppieren können. Dazu wechseln Sie zu den *Alben*, wo Sie völlige Freiheit in der Zusammenstellung Ihrer Bilder haben. Einige Alben legt Fotos automatisch an und bietet so einen schnellen Zugriff auf bestimmte Bilder (wie etwa Panorama-Fotos, Selfies oder Videos bzw. Serienfotos, die Sie mit dem iPhone gemacht haben), auf Ihren Fotostream oder auf die zuletzt importierten Aufnahmen. Im Album *Alle Fotos* haben Sie Zugriff auf sämtliche Bilder Ihrer Fotos-Mediathek.

Bei Alben, die Sie selbst angelegt haben, können Sie die Bilder chronologisch auf- bzw. absteigend und nach Titeln sortieren lassen. Alben, die Fotos automatisch erzeugt, sortiert Fotos auch automatisch chronologisch. Das klingt einleuchtend, hat aber einen kleinen Haken. Denn unter „chronologisch" versteht Fotos nicht „nach dem Aufnahmedatum der Bilder", sondern: „nach Hinzufügedatum" zur Mediathek.

Die automatisch erzeugten Alben wie etwa „Alle Fotos" ❶ *werden von Fotos „Automatisch nach Hinzufügedatum"* ❷ *sortiert – und diese Sortierung können Sie auch nicht ändern.*

So sehen Sie etwa im Album *Alle Fotos* zwar sofort, in welcher Reihenfolge Sie die Bilder hinzugefügt haben (was das rasche Auffinden bestimmter Bilderserien mitunter erleichtert), müssen aber mit einem chronologischen Durcheinander leben.

Nehmen wir an, Sie fügen Ihrer Mediathek zehn neue Aufnahmen von Ihrer Kamera hinzu. Diese Bilder werden beim Import normalerweise in der korrekten chronologischen Reihenfolge importiert und demnach auch in den automatisch erzeugten Alben – etwa *Alle Fotos* – in dieser Reihenfolge angezeigt. Importieren Sie nun anschließend zehn ältere Bilder von Ihrer Festplatte, dann tauchen diese Bilder – obwohl zeitlich weit vor den aktuellen Aufnahmen von der Kamera liegend – in der chronologisch nach Hinzufügedatum sortierten Reihenfolge *nach* den zeitlich eigentlich späteren Bildern auf. Eine echte chronologische Reihenfolge bietet Ihnen die Darstellung nach Jahren, Sammlungen und Momenten; möchten Sie Ihre Fotos chronologisch fallend oder nach Name sortiert haben, müssen Sie eigene Alben anlegen.

Bilder importieren

Damit Sie Bilder in Fotos organisieren, betrachten und bearbeiten können, müssen die Bilder natürlich zuerst in das Programm importiert werden. Der übliche Weg besteht darin, die Fotos von einer Kamera bzw. einem iPhone oder iPad einzulesen. Auch eine SD-Karte aus einer digitalen Kamera wird von Fotos wie eine Kamera behandelt.

Bilder von der Kamera importieren

Wenn Sie Ihre Kamera, Ihr iPhone oder Ihr iPad an Ihren Mac anschließen erscheint in der Symbolleiste (bzw. der Seitenleiste) von Fotos automatisch ein Eintrag *Importieren* ❶. Falls dieser Eintrag bei Ihrer digitalen Kamera nicht angezeigt wird, müssen Sie die Kamera nach der Verbindung zum Mac einschalten. Bei iPhones und iPads ist das nicht notwendig, diese Geräte werden sofort als Kamera erkannt. Auch eine SD-Karte wird automatisch akzeptiert.

Im „Importieren"-Register wählen Sie die Kamera aus und legen auch fest, ob „Fotos" beim Anschluss eines Geräts automatisch starten soll.

Klicken Sie den entsprechenden Eintrag an, werden die auf der Kamera enthaltenen Fotos angezeigt. Falls Sie mehrere Geräte angeschlossen haben – etwa ein iPhone, eine Kamera und eine SD-Karte –, erscheint links oben ein Auswahlfeld ❷, über das Sie zwischen den verschiedenen Geräten wechseln. Falls Sie eine SD-Karte ausgewählt haben, erscheint zusätzlich ein Auswurf-Knopf ❸, über den Sie die Karte vom Mac abmelden können. Denken Sie daran, dass es sich für macOS bei einer SD-Karte um ein normales externes Laufwerk handelt, das Sie korrekt auswerfen müssen, bevor Sie es vom Mac trennen.

Bei einer eingeblendeten Seitenleiste erscheinen alle angeschlossenen Geräte in der Rubrik *Importieren* und lassen sich dort mit einem Mausklick auswählen.

Standardmäßig startet Fotos und wechselt automatisch zum Register *Importieren*, sobald Sie eine Kamera anschließen. Das ist im Grunde eine sehr praktische Sache: Wenn Sie regelmäßig Fotos importieren, können Sie sich so ein paar Mausklicks sparen. Doch das gilt nicht für alle Fälle. Wenn Sie etwa Ihr iPhone oder iPad anschließen, dann möchten Sie es vielleicht nur aufladen oder mit iTunes synchronisieren – aber keine Fotos importieren. In diesem Fall ist der Autostart von Fotos eher lästig als hilfreich.

Doch keine Sorge, Sie können genau festlegen, wie Fotos auf den Anschluss einer Kamera (bzw. eines iPhones, eines iPads oder einer SD-Karte) reagieren soll.

Dazu schließen Sie die Kamera an, rufen *Importieren* auf und (de)aktivieren hier den Punkt „*Fotos" für dieses Gerät öffnen* ❹. Diese Option muss nicht gesondert bestätigt werden, sondern ist sofort aktiv.

Diese Einstellung ist für das jeweils gewählte Gerät gültig. So können Sie etwa festlegen, dass beim Anschluss Ihrer Kamera oder einer SD-Karte – also in den Fällen, in denen Sie mit hoher Wahrscheinlichkeit Bilder importieren möchten – Fotos startet, beim Anschluss eines iPhones oder iPads allerdings nicht.

Der Import der Bilder in die Fotos-Mediathek ist eine Sache weniger Mausklicks. Möchten Sie sämtliche Fotos Ihrer Mediathek einverleiben, klicken Sie auf *Alle neuen Objekte importieren* ❺. Sollen nur ausgewählte Bilder importiert werden, markieren Sie die gewünschten Fotos per Mausklick und klicken auf *Auswahl importieren* ❻. Möchten Sie, dass Fotos die Bilder nach dem Import von der Kamera bzw. dem iPhone oder iPad löscht, dann aktivieren Sie vor dem Import die Option *Objekte nach dem Import löschen* ❼. Alle Bilder, die Sie auf diese Art importieren, werden von Fotos im Album *Letzter Import* zusammengefasst.

Bilder von der Festplatte importieren

Bilder, die Sie auf der Festplatte oder einem USB-Stick vorliegen haben, lassen sich ebenfalls völlig unproblematisch importieren. Auch die von einem Datenträger importierten Bilder landen im Album *Letzter Import*.

Der Import von Bildern, die als Datei vorliegen, ist ausgesprochen simpel. Wählen Sie dazu *Ablage –> Importieren*, und steuern Sie den Ordner an, in dem sich die gewünschten Bilder befinden. Klicken Sie anschließend auf *Für Import überprüfen*.

Fotos durchsucht nun den gewählten Ordner (samt eventuell vorhandener Unterordner) nach Bilddateien. Gleichzeitig erscheint der Punkt *Importieren* in der Symbol- bzw. Seitenleiste, wo der markierte Ordner als Bildquelle eingetragen wird. Fotos wechselt automatisch zu diesem Ordner und stellt nun sämtliche gefundenen Bilder in der Übersicht dar. Die Bilder lassen sich nun genau so importieren wie Fotos von einer Kamera. Mit *Alle neuen Objekte importieren* werden sämtliche Bilder importiert. Natürlich können Sie auch gezielt bestimmte Bilder markieren und sie mit *Auswahl importieren* der Mediathek hinzufügen.

Ordner lassen sich auch per Drag & Drop importieren, ohne dass Fotos gestartet sein muss. Ziehen Sie dazu den Ordner einfach auf das Fotos-Symbol im Dock. Das Programm startet und zeigt nun den *Importieren*-Dialog.

Einzelne Bilder lassen sich jederzeit problemlos und ohne Umwege in die Mediathek aufnehmen. Ziehen Sie die gewünschten Bilder einfach in das Fotos-Fenster. Sobald der Mauszeiger um ein grünes Pluszeichen erweitert wurde, können Sie die Datei loslassen. Das funktioniert in fast allen Darstellungen von Fotos, mit Sicherheit aber mit dem Album „Alle Fotos".

Alben und Ordner

Alben bietet Ihnen die größtmögliche Freiheit bei der Organisation Ihrer Bilder. Es gibt zahlreiche Wege und Möglichkeiten, Alben anzulegen und zu bearbeiten.

Ein neues Album anlegen

Es gibt verschiedene Wege, ein neues Album anzulegen. Dabei werden Bilder, die Sie markiert haben, automatisch dem neuen Album hinzugefügt.

- Wählen Sie *Ablage –> Neues Album*, oder drücken Sie *cmd + N*. Möchten Sie ein leeres Album anlegen, wählen Sie *Ablage –> Neues leeres Album*.
- Klicken Sie auf die Plustaste in der Symbolleiste, und wählen Sie *Album*.
- Wechseln Sie zu *Alben*. Klicken Sie mit der rechten Maustaste in den Bereich *Meine Alben*, und wählen Sie *Neues Album*.
- Klicken Sie mit der rechten Maustaste in der Seitenleiste auf die Rubrik *Alben*, und wählen Sie *Neues Album*.

Es gibt viele Wege, ein Album anzulegen. Am einfachsten ist es, Sie markieren die gewünschten Bilder mit gedrückter cmd-Taste ❶, klicken auf die Plustaste ❷, wählen „Album" ❸, achten darauf, dass im Auswahlmenü „Neues Album" ❹ gewählt ist, geben dem neuen Album einen Namen ❺ und speichern es mit „OK" ❻.

Einem Album Bilder hinzufügen

Um einem Album weitere Bilder hinzuzufügen, gibt es ebenfalls verschiedene Möglichkeiten:

- Markieren Sie die gewünschten Bilder mit gedrückter *cmd*-Taste, und klicken Sie oben links auf die Plustaste Ⓐ. Wählen Sie hier *Album*. Es öffnet sich ein Dialog, in dem Sie die markierten Bilder entweder als *Neues Album* ablegen oder einem bereits vorhandenen Album hinzufügen können. Wählen Sie dazu im Auswahlmenü *Album* Ⓑ das gewünschte Album Ⓒ.
- Markieren Sie die gewünschten Bilder, und ziehen Sie sie in der Seitenleiste auf das entsprechende Album.
- Um einen kompletten Moment in einem neuen Album abzulegen oder einem bereits vorhandenen Album hinzuzufügen, bewegen Sie die Maus in den gewünschten Moment. In dem Moment erscheinen jetzt oben rechts drei Tasten. Klicken Sie hier auf die Plustaste, und wählen Sie *Album*. Es werden sämtliche Bilder des Moments markiert, und der vertraute Dialog zum Erzeugen eines Albums erscheint. Hier können Sie entweder ein neues Album mit allen Bildern des Moments anlegen oder alle Bilder einem bereits vorhandenen Album hinzufügen.

Über das Plus-Zeichen lassen sich nicht nur neue Alben anlegen, sondern auch Bilder einem bestehenden Album hinzufügen.

Ordner

In Ordnern können Sie mehrere Alben zusammenfassen. Ordner in Fotos entsprechen den Ordnern im Finder, in denen Sie beliebige Dateien und weitere Ordner speichern. Anders als Alben können Ordner selbst keine Bilder enthalten.

Um einen Ordner anzulegen, gibt es verschiedene Wege:

- Wählen Sie *Ablage* –> *Neuer Ordner*.
- Klicken Sie in der Seitenleiste mit der rechten Maustaste auf die Rubrik *Alben*, und wählen Sie *Neuer Ordner* ❶.
- Klicken Sie in der *Alben*-Darstellung mit der rechten Maustaste in einen leeren Bereich, und wählen Sie *Neuer Ordner* ❷.

Einen neuen Ordner in einem Ordner legen Sie am schnellsten über die Seitenleiste an. Klicken Sie hier mit der rechten Maustaste auf den gewünschten Ordner, und wählen Sie *Neuer Ordner* ❸.

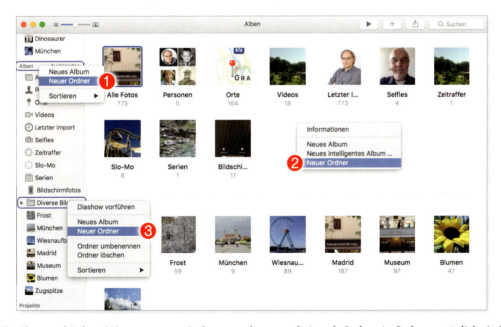

Es gibt verschiedene Wege, um neue Ordner anzulegen, wobei auch Ordner in Ordnern möglich sind.

Um ein Album in einen Ordner zu verschieben, bewegen Sie es mit der Maus in den gewünschten Ordner. Das funktioniert sowohl in der *Alben*-Darstellung als auch in der Seitenleiste. So lassen sich auch Ordner in Ordner verschieben und Unterordner anlegen.

Um ein Objekt – Album oder Ordner – aus einem Ordner zu entfernen, ziehen Sie es in der Seitenleiste einfach aus dem Ordner heraus und platzieren es an der gewünschten Position.

Kapitel 12 Fotos

Bilder bearbeiten

Mit Fotos verwalten Sie nicht nur Ihre Bilder, sondern können sie auch bearbeiten. Oft ist es ja so, dass die Beleuchtung nicht ganz gelungen ist und ein Bild aufgehellt werden muss. Oder der Ausschnitt passt nicht, der Horizont hängt schief, störende Elemente im Bild würde man gern retuschieren und vieles mehr. Hier bietet Fotos eine Reihe von Bearbeitungsmöglichkeiten. Dabei ist es jederzeit möglich, zum Originalbild zurückzukehren.

Der „Bearbeiten"-Modus

Um ein Bild zu bearbeiten, öffnen Sie es üblicherweise und klicken oben rechts auf *Bearbeiten*. Das geht auch etwas schneller: Statt ein Bild zu öffnen, markieren Sie es – ganz gleich ob in einem Album oder in einem Moment – und drücken die *Return*-Taste.

Zur Kennzeichnung, dass Sie sich nun nicht mehr im normalen Betriebsmodus von Fotos befinden, wird das Erscheinungsbild – wie bei vielen Bildbearbeitungsprogrammen – auf ein dunkles Design geändert, das auch den optischen Fokus stärker auf das Bild ausrichtet, das Sie aktuell bearbeiten.

Die Auswahl an Bearbeitungserkzeugen scheint auf den ersten Blick recht übersichtlich zu sein – doch das täuscht.

262

Auf der rechten Seite sehen Sie nun die verschiedenen Werkzeuge ❶: *Verbessern*, *Drehen*, *Beschneiden*, *Filter*, *Anpassen*, *Retuschieren* und *Erweiterungen*. Falls Fotos auf einem Bild rote Augen entdeckt, steht ebenfalls ein Werkzeug zum Entfernen von roten Augen zur Verfügung.

Ein Bild wird standardmäßig vollständig gezeigt. Möchten Sie Details etwas genauer in Augenschein nehmen, können Sie mit dem Schieberegler in der Symbolleiste ❷, einer Zweifinger-Geste auf dem Trackpad oder über die Tastenkombination *cmd* + + bzw. *cmd* + - hinein- und hinauszoomen.

Sobald Sie ein Bild bearbeitet haben, erscheint in der Symbolleiste die Taste *Zurück zum Original* ❸, die genau das macht, was man von ihr erwartet: Sie macht sämtliche Bearbeitungen rückgängig und stellt das Originalbild wieder her. Das funktioniert auch, wenn Sie die Bearbeitungen eines Bildes bereits gespeichert haben.

Mit einem Klick auf das entsprechende Symbol ❹ wird unten eine Übersicht über den Bilder des aktuellen Albums oder Moments gezeigt. Hier können Sie zu einem anderen Bild wechseln, ohne den Bearbeiten-Modus zuvor verlassen zu müssen. Die untere Bilderleiste lässt sich mit der Maus ein wenig höher bzw. schmaler ziehen. Sie müssen Ihre Bearbeitungen nicht explizit speichern, das übernimmt Fotos automatisch, sobald Sie ein anderes Bild im Bearbeitungsmodus laden.

Mit einem Klick auf *Fertig* ❺ verlassen Sie den Bearbeitungsmodus, womit ebenfalls alle Änderungen automatisch gespeichert werden.

Verbessern, drehen, beschneiden, begradigen, spiegeln

Die einfachste und schnellste Methode, einem Bild optisch auf die Sprünge zu helfen, ist ein Klick auf *Verbessern* Ⓐ. Denn hier übernimmt Fotos alle Bearbeitungen automatisch. Wunder dürfen Sie hier natürlich nicht erwarten, aber bei so manchem etwas missglückten Schnappschuss ist die automatische Verbesserung bereits ein probates Mittel, um das Bild ansehnlicher zu machen.

Ihr Bild steht Kopf oder liegt auf der Seite? Kein Problem – mit einem Klick auf *Drehen* Ⓑ wird das Bild um 90 Grad nach links (also gegen den Uhrzeigersinn) gedreht. Halten Sie die *alt*-Taste gedrückt, dreht sich das Bild beim Mausklick um 90 Grad nach rechts.

Mit dem *Beschneiden*-Werkzeug Ⓒ können Sie ein Bild schließlich auf ein beliebiges Format bringen, begradigen und spiegeln.

Sie können ein Bild entweder nach eigenem Gusto zuschneiden oder eines der gängigen Formate wählen.

Filter, Anpassen

Ein Klick auf *Filter* blendet neun Tasten ein. Über die oberste Taste *Ohne* wird das Bild immer ohne Filter angezeigt, die übrigen acht Tasten wenden den jeweiligen Filter an – etwa *S/W mittel*, *Alt* oder *Chrome*. Ein kleines Vorschaubild zeigt Ihnen, welche Auswirkungen ein Filter auf Ihr Bild haben wird.

Das Werkzeug *Anpassen* bietet Ihnen die umfangreichsten Möglichkeiten, ein Bild zu bearbeiten – auch wenn es auf den ersten Blick gar nicht so wirkt.

Standardmäßig zeigt das Werkzeug Ihnen nur drei Regler für *Licht*, *Farbe* und *Schwarzweiß*. Doch das täuscht – wenn Sie auf *Hinzufügen* klicken, können Sie zahlreiche weitere Regler aktivieren: *Histogramm*, *Scharfzeichnen*, *Auflösung*, *Störungen reduzieren*, *Vignette*, *Weißabgleich* und *Tonwerte*.

Mit einem Klick auf eine der möglichen Anpassungen blenden Sie die entsprechenden Regler ein bzw. wieder aus. Die hier vorgenommenen Einstellungen gelten allerdings nur für das aktuelle Bild. Blenden Sie also zum Beispiel den Regler für *Scharfzeichnen* ein und wechseln anschließend zum nächsten Bild, sehen Sie hier wieder nur die drei Regler für *Licht*, *Farbe* und *Schwarzweiß*.

Möchten Sie, dass die gewählten Anpassungen bei jedem Bild angezeigt werden, klicken Sie auf *Als Standard sichern*.

Jeder Regler lässt sich einfach mit der Maus verschieben: möchten Sie also die Farben im Ganzen etwas kräftiger bekommen, ziehen Sie den Regler etwas nach rechts. Wenn Sie die Anpassungen Fotos überlassen möchten, klicken Sie auf die Taste *Auto*, die eingeblendet wird, sobald Sie auf einen Regler mit der Maus zeigen. Wie bei jeder automatischen Bearbeitung gilt auch hier: Wunder sollten Sie nicht erwarten, einen Versuch ist es aber allemal wert.

Zeigen Sie auf eine Anpassung, erscheint rechts außen ein Pfeil, über den Sie detaillierte Einstellungen der jeweiligen Anpassungen ein- und ausblenden können. Klicken Sie diesen an, werden zu jeder Anpassung weitere Regler angezeigt, über die Sie eine Anpassung sehr fein einstellen können. Bei *Licht* finden Sie zum Beispiel dann die Detaileinstellungen für *Brillanz*, *Belichtung*, *Glanzlichter*, *Schatten*, *Helligkeit*, *Kontrast* und *Schwarzpunkt*.

Bearbeitungen rückgängig machen

Bei der Bearbeitung von Bildern wird das Originalbild nie verändert. Stattdessen arbeitet Fotos mit einer Kopie des Bildes. So ist es möglich, jederzeit zum Original zurückzukehren. Sie können ein Bild also bearbeiten, mit *Fertig* speichern und zu einem beliebigen späteren Zeitpunkt die Bearbeitungen wieder rückgängig machen.

Dazu wählen Sie das bearbeitete Bild aus, wechseln in den *Bearbeiten*-Modus und klicken abschließend auf *Zurück zum Original*.

Kapitel 12 Fotos

Bilder exportieren und Projekte

Natürlich möchte man seine Bilder nicht nur in der Fotos-App verwalten und bearbeiten, sondern auch in anderen Projekten benutzen oder aus Fotos heraus exportieren. Auch das ist mit Fotos natürlich möglich.

Bilder exportieren

Um Bilder aus Fotos herauszubekommen, um sie in anderen Programmen zu benutzen oder auf andere Weise weiterzugeben, gibt es verschiedene Methoden:

- *Drag & Drop:* Am einfachsten exportieren Sie Bilder, indem Sie sie aus Fotos heraus auf den Schreibtisch ziehen. Dabei greift Fotos auf die Standard-Optionen für den Export zurück: JPEG-Dateien etwa werden mit hoher (nicht maximaler) Qualität gespeichert, PNG-Dateien werden nach JPG konvertiert. Das Bild wird in seinem aktuellen Bearbeitungszustand exportiert, also genau so, wie Sie es in Fotos angezeigt bekommen.
- *Exportieren:* Über *Ablage –> Exportieren –>Foto exportieren* rufen Sie einen Dialog auf, in dem Sie ein Bild als JPEG, TIFF oder PNG exportieren können. Wenn Sie auf den kleinen Pfeil neben der *Fotoart* klicken, können Sie die Exportoptionen festlegen und auch die Größe der Datei bestimmen. Unter *Dateiname* können Sie festlegen, wie die exportierten Bilder benannt werden sollen. Standardmäßig wird der Dateiname verwendet, Sie können aber auch den Titel benutzen, den das Bild in Fotos hat, oder eine sequenzielle Benennung wählen. In diesem Fall legen Sie ein Präfix fest (etwa: „Sommer 2015"), und Fotos nummeriert die Bilder beim Export dann durch („Sommer 2015 - 1", „Sommer 2015 - 2" …). Sollen die markierten Bilder in einem Ordner abgelegt werden, können Sie unter *Format für Unterordner* festlegen, dass der *Momentname* benutzt werden soll.
- *Originale exportieren:* Beim normalen Export wird immer der aktuelle Bearbeitungszustand des Bildes exportiert. Möchten Sie das Original exportieren, wählen Sie *Ablage –> Exportieren –> Unbearbeitetes Original exportieren*.
- *RAW-Dateien exportieren:* Beim Standardexport einer RAW-Datei wird das in den RAW-Daten enthaltene JPEG exportiert – nicht die RAW-Datei selbst. Nur beim Export des unbearbeiteten Originals erhalten Sie die RAW-Datei.
- *Bereitstellen:* Jedes Bild lässt sich über die *Bereitstellen*-Funktion von macOS an andere Programme durchreichen, etwa als Anhang für Mail oder Nachrichten, oder um sie bei Facebook, Flickr & Co zu veröffentlichen. Markieren Sie dazu die gewünschten Bilder, klicken Sie oben auf das *Bereitstellen*-Symbol, und wählen Sie das gewünschte Ziel.

Projekte

Alle Bilder in Fotos lassen sich in verschiedenen Projekten verwenden, bei denen die Bilder entweder auf Papier ausgedruckt oder als Diashow exportiert werden. Die gedruckten Projekte werden von einem Dienstleister nach Ihren Vorgaben realisiert und Ihnen anschließend per Post zugeschickt. Eine Diashow lässt sich als Videodatei exportieren und auf jedem geeigneten Endgerät – Computer, Smartphone, Fernseher und so weiter – wiedergeben.

Die Erstellung von Büchern, Kalendern, Karten und Papierabzügen verläuft im Prinzip immer gleich: Sie klicken in der Symbolleiste von Fotos auf das Pluszeichen und wählen das gewünschte Projekt aus. Je nach Projekt bietet Fotos Ihnen dann unterschiedliche Möglichkeiten. Alle Projekte werden im Register *Projekte* verwaltet und gespeichert.

Sie können die Arbeit an einem Projekt jederzeit unterbrechen. Der aktuelle Bearbeitungszustand wird im Register „Projekte" abgelegt.

Kapitel 12 Fotos

Kapitel 13

iBooks, iTunes, iWork

Kapitel 13 iBooks, iTunes, iWork

In diesem Kapitel geht es um die „i"-Programme von Apple: *iBooks*, *iTunes* und die Apps *Pages*, *Numbers* und *Keynote*, die zusammen Apples *iWork*-Suite bilden. Mit *iBooks* können Sie elektronische Bücher auf Ihrem Mac lesen, *iTunes* ist die Medienzentrale für Musik, Videos, Podcasts und Hörbücher, und mit den *iWork*-Programmen spendiert Apple Ihnen drei Büroprogramme für Textverarbeitung, Tabellenkalkulation und Präsentation.

iBooks

 Die Applikation iBooks ist ein E-Book-Reader, also ein Programm, mit dem Sie elektronische Bücher auf dem Mac lesen können.

Formate für E-Books

Das Programm unterstützt drei populäre Formate, in denen elektronische Bücher und Dokumente üblicherweise vorliegen.

- *ePub* ist die Abkürzung für „Electronic Publication" und ähnlich wie HTML eine Seitenbeschreibungssprache, mit der sich dynamische Seiten aufbauen lassen. In der Praxis bedeutet das etwa, dass sich der Seitenumbruch der Bildschirmgröße anpasst oder sich Font und Schriftgröße verändern lassen. Dafür sind die Gestaltungsmöglichkeiten beschränkt. Ein Mehrspaltensatz, aufwendige Zeitschriftenlayouts, Marginalien, umfließender Text und ähnliche Gestaltungen sind mit ePub nicht möglich.
- *PDF* steht für „Portable Document Format" und bezeichnet einen Standard, mit dem sich beliebige Layouts problemlos auf den unterschiedlichsten Geräten anzeigen lassen. Ganz gleich, ob Sie ein PDF-Dokument auf Ihrem Computer, Ihrem Smartphone oder Ihrem Tablet betrachten – es wird auf beiden Geräten gleich aussehen. Dafür muss man allerdings ein sehr starres Layout in Kauf nehmen. Alle Elemente einer Seite (Textmenge, Umbruch, Fonts, Schriftgrößen und so weiter) sind fest vorgegeben und lassen sich nicht von Ihnen anpassen. Das führt mitunter dazu, dass eine Seite eines PDF-Dokuments entweder nur in starker Verkleinerung oder nicht vollständig angezeigt werden kann und Sie beim Lesen die Seite mit dem Finger hin- und herschieben müssen.

PDF-E-Books werden in iBooks verwaltet. Wird eine PDF-Datei jedoch geöffnet, kümmert sich die App **Vorschau** darum. Weitere Informationen dazu finden Sie in Kapitel 14.

- *Textbooks (Made for iBooks):* Dieses E-Book-Format kann nur mit *iBooks* auf dem Mac oder iPad gelesen werden. Bei *Textbooks* handelt es sich um multimedial aufbereitete Titel inklusive Videos, interaktiven Grafiken, Audio-Informationen und vielem mehr. Ähnlich wie beim PDF ist hier das Layout starr. Aber es gibt im Regelfall eine Hoch- und Querformat-Ansicht.

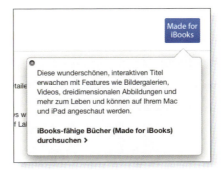

E-Books mit dem Logo „Made for iBooks" enthalten multimediale Komponenten und bieten ein besonderes Leseerlebnis. Sie werden nur auf dem Mac und dem iPad korrekt dargestellt.

Außerdem bietet *iBooks* den Zugang zu Apples digitaler Buchhandlung, dem *iBooks Store*.

Bücher für iBooks

Sie haben generell zwei Möglichkeiten, *iBooks* mit digitalen Büchern zu füllen, um sie auf Ihrem Mac zu lesen:
- *iBooks Store:* Sie laden Bücher aus dem *iBooks Store*. Die meisten Bücher sind kostenpflichtig; es gibt hier aber auch eine Reihe kostenloser Angebote. Alle Bücher, die Sie hier geladen bzw. gekauft haben, können Sie jederzeit erneut kostenlos laden.
- *Eigene Bücher:* Sie importieren ePub- und PDF-Dateien aus dem Internet, von CD oder aus anderen Quellen in das Programm.

Der einfachste und bequemste Weg, um an digitale Lektüre für *iBooks* zu kommen, führt über Apples *iBooks Store*. Klicken Sie dazu oben links auf die gleichnamige Taste.

Bevor Sie sich dazu entschließen, ein Buch zu kaufen, können Sie einen Auszug herunterladen.

Aber natürlich sind Sie nicht nur auf das Angebot im *iBooks Store* beschränkt, sondern können jede gängige ePub- oder PDF-Datei in *iBooks* öffnen. Einzige Voraussetzung: Die Dateien dürfen keinen Kopier-

Kapitel 13 iBooks, iTunes, iWork

schutz besitzen. Um eine ePub- oder PDF-Datei zu importieren, ziehen Sie sie einfach in das Programmfenster von iBooks. Oder Sie wählen *Ablage –> Zur Bibliothek hinzufügen*.

Die Bücher lassen sich nach verschiedenen Kategorien anordnen und sortieren. Über die Suchfunktion können Sie nach Titel und Autor suchen; eine Volltextsuche über alle Bücher ist nicht möglich. Wählen Sie bei *Sortieren nach* den Punkt *Manuell sortieren*, können Sie die Titel mit gedrückter rechter Maustaste an die gewünschte Position schieben. Um mehrere Titel zu verschieben, markieren Sie die gewünschten Titel wie vom Finder gewohnt. Anschließend können Sie alle markierten Titel auf einen Rutsch verschieben. Wenn Sie sehr viele Bücher in Ihrer Bibliothek haben, sorgt die Darstellung *Liste* für mehr Übersicht.

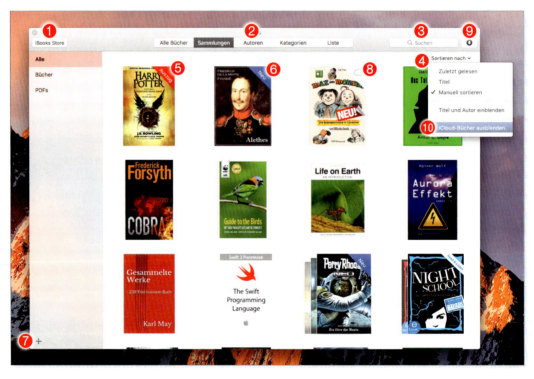

Das Programm „iBooks" ist für das Lesen und die Verwaltung von E-Books zuständig.

Bücher für iBooks laden Sie entweder aus dem iBooks Store ❶ oder Sie importieren die Dateien über das *Ablage*-Menü. Die Bücher lassen sich nach verschiedenen Kriterien ordnen ❷, und die Suche ❸ findet zuverlässig bestimmte Titel oder Autoren. Wie die Bücher sortiert werden sollen, legen Sie über *Sortieren nach* fest ❹. Vor dem Kauf eines Buchs im iBooks Store können Sie einen Auszug ❺ laden. Noch nicht geöffnete Bücher werden mit *Neu* markiert ❻. Eine neue Sammlung legen Sie über die Plustaste unten links an ❼. Standardmäßig werden alle Käufe im iBooks Store angezeigt, auch dann, wenn Sie den Titel aktuell nicht geladen haben. In diesem Fall erscheint eine Wolke ❽ am Cover. Mit einem Klick auf diese

Wolke wird der Titel geladen. Über das Download-Menü ❾ haben Sie jederzeit Zugriff auf alle aktuellen Downloads. Möchten Sie Ihre Einkäufe nicht ständig im Blick haben, können Sie sie auch ausblenden, indem Sie den Punkt *iCloud-Bücher ausblenden* im *Sortieren nach*-Menü anklicken ❿.

Die Sammlungen

Sämtliche Bücher werden in Sammlungen verwaltet, wobei *iBooks* ePub- und PDF-Dateien automatisch in zwei getrennten Sammlungen verwaltet. Dabei werden ePub-Dateien generell als *Bücher* bezeichnet.

Die beiden Standardsammlungen *Bücher* und *PDFs* sind natürlich etwas grob gewählt und werden schon bei wenigen Bänden unübersichtlich. Doch das macht nichts, Sie können nämlich eigene Sammlungen anlegen und dort die verschiedenen E-Book-Typen – also ePub oder PDF – auch mischen.

Um eine eigene Sammlung anzulegen, gibt es zwei Möglichkeiten:

- *Leere Sammlung:* Wechseln Sie zu *Sammlungen*, und klicken Sie auf die Plustaste unten links. Es wird eine leere Sammlung mit dem Titel *Neue Sammlung* angelegt. Ändern Sie den Namen nach Ihren Wünschen. Um der Sammlung neue Titel hinzuzufügen, ziehen Sie sie einfach auf die neu angelegte Sammlung. Alternativ dazu können Sie die gewünschten Titel auch markieren, mit der rechten Maustaste anklicken und *Zur Sammlung hinzufügen* wählen.
- *Markierte Titel als neue Sammlung:* Markieren Sie die gewünschten Titel, klicken Sie sie mit der rechten Maustaste an, und wählen Sie *Neue Sammlung aus Auswahl*.

Es gibt verschiedene Wege, eine Sammlung anzulegen. Am schnellsten geht es, wenn Sie die gewünschten Bücher mit gehaltener „cmd"- oder „Shift"-Taste markieren, mit der rechten Maustaste anklicken und zur gewünschten Sammlung hinzufügen ❶. Falls die Sammlung noch nicht existiert, lässt sie sich so auch direkt aus der Auswahl erzeugen ❷.

 Mehrere Titel markieren: Am einfachsten ist es, die gewünschten Titel in der Darstellung **Liste** zu markieren. Hier gehen Sie so vor, wie Sie es vom Finder gewohnt sind. Mit gehaltener **Shift**-Taste markieren Sie einen zusammenhängenden Bereich; mit gedrückter **cmd**-Taste wählen Sie mehrere, nicht zusammenhängende Titel.

Kapitel 13 iBooks, iTunes, iWork

Um eine Sammlung zu löschen, markieren Sie den entsprechenden Eintrag in der Liste aller Sammlungen und drücken die *Backspace*-Taste. Da eine Sammlung nur Verweise auf die Bücher enthält, nicht die Bücher selbst, müssen Sie dabei nicht befürchten, Dateien zu verlieren. Die in der Sammlung enthaltenen Titel wandern wieder zurück in ihre ursprüngliche Sammlung, also nach *Bücher* oder *PDF*.

Ein E-Book lesen

Sie öffnen ein Buch mit einem Doppelklick auf das Cover. Das Buch wird in einem neuen Fenster geöffnet. Geblättert wird mit den Cursortasten oder mit einer Zwei-Finger-Wischgeste auf dem Trackpad. Sie können auch mit der Maus auf den Rand der Seite zeigen. Dadurch wird ein Pfeil eingeblendet. Klicken Sie diesen an, wird vor- bzw. zurückgeblättert.

Damit Sie möglichst ungestört lesen können, wird die Symbolleiste ausgeblendet. Sie erscheint wieder, wenn Sie mit der Maus auf die Titelleiste zeigen. Über die Symbolleiste haben Sie Zugriff auf das Inhaltsverzeichnis, Ihre Lesezeichen und Ihre Notizen. Zudem lässt sich das Erscheinungsbild anpassen, Sie können im Volltext des Buches suchen und natürlich beliebig viele Lesezeichen setzen.

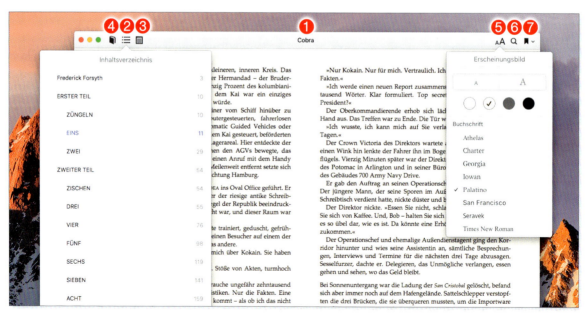

Die Symbole werden eingeblendet, wenn Sie mit der Maus auf die Titelleiste zeigen ❶. *Hier können Sie auf das Inhaltsverzeichnis zugreifen* ❷, *Ihre Notizen und Markierungen einsehen* ❸ *und zur Bibliothek wechseln* ❹. *Schrift, Schriftgröße und Farbgebung können Sie Ihren Wünschen anpassen* ❺. *Über die Lupe* ❻ *durchsuchen Sie den kompletten Text des Buches, und Ihre Lesezeichen verwalten Sie über das Lesezeichensymbol* ❼.

Markierungen, Notizen und Lesezeichen

In einem gedruckten Buch können Sie an wichtigen Stellen Lesezeichen einlegen oder beliebige Textstellen unterstreichen und Notizen an den Rand kritzeln. Das geht auch bei *iBooks*, wobei Markierungen im E-Book den großen Vorteil haben, sich rückstandslos entfernen zu lassen.

- *Markierungen und Notizen anlegen:* Blenden Sie mit einem Klick auf das Notizensymbol die Seitenleiste mit Ihren Notizen und Markierungen ein. Markieren Sie nun die gewünschte Textpassage. Anschließend wird ein Menü eingeblendet, über das Sie die Passage mit verschiedenen Farben hervorheben, unterstreichen oder mit einer Notiz versehen können. Alle Einträge werden sofort in die Seitenleiste übernommen.

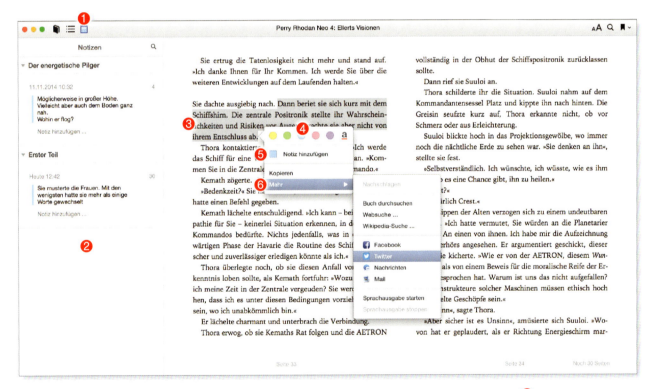

Um eine Notiz oder Markierung anzubringen, blenden Sie mit einem Klick auf das Notizensymbol ❶ *die Seitenleiste mit Ihren Notizen ein* ❷*. Markieren Sie nun die gewünschte Passage* ❸*, und wählen Sie eine farbige Hervorhebung oder Unterstreichung* ❹*. Fügen Sie eine Notiz hinzu* ❺*, oder wählen Sie eine andere Aktion* ❻*.*

Kapitel 13 iBooks, iTunes, iWork

- *Markierung/Notiz löschen:* Blenden Sie die Seitenleiste mit den Notizen und Markierungen ein. Klicken Sie auf die Seitenzahl der Markierung, die Sie löschen möchten. Klicken Sie mit rechts in die markierte Passage, und wählen Sie *Markierung löschen*.
- *Lesezeichen:* Sie können in jedem Buch beliebig viele Lesezeichen anlegen. Klicken Sie dazu einfach auf das Lesezeichensymbol. Möchten Sie gezielt auf ein Lesezeichen zugreifen, klicken Sie auf den Pfeil neben dem Lesezeichensymbol und anschließend auf das gewünschte Lesezeichen. Ein Lesezeichen entfernen Sie, indem Sie auf das *x* klicken, das eingeblendet wird, sobald Sie auf ein Lesezeichen zeigen.

Mit einem Klick auf das Lesezeichensymbol ❶ *legen Sie ein Lesezeichen an. Ein Klick auf den Pfeil* ❷ *neben dem Symbol gibt Ihnen Zugriff auf alle gespeicherten Lesezeichen. Ein Klick auf das „x"* ❸ *löscht ein Lesezeichen.*

Die Medienzentrale von macOS: iTunes

Apple stellte iTunes erstmals 2001 vor. Seither hat sich das Programm von einem bescheidenen Musikplayer zur zentralen Medienplattform in macOS entwickelt.

iTunes im Überblick

Das Programm iTunes ist ein echtes Schwergewicht unter den Standardprogrammen von macOS, das zahlreiche Aufgaben erfüllt. Nach wie vor ist Musik zwar die große Stärke von iTunes – nicht umsonst zeigt das Programmsymbol zwei Noten –, doch das Programm kann mehr. Sehr viel mehr.

- *Musik:* Musik ist die Hauptaufgabe, die iTunes zu bewältigen hat. Sie können Musik-CDs „rippen" (also die Musik von der CD auf Ihre Festplatte kopieren), Audiodateien importieren und verwalten. iTunes organisiert Ihre Musik nach den unterschiedlichsten Kriterien, verwaltet Wiedergabelisten und hat noch vieles mehr zu bieten.
- *Video:* Sie können mit iTunes auch Videos, Filme oder TV-Serien verwalten und natürlich auch schauen. Im Unterschied zu Musik-CDs kann iTunes Filme von DVD allerdings nicht importieren. Oder genauer gesagt: iTunes darf das nicht. Können könnte es das Programm schon – wenn die Rechteinhaber dies erlaubten.
- *Podcasts, Hörbücher, Radio:* Mit iTunes lassen sich auch andere Audio-Inhalte problemlos verwalten. Dabei stellt iTunes einen leistungsfähigen „Podcaster" zur Verfügung (also ein Programm zur Verwaltung von Podcasts) und kann auch als Internetradio eingesetzt werden, mit dem Sie auf mehrere Tausend Radiosender aus aller Welt zugreifen können.
- *iTunes Store:* Apples iTunes Store ist das wohl größte Kaufhaus für digitale Inhalte mit einem riesigen Angebot an Musik, Filmen, Serien und Podcasts.
- *iTunes U:* Das „U" steht für „University" und gibt die Richtung vor. Hier finden Sie keine Musik oder Videos, sondern hochkarätige Vorlesungen und Kurse namhafter Universitäten und Bildungseinrichtungen zu allen nur denkbaren Themen – als mehrstündige Videos, Audiodateien oder PDF-Dateien und völlig kostenlos.
- *iPhone & Co:* Ganz gleich, ob iPhone, iPad oder iPod touch – für alle iOS-Geräte ist iTunes das zentrale Verwaltungsprogramm, mit dem Sie Programme, Musik, Filme, Fotos und mehr auf die Geräte kopieren.

Kapitel 13 iBooks, iTunes, iWork

Das Programmfenster

Das Fenster von iTunes bündelt eine Vielzahl von Funktionen und Einstellungen und bietet überdies direkten Zugriff auf Apples digitales Kaufhaus. Über ein Dropdown-Menü wechseln Sie in die verschiedenen Bereiche des Programms. Die Wiedergabe von Musik und Videos ist denkbar einfach: Sie klicken den gewünschten Titel bzw. das gewünschte Album an. Über die Symbol- bzw. Titelleiste steuern Sie die Wiedergabe, und in der Mitte sehen Sie jederzeit den aktuellen Titel.

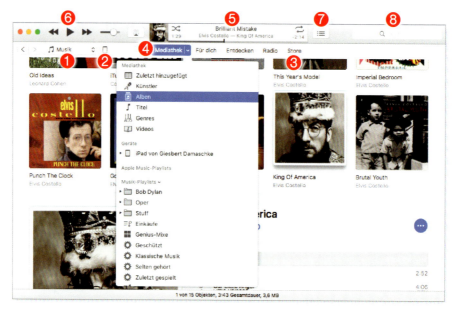

Das Programm „iTunes" verwaltet Ihre Musik- und Filmtitel.

Welchen Bereich iTunes anzeigen soll, legen Sie über das Dropdown-Menü ❶ fest (hier: „Musik"). Haben Sie ein iOS-Gerät angeschlossen, wird es als Symbol gezeigt ❷ und Sie können mit einem Klick darauf zur Geräteverwaltung wechseln. Über das mittlere Menü rufen Sie in jedem Bereich die entsprechende Abteilung im iTunes Store ❸ auf. Nach welchen Kriterien der aktuelle Inhalt dargestellt werden soll, legen Sie nach einem Klick auf den kleinen Pfeil bei „Mediathek" ❹ fest. Hier haben Sie auch direkten Zugriff auf Ihre Wiedergabelisten, die bei iTunes „Playlists" heißen. Weitere Möglichkeiten bieten die „Darstellungsoptionen", die Sie über das Menü „Darstellung" oder mit der Tastenkombination „cmd + J" aufrufen. Welcher Titel aktuell wiedergegeben wird, sehen Sie im zentralen Info-Feld ❺. Die Wiedergabe wird über die vertrauten Symbole ❻ gesteuert. Welche Titel als nächste gespielt werden (und welche bereits gespielt wurden), erfahren Sie nach einem Klick auf das Listensymbol ❼. Über das „Suchen"-Feld ❽ durchstöbern Sie den gesamten Bestand Ihrer Mediathek.

Die Mediathek: Auch wenn iTunes wie ein normaler Medienplayer wirkt, so ist das Programm doch mehr – es kombiniert eine Mediendatenbank mit Wiedergabefunktionen. Diese Datenbank, in der iTunes sämtliche Inhalte verwaltet, ist die **Mediathek**. Die Mediathek liegt als Datei auf der Festplatte und kann auch via Finder angezeigt werden – doch davon sollten Sie sich besser fern halten. Ohne sehr genaue Kenntnis der von iTunes benutzten Datenstrukturen ist es schwer bis unmöglich zu entscheiden, welche Dateien iTunes zwingend benötigt. Am besten ist es, Sie vertrauen dem Programm und überlassen iTunes alle technischen Entscheidungen. Andernfalls laufen Sie Gefahr, die Datenstrukturen zu zerstören oder gar Inhalte zu verlieren.

Eine Musik-CD importieren

Auch wenn Apple Ihnen das Einkaufen im iTunes Store so einfach wie möglich macht, sind Sie natürlich nicht auf Apple angewiesen, um die iTunes-Mediathek mit Inhalten zu füllen. Die einfachste Methode, eine Musik-CD zu importieren, besteht darin, eine CD einzulegen und ein wenig abzuwarten, bis iTunes alle Einstellungen vorgenommen hat, und anschließend die Frage, ob die CD in die Mediathek importiert werden soll, zu bejahen. Falls die Nachfrage für den Import deaktiviert wurde, klicken Sie in der Menüleiste auf das CD-Symbol und wählen *CD importieren*. Nach einer kurzen Rückfrage importiert iTunes die komplette CD. Möchten Sie nur bestimmte Songs in Ihre Mediathek aufnehmen, entfernen Sie das Häkchen bei den Songs, die nicht importiert werden sollen. Fortgeschrittene Anwender können unter *iTunes -> Einstellungen -> Importeinstellungen* detailliert festlegen, in welchem Format iTunes eine CD importieren soll.

Standardmäßig fragt iTunes Sie beim Einlegen einer Musik-CD, ob Sie die CD importieren möchten. Falls das nicht der Fall sein sollte, klicken Sie auf das CD-Symbol ❶ *. Über „CD-Information"* ❷ *rufen Sie Namen und Titel der CD aus dem Internet ab. Nach einem Klick auf „CD importieren"* ❸ *wird die CD zur Mediathek hinzugefügt. Möchten Sie einen bestimmten Song nicht importieren, entfernen Sie das Häkchen* ❹ *vor dem Eintrag.*

Kapitel 13 iBooks, iTunes, iWork

Musikdateien

Um einzelne Musikdateien im MP3- oder AAC-Format oder auch ganze Ordner zu importieren, wählen Sie *Ablage -> Zur Mediathek hinzufügen*.

Möchten Sie größere Mengen in iTunes importieren, etwa von einem USB-Stick, dann geht es schneller, wenn Sie die Dateien bzw. Ordner mit Musik nach *Automatisch zu iTunes hinzufügen* kopieren. Sie finden diesen Ordner im Finder, wenn Sie im Finder das Verzeichnis *Musik -> iTunes -> iTunes Media* in Ihrem Benutzerordner öffnen.

 Was ist mit Videos? Anders als bei den Musik-CDs ist iTunes aus rechtlichen Gründen nicht in der Lage, eine DVD direkt einzulesen. Es ist aber möglich, Videos, die als MPEG, MOV oder H.264 vorliegen, in die Mediathek zu importieren und mit iTunes wiederzugeben.

Informationen

Für die Verwaltung Ihrer Musik in iTunes spielen die sogenannten Tags – also die verschiedenen Informationen zu Album, Interpret, Genre, Name und so weiter – eine entscheidende Rolle. Je besser und ausführlicher Sie einen Song in iTunes mit zusätzlichen Informationen ausstatten, desto besser kann iTunes damit umgehen und desto schneller finden Sie mit dem Programm genau den Song, den Sie hören möchten. Um die Informationen eines Musikstücks in iTunes festzulegen, markieren Sie den entsprechenden Eintrag und drücken *cmd + I*.

Je sorgfältiger Sie die Informationen ausfüllen, desto besser kann iTunes die Musik organisieren.

Playlisten in iTunes

Über den Punkt *Musik* im Dropdown-Menü von iTunes haben Sie vollen Zugriff auf Ihre komplette Musiksammlung. Allerdings wird Ihre Musik hier nach Alben, Interpreten und Genres sortiert, Sie können sich also nicht Ihre eigene Musikmischung zusammenstellen, sondern sind an die Reihenfolge in den verschiedenen Kategorien gebunden.

Hier helfen die Wiedergabelisten oder, wie Apple sie nennt, Playlisten weiter, in denen Sie die Inhalte nach Ihren Vorstellungen zusammenstellen und sich Musik für bestimmte Anlässe und Stimmungen mixen. Bei den Einträgen in einer Wiedergabeliste handelt es sich nicht um physikalische Kopien der entsprechenden Musikdateien, sondern lediglich um Verweise auf die in der Mediathek gespeicherten Daten. Sie können also einer Liste problemlos Einträge hinzufügen bzw. Einträge aus ihr löschen, ohne befürchten zu müssen, die entsprechende Datei gleich mit zu entsorgen.

Playlisten bearbeiten: Um eine Playlist zu bearbeiten, lassen Sie sich zuerst über das **Darstellung**-Menü die Seitenleiste einblenden. Anschließend klicken Sie die gewünschte Liste an und wählen **Playlist bearbeiten**.

Neue Playlist

Es gibt zahlreiche Wege, um in iTunes eine neue Playlist zu erstellen. Am einfachsten geht es, wenn Sie *cmd + N* drücken. Dann blendet iTunes rechts eine Seitenleiste ein, in der Sie der Playlist einen Namen ❶ geben können. Ziehen Sie alle Titel, die Sie in diese Playlist aufnehmen möchten, einfach mit der Maus in die Seitenleiste, und legen Sie sie dort ab ❷. Um optimalen Zugriff auf alle Titel zu haben, klicken Sie bei *Mediathek* auf den kleinen Pfeil und wählen die *Titel*-Darstellung ❸. Blenden Sie sich zudem über das *Darstellung*-Menü den *Spaltenbrowser* ein, um die Titelanzeige nach verschiedenen Kriterien zu filtern, wie *Genres* ❹, *Künstler* oder *Alben* ❺. Die Sortierung der Playlist legen Sie mit der Maus fest – ziehen Sie einen Titel einfach an die gewünschte Position. Sie können der Playlist eine Beschreibung ❻ mit auf den Weg geben und ihr durch einen Klick auf das Notensymbol ❼ ein eigenes Coverbild verpassen. Mit einem Klick auf *Fertig* ❽ wird die Playlist gespeichert.

Kapitel 13 iBooks, iTunes, iWork

Neue Playlisten sind schnell erstellt.

Intelligente Listen

Mit den intelligenten Playlisten können Sie Listen erstellen, die iTunes automatisch aktualisiert. Das funktioniert so, wie Sie es von den intelligenten Ordnern im Finder kennen (s. dazu Kapitel 3). Sie definieren eine Reihe von Bedingungen, die erfüllt sein müssen, damit ein Song hier auftaucht: iTunes kümmert sich in Zukunft darum, dass der Inhalt der Liste zu dem von Ihnen vorgegebenen Muster passt. Eine solche Liste legen Sie über *Ablage -> Neu -> Intelligente Playlist* an. Intelligente Listen werden durch ein Zahnrad symbolisiert.

So können Sie etwa Listen mit Titeln erstellen, die Sie als gut bewertet haben, oder mit Songs, die erst einmal oder noch gar nicht gespielt wurden. Sie können auch Listen mit Songs eines bestimmten Interpreten aus einem bestimmten Zeitraum anlegen – und so weiter und so fort: Die Möglichkeiten sind praktisch unbegrenzt.

CDs/DVDs brennen

Wiedergabelisten werden auch benötigt, um Musik aus iTunes auf eine CD oder DVD zu brennen. Legen Sie zuerst eine Playlist mit den gewünschten Titeln an, und bringen Sie die Titel in die Reihenfolge, in der sie auf der CD/DVD erscheinen sollen.

Anschließend legen Sie einen CD/DVD-Rohling ein, wählen die gewünschte Playlist und anschließend *Ablage –> Playlist auf Disc brennen* aus.

Pages, Numbers und Keynote

Mit der Textverarbeitung *Pages*, der Tabellenkalkulation *Numbers* und der Präsentationssoftware *Keynote* stellt Apple jedem Mac-Anwender eine leistungsfähige Office-Programmsammlung zur Verfügung. Als neuer Mac-Anwender können Sie die drei Programme kostenlos aus dem App Store laden. Die Beschreibung dieser Programme würde den Rahmen dieses Buches bei Weitem sprengen. Im Rahmen dieser Einführung in macOS für Ein- und Umsteiger beschränke ich mich daher auf die Grundfunktionen der Programme, die im Aufbau sehr ähnlich sind. Außerdem bietet sich hier die Gelegenheit, die typischen *Speichern*-Dialoge von macOS und das „Versionen"-Feature zu erläutern, mit dem Sie bei vielen Programmen problemlos frühere Fassungen eines Dokuments wiederherstellen können.

Aufbau der Programme

Standardmäßig zeigen die Programme beim Start den zuletzt benutzten Dateiordner. Hier können Sie ein Dokument öffnen, oder Sie klicken auf *Neues Dokument*. Falls der Dialog nicht gezeigt wird, können Sie jederzeit über das *Ablage*-Menü ein bestehendes Dokument öffnen oder neu anlegen.

Das Dokument wird wie gewohnt in einem Fenster geöffnet. Bei einem neuen Dokument stehen Ihnen verschiedene, professionelle Vorlagen zur Verfügung, aber natürlich können Sie auch mit einem komplett leeren Blatt beginnen.

Kapitel 13 iBooks, iTunes, iWork

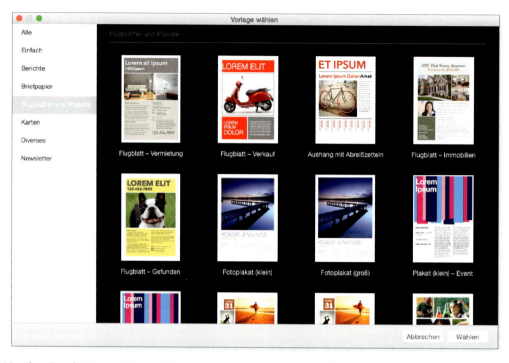

„Pages", „Numbers" und „Keynote" bieten Ihnen beim Anlegen eines neuen Dokuments eine Auswahl an professionellen Vorlagen für Ihre Dokumente.

Alle Dokumentenfenster haben eine ähnliche Struktur. In der linken Seitenleiste sehen Sie die Miniaturen aller Seiten eines Dokuments, und in der rechten Seitenleiste werden die verschiedenen *Format*-Optionen des aktuellen Objekts auf einer Seite gezeigt. Diese Leisten lassen sich mit *Darstellung* bzw. *Format* ein- und ausblenden. In der Symbolleiste finden Sie die wichtigsten Werkzeuge des jeweiligen Programms.

Wenn Sie mit den Office-Programmen von Microsoft vertraut sind, werden Sie sich rasch umgewöhnen, allerdings zeigt Numbers eine Besonderheit. Anders als bei Excel können Sie hier mehrere, voneinander unabhängige Tabellen auf einem Arbeitsblatt platzieren, wobei jede Tabelle völlig eigenständig formatiert werden kann. Wie Sie es von Office-Programmen gewohnt sind, arbeiten auch Pages, Numbers und Keynote mit Formatvorlagen für Absätze und Zeichen. Diese Vorlagen heißen hier „Stile". Sie erreichen die Stile über die *Format*-Seitenleiste. Um einen Stil zu definieren, schreiben Sie etwas Text und formatieren ihn wie gewünscht. Da das Format verändert wurde, wird die aktuelle Stilangabe, die dem Text zugewiesen ist, in der Seitenleiste mit einem Sternchen markiert. Mit einem Klick auf *Aktualisieren* ändern Sie das Format des Stils. Klicken Sie auf den Pfeil, öffnet sich das Menü *Absatzstile*. Hier klicken Sie auf die Plustaste, um einen neuen Stil mit dem Format des aktuell gewählten Absatzes anzulegen.

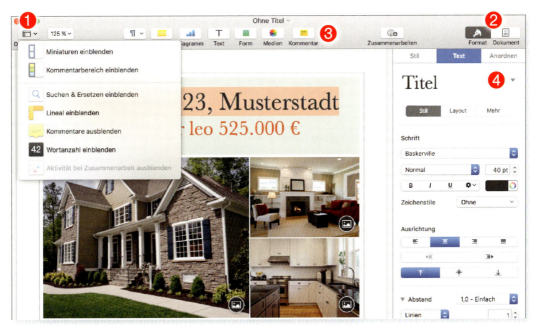

Der Aufbau der Dokumentenfenster ist bei „Pages", „Numbers" und „Keynote" sehr ähnlich. Über das „Darstellung"-Menü ❶ *legen Sie den Inhalt der linken Seitenleiste fest, in der rechten Seitenleiste blenden Sie die Format-Optionen* ❷ *oder weitere Informationen zum Dokument ein. Die Symbolleiste* ❸ *bietet Zugriff auf die wichtigsten Werkzeuge. Wie von anderen Office-Programmen gewohnt, arbeiten auch Pages & Co mit Formatvorlagen (die hier „Stile" heißen). Das Menü öffnen Sie mit einem Klick auf den Pfeil neben dem Stilnamen* ❹.

Standardmäßig benutzen Pages, Numbers und Keynote das iCloud-Drive zum Speichern der Dokumente. Das können Sie natürlich ändern. Dabei greift das *Versionen*-Feature von macOS, das auch in allen anderen Programmen vom Apple benutzt wird.

Versionen

Mit *Versionen* macht Apple Ihnen den Umgang mit Ihren Dateien so einfach wie möglich. Standardmäßig müssen Sie sich dabei um (fast) nichts mehr kümmern; Pages & Co sorgen schon dafür, dass keines Ihrer Dokumente verloren geht. Bei *Versionen* handelt es sich um eine systemweite Funktion, die auch von anderen Programmen genutzt wird und hier am Beispiel von Pages erläutert werden soll.

Vielleicht haben Sie schon verblüfft festgestellt, dass es bei Pages und anderen Programmen die von Windows und anderen Systemen her vertraute *Sichern unter*-Funktion nicht mehr gibt. Stattdessen finden

Sie hier den Befehl *Duplizieren*. Vielleicht haben Sie sich auch schon gefragt, wie Sie ein aktuelles Dokument ohne diese Funktion umbenennen oder in einem anderen Format speichern können.

Doch der Reihe nach: Beginnen wir mit der Frage, was eigentlich passiert, wenn Sie in Pages (oder einer anderen Applikation von macOS) ein Dokument speichern.

Systemweit: Alle im Folgenden beschriebenen Funktionen stehen auch in anderen Programmen, die mit der Systemfunktion **Versionen** arbeiten, zur Verfügung.

Versionen sichern

Wenn Sie ein neues Dokument in Pages anlegen, dann finden Sie, wie zu erwarten, den Punkt *Ablage –> Sichern*, über den Sie das Dokument speichern können. Dabei fragt Pages die üblichen Details ab: den Namen des Dokuments, den Speicherort und das Format, in dem das Dokument abgelegt werden soll.

„Sichern"-Dialog: Standardmäßig wird der **Sichern**-Dialog in verkürzter Form dargestellt. Klicken Sie auf den Pfeil neben dem Dateinamen, um vollen Zugriff auf den Finder zu bekommen.

Sobald Sie das Dokument bearbeitet haben und Ihre Änderungen speichern möchten, wählen Sie ebenfalls *Ablage –> Sichern* oder drücken *cmd + S*. Anders als Sie es vielleicht gewohnt sind, wird dabei allerdings nicht das bereits gespeicherte Dokument mit dem geänderten Inhalt überschrieben, sondern Pages speichert lediglich die Unterschiede zwischen der aktuellen und der gespeicherten Fassung eines Dokuments. So kann Pages sämtliche Versionen des von Ihnen gespeicherten Dokuments gegebenenfalls rekonstruieren. Sie müssen also nicht befürchten, durch unachtsames Speichern eine frühere Version Ihres Dokuments zu verlieren.

Nach dem ersten Speichern eines Dokuments müssen Sie sich im Grunde nicht mehr ums Speichern kümmern: Das übernimmt ab sofort Pages. Wenn Sie zum Beispiel ein Dokument ändern und dann das Programm mit *cmd + Q* beenden, werden Sie nicht – wie sonst üblich – gefragt, ob Sie die Änderungen speichern möchten. Stattdessen wird das Programm einfach ohne Rückfrage beendet. Doch keine Sorge, Ihre Änderungen sind nicht verloren, denn die speichert Pages automatisch.

Automatisches Sichern: Wenn Sie selbst nicht sichern, sichert Pages alle fünf Minuten den jeweiligen Zustand eines Dokuments.

Ein Dokument umbenennen und verschieben

Um ein aktuell geöffnetes Dokument umzubenennen oder an einen anderen Speicherort zu verschieben, müssen Sie nicht erst die Datei im Finder suchen und dort umbenennen bzw. manuell an den gewünschten Ort bugsieren – das geht direkt vom Programm aus. Zeigen Sie auf den Dateinamen in der Titelleiste, erscheint ein kleiner Pfeil neben dem Namen. Klicken Sie diesen Pfeil an, können Sie den Namen ändern, Tags vergeben und auch einen neuen Speicherort wählen. Dabei zeigt das Programm Ihnen zuerst Ihre Favoriten aus dem Finder und die zuletzt benutzten Ordner. Mit einem Klick auf *Andere* öffnen Sie ein komplettes Finder-Fenster mit vollem Zugriff auf das Dateisystem und können hier nun einen neuen Speicherort wählen.

Mit Versionen arbeiten

Sobald Sie (bzw. das System) mehr als eine Version einer Datei gespeichert haben, können Sie durch alle gespeicherten Versionen blättern. Wählen Sie dazu *Ablage –> Zurücksetzen auf –> Alle Versionen durchsuchen*.

Damit ändert sich das Aussehen des Schreibtischs vollständig. Menüleiste und Dock verschwinden, und der Hintergrund wird milchig weichgezeichnet. Vor diesem Hintergrund schwebt links die aktuelle Fassung Ihres Dokuments. Rechts daneben sehen Sie alle früheren Versionen in Form eines Stapels.

Sie können nun durch die früheren Versionen blättern. Klicken Sie dazu den jeweiligen Titel der Version an. Bei sehr vielen Fassungen kann Ihnen die Zeitleiste am rechten Rand helfen, die gesuchte Version zu finden. Unterhalb des Dokumentenstapels wird das Datum des obersten Eintrags eingeblendet.

Wenn Sie die gesuchte Fassung gefunden haben, genügt ein Klick auf *Wiederherstellen*, um zu der früheren Version zurückzukehren. Dabei wird die aktuelle Fassung eines Dokuments als weitere Version dem Stapel hinzugefügt.

Falls Sie nur einen Teil (etwa einen Absatz) aus einer früheren Fassung benötigen, ist auch das kein Problem. Denn Sie können in den verschiedenen Versionen beliebige Bereiche markieren, kopieren und in das aktuelle Dokument einfügen.

Mit *Fertig* verlassen Sie diese spezielle Form einer Dokumentenzeitmaschine.

Kapitel 13 iBooks, iTunes, iWork

Bei jedem Speichern eines Dokuments wird die aktuelle Fassung als Version gesichert, ohne das Dokument zu überschreiben. So lassen sich frühere Versionen eines Dokuments problemlos wiederherstellen. In der „Versionen"-Darstellung sehen Sie links Ihr aktuelles Dokument ❶, rechts alle anderen gespeicherten Versionen des Dokuments ❷. Sie können bequem durch alle gespeicherten Versionen (und auch innerhalb einer Version) blättern. Dabei zeigt macOS Ihnen immer an, von wann die gezeigte Version ist ❸. Sie können eine Version so bearbeiten wie andere Dokumente auch (also etwa einen Abschnitt markieren, kopieren und in die aktuelle Version einfügen). Soll die komplette frühere Version hergestellt werden, klicken Sie auf „Wiederherstellen" ❹, und mit „Fertig" ❺ verlassen Sie diese Darstellung.

Ein Dokument schützen

Versionen hin, automatisches Sichern her: Irgendwann ist ein Dokument abgeschlossen und sollte nicht mehr geändert werden. In diesem Fall schließen Sie die aktuelle Fassung ab und schützen sie so vor versehentlichen Bearbeitungen.

Dazu klicken Sie im Dateinamen in der Titelleiste auf den Pfeil neben dem Namen und wählen *Geschützt*. Sobald das Dokument nun bearbeitet werden soll, erscheint ein Hinweis auf diesen Schutz. Sie haben dann die Wahl, den Schutz wieder aufzuheben oder lieber mit einer Kopie des Dokuments weiterzuarbeiten.

Ein Dokument duplizieren

Die Funktion *Versionen* ist außerordentlich praktisch und schützt Sie mit hoher Zuverlässigkeit vor Daten- und Dokumentverlust (mir hat diese Funktion schon mehr als einmal wichtige Texte gerettet). Manchmal möchte man aber sicherheitshalber doch ein Dokument in verschiedenen Dateien verwalten, etwa, um ganz sicher zu sein, dass ein Original nicht verändert wird oder weil ein fast identisches, zweites Dokument benötigt wird.

Dazu legen Sie ein Duplikat des aktuellen Dokuments an. Wählen Sie dazu *Ablage –> Duplizieren*.

Das Duplikat ist für Pages & Co ein neues, noch nicht gespeichertes Dokument, und entsprechend werden alle benötigten Parameter beim ersten Sichern abgefragt.

Versionen löschen

Vielleicht wird Ihnen jetzt ein wenig mulmig. Wenn das System laufend Versionen speichert, dann besteht ja die Gefahr, dass Sie Ihre Festplatte mit alten und völlig unbrauchbaren Varianten von Dokumenten füllen. Obendrein möchte man auch nicht unbedingt, dass jeder, der Zugriff auf den Mac hat, auch automatisch alle früheren Fassungen eines Dokuments durchstöbern kann.

Doch keine Sorge, Versionen lassen sich gezielt löschen. Zeigen Sie dazu in der Versionen-Darstellung mit der Maus auf den oberen Bildschirmrand. Nun wird das Menü der aktuellen Applikation eingeblendet. Über *Ablage –> Zurücksetzen auf* können Sie jetzt die angezeigte Version löschen. Wenn Sie die *alt*-Taste gedrückt halten, können Sie auch mit *Alte Versionen löschen* alle gespeicherten früheren Fassungen von der Festplatte entfernen. Dann ist die aktuelle Fassung eines Dokuments die einzige, die noch existiert. Aber Vorsicht! Das Löschen von Versionen kann nicht rückgängig gemacht werden – was weg ist, ist weg.

Versionen lassen sich über das „Ablage"-Menü endgültig löschen. Möchten Sie alle gespeicherten Versionen löschen, halten Sie die „alt"-Taste gedrückt. Nach einer Sicherheitsabfrage löscht macOS alle gespeicherten Versionen. Ihre aktuelle Fassung ist dann die einzige Version, die von der Datei noch existiert.

Weitergeben: Wenn Sie ein Dokument weitergeben, dann übergeben Sie immer nur die letzte, aktuelle Version. Der Empfänger Ihres Dokuments bekommt also nicht alle Versionen, und es besteht auch nicht die Gefahr, dass Sie versehentlich Vorstufen oder Varianten eines Dokuments weitergeben, die Sie lieber für sich behalten wollen.

Kapitel 14

TextEdit, Vorschau, Notizen, Erinnerungen, Rechner

Kapitel 14 TextEdit, Vorschau, Notizen, Erinnerungen, Rechner

macOS bringt eine Reihe von Programmen mit, die Ihnen bei täglichen Aufgaben helfen: Textverarbeitung, Notizblock, Aufgabenliste, Taschenrechner – und ein Programm, das zwar schlicht *Vorschau* heißt, aber sehr viel mehr kann, als sein Name verspricht. Außerdem widmen wir uns der Frage, welche systemweiten Schreibhilfen Ihnen das System zu bieten hat und wie Sie fast jedes Dokument und jedes Bild via Mail, Nachrichten, Twitter & Co weiterreichen können.

Die Apps für den Büroalltag

Ein Mac kann sofort nach dem Auspacken produktiv genutzt werden, ohne dass Sie dazu spezielle Programme installieren müssen. Denn von Haus sind beim Betriebssystem macOS bereits einige nützliche Programme dabei, die ich Ihnen in diesem Kapitel vorstellen möchte.

- *TextEdit:* TextEdit ist eine kleine, aber recht leistungsfähige Textverarbeitung. Sie kann mit den großen Office-Programmen natürlich nicht mithalten, reicht aber für viele alltägliche Aufgaben problemlos aus.
- *Notizen:* Ein kleines Programm für Notizen aller Art.
- *Erinnerungen:* Hierbei handelt es sich um eine Aufgabenverwaltung.
- *Vorschau:* Das Programm *Vorschau* dient in erster Linie dazu, PDF- und Grafik-Dateien anzuzeigen. Doch es kann noch sehr viel mehr, denn damit lassen sich diese Dokumente auch bearbeiten.
- *Lexikon:* Das Lexikon bietet Ihnen Zugriff auf verschiedene deutsche und englische Lexika und kann einen gesuchten Begriff auch an die Wikipedia weiterreichen.
- *Rechner:* Der Taschenrechner von macOS kann mehr als nur die vier Grundrechenarten.

Die Textverarbeitung TextEdit

Auf den ersten Blick scheint *TextEdit* ein simpler Editor ohne Besonderheiten zu sein. Doch das täuscht: Das kleine Programm entpuppt sich bei näherer Bekanntschaft als zwar etwas in die Jahre gekommene, aber doch recht leistungsfähige Textverarbeitung, die für viele der alltäglichen Aufgaben durchaus genügen kann.

Schreiben

Wie bei jeder Textverarbeitung können Sie nach dem Start von TextEdit sofort damit loslegen, Ihren Text zu schreiben. Formatiert wird der Text über die Symbolleiste (die, anders als bei anderen Programmen unter macOS, fest vorgegeben ist und sich weder anpassen noch ausblenden lässt). Hier wählen Sie Schrift, Schriftschnitt, Größe, Vorder- und Hintergrundfarbe, Textausrichtung und Zeilenabstand. Über das Dropdown-Menü rechts außen können Sie verschiedene Listentypen einstellen.

Standardmäßig arbeitet TextEdit mit der Schrift Helvetica in 12 Punkt. Wenn Sie das ändern möchten, wählen Sie *TextEdit –> Einstellungen –> Neues Dokument* und legen hier die *Schrift für formatierten Text* fest.

TextEdit bietet das von anderen Programmen dieser Art her vertraute Erscheinungsbild. Ihren Text formatieren Sie über die verschiedenen Symbole. Hier haben Sie Zugriff auf die Formatvorlagen (die bei TextEdit „Stile" heißen) ❶, können Schrift, Schriftschnitt und -größe bestimmen ❷, die Vorder- und Hintergrundfarbe definieren ❸, den Schriftstil definieren ❹, die Textausrichtung festlegen ❺, den Durchschuss bestimmen ❻ und schließlich Listen einfügen ❼.

Bilder

TextEdit macht seinem Namen alle Ehre: Es ist ein Programm zum Erfassen und Bearbeiten von Texten. Bilder, die von Text umflossen werden, lassen sich hier nicht einfügen. Allerdings ist es möglich, ein Bild als Anhang aufzunehmen. In diesem Fall wird das Bild als eigener Absatz in das Dokument integriert. Sie können Text also vor und nach einem Bild platzieren, nicht aber neben einem Bild. Sie können das Bild auch nicht skalieren: Wie groß ein Bild im Text erscheint, bestimmt TextEdit. Um ein Bild aufzunehmen, ziehen Sie es entweder mit der Maus an die gewünschte Position oder wählen *Bearbeiten –> Dateien anfügen*.

Reiner Text

TextEdit erfüllt unter macOS zwei Aufgaben: Zum einen ist es die kleine Textverarbeitung für den Alltag, zum anderen ein Editor zur Bearbeitung reiner Textdateien. Standardmäßig arbeitet TextEdit mit Formaten (also etwa fett, kursiv, verschiedenen Schriften und Schriftgrößen) und speichert diese im Dateiformat RTF, das von praktisch sämtlichen Textprogrammen auf allen Systemen korrekt geöffnet werden kann. Über *Format –> In reinen Text umwandeln* bzw. *Format –> In formatierten Text umwandeln* wechseln Sie zwischen den beiden Möglichkeiten.

Möchten Sie TextEdit vor allem als Editor für reinen Text – also ohne Formate wie fett, kursiv oder unterschiedliche Schriften/Schriftgrößen – einsetzen, dann aktivieren Sie unter *TextEdit –> Einstellungen –> Neues Dokument* die Option *Reiner Text*. Hier können Sie auch den Font einstellen, in dem TextEdit Ihren Text in diesem Modus standardmäßig anzeigen soll.

Soll dann doch einmal ein Text mit Auszeichnungen und Formaten geschrieben werden, wechseln Sie über *Format –> In formatierten Text umwandeln* vorübergehend den Modus.

Stile

Was bei einer ausgewachsenen Textverarbeitung die Formatvorlagen sind, das sind bei TextEdit die *Stile*. In einem Stil sind die verschiedenen Formatierungen von Zeichen und Absätzen gespeichert, die per Mausklick auf den aktuellen Text angewandt werden können. Die verfügbaren Stile stehen in der Symbolleiste über das ¶-Symbol links außen zur Verfügung.

Um einen Stil zu definieren, markieren Sie den Text, der formatiert werden soll, und formatieren ihn über die Symbolleiste in gewünschter Weise (Schrift, Größe, Zeilenabstand und so weiter).

Anschließend klicken Sie auf das ¶-Symbol und wählen *Stile einblenden*. Aktivieren Sie *Dokumentstile*. Über die Pfeiltasten blättern Sie nun durch alle Stile, die im aktuellen Dokument benutzt werden. Wird die von Ihnen gewünschte Formatierung angezeigt, können Sie den Stil mit *Als Favorit sichern* der Stilauswahl hinzufügen.

Beispiel: Stil definieren

Dazu ein einfaches Beispiel: Sie möchten Überschriften mit der Schrift „Avenir", dem Schriftschnitt „Sehr fett" und mit einer Größe von 36 Punkt formatieren. Außerdem soll der Zeilenabstand zum folgenden Absatz 1,4 betragen und die Überschrift zentriert werden.

Dazu schreiben Sie einen beliebigen Text und markieren ihn. Anschließend wählen Sie über die Symbolleiste die gewünschten Einstellungen *Avenir*, *Sehr fett*, *36,* klicken die Taste zum Zentrieren von Text an und wählen als Zeilenabstand *1,4*. Nun klicken Sie auf das ¶-Symbol und wählen *Stile einblenden*. Hier wird der gerade geschriebene, markierte und formatierte Text angezeigt. Der Punkt *Dokumentstile* ist bereits aktiviert. Wählen Sie hier *Als Favorit sichern*.

Soll eine Formatierung als Formatvorlage (die in TextEdit „Stil" heißt) gespeichert werden, formatieren Sie zuerst im Dokument beliebigen Text ❶ über die Symbolleiste ❷ wie gewünscht. Dann rufen Sie über das ¶-Symbol ❸ das Stil-Menü auf und wählen dort „Stile einblenden". Hier aktivieren Sie nun die Option „Dokumentenstile" ❹. Falls der aktuell formatierte Absatz nicht gezeigt wird, blättern Sie über die Pfeiltasten ❺ durch alle benutzten Stile des Dokuments, bis Sie den gewünschten Stil gefunden haben. Mit „Als Favorit sichern" ❻ wird der neue Stil gespeichert.

Beim Speichern eines Stils, der Schriften und Zentrierungen enthält, müssen Sie darauf achten, dass die beiden Punkte *Schrift als Teil des Stils verwenden* und *Lineal als Teil des Stils verwenden* aktiviert sind. Bei der Namensgebung sind Sie frei. Es empfiehlt sich aber, eine möglichst sprechende Bezeichnung zu wählen. Mit einem Klick auf *Hinzufügen* wird der Stil von TextEdit übernommen.

Öffnen Sie nun mit *cmd + N* ein neues, leeres Dokument, und schreiben Sie eine Überschrift. Markieren Sie die Überschrift, und wählen Sie im Stile-Menü ¶ Ihren neu definierten Stil aus. Der markierte Text wird in der definierten Weise formatiert.

Stile löschen

Um einen Stil zu löschen, lassen Sie sich wieder mit ¶ die Stile anzeigen. Wählen Sie hier nun *Favoriten* und über das Dropdown-Menü den gewünschten Stil, etwa den soeben definierten Stil. Mit *Von Favoriten entfernen* wird der Stil gelöscht.

Druckvorschau

Üblicherweise passt TextEdit den Zeilenumbruch der Fenstergröße an. Wenn Sie das Fenster aufziehen, werden die Zeilen länger; schieben Sie es zusammen, werden die Zeilen kürzer. Das ist einerseits ganz praktisch, wird aber fatal, wenn Sie die Dokumente nicht nur am Bildschirm bearbeiten, sondern auch drucken wollen. Denn dann übernimmt TextEdit das Bildschirmformat auch für den Ausdruck.

Haben Sie auf einem breiten iMac-Bildschirm das Fenster zum Beispiel großzügig aufgezogen, wird der Ausdruck entsprechend unlesbar, da TextEdit automatisch zu einem sehr kleinen Font greift, um den Zeilenumbruch auf dem deutlich schmaleren Papier so hinzubekommen wie auf dem breiten Bildschirm.

Um diese unschöne Überraschung zu verhindern und TextEdit anzuweisen, die Papierbreite als Formatierungsmaßstab zu benutzen, wählen Sie *Format –> Seitenränder einblenden*. Das Programm zeigt nun die Seitenränder des aktuell eingestellten Papierformats an und passt den Text entsprechend ein.

Speichern und Exportieren

Ein Dokument speichern Sie mit *cmd + S*. Hier legen Sie den Namen, den gewünschten Speicherort und das Format fest, in dem Sie speichern möchten. Dabei unterstützt TextEdit die gängigen Formate einer Textverarbeitung, also etwa das Standardformat RTF, das Open-Office-Format ODT oder die Word-Formate DOC bzw. DOCX. Möchten Sie ein Dokument in ein anderes Format exportieren, legen Sie mit *Ablage -> Duplizieren* eine Kopie des aktuellen Dokuments an und speichern diese Kopie. Dabei fragt TextEdit auch wieder nach dem gewünschten Dateiformat.

Systemweite Schreibhilfen

Neben den *Versionen*, die Sie in Kapitel 13 kennengelernt haben, gibt macOS noch weitere Hilfestellungen beim Umgang mit Texten bzw. Dokumenten, die von allen Programmen unter macOS genutzt werden können: eine systemweite Rechtschreibprüfung und eine ebenfalls systemweite Symbol- und Textersetzung.

Sonderzeichen eingeben

Die üblichen Sonderzeichen, wie Umlaute oder Vokale mit Akzent, können Sie problemlos über die Tastatur eingeben. Aber gelegentlich steht man vor dem Problem, nicht ganz so triviale Zeichen eingeben zu müssen, etwa „œ", „æ" oder „ë".

Doch keine Sorge: Hier hat macOS ein pfiffiges Feature zu bieten. Halten Sie dazu den entsprechenden Buchstaben – also etwa ein *e* – etwas länger gedrückt. Dadurch wird eine kleine Auswahlleiste mit den verschiedenen Varianten des Buchstabens angezeigt, wobei jeder Variante eine Ziffer zugeordnet ist. Sie können die Buchstabentaste nun loslassen und mit den Pfeiltasten oder der entsprechenden Zifferntaste die gewünschte Variante eintippen.

Manche Zeichenvarianten geben Sie ein, indem Sie das entsprechende Zeichen etwas länger gedrückt halten und anschließend die gewünschte Variante auswählen.

Über diesen kleinen Trick haben Sie Zugriff auf die wichtigsten Sonderzeichen und Buchstabenvarianten. Doch macOS beherrscht sehr viel mehr Zeichen als nur Buchstaben, zum Beispiel allerlei grafische Sonderzeichen. Über die Tastenkombination *ctrl + cmd + Leertaste* blenden Sie ein kleines Menü ein, über das Sie auf den kompletten Zeichenvorrat von macOS zugreifen können.

Kapitel 14 TextEdit, Vorschau, Notizen, Erinnerungen, Rechner

Mit der Tastenkombination „ctrl + cmd + Leertaste" haben Sie Zugriff auf den kompletten, sehr umfangreichen Zeichenvorrat von macOS. Über das Uhrensymbol ❶ *lassen Sie sich die zuletzt gezeigten Zeichen anzeigen, über die Symbole* ❷ *greifen Sie auf verschiedene Emoji-Zeichen zu, uen ein Klick auf die Pfeiltaste* ❸ *blendet weitere Zeichenkategorien ein. Über das Symbol rechts oben* ❹ *wechseln Sie zu einer umfangreichen Darstellung des kompletten Unicode-Zeichensatzes, den macOS von Haus aus beherrscht.*

Rechtschreibung

Die systemweite Rechtschreibprüfung hat den Vorteil, dass Wörter, die Sie in der einen Applikation dem Wörterbuch hinzugefügt haben, auch in einem anderen Programm erkannt werden – vorausgesetzt, das Programm greift auf diesen Service von macOS zurück.

Standardmäßig ist bei TextEdit und ähnlichen Programmen die sofortige Prüfung und Korrektur während des Schreibens aktiviert.

Erkennt die Rechtschreibprüfung ein Wort als falsch, so wird es mit einer roten gepunkteten Linie markiert. Die automatische Rechtschreibkorrektur blendet während des Tippens eine mögliche Wortergänzung ein. Möchten Sie diese Ergänzung oder Korrektur übernehmen, geben Sie ein Leer- oder ein Satzzeichen ein. Das Wort wird korrigiert und bis zur nächsten Eingabe blau unterstrichen markiert.

Um eine Fehlschreibung nachträglich zu korrigieren, klicken Sie sie mit der rechten Maustaste an und wählen den passenden Korrekturvorschlag.

Wenn das Wort korrekt geschrieben, aber als vermeintlicher Fehler markiert ist, können Sie es mit *Schreibweise ignorieren* für die aktuelle Bearbeitung von der Rechtschreibprüfung ausnehmen oder mit *Schreibweise lernen* dem Wörterbuch von macOS hinzufügen.

Sollten Sie einmal versehentlich eine Fehlschreibung als korrekt markiert haben, lässt sich dieser Fehler mit einem kleinen Trick beheben: Markieren Sie das falsch geschriebene Wort im Text, klicken Sie es mit der rechten Maustaste an, und wählen Sie im Kontextmenü den Eintrag *Rechtschreibung verlernen*.

Die Rechtschreibkorrektur blendet während des Schreibens Korrekturvorschläge ein.

Rechtschreibprüfung ausschalten

Die automatische Prüfung und Korrektur ist mitunter hilfreich, kann aber auch stören – etwa bei einer raschen Notiz, bei der es auf die Rechtschreibung vorerst nicht ankommt. Wenn Sie relativ schnell tippen, kann es zudem passieren, dass Sie ungewollt automatische Korrekturen in Ihren Text übernehmen.

Möchten Sie Ihre Texte ohne diese etwas ablenkenden Markierungen schreiben, sondern nachträglich korrigieren, dann deaktivieren Sie unter *Bearbeiten –> Rechtschreibung und Grammatik* die Punkte *Während der Texteingabe prüfen* und *Rechtschreibung autom. korrigieren*.

Um zum Abschluss der Textarbeit den kompletten Text zu überprüfen, wählen Sie *Bearbeiten –> Rechtschreibung und Grammatik –> Rechtschreibung und Grammatik einblenden*.

Dabei ist die Rechtschreibprüfung multilingual, die jeweilige Sprache wird also automatisch erkannt. Sie lässt sich aber auch manuell über ein Dropdown-Menü einstellen. Die Option *Grammatik prüfen* funktioniert leider nur bei englischen Texten, nicht bei deutschen. Schade eigentlich.

Diese Änderungen gelten nur für das aktuelle Programm bzw. das aktuelle Dokument. Möchten Sie die automatische Korrektur systemweit deaktivieren, so rufen Sie *Apfel-Menü –> Systemeinstellungen* auf, wählen dort *Tastatur –> Text* und entfernen das Häkchen bei *Automatische Korrektur*.

Kapitel 14 TextEdit, Vorschau, Notizen, Erinnerungen, Rechner

Symbol- und Textersetzung

Praktisch ist auch das automatische Ersetzen von Texten, Kürzeln, Symbolen und Zeichen. So wird die Eingabe von „(c)" automatisch in das Copyright-Zeichen („©") umgewandelt oder aus "geraden" Anführungszeichen werden immer „typografische".

Natürlich können Sie auch eigene Kürzel definieren und in Zukunft einfach mit „mfg" unterschreiben, damit ein „Mit freundlichen Grüßen" im Text erscheint.

Sie bearbeiten die Ersetzungstabellen unter *Apfel-Menü –> Systemeinstellungen –> Tastatur* auf der Registerkarte *Text*. Mit einem Klick auf das Pluszeichen fügen Sie eine neue Ersetzung hinzu, mit dem Minuszeichen löschen Sie einen Eintrag.

Damit ein Programm auf diese Ersetzungstabelle zurückgreift, müssen Sie die Symbol- und Textersetzung mitunter explizit einschalten. Das erledigen Sie in allen Programmen, die diese Funktion unterstützen, indem Sie den Menüpunkt *Bearbeiten –> Ersetzungen –> Text ersetzen* wählen.

Transformationen

Ein Standardeintrag im *Bearbeiten*-Menü, der in vielen Programmen auftaucht, ist der Punkt *Transformationen*. Damit ist es möglich, bei einem markierten Text die Groß-/Kleinschreibung zu normieren:

- *Großschreibung:* Der markierte Text wird in Großbuchstaben geschrieben: „DAS IST EIN TEST".
- *Kleinschreibung:* Der markierte Text wird vollständig kleingeschrieben: „das ist ein test".
- *Großschreiben:* Jedes Wort wird gemischt geschrieben: „Das Ist Ein Test".

Vorschau

Ein hilfreiches, oft benutztes und ebenso oft unterschätztes Programm ist *Vorschau*. Das Programm wird automatisch gestartet, wenn Sie eine Grafik, ein Foto oder eine PDF-Datei per Doppelklick öffnen. Dann tut das Programm genau das, was sein Name sagt: Es gibt Ihnen eine Vorschau über den Inhalt der entsprechenden Datei. Sie können Fotos und Bilder betrachten und PDF-Dateien lesen und gegebenenfalls auch durchsuchen.

Aber der Name des Programms ist auch irreführend, bietet es doch sehr viel mehr als nur einen raschen Einblick in eine Datei.

Ansichten

Standardmäßig zeigt *Vorschau* Ihnen einfach und unkompliziert den Inhalt einer Datei an. Für die verschiedenen Bearbeitungsmöglichkeiten stehen Ihnen weitere Ansichten zur Verfügung, die Sie im Menü *Darstellung* oder über die Symbolleiste wählen.

Haben Sie mehrere Bilder gleichzeitig in *Vorschau* geöffnet, können Sie es sich mit *Darstellung –> Diashow* vor dem Mac gemütlich machen und sich die Bilder der Reihe nach in voller Bildschirmgröße anzeigen lassen. Das funktioniert übrigens auch mit mehrseitigen PDF-Dateien.

Möchten Sie ein Detail eines Bildes genauer betrachten, können Sie es mit *Werkzeuge –> Lupe einblenden* pixelgenau vergrößern. Mit *esc* blenden Sie die Lupe wieder aus.

Außerdem unterstützt *Vorschau* die Vollbilddarstellung.

Bildbearbeitung

Mit *Vorschau* können Sie Bilder und Grafiken nicht nur betrachten, sondern auch bearbeiten:

- *Konvertieren:* Um ein Bild in einem anderen Format zu speichern – statt als TIFF z. B. als PNG –, öffnen Sie die Datei mit einem Doppelklick in *Vorschau*, wählen *Ablage –> Exportieren* und können die Datei nun im gewünschten Format speichern. Standardmäßig zeigt *Vorschau* Ihnen nur die gängigsten Formate, wie PNG, JPEG oder TIFF. Halten Sie beim Mausklick die *alt*-Taste gedrückt, wird die Liste deutlich umfangreicher.
- *Skalieren:* Die Größe eines Bildes lässt sich über *Werkzeuge –> Größenkorrektur* ändern. So wird aus einem sehr großen 12-Megapixel-Foto in voller Auflösung rasch ein webtaugliches Bild.

Kapitel 14 TextEdit, Vorschau, Notizen, Erinnerungen, Rechner

- *Drehen und spiegeln:* Im *Werkzeuge*-Menü finden Sie auch entsprechende Einträge zum Drehen oder Spiegeln eines Bildes.
- *Farbkorrektur:* Mit *Werkzeuge –> Farbkorrektur* können Sie Farben, Belichtung, Sättigung und andere Parameter eines Bildes bearbeiten.

Für weitere Bearbeitungsfunktionen wählen Sie *Darstellung –> Werkzeugleiste einblenden.* Hier finden Sie die üblichen Werkzeuge für Anmerkungen, Farbkorrekturen und Ähnliches mehr. Es ist auch möglich, Teile aus einem Bild auszuschneiden und in ein anderes Bild einzufügen.

„Vorschau" bietet eine Reihe von Bearbeitungsfunktionen, mit denen Sie etwa die Farbe von Bildern korrigieren oder Texte einfügen können.

PDF-Dateien in Vorschau

Auch eine PDF-Datei wird standardmäßig in *Vorschau* geöffnet und angezeigt, und auch hier hat *Vorschau* erstaunlich viele Bearbeitungsmöglichkeiten zu bieten. Zu den obligatorischen Standards gehört, dass Sie Text kopieren und in eigene Dokumente übernehmen können.

Aber dabei lässt es *Vorschau* noch lange nicht bewenden. Zur besseren Orientierung empfiehlt es sich bei PDF-Dateien in der Seitenleiste die Miniaturen der Seiten einzublenden. Wählen Sie dazu *Darstellung –> Miniaturen*.

- *Lesezeichen:* Damit Sie sich in längeren PDF-Dokumenten zurechtfinden, können Sie Lesezeichen setzen. Wählen Sie dazu *Werkzeuge –> Lesezeichen hinzufügen*.

- *Anmerken:* Über *Werkzeuge –> Anmerken* können Sie Notizen, Markierungen (wie Pfeile oder Linien) sowie Links hinzufügen. Text in einer PDF-Datei kann durch- oder unterstrichen werden, farbige Markierungen sind ebenfalls möglich.
- *Signaturen:* Mit *Vorschau –> Einstellungen –> Signaturen* können Sie Ihre Unterschrift mit der Kamera Ihres Macs fotografieren, um sie später in ein PDF-Dokument zu übernehmen. Es ist auch möglich, auf dem Trackpad zu unterschreiben. Rufen Sie dazu *Werkzeuge –> Anmerken –> Signatur -> Unterschriften verwalten* auf, und klicken Sie auf *Unterschrift erstellen*. Um eine Signatur in ein PDF-Dokument einzufügen, wählen Sie *Werkzeuge –> Anmerken –> Signatur*.
- *Leere Seite einfügen:* Mit *Bearbeiten –> Einfügen* fügen Sie in ein PDF-Dokument Seiten aus einem anderen PDF-Dokument oder eine neue, leere Seite ein.
- *Verschieben:* In der Seitenleiste lassen sich die Seiten eines PDF-Dokuments beliebig verschieben.
- *Löschen:* Markieren Sie die gewünschte Seite, und drücken Sie die *Backspace*-Taste.
- *Dokumente aufteilen:* Mehrseitige PDF-Dokumente können problemlos geteilt werden. Es ist auch möglich, gezielt einzelne Seiten aus einem Dokument in ein neues zu kopieren. Markieren Sie dazu in der Seitenleiste die Seiten, die in das neue PDF übernommen werden sollen. Kopieren Sie sie dann mit *cmd + C*, und drücken Sie anschließend *cmd + N*. *Vorschau* erzeugt nun ein neues PDF-Dokument mit den gewünschten Seiten.
- *Seiten zwischen PDFs austauschen:* Wenn Sie zwei mehrseitige PDF-Dokumente öffnen, können Sie über die Seitenleiste die Seiten der Dateien beliebig zwischen den beiden PDFs verschieben.

Auch bei PDF-Dateien wartet „Vorschau" mit einer Reihe von Bearbeitungsfunktionen auf. Neben Anmerkungen oder Hervorhebungen können Sie etwa auch die Seitenreihenfolge in einem Dokument ändern, einzelne Seiten aus einer PDF-Datei herausschneiden und in einer neuen PDF-Datei speichern oder Seiten aus anderen PDF-Dateien in eine weitere Datei übernehmen.

Kapitel 14 TextEdit, Vorschau, Notizen, Erinnerungen, Rechner

Notizen

 Das Programm *Notizen* macht genau das, was sein Name verspricht: Es bietet Ihnen einen unkomplizierten Block für Notizen und Einfälle aller Art. Dabei müssen Sie sich nicht um das Speichern oder Sortieren Ihrer Notizen kümmern, das übernimmt das Programm für Sie.

Neue Notiz anlegen, bearbeiten, löschen

Nach dem Start sehen Sie einen leeren Notizzettel und links eine Liste aller Notizen (die natürlich noch leer ist). Um eine neue Notiz anzulegen, klicken Sie auf das stilisierte Blatt mit Stift oder klicken doppelt in die Liste der Notizen. Natürlich können Sie auch wie gewohnt *cmd + N* drücken.

Auf diese Weise lassen sich beliebig viele Notizen anlegen. Jede Notiz wird automatisch mit Datum und Uhrzeit der letzten Bearbeitung gespeichert, ein explizites Speichern Ihrer Eingabe ist nicht notwendig.

Möchten Sie später eine Notiz bearbeiten, tippen Sie in der Übersicht auf den entsprechenden Eintrag und anschließend in die Notiz.

Über das Suchfeld können Sie alle Notizen durchsuchen. Um eine Notiz zu löschen, wählen Sie sie in der Liste aus und klicken auf den Papierkorb oder drücken die *Backspace*-Taste.

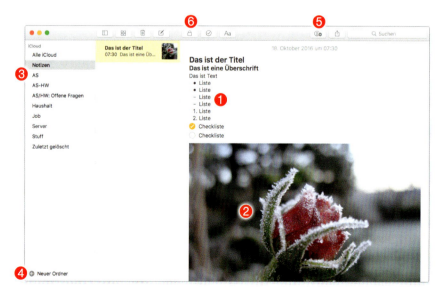

Mit „Notizen" steht Ihnen jederzeit ein kleiner, aber flexibler und leistungsfähiger Notizblock zur Verfügung.

Die Notizen werden standardmäßig in der Seitenleiste chronologisch sortiert. Sie können Checklisten, verschiedene Formate und Listen ❶ einsetzen. Bilder ❷ und Videos lassen sich mit Drag & Drop hinzufügen, aus anderen Applikationen können Sie Inhalte als Dateianhang an Notizen übergeben. Notizen lassen sich in Ordnern ❸ verwalten. Einen neuen Ordner legen Sie mit einem Klick auf die entsprechende Taste ❹ an. Via iCloud können Sie Notizen gemeinsam mit anderen bearbeiten ❺, mit einem Klick auf das Schloss ❻ wird eine Notiz durch ein Passwort geschützt.

Sortierung

Standardmäßig werden Ihre Notizen automatisch nach dem Bearbeitungsdatum sortiert. Das führt dazu, dass eine ältere Notiz an den Anfang geschoben wird, sobald Sie diese Notiz bearbeiten.

Das ist zwar praktisch, da so alle aktuellen Notizen am Anfang stehen, es kann aber auch etwas lästig sein, denn so ändert sich immer wieder die Reihenfolge der Notizen, was die Orientierung bei einer umfangreichen Sammlung mitunter etwas erschwert. In diesem Fall ändern Sie einfach die Sortierung unter *Notizen –> Einstellungen*.

Formatieren

Neben den Standardformatierungen, die Ihnen die Notizen-App bietet, können Sie Ihre Notizen auch wie gewohnt über das *Format*-Menü gestalten.

Soll ein Textbereich in einer anderen Schrift dargestellt werden, so wählen Sie über *Format –> Schrift –> Schriften einblenden* den gewünschten Font aus. Text, den Sie auf diese Weise formatiert haben, bleibt von der Umstellung der Standardschrift unberührt.

Über das *Format*-Menü legen Sie auch die von einer Textverarbeitung her vertrauten Formatierungen fest, wie Einrückung, Textausrichtung, Schriftgröße, Fettung und Ähnliches.

Ordner

Die Notizen lassen sich auch mithilfe von Ordnern organisieren. Wählen Sie dazu *Ablage –> Neuer Ordner*. Nun wird links die Ordnerliste eingeblendet, in der Sie dem neuen Ordner einen Namen geben. Die Ordnerliste lässt sich auch über das Menü *Darstellung* ein- und ausblenden. Sobald die Seitenleiste eingeblendet ist, lassen sich Ordner auch über die Plustaste links unten anlegen.

Kapitel 14 TextEdit, Vorschau, Notizen, Erinnerungen, Rechner

Um eine Notiz in einem Ordner abzulegen, lassen Sie sich zuerst mit einem Mausklick *Alle Notizen* anzeigen und ziehen die Notiz anschließend in den gewünschten Ordner. Wenn Sie in der Liste einen Ordner auswählen und anschließend eine neue Notiz anlegen, wird diese Notiz automatisch im aktuellen Ordner abgelegt.

Über das Menü *Ablage* können Sie Notizen zusätzlich mit einem Kennwort versehen. Achten Sie dabei darauf, dass nur Geräte mit macOS 10.11.4 bzw. iOS 9.3 oder neuer diese Funktion unterstützen.

Notizzettel

Häufig möchte man nicht gleich auf alle Notizen Zugriff haben, sondern nur auf einen bestimmten Notizzettel. Kein Problem: Wenn Sie auf einen Eintrag in der Übersicht Ihrer Notizen doppelklicken, wird die entsprechende Notiz in einem eigenen Fenster geöffnet.

Erinnerungen

Erinnerungen ist Ihre Aufgabenliste auf dem Mac. Das Programm macht seinem Namen alle Ehre, denn es erinnert Sie an die Fälligkeit einer Aufgabe. Und wenn Sie Ihre Erinnerungen mit iCloud synchronisieren, können Sie auch mit mehreren Personen eine gemeinsame Aufgabenliste nutzen.

Eine Aufgabe anlegen

Der Einsatz des Programms ist denkbar einfach: Sie klicken in den stilisierten Aufgabenblock, tragen Ihre Aufgabe ein („Einkaufen") und drücken die Eingabe-Taste. Die Aufgabe wird notiert, der Cursor springt in die nächste Zeile, und Sie können die nächste Aufgabe eintragen.

Während der Eingabe sehen Sie rechts ein kleines *i*. Wenn Sie darauf klicken, können Sie Ihre Aufgabe mit einem Fälligkeitsdatum, einer Priorität und einer Notiz versehen. Falls Sie die Ortungsdienste aktiviert haben, können Sie mit einem Klick auf *Ortsabhängig* auch festlegen, dass das Programm Sie beim Erreichen oder Verlassen eines Ortes an eine Aufgabe erinnern soll. Lassen Sie sich die Erinnerungen via iCloud auf Ihr iPhone synchronisieren, können Sie so etwa am Abend an Ihrem Mac notieren, dass

Sie am nächsten Morgen beim Verlassen der Wohnung den Müll mitnehmen – und Ihr iPhone wird Sie zuverlässig daran erinnern. Das Info-Fenster rufen Sie auch mit der Tastenkombination *cmd + I* auf oder durch einen Doppelklick auf einen Eintrag.

Die App „Erinnerungen".

Erinnerungen bietet einen kleinen Aufgabenblock, in dem Sie schnell und unkompliziert Ihre Aufgaben notieren und in Listen organisieren können. Eine neue Erinnerung legen Sie mit einem Doppelklick in den Aufgabenblock an ❶ oder mit einem Klick auf die Plustaste ❷. Ein Klick auf das *i* ❸ öffnet die Details der Erinnerung, wo Sie einer Aufgabe einen Termin oder einen Ort zuweisen können ❹. Erinnerungen lassen sich in Listen organisieren ❺. Eine neue Liste erzeugen Sie mit einem Klick auf *Neue Liste* ❻. Die erledigten Aufgaben einer Liste blenden Sie mit einem Klick auf *Anzeigen* ❼ ein. Aufgaben mit Termin werden in einer eigenen Liste verwaltet ❽. Listen lassen sich via iCloud auch mit anderen Personen gemeinsam führen ❾.

Erledigen und löschen

Sobald eine Aufgabe erledigt ist, klicken Sie in den Kreis vor dem entsprechenden Eintrag und haken ihn so gewissermaßen ab. Der Eintrag wird sanft ausgeblendet und nach oben geschoben. Standardmäßig werden die erledigten Einträge nicht mehr angezeigt. Um sie noch einmal zu begutachten, ziehen Sie

Kapitel 14 TextEdit, Vorschau, Notizen, Erinnerungen, Rechner

das Aufgabenfenster nach unten. Es erscheint nun der Eintrag „x Erledigt" (wobei „x" für die Anzahl der erledigten Aufgaben steht). Hier klicken Sie auf *Anzeigen*. Um eine Aufgabe zu löschen, klicken Sie sie mit der rechten Maustaste an und wählen *Löschen*. Alternativ dazu können Sie sie auch anklicken und die *Backspace*-Taste drücken.

Listen

Die verschiedenen Aufgaben werden in Listen geordnet. Um eine Liste anzulegen, klicken Sie unten links auf das Pluszeichen. Die Aufgaben lassen sich mit der Maus in die verschiedenen Listen sortieren. Sie können sie auch mit der rechten Maustaste anklicken und über den Punkt *Zur Liste bewegen* in die gewünschte Liste verschieben.

Um eine Liste für die gemeinsame Nutzung mit anderen Personen freizugeben, zeigen Sie auf den Eintrag der Liste. Es wird ein Antennensymbol angezeigt, das Sie anklicken. Nun erscheint ein kleiner Dialog, in dem Sie die E-Mail-Adresse der Person eintragen, mit der Sie die Liste gemeinsam nutzen möchten. Sie können hier auch mehrere E-Mail-Adressen eintragen. Das funktioniert allerdings nur, wenn sowohl Sie als auch alle anderen Personen die Erinnerungen via iCloud verwalten.

Lexikon

 Zu den unscheinbaren, aber hilfreichen Programmen von macOS gehört auch ein Lexikon, das Sie entweder direkt als Programm oder über das Kontextmenü in anderen Programmen aufrufen können.

Wenn Sie etwa auf einer Webseite oder in einem Dokument über einen Begriff stolpern, der Ihnen nicht geläufig ist, klicken Sie ihn mit der rechten Maustaste an und wählen *Suche nach*. macOS schlägt nun im Lexikon nach und blendet die gefundenen Informationen ein.

 Fingertipp: Beim Trackpad können Sie auch mit drei Fingern doppelt auf einen Begriff tippen, um ihn im Lexikon nachzuschlagen.

Das Lexikon-Programm kann auf verschiedene Lexika zugreifen. Standardmäßig sind drei Lexika aktiviert. Unter *Lexikon* rufen Sie *Duden: Wissensnetz deutsche Sprache* auf, mit *Englisch-Deutsch* das *Oxford German Dictionary* und mit *Apple* das *Apple-Lexikon*, das vergleichsweise nüchtern über Produkte, Technologien und spezifische Ausdrücke von Apple informiert, aber natürlich vor allem der Werbung dient. Außerdem können Sie via Lexikon auch die Wikipedia konsultieren. Klicken Sie einen Eintrag mit der rechten Maustaste an, können Sie ihn umbenennen, also etwa aus „Lexikon" „Duden" machen.

Über *Lexikon –> Einstellungen* lassen sich weitere Nachschlagewerke aktivieren, etwa das englische „Oxford Dictionary of English" oder ein Japanisch/Englisches-Wörterbuch.

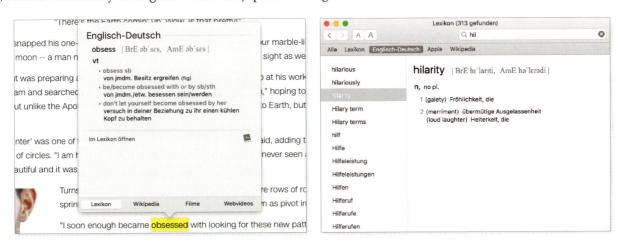

Auf das Lexikon können Sie von jedem Programm aus zugreifen (links: Safari), Sie können es aber auch als eigenständiges Programm benutzen (rechts).

Kapitel 14 TextEdit, Vorschau, Notizen, Erinnerungen, Rechner

Rechner

 Ein Taschenrechner darf natürlich auch unter macOS nicht fehlen. Das kleine Programm *Rechner* wirkt unscheinbar und simpel, kann aber sehr viel mehr, als man ihm auf den ersten Blick zutraut.

Umrechnen

Das Programm kann nicht nur Rechenaufgaben lösen, sondern auch Maße, Gewichte und andere Einheiten umrechnen. Ein kleines Beispiel: Sie möchten 15 US-Dollar in Euro umrechnen. Geben Sie dazu zuerst den umzurechnenden Wert ein – also 15 –, und wählen Sie dann *Umrechnen –> Währung*. Legen Sie die Ausgangs- und die Zielwährung fest (also *US-Dollar* und *Euro*), und klicken Sie anschließend auf *Umrechnen*. Hier wählen Sie *Währung*, legen die gewünschten Währungen fest und klicken auf *Umrechnen*. Nun zeigt der Taschenrechner das Ergebnis der Umrechnung an.

Belege

Möchten Sie Ihre Berechnungen nicht nur im Rechner flüchtig angezeigt bekommen, sondern schwarz auf weiß besitzen, dann wählen Sie *Ablage –> Beleg sichern unter*. Alle ausgeführten Rechenschritte werden nun als Datei gespeichert.

Viele Rechner

Seine Stärken entfaltet das Programm, wenn Sie das Menü *Darstellung* öffnen. Das ist nämlich ein wenig irreführend benannt, denn hier ändert sich nicht das Erscheinungsbild, sondern die Funktionalität des Programms. Über *Darstellung –> Wissenschaftlich* bzw. *Darstellung –> Programmierer* erweitern Sie die Leistungsfähigkeit und damit das Einsatzgebiet des Programms im Alltag.

Der Rechner entpuppt sich als erstaunlich leistungsfähig und kann nicht nur als einfacher Taschenrechner (links), sondern auch als wissenschaftlicher Rechner (Mitte) oder als Hilfsmittel für Programmierer (rechts) eingesetzt werden.

Kapitel 14 TextEdit, Vorschau, Notizen, Erinnerungen, Rechner

Inhalte teilen

In fast allen Applikationen sehen Sie in der Symbolleiste ein Rechteck und einen Pfeil. Dabei handelt es sich um das *Teilen*-Symbol (manchmal auch „Freigabe", „Bereitstellen" oder „Senden" genannt). Nach einem Klick darauf, können Sie das aktuelle Dokument per E-Mail, Nachrichten, Twitter, Facebook und vergleichbare Dienste für andere bereitstellen.

Was dieses Menü genau anzeigt, hängt von der jeweiligen Applikation und davon ab, welche Programm Sie installiert und welche Accounts Sie eingerichtet haben. Sie sehen hier mindestens die Einträge für *Mail*, *Nachrichten* und *AirDrop*, häufig auch für *Twitter* und *Facebook*. Je nach Applikation können hier aber auch weitere oder andere Einträge auftauchen. Haben Sie etwa in *Vorschau* ein Bild geöffnet, sehen Sie hier auch *Flickr* oder *Zu Fotos hinzufügen*. Bei *Safari* wird das Menü um Einträge wie *Lesezeichen hinzufügen* oder *Zur Leseliste hinzufügen* ergänzt, und *Karten* wartet hier unter anderem mit *Als Favorit sichern* auf. Im Finder passt sich der Inhalt dieses Menüs der jeweils markierten Datei an.

Diese Funktion kann nicht nur von den Applikationen benutzt werden, die der Mac von Haus aus mitbringt, sondern auch von Software anderer Anbieter. So ist es etwa möglich, eine Notiz an die Aufgabenverwaltung „Things" zu übergeben oder ein Foto via *Vorschau* an die Bildbearbeitung „Pixelmator".

Welche Einträge Sie in diesem Menü sehen, legen Sie selbst fest. Dazu klicken Sie in dem Menü auf *Mehr*. Damit wechseln Sie zu dem entsprechenden Punkt der Systemeinstellungen. Unter *Menü „Freigabe"* wählen Sie die Programme aus, die Sie über die Teilen-Funktion erreichen möchten.

Was das „Teilen"-Menü zeigt, legen Sie in den Systemeinstellungen fest, wo die Funktion etwas verwirrend als „Freigabe" bezeichnet wird.

Kapitel 15

FaceTime & Nachrichten

Kapitel 15 FaceTime & Nachrichten

E-Mail ist nicht der einzige Weg, um mit Ihrem Mac Kontakt zu Freunden, Bekannten und Kollegen zu halten. Dank *FaceTime* stehen Ihnen weltweite, kostenlose Video- und Audiotelefonate zur Verfügung, und *Nachrichten* ist ein Programm, mit dem Sie Nachrichten, Bilder und Dateien mit Ihren Freunden und Bekannten austauschen können. Aber auch Video-Chats und Telefonate können über *Nachrichten* gestartet werden. Zudem ist es möglich, Ihren Bildschirm für andere freizugeben. Und wenn Sie ein iPhone besitzen, dann können Sie mit Ihrem Mac sogar telefonieren und SMS an beliebige Handys schicken.

FaceTime

Mit FaceTime bietet Ihr Mac Ihnen die Möglichkeit, kostenlos Video- und Audiotelefonate via Internet rund um den Globus zu führen – vorausgesetzt, die Gesprächspartner benutzen einen Computer mit OS X ab Version 10.6.6 oder ein iOS-Gerät (iPhone, iPod touch, iPad) ab iOS 4.

MacBook und iMac sind dank integrierter Kamera samt Mikro von Haus aus für FaceTime gerüstet, beim Mac mini und dem Mac Pro werden zusätzlich Kamera und Mikro benötigt.

FaceTime aktivieren

Beim ersten Start von FaceTime werden Sie aufgefordert, Ihre Apple-ID für FaceTime zu aktivieren und sich beim System anzumelden, was Sie mit der Eingabe Ihres Passworts und einem Klick auf *Anmelden* erledigen. Anschließend sind Sie von anderen FaceTime-Geräten über Ihre Apple-ID zu erreichen und können andere Personen anrufen, die sich bei FaceTime angemeldet haben.

Anrufen

Ein Telefont ist denkbar einfach: Starten Sie FaceTime, geben Sie den Namen, die E-Mail-Adresse oder die Telefonnummer Ihres Kontakts ein, und klicken Sie anschließend auf die Kamera für ein Video- und auf den Telefonhörer für ein Audiotelefonat.

Alternativ dazu können Sie sich auch in der *Kontakte*-App die Visitenkarten Ihres Kontakts anzeigen lassen und auf *FaceTime* für ein Videochat und auf *Audio* für ein Sprachtelefonat klicken.

Um Ihre wichtigsten Kontakte schnell verfügbar zu haben, können Sie sie in die Seitenleiste von FaceTime übernehmen. Dazu klicken Sie im Suchfeld auf das Pluszeichen und wählen den gewünschten Kontakt aus.

Mit FaceTime können Sie kostenlose Video- und Audiotelefonate mit anderen Apple-Anwendern führen. Geben Sie in das Suchfeld ❶ *den Namen, die E-Mail-Adresse oder die Telefonnummer Ihres Gesprächspartners ein, und wählen Sie die gewünschte Verbindung (Video oder Audio). Über die beiden Register* ❸ *werden die Listen der bisherigen Anrufe und die Namen Ihrer Kontakte verwaltet. Klicken Sie auf das Pluszeichen* ❷*, um Namen in die Liste aufzunehmen. In Zukunft können Sie dann mit einem einfachen Mausklick Verbindung aufnehmen. Zu Beginn eines Videotelefonats sehen Sie im Fenster sich selbst. Sobald die Verbindung steht, erscheint hier Ihr Gesprächspartner.*

Ein Telefonat

Sobald der Angerufene das Gespräch angenommen hat, sehen Sie ihn bei einem Videotelefonat im Fenster der FaceTime-App auf dem Mac und können sich nun mit ihm unterhalten. Gleichzeitig sieht Ihr Gesprächspartner das, was die Kamera Ihres Macs an ihn überträgt.

Damit Sie wissen, was Ihr Gegenüber zu sehen bekommt, wird eine Miniatur eingeblendet, in der das Bild zu sehen ist, das Ihr Mac überträgt. Diese Miniatur können Sie mit der Maus verschieben.

Mit einem Klick auf den Pfeil in der Miniatur wechseln Sie zwischen Hoch- und Querformat des Bildes. Möchten Sie Ihr Gegenüber bildschirmfüllend sehen, klicken Sie auf den Doppelpfeil.

Möchten Sie vorübergehend die Tonübertragung unterbrechen, tippen Sie auf das durchgestrichene Mikrofon. Mit einem erneuten Tipp auf dieses Symbol schalten Sie den Ton wieder ein.

Kapitel 15 FaceTime & Nachrichten

Bei einem Audiotelefonat wird oben rechts ein Hinweis samt Gesprächsdauer angezeigt. Hier können Sie auch vom Audio- zum Videotelefonat wechseln und das Gespräch beenden.

Sie können aus einem Audio- ein Videotelefonat machen ❶ *und über das kleine Infofenster das Gespräch auch beenden* ❷.

Angerufen werden

Werden Sie über FaceTime angerufen, startet FaceTime automatisch, aktiviert (bei einem Video-Anruf) die Frontkamera und weist Sie auf eine FaceTime-Einladung hin. Im oberen Bildschirmbereich sehen Sie die Namen des Anrufers. Über zwei große Tasten können Sie die Einladung *Ablehnen* oder *Annehmen*. Nach dem Ende des Telefonats (bzw. wenn Sie es ablehnen) wechselt macOS wieder zu der Applikation, die vor dem Anruf aktiv war.

Falls Sie jetzt gerade keine Zeit haben, aber später zurückrufen oder dem Anrufer mit einer Nachricht antworten möchten, dann klicken Sie auf den kleinen Pfeil neben der *Ablehnen*-Taste. Sie können nun entweder mit einer Kurznachricht antworten („Rufe gleich zurück!") oder sich an einen Rückruf erinnern lassen.

Haben Sie aktuell keine Zeit, einen Anruf anzunehmen, dann können Sie mit einem Klick auf den kleinen Pfeil neben „Ablehnen" auch mit einer Kurznachricht antworten oder sich an den Rückruf erinnern lassen.

> **!** **Anrufer blockieren:** Von manchen Zeitgenossen möchte man lieber nicht angerufen werden. Für diesen Fall bietet FaceTime die Möglichkeit, Kontakte zu blockieren. Rufen Sie dazu **FaceTime –> Einstellungen** auf, und wechseln Sie zum Register **Blockiert**. Klicken Sie hier auf das Pluszeichen, und wählen Sie die zu blockierenden Personen aus Ihren Kontakten aus. Anrufer, die Sie in FaceTime blockiert haben, können Ihnen auch keine Nachrichten mehr schicken.

FaceTime deaktivieren

Wie erwähnt startet FaceTime automatisch, sobald ein Anruf eintrifft. Das ist natürlich nicht immer erwünscht, manchmal möchte man auch einmal nicht erreichbar sein. In diesem Fall können Sie FaceTime ganz einfach deaktivieren.

Rufen Sie dazu *FaceTime –> FaceTime deaktivieren* auf. Keine Sorge; Ihre Kontaktdaten werden dabei nicht gelöscht. Sobald Sie FaceTime erneut aktivieren, sind Sie wieder unter den eingegebenen Adressen zu erreichen.

Nachrichten

Mit *Nachrichten* bietet macOS ein leistungsfähiges Chat-Programm, mit dem Sie beliebig lange Textnachrichten, aber auch Dateien mit Ihren Kontakten austauschen können. Apple nennt das System „iMessage". Anders als FaceTime funktioniert es nicht nur mit iCloud oder einer Apple-ID, sondern unterstützt auch die Chat-Systeme anderer Anbieter, wie Google oder AOL.

Account

Damit Sie die Fähigkeiten von *Nachrichten* nutzen können, brauchen Sie Zugang zu einem Chat-Netzwerk. Standardmäßig arbeitet *Nachrichten* mit Apples eigenem Netzwerk *iMessage*, das Sie mit Ihrer Apple-ID nutzen können. Aber natürlich ist es auch möglich, mit anderen Chat-Netzwerken zu arbeiten.

Um einen Account einzutragen, wählen Sie *Nachrichten –> Accounts hinzufügen*. Von Haus aus bietet *Nachrichten* Ihnen Google, Yahoo und AOL an. Sie können aber auch andere Accounts eintragen.

Nachricht schreiben

Um eine Nachricht zu schreiben, klicken Sie auf das stilisierte Blatt Papier mit Stift und tragen den Empfänger ein. Mit einem Klick auf das blaue Pluszeichen werden Ihre Kontakte angezeigt, aus denen Sie den gewünschten Gesprächspartner wählen.

Kapitel 15 FaceTime & Nachrichten

Ihre Nachricht schreiben Sie unten in die Eingabezeile. Sie können jedem Kontakt via *Nachrichten* auch rasch eine Datei zukommen lassen. Dazu ziehen Sie die Datei in das Nachrichtenfenster. Mit einem Klick auf das Mikrofonsymbol können Sie eine Sprachaufzeichnung aufnehmen und abschicken. Mit einem Druck auf die Eingabetaste schicken Sie Ihre Meldung ab. Sprachaufzeichnungen tendieren dazu, sehr groß zu werden, daher löscht *Nachrichten* eine solche Datei automatisch wenige Minuten nach dem Abschicken. Möchten Sie das nicht, dann klicken Sie nach dem Abschicken der Nachricht auf *Behalten*, das unterhalb der Nachricht angezeigt wird.

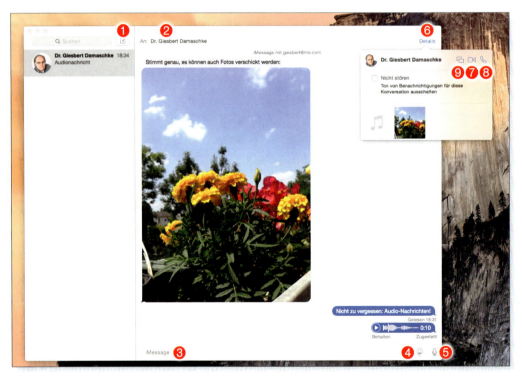

„Nachrichten" gruppiert Chats in Konversationen. Eine neue Konversation starten Sie mit einem Klick auf das stilisierte Blatt Papier mit Stift ❶. *Im Feld „An"* ❷ *geben Sie Ihren Gesprächspartner ein, und Ihre Nachricht schreiben Sie in das einzeilige Feld* ❸ *– keine Sorge, Sie können beliebig lange Nachrichten schreiben, das Feld passt sich dem Inhalt an. Um eine Datei anzuhängen, ziehen Sie sie einfach in das Eingabefeld. Über das Smiley* ❹ *können Sie kleine Stimmungsbildchen einfügen. Mit einem Klick auf das Mikrofon* ❺ *verschicken Sie Sprachaufzeichnungen. Über „Details"* ❻ *sehen Sie nicht nur, welche Dateianhänge in der aktuellen Konversation gespeichert sind, sondern können auch zum Video-* ❼ *oder Audiotelefonat* ❽ *via FaceTime wechseln. Ebenfalls möglich ist die Bildschirmfreigabe* ❾. *Ihr Gesprächspartner sieht dann den Inhalt Ihres Bildschirms bzw. Sie sehen den Inhalt seines Bildschirms.*

Kontakte blockieren: Wie bei FaceTime können Sie auch in **Nachrichten** verhindern, dass Sie von bestimmten Kontakten Nachrichten erhalten. Wählen Sie dazu **Nachrichten –> Einstellungen**, wechseln Sie hier zu **Accounts**, und klicken Sie auf **Blockiert**. Über das Pluszeichen können Sie nun die Kontakte auswählen, die Sie für iMessage blockieren möchten. Die in **Nachrichten** blockierten Kontakte werden auch in **FaceTime** blockiert.

Video- und Audiotelefonat

Möchten Sie sich mit Ihrem Gesprächspartner von Angesicht zu Angesicht unterhalten, klicken Sie auf *Details* und anschließend auf das Kamerasymbol bzw. den Telefonhörer. macOS wechselt daraufhin zu FaceTime und setzt das Gespräch darüber fort.

Nachrichten speichern, weiterleiten und löschen

Leider gibt es keine direkte Möglichkeit, eine Nachricht oder eine komplette Konversation außerhalb von *Nachrichten* zu speichern. Aber mit einem kleinen Trick geht's trotzdem. Wählen Sie dazu die gewünschte Nachricht aus, und befördern Sie sie mit *cmd + C* in die Zwischenablage. Nun können Sie sie mit *cmd + V* in ein anderes Dokument übernehmen. Um eine komplette Konversation zu kopieren, klicken Sie eine beliebige Nachricht der Konversation an, markieren mit *cmd + A* die komplette Konversation und übernehmen sie mit *cmd + C* in die Zwischenablage.

Dateianhänge werden bei dieser Aktion nicht übernommen. Die speichern Sie am schnellsten, indem Sie sie einfach aus *Nachrichten* auf den Desktop ziehen.

Um eine Nachricht weiterzuleiten oder zu löschen, klicken Sie die gewünschte Nachricht mit der rechten Maustaste an und wählen *Weiterleiten* bzw. *Löschen*. Das funktioniert auch mit mehreren Nachrichten. Halten Sie die *cmd*-Taste gedrückt, um mehrere Nachrichten per Mausklick zu markieren.

Um eine komplette Konversation zu löschen, markieren Sie sie in der Seitenleiste und klicken anschließend auf das kleine „x", das daraufhin am rechten Rand eingeblendet wird.

Aber Vorsicht – es gibt keine Möglichkeit, eine gelöschte Nachricht oder Konversation zurückzuholen!

Manche Dateianhänge sind sehr umfangreich und belegen letztlich nur Platz auf der Platte. In diesem Fall empfiehlt es sich, besonders große Anhänge zu löschen. Am einfachsten geht dies, wenn Sie bei der entsprechenden Konversation rechts oben auf *Details* klicken, die gewünschten Anhänge markieren und mit der rechten Maustaste anklicken. Hier wählen Sie dann *Löschen*.

Kapitel 15

FaceTime und Nachrichten mit dem iPhone koppeln

FaceTime und *iMessage* funktionieren nur mit Apples iCloud-System – Anrufe an eine Festnetznummer bzw. Mobilfunknummer oder eine Kurznachricht an ein beliebiges Handy sind nicht vorgesehen. Das ändert sich aber, wenn Sie ein iPhone besitzen und sowohl Ihr Mac wie auch Ihr iPhone im gleichen WLAN angemeldet sind (was normalerweise der Fall ist). Zudem müssen bei allen beteiligten Geräte noch die gleichen Apple-IDs verwendet werden. Denn in diesem Fall verbindet sich der Mac via WLAN mit dem iPhone und benutzt dessen Mobilfunkverbindung für die Kontaktaufnahme.

Das iPhone wird so gewissermaßen zu einer Relaisstation. Es nimmt die Daten vom Mac via WLAN entgegen, wählt die gewünschte Telefonnummer und schickt die Daten vom Mac an den Empfänger. So ist es möglich, mit *FaceTime* auch Festnetznummern anzurufen oder via *Nachrichten* SMS an ganz normale Handys zu schicken. Das funktioniert natürlich auch in die andere Richtung: Sie können von jedem Telefon aus auf dem Mac angerufen werden und jede normale SMS mit *Nachrichten* empfangen.

Für Ihren Gesprächspartner sieht das so aus, als telefonierten Sie mit Ihrem iPhone – was Sie streng genommen ja auch tun. Das bedeutet natürlich auch, dass alle Telefonate und Kurznachrichten, die Sie auf diesem Weg verschicken, von Ihrem Telefon- und SMS-Budget bei Ihrem Mobilfunkanbieter abgehen.

Damit das funktioniert, müssen Sie auf Ihrem iPhone unter *Einstellungen –> Telefon –> Auf anderen Geräten* die Option *Anrufe auf anderen Geräten* und unter *Einstellungen –> Nachrichten –> SMS-Weiterleitung* Ihren Mac aktivieren. Dabei wird auf dem Mac in *Nachrichten* eine sechstellige Zahl angezeigt, die Sie zur Kontrolle am iPhone eingeben müssen. Am Mac muss zusätzlich in den FaceTime-Einstellungen das Häkchen *Anrufe vom iPhone* gesetzt sein.

Wenn Sie nun beispielsweise auf einer Internetseite am Mac eine interessante Telefonnummer entdecken, können Sie bequem den Anruf vom Computer aus starten und Lautsprecher und Mikrofon des Rechners zum Telefonieren verwenden. Über das iPhone wird die Verbindung hergestellt. Enorm praktisch :-)

Kapitel 15 FaceTime & Nachrichten

Kapitel 16

Backup und Datensicherheit

Kapitel 16 Backup und Datensicherheit

In diesem Kapitel widmen wir uns dem wichtigen Thema Datensicherheit. Hier erfahren Sie, wie Sie ganz einfach und schnell ein Backup Ihrer Dateien und des gesamten Systems anlegen, wie macOS die verschiedenen Passwörter speichert, wie Sie Ihr System vor dem Zugriff allzu neugieriger Zeitgenossen schützen und wie es um Schadsoftware beim Mac bestellt ist.

Time Machine

Jeder weiß, wie wichtig es ist, aber kaum jemand tut es: nämlich seine Daten in Form eines Backups regelmäßig in Sicherheit zu bringen. Denn auch wenn es monatelang gut geht – irgendwann löscht man eine Datei, die man nicht hätte löschen sollen, überschreibt ein Dokument, dessen Originalversion man braucht, oder verliert gar seine Daten wegen eines Hardwarefehlers. Da ist guter Rat teuer. Teurer jedenfalls als ein rettendes Backup. Denn das kostet Sie nur eine externe Festplatte. Um alles andere kümmern sich macOS und Time Machine.

Mit der Zeitmaschine gegen Datenverlust

Time Machine ist eine „Einmal einschalten und vergessen"-Lösung, die Ihnen alle Entscheidungen in Sachen Backup abnimmt.

- *Automatische Backups:* Bei Time Machine müssen Sie sich nicht mehr darum kümmern, dass ein Backup angelegt wird, denn das passiert nach dem Anschließen einer externen Festplatte hinfort automatisch.
- *Keine Konfiguration:* Sie müssen sich auch nicht mit der Konfiguration des Programms herumschlagen, weil man Time Machine nicht konfigurieren muss (und es auch kaum kann, selbst wenn man es wollte).
- *Alles sichern:* Sie müssen sich keine Gedanken darüber machen, welche Ordner und Dateien gesichert werden sollen, weil Time Machine einfach alles sichert, was es an Daten auf der Festplatte findet. Sie können allerdings Ausnahmen definieren.
- *Inkrementelle Backups:* Sie müssen sich auch nicht für die richtige Strategie entscheiden, denn Time Machine legt „inkrementelle" Backups auf Stunden-, Tages- und Wochenbasis an. *Inkrementell* bedeutet, dass Time Machine beim Start einmal alles komplett sichert und in Zukunft nur noch die Veränderungen im Datenbestand protokolliert. Das macht das Programm für die

letzten 24 Stunden stündlich, für den letzten Monat im Tagesrhythmus und für alles, was älter als vier Wochen ist, im Wochenabstand. Die Wochenbackups werden so lange aufgehoben, solange Time Machine Speicherplatz zur Verfügung hat. Wird der Platz auf der Platte eng, informiert Time Machine Sie und beginnt damit, die ältesten Backups zu löschen.

Worauf Sie achten sollten

Auch wenn Time Machine so einfach wie nur möglich zu handhaben ist, sollten Sie vor dem ersten Backup auf drei Dinge achten:

- *Formatierung:* Auf einer frisch gekauften Festplatte sind fast immer eine DOS-Partitionstabelle („Master Boot Record") und eine Partition im MS-DOS-Format FAT vorhanden. Zwar kann macOS damit problemlos umgehen, aber die optimale Leistung erzielen Sie mit Mac-eigenen Formaten, und Time Machine kann mit FAT überhaupt nichts anfangen. Daher müssen Sie eine neue Festplatte vor dem Einsatz von Time Machine mit dem Festplattendienstprogramm auf die *GUID-Partitionstabelle* umstellen und eine Partition im Format *macOS Extended (Journaled)* anlegen. Wie das geht, erfahren Sie in Kapitel 17.
- *Das erste Backup braucht etwas Zeit:* Bei der ersten Sicherung Ihres Systems wird der Ist-Zustand gespeichert. Das kann, je nach Datenmenge, einige Zeit dauern. Sie sollten damit also nicht unbedingt beginnen, wenn Sie Ihren Mac eigentlich gerade ausschalten wollten. (Keine Sorge, später werden nur noch die Daten gespeichert, die sich tatsächlich verändert haben. Dann dauert ein Durchlauf nur ein paar Minuten oder nicht einmal das.)
- *Mehr ist mehr:* Die externe Festplatte kann gar nicht groß genug sein. Hier gilt die einfache Faustregel, dass mehr ganz einfach mehr ist. Sie sollten allerdings nicht unbedingt die billigste Platte kaufen, die Sie kriegen können. Denn was nutzt Ihnen das schönste Backup, wenn die Festplatte nach kurzer Zeit ihren Geist aufgibt?

Das Backup liegt auf dem Backup-Laufwerk in einem Ordner namens *Backups.backupdb*. Außerhalb dieses Ordners können Sie das Laufwerk zwar auch für andere Zwecke nutzen, aber das sollten Sie nicht tun. Denn diese Daten werden zum einen nicht von Time Machine gesichert, zum anderen beschneiden Sie den Platz, der Time Machine für Backups zur Verfügung steht.

Kapitel 16 Backup und Datensicherheit

Daten sichern mit Time Machine

 Um in Zukunft vor Datenverlust – nun, natürlich nicht völlig, aber doch sehr ordentlich – gefeit zu sein, müssen Sie nur eins tun: eine externe Festplatte an Ihren Mac anschließen. Bei einer neu angeschlossenen Festplatte meldet sich Time Machine üblicherweise automatisch und fragt nach, ob das neue Laufwerk für Backups benutzt werden soll. Natürlich können Sie dies auch später entscheiden: Dazu rufen Sie *Apfel-Menü –> Systemeinstellungen –> Time Machine* auf, klicken auf *Volume auswählen* und legen ein Laufwerk fest.

Achten Sie darauf, dass der Punkt *Time Machine in der Menüleiste anzeigen* aktiviert ist. So haben Sie jederzeit schnellen Zugriff auf das Programm und seine Einstellungen.

Sobald Sie Time Machine erlaubt haben, ein Laufwerk als Backup-Medium zu benutzen, beginnt das Programm mit der Sicherung Ihrer Daten.

Die Konfiguration von Time Machine ist ausgesprochen simpel. Im Grunde müssen Sie nur ein externes Laufwerk anschließen, die „Automatische Datensicherung" ❶ *aktivieren und das Laufwerk (Volume) auswählen* ❷*. Lassen Sie sich „Time Machine in der Menüleiste anzeigen"* ❸ *haben Sie jederzeit Zugriff auf Ihr Backup und die Einstellungen.*

Verschlüsseln

Normalerweise speichert Time Machine alle Daten unverschlüsselt im Klartext. Das ist am schnellsten und auch am bequemsten, aber nicht am sichersten. Denn jeder, der Zugriff auf Ihr Backup-Laufwerk hat, kann anhand von Time Machine Ihren kompletten Mac rekonstruieren. Wenn Sie auf Nummer sicher gehen wollen, dann aktivieren Sie nach einem Klick auf *Volume auswählen* den Punkt *Backups verschlüsseln*.

Manuelles Backup

Falls die letzte Speicherung erst wenige Minuten her ist und Sie just im Moment einige Dokumente und Dateien gespeichert haben, für deren Sicherung Sie nicht auf den nächsten Durchgang warten möchten, dann können Sie den Sicherungsvorgang manuell anstoßen. Klicken Sie dazu auf das Time-Machine-Symbol in der Menüleiste, und wählen Sie den Eintrag *Backup jetzt erstellen*.

Time Machine sichert in regelmäßigen Abständen Ihre Daten, aber natürlich können Sie ein Backup auch manuell anstoßen.

Bereiche vom Backup ausnehmen

Das Grundkonzept von Time Machine sieht vor, kurzerhand alles zu sichern, was dem Programm vor die Nase kommt. Das ist im Grunde ein sehr sinnvoller Ansatz, aber es gibt, wie immer, auch Ausnahmen.

So möchte man vielleicht nicht, dass ein bestimmter Ordner mit sensiblen Daten auch im Backup auftaucht. Es ist auch wenig sinnvoll, temporäre Ordner, in denen man nur vorübergehend umfangreiche Dateien zwischenlagert, ins Backup aufzunehmen.

In solchen Fällen empfiehlt es sich, bestimmte Ordner oder Laufwerke explizit vom Backup auszunehmen. Dazu klicken Sie in der Menüleiste auf das Time-Machine-Symbol und wählen dort den Punkt *Systemeinstellung „Time Machine" öffnen*. Dort klicken Sie auf *Optionen*. Es öffnet sich ein Dialog, in dem Sie festlegen, welche Laufwerke oder Ordner nicht gesichert werden sollen. Um einen neuen Eintrag hinzuzufügen, klicken Sie auf die Plustaste und fügen die Ordner oder Laufwerke hinzu, die Time Machine

Kapitel 16 Backup und Datensicherheit

ignorieren soll. Um einen Eintrag zu löschen und den entsprechenden Ordner bzw. das entsprechende Laufwerk doch ins Backup aufzunehmen, wählen Sie den Eintrag aus und klicken auf die Minustaste.

In den „Optionen" ❶ *von Time Machine legen Sie fest, welche Ordner oder Laufwerke Time Machine nicht sichern soll. Das Backup-Laufwerk* ❷ *gehört standardmäßig dazu (andernfalls wäre die Zeitmaschine ja in einer endlosen Sicherungsschleife gefangen). Über die Plus-/Minustasten* ❸ *fügen Sie weitere Ordner/Laufwerke hinzu bzw. entfernen sie wieder. Mit einem Klick auf „Sichern"* ❹ *werden die Einstellungen übernommen.*

Daten zurückholen mit Time Machine

Die regelmäßige Sicherung von Daten ist nur die halbe Miete. Denn was nützt Ihnen das schönste und einfachste Backup, wenn der Zugriff auf die gesicherten Daten wieder mit Mühen und Plagen verbunden ist? Da würde wieder die Bequemlichkeit siegen, und man würde auf ein Backup gleich ganz verzichten.

Zeitreise

Sobald Sie das Programm Time Machine starten, verändert sich der Desktop. Der Hintergrund wird mit starkem Weichzeichner ausgeblendet, der aktuelle Inhalt des Desktops verschwindet, und in der Mitte erscheinen gestaffelte Finder-Fenster. Am rechten Rand sehen Sie eine Zeitleiste, unten befinden sich einige Tasten.

Die ganze Anmutung wirkt ein wenig verspielt – und das ist natürlich Absicht. Denn so erreicht man zweierlei:

- *Zugänglichkeit:* Das mit allerlei unangenehmen Erfahrungen und Vorurteilen belastete Thema „Backup" verliert durch den eher spielerischen Zugang seinen Schrecken. Das führt dazu, dass ein Time-Machine-Backup von den Anwendern tatsächlich benutzt wird.
- *Zeitreise:* Die radikale Veränderung der Oberfläche macht unmissverständlich deutlich, dass man sich jetzt nicht mehr im normalen Arbeitsbetrieb befindet, sondern sich auf eine Zeitreise in die Datenvergangenheit des Macs macht.

Die sich in der Ferne verlierenden Fenster stellen den Systemzustand des Macs zu den verschiedenen Sicherungszeitpunkten dar. Über die Pfeile rechts kann man in der Zeit vor- und zurückblättern, wobei man immer zum nächsten Zeitpunkt springt, an dem sich der Inhalt des aktuell gezeigten Ordners verändert hat. Über die Zeitleiste am rechten Rand lässt sich aber auch jeder Zeitpunkt gezielt ansteuern.

Eine Datei zurückholen

Möchten Sie eine bestimmte Datei aus dem Backup zurückholen, gehen Sie folgendermaßen vor:

1. Öffnen Sie den Ordner, in dem Sie die Datei zuletzt gespeichert haben. Klicken Sie auf das Time-Machine-Symbol in der Menüleiste, und wählen Sie *Time Machine öffnen*.
2. Der Bildschirm ändert sich und zeigt nun den aktuellen Inhalt des gewählten Ordners im Finder an.
3. Klicken Sie sich so lange über die Pfeiltasten in die Vergangenheit, bis das gesuchte Dokument auftaucht. Das Datum des Backups wird am unteren Bildschirmrand angezeigt.
4. Auch in Time Machine funktioniert die Übersicht. Sie können also ein Dokument oder eine Datei markieren und sich mit einem Druck auf die Leertaste den Inhalt zeigen lassen. So können Sie rasch feststellen, ob es sich um die gesuchte Datei handelt.
5. Wenn Sie die gesuchte Datei gefunden haben, klicken Sie auf die Taste *Wiederherstellen* rechts unten.
6. In einer schicken Animation wird die markierte Datei zurück in die Gegenwart geholt. Gleichzeitig kehren Sie zum gewohnten Schreibtisch zurück. Die gesuchte Datei befindet sich jetzt in dem Ordner, von dem aus Sie die Zeitreise unternommen haben.

Kapitel 16 Backup und Datensicherheit

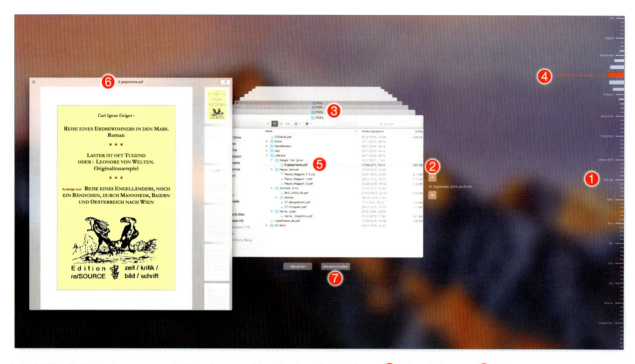

Sobald Sie die Zeitreise gestartet haben, können Sie sich über die Zeitleiste ❶*, die Pfeiltasten* ❷ *oder einen Klick auf weiter zurückliegende Fenster* ❸ *durch Ihr Backup bewegen. Rechts zeigt Ihnen Time Machine das Datum des aktuell gezeigten Backups* ❹*. Markieren Sie die Dateien, die Sie zurückholen möchten* ❺*. Drücken Sie die Leertaste, um einen Blick in das Dokument oder auf ein Bild zu werfen* ❻ *und so zu entscheiden, ob es sich tatsächlich um die gesuchte Datei handelt. Mit einem Klick auf „Wiederherstellen"* ❼ *holt macOS die Datei aus dem Backup zurück und verlässt Time Machine.*

 Suchen in der Vergangenheit: Sollte die gesuchte Datei nicht in einer früheren Version des aktuell gewählten Ordners zu finden sein, können Sie mit Spotlight natürlich auch die Vergangenheit durchsuchen und nach der vermissten Datei fahnden.

E-Mails zurückholen

Was mit einzelnen Dateien und Ordnern funktioniert, funktioniert übrigens auch mit E-Mails. Haben Sie versehentlich eine wichtige Mail gelöscht, können Sie sie mit Time Machine zurückholen. Dazu starten Sie *Mail* und öffnen den Ordner, in dem Sie die vermisste Mail zuletzt gesehen haben. Klicken Sie in der Menüleiste auf das Time-Machine-Symbol, und wählen Sie *Time Machine öffnen*. Nun können Sie im Backup nach der vermissten E-Mail stöbern und diese mit einem Klick auf *Wiederherstellen* der Vergangenheit entreißen.

Backups löschen

Backups sind in der Regel dazu da, Dateien, die Sie versehentlich gelöscht haben, wieder hervorzuzaubern. Das ist gut und schön, aber manchmal soll eine Datei, die gelöscht wurde, auch wirklich gelöscht bleiben und nicht unverhofft über das Backup wieder im unpassendsten Moment auftauchen.

In solchen Fällen kann man eine Datei oder auch gleich ein ganzes Backup vom Time-Machine-Laufwerk löschen. Diese Daten lassen sich dann nicht mehr via Time Machine rekonstruieren.

Starten Sie dazu Time Machine, lokalisieren Sie im Backup die Datei, die Sie nicht mehr sehen möchten, und klicken Sie auf die Aktionstaste (das Zahnrad). Hier wählen Sie *Alle Backups von {Dateiname} löschen*. Nach einer Sicherheitsabfrage wird die Datei vollständig entfernt.

Damit sensible Daten, die Sie sicher löschen möchten, nicht im Backup vor sich hin schlummern, können Sie sie bei Bedarf auch vollständig aus dem Backup löschen. Markieren Sie dazu den gewünschten Eintrag im Finder ❶, *klicken Sie auf das Zahnrad* ❷, *und wählen Sie „Alle Backups von XYZ löschen"* ❸.

Kapitel 16 Backup und Datensicherheit

Systemwiederherstellung mit (und ohne) Time Machine

Time Machine eignet sich nicht nur zur Wiederherstellung einzelner Dateien, sondern kann auch dazu benutzt werden, ein komplettes System zu rekonstruieren. Es kommt zwar sehr selten vor, dass macOS komplett neu installiert werden muss, aber es ist doch beruhigend, dass man selbst für diesen Ausnahmefall mit Time Machine gut gerüstet ist. Denn macOS legt eine Rettungspartition auf der Festplatte an, mit deren Hilfe sich das System komplett neu installieren bzw. aus dem Time-Machine-Backup rekonstruieren lässt.

Von der Recovery HD starten

Die Rettungspartition bzw. die „Recovery HD" (wie sie offiziell heißt) wird vom System komplett versteckt und ist von macOS aus im normalen Betrieb nicht zu erreichen. Ein Start von der Recovery HD ist aber problemlos möglich. Dazu schalten Sie Ihren Mac zuerst komplett aus, halten anschließend die Tasten *cmd + R* gedrückt und schalten ihn wieder ein.

Halten Sie die Tasten solange gedrückt, bis das Apple-Logo erscheint. Falls die Recovery HD beschädigt ist, lädt macOS ein Wiederherstellungssystem aus dem Internet.

Neuinstallation

Anschließend zeigt der Mac aber nicht den vertrauten Schreibtisch, sondern ein großes Fenster namens *macOS-Dienstprogramme*.

Hier können Sie nun Ihren Mac aus einem vorhandenen Time-Machine-Backup wiederherstellen, aber das System auch komplett neu aufsetzen und von vorn anfangen.

Im Recovery-Modus können Sie Ihren Mac aus dem Backup wiederherstellen oder auch komplett neu installieren.

Und es ist möglich, im Internet nach Hilfe für Probleme mit Ihrem Mac zu suchen oder das Festplattendienstprogramm zu starten, um zum Beispiel das Startlaufwerk Ihres Macs auf Fehler zu überprüfen (und um diese Fehler gegebenenfalls zu reparieren).

macOS und seine Passwörter

Ein Passwort schützt Daten, Dateien und Ihr gesamtes System vor unbefugtem Zugriff. Dabei kennt macOS verschiedene Arten von Passwörtern. Die beiden wichtigsten sind:

- *Benutzerpasswort:* Dieses Passwort legen Sie in der Regel beim ersten Einschalten zusammen mit dem Benutzernamen fest. Es schützt Ihr Benutzerverzeichnis und muss von Ihnen bei der Anmeldung am System angegeben werden.
- *Administratorpasswort:* Dieses Passwort wird verlangt, wenn Sie etwas tun wollen, was über die Befugnisse eines normalen Anwenders hinausgeht. Üblicherweise betrifft dies Zugriffe auf Systemebene.

Als erster (und oftmals auch einziger) Benutzer eines Macs sind Sie automatisch der Herr und Meister über schlechterdings alles, was auf Ihrem Computer vor sich geht. Kurz: Sie sind Benutzer und Admin des Systems.

Ihr Passwort ist damit automatisch das Administratorpasswort und der Schlüssel zum gesamten System. Wenn etwas in den Systemtiefen verändert werden soll, das ein einfacher Benutzer normalerweise nicht

Kapitel 16 Backup und Datensicherheit

ändert, oder wenn ein Programm versucht, auf Daten und Verzeichnisse zuzugreifen, auf die üblicherweise kein Programm zugreift, dann öffnet sich ein Fenster, und Sie werden dazu aufgefordert, den Vorgang durch die Eingabe Ihres Passworts zu legitimieren. Erst danach werden Daten verändert oder ausgelesen.

Bei systemnahen Zugriffen werden Sie nach Ihrem Administratorpasswort gefragt.

Vorsicht! Sobald Sie mit einer solchen Dialogbox konfrontiert werden, ist Vorsicht angesagt. Füllen Sie sie nicht leichtsinnig aus, sondern vergewissern Sie sich, dass die Eingabe Ihres Passworts auch tatsächlich zu einem von Ihnen ausgelösten Arbeitsschritt gehört.

Das Passwort ändern

Wenn man seinen Mac zum ersten Mal einschaltet und einrichtet, ist man mitunter viel zu neugierig und mit anderen Dingen beschäftigt, als sonderlich viele Gedanken an die Wahl seines Benutzerpassworts zu verschwenden. Später nagt dann der Verdacht, dass „schatzi" vielleicht doch etwas zu simpel gewesen ist. Vielleicht ist Ihr Passwort aber auch übertrieben kompliziert und Sie können es sich selbst nicht merken. Wie dem auch sei: Natürlich besteht die Möglichkeit, das Passwort nachträglich zu ändern.

Dazu rufen Sie *Apfel-Menü –> Systemeinstellungen –> Benutzer & Gruppen* auf. Wählen Sie in der linken Spalte Ihren Benutzernamen, klicken Sie auf *Passwort* und dort auf *Passwort ändern*. Sie können nun entscheiden, ob Sie Ihr iCloud- oder ein eigenes Passwort verwenden möchten. Wenn Sie sich von macOS ein Passwort vorschlagen lassen möchten, rufen Sie mit einem Klick auf das kleine Schlüsselsymbol rechts neben dem Feld *Neues Passwort* den *Passwortassistenten* auf.

Bei der Wahl eines sicheren Passworts kann Ihnen der Passwortassistent helfen, den Sie mit einem Klick auf den Schlüssel ❶ *aufrufen. Der Assistent kann verschiedene Arten von Passwörtern generieren* ❷*, die Länge* ❸ *legen Sie selbst fest.*

Die Schlüsselbundverwaltung

 Neben Ihrem Benutzerpasswort werden Sie im Laufe der Zeit noch etliche andere Passwörter eingeben müssen: beim Zugriff auf geschützte Webseiten, beim Abruf Ihrer E-Mails, beim Lesen verschlüsselter Daten und Ähnlichem mehr.

Nun wäre es sehr aufwendig und inkonsistent, wenn jedes Programm die benutzten Passwörter selbst verwalten müsste. Zudem gibt es Fälle, in denen mehrere Programme auf ein und dasselbe Passwort zugreifen müssen, was bei einer separaten Verwaltung zu lästigen Mehrfacheingaben führt.

Eine Datei für alle

Daher verwaltet macOS sämtliche Passwörter, die Sie an Ihrem Mac eingeben, in einer zentralen Schlüsselbunddatei. Sobald Sie in einem Programm oder beim Zugriff auf eine Webseite ein Passwort eingeben, werden Sie gefragt, ob das neue Passwort im Schlüsselbund gespeichert werden soll. Beim nächsten Zugriff wird das gespeicherte Passwort automatisch ausgelesen – Sie müssen sich um nichts mehr kümmern.

Dabei kann der Mac mehrere Schlüsselbunddateien verwalten, von Haus aus sind das vier: *Anmeldung*, *Lokale Objekte*, *System* und *System-Roots*. Ihre Passwörter und Daten sind in den Dateien *Anmeldung* und *Lokale Objekte* gespeichert. Zusätzlich kann noch der Eintrag *iCloud* erscheinen. Wenn Sie in den *Systemeinstellungen* –> *iCloud* den *Schlüsselbund* aktiviert haben, wird dieser neue Schlüsselbund sich in die Liste einreihen.

Die Schlüsselbundverwaltung

Der Schlüsselbund wird von macOS im Großen und Ganzen autonom verwaltet. Das ist auch gut so, schließlich soll Ihnen das Verfahren Arbeit abnehmen und nicht neue Aufgaben aufbürden.

Doch manchmal ist es notwendig, gezielt auf einzelne Schlüssel im Schlüsselbund zuzugreifen. Sei es, weil Sie einen Eintrag löschen möchten, sei es, weil Sie ein Passwort vergessen haben und es nun nachschlagen wollen.

In solchen und anderen Fällen schlägt die Stunde der Schlüsselbundverwaltung, die Sie im Launchpad im Ordner *Andere* finden.

- *Löschen:* Klicken Sie den Eintrag doppelt an, um sich zu vergewissern, dass Sie den richtigen Eintrag löschen wollen. Schließen Sie das Informationsfenster, und drücken Sie die *Backspace*-Taste. Nach einer Sicherheitsabfrage wird der Eintrag gelöscht.
- *Einsehen:* Klicken Sie den Eintrag doppelt an, und aktivieren Sie *Passwort einblenden*. Es erscheint ein Dialog, in dem Sie das Administratorpasswort eingeben und festlegen, ob die Anzeige des angeforderten Passworts immer, nur einmal oder gar nicht erlaubt werden soll. Diese Angaben gelten nur, solange das Programm läuft. Beenden Sie die Schlüsselbundverwaltung und starten Sie sie erneut, werden die Passwörter erst nach erneuter Eingabe des Passworts angezeigt.

Die Schlüsselbundverwaltung speichert alle Passwörter, die Sie benutzen. Das Programm verwaltet verschiedene Schlüsselbunddateien ❶, deren Inhalt in verschiedene Kategorien geordnet ist ❷. Sollten Sie einmal ein Passwort vergessen haben, können Sie es hier nachschlagen. Klicken Sie dafür den gewünschten Eintrag doppelt an ❸, und aktivieren Sie „Passwort einblenden" ❹. Nach der Eingabe des Adminpassworts ❺ wird das Passwort des Eintrags angezeigt. Über das Eingabefeld ❻ können Sie alle Schlüsselbunde nach Stichwörtern durchsuchen und so rasch einen bestimmten Eintrag finden.

Schlüsselbund bei iCloud

Wenn Sie mit verschiedenen Macs arbeiten, dann können Sie sich die Arbeit mit iCloud erleichtern. Denn in diesem Fall ist es möglich, die Schlüsselbunddateien via iCloud zwischen verschiedenen Geräten synchron zu halten. Haben Sie etwa auf dem einen Mac ein Passwort für eine Webseite im Schlüsselbund gespeichert, stehen die Zugangsdaten automatisch auch auf dem anderen Mac zur Verfügung und müssen dort nicht erneut eingegeben werden.

Damit iCloud die Dateien synchron hält, aktivieren Sie unter *Apfel-Menü –> Systemeinstellungen –> iCloud* den Punkt *Schlüsselbund*. Nach der Eingabe Ihrer Apple-ID werden Sie aufgefordert, einen *iCloud-Sicherheitscode* anzulegen. Dies ist ein Code aus sechs Ziffern, über den der Schlüsselbund auf einem anderen Mac oder einem iOS-Gerät eingerichtet werden kann. Der Sicherheitscode dient nur dazu, die generelle Bereitstellung der Datei zu autorisieren – für den Zugriff auf den Schlüsselbund wird auch auf einem anderen Gerät nach wie vor das Passwort Ihrer Apple-ID benötigt.

Falls Ihnen ein Ziffern-Code zu unsicher erscheint, können Sie nach einem Klick auf *Weitere Optionen* einen komplexen Code aus Ziffern, Buchstaben und Satzzeichen bilden.

Der iCloud-Schlüsselbund sichert nicht nur Ihre Schlüsselbunddatei bei iCloud, sondern kann diese Datei auch auf anderen Geräten zur Verfügung stellen.

Den Zugriff mit dem Bildschirmschoner sichern

Ein Bildschirmschoner ist nicht nur hübsch anzusehen, er kann auch eine Zugangsbarriere für vorwitzige Kollegen sein, die während Ihrer Abwesenheit einen Blick auf Ihre Daten werfen möchten. Dazu legen Sie zuerst einen Bildschirmschoner fest, den Sie mit einer Mausbewegung sofort aktivieren können, und sorgen dann dafür, dass der Bildschirmschoner nur nach der Eingabe Ihres Passworts verlassen wird.

Bildschirmschoner festlegen

Wählen Sie *Apfel-Menü –> Systemeinstellungen –> Schreibtisch & Bildschirmschoner*, klicken Sie dort auf das Register *Bildschirmschoner,* und suchen Sie sich einen Bildschirmschoner aus. Anschließend klicken Sie auf *Aktive Ecken*. Hier können Sie festlegen, dass eine Zeigerbewegung in eine bestimmte Ecke den Bildschirmschoner aktiviert. Damit Sie ihn nicht versehentlich auslösen, halten Sie zusätzlich die *esc-*, *alt*-, *cmd*- oder *Shift*-Taste (oder eine Kombination aus diesen Tasten) gedrückt und wählen im Dropdown-Menü der gewünschten Ecke den Eintrag *Bildschirmschoner ein*.

Nun können Sie den Bildschirmschoner einschalten, indem Sie die Maus in die gewählte Ecke bewegen und dabei die festgelegte(n) Taste(n) drücken.

Der Bildschirmschoner wird üblicherweise nach einer bestimmten Ruhezeit automatisch gestartet ❶*. Wenn Sie eine „Aktive Ecke"* ❷ *festlegen, lässt sich der Bildschirmschoner auch durch eine Tastenkombination und eine Mausbewegung in diese Ecke aktivieren. In diesem Beispiel* ❸ *startet der Bildschirmschoner, wenn die Maus in die Ecke rechts oben bewegt und dabei die „alt"-Taste gedrückt wird.*

Passwort für den Bildschirmschoner

Standardmäßig gibt macOS nach Aktivierung des Bildschirmschoners den Zugriff nur nach Eingabe des Benutzerpassworts wieder frei. Falls das bei Ihnen nicht der Fall sein sollte, wählen Sie *Apfel-Menü –> Systemeinstellungen –> Sicherheit –> Allgemein*. Hier können Sie festlegen, ab wann das System nach dem Start des Bildschirmschoners das Passwort abfragt.

In Zukunft können Sie bei kurzer oder längerer Abwesenheit Ihren Mac nun blitzschnell vor fremdem Zugriff schützen. Sobald der Bildschirmschoner über die Mausbewegung samt Tastendruck gestartet ist, können Sie Ihren Mac beruhigt unbeaufsichtigt lassen, denn nun geht ohne Ihr Passwort gar nichts mehr.

Kapitel 16 Backup und Datensicherheit

Daten verschlüsseln

Der beste Schutz gegen den Datenklau besteht darin, den Zugriff auf sensible Daten nicht nur mit einem Passwort zu sichern, sondern die Daten selbst zu verschlüsseln. Denn den einfachen Passwortschutz für gespeicherte Daten kann man mit entsprechender krimineller Energie relativ leicht umgehen. Sobald ein Datendieb den Passwortschutz ausgehebelt hat, hat er gewonnen. Bei verschlüsselten Daten hilft ihm das aber nicht weiter, denn die ergaunerten Daten sind dank Verschlüsselung für ihn nur unlesbarer Datenmüll.

Sichere Notizen

Bei den *Sicheren Notizen* handelt es sich um verschlüsselt gespeicherte Texte, die als Teil des Schlüsselbunds verwaltet werden. Das ist zwar etwas umständlich, hat aber den Vorteil, dass Ihre Notizen immer zusammen mit dem Schlüsselbund kopiert und transportiert oder via iCloud synchronisiert werden können. Sie können die Notizen im Schlüsselbund *Anmeldung* speichern oder einen eigenen Schlüsselbund für die Notizen erzeugen. Dazu starten Sie die Schlüsselbundverwaltung und wählen *Ablage –> Neuer Schlüsselbund*. Geben Sie dem neuen Schlüsselbund einen Namen (etwa: „Meine Notizen"), und legen Sie einen Speicherort fest, zum Beispiel *Dokumente*.

Markieren Sie Ihren neuen Schlüsselbund in der linken Spalte, wählen Sie die Kategorie *Sichere Notizen*, und klicken Sie auf das Pluszeichen am unteren Rand. Sie können nun eine Notiz anlegen, die nur in der Schlüsselbundverwaltung und mit Ihrem Passwort gelesen werden kann. Natürlich können Sie in der Notizen-App direkt Informationen vor fremden Blicken schützen. Wie das funktioniert, lesen Sie ab Seite 304.

FileVault

Was mit Notizen und Image-Dateien geht, geht auch mit der kompletten Festplatte. Mit *FileVault* wird die Festplatte in Ihrem Mac komplett verschlüsselt. *FileVault* aktivieren Sie unter *Apfel-Menü –> Systemeinstellungen –> Sicherheit*. Das Programm erzeugt zuerst einen Wiederherstellungsschlüssel, den Sie benötigen, falls Sie Ihr Passwort vergessen haben. Um diesen Schlüssel nicht zu verlieren, können Sie ihn auf den Servern von Apple speichern. Keine Sorge, der Schlüssel wird natürlich ebenfalls verschlüsselt und kann von Apple nicht gelesen werden. Als Zugriffsschutz legen Sie Antworten auf drei Fragen fest. Nach einem Neustart beginnt FileVault mit der Verschlüsselung der kompletten Festplatte. Während dieses Vorgangs können Sie mit Ihrem Mac wie gewohnt weiterarbeiten.

Externe Laufwerke verschlüsseln

Externe Laufwerke und USB-Sticks lassen sich ebenfalls verschlüsseln. Voraussetzung ist allerdings, dass das Laufwerk im Mac-Format formatiert ist. Schließen Sie dazu das Laufwerk an, und klicken Sie es in der Seitenleiste des Finders mit der rechten Maustaste an. Hier wählen Sie *XY verschlüsseln* (wobei „XY" für den Namen des Laufwerks steht). Anschließend legen Sie ein Passwort fest und klicken auf *Laufwerk verschlüsseln*.

Über das Verschlüsseln von Datenträgern sind deren Informationen vor fremden Blicken sicher.

Die Firewall

Ein weiterer Schutzmechanismus von macOS ist die Firewall, deren Aufgabe es ist, Anfragen zu kontrollieren, die Ihren Mac über das Internet erreichen.

Aktivieren

Die Firewall von macOS kontrolliert ausschließlich Kontaktaufnahmen aus dem Internet, nicht aber, ob eine Applikation von Ihrem Mac aus Daten ins Internet schickt. Sie ist standardmäßig ausgeschaltet.

Um die Firewall zu aktivieren, wählen Sie *Apfel-Menü –> Systemeinstellungen –> Sicherheit –> Firewall*. Dort entsperren Sie den Zugang zuerst durch einen Klick auf das Schloss unten links und die Eingabe

Kapitel 16 Backup und Datensicherheit

Ihres Adminpassworts. Anschließend wählen Sie *Firewall aktivieren*. Nun dürfen nur noch bestimmte Systemfunktionen, signierte Applikationen und Programme, denen Sie es ausdrücklich erlaubt haben, Verbindungsanfragen aus dem Internet akzeptieren.

Unter *Firewall-Optionen* erhalten Sie einen Überblick über die verschiedenen Programme und ihren Verbindungsstatus. Hier können Sie auch vorübergehend *Alle eingehenden Verbindungen blockieren* (einige systemrelevante Verbindungen sind allerdings weiterhin möglich).

Wenn die Firewall aktiv ist, müssen Programme nachfragen, ob sie Daten aus dem Internet entgegennehmen dürfen.

Die Privatsphäre

Üblicherweise ist es bei einem Computer so, dass jedes Programm auf die Daten anderer Programme zugreifen kann (es sei denn, diese Daten sind verschlüsselt). Das ist auch sinnvoll, denn nur so können Programme miteinander kooperieren. Unter macOS ist das ein wenig anders: Hier müssen Programme mitunter nachfragen, bevor sie bestimmte Informationen lesen können. Das betrifft vor allem die *Ortungsdienste*, *Kontakte*, *Kalender* und *Erinnerungen*.

Unter *Apfel-Menü –> Systemeinstellungen –> Sicherheit –> Privatsphäre* legen Sie fest, welche Applikationen auf diese Daten zugreifen dürfen – und welche nicht. Hier können Sie die *Ortungsdienste* von macOS auch komplett ausschalten.

Die Softwareaktualisierung

Nobody is perfect: Das gilt auch für ein so komplexes Stück Software, wie es ein Betriebssystem fraglos darstellt. Es ist selbst für Apple schlechterdings unmöglich, eine hundertprozentig fehlerfreie Software zu schreiben. Selbst noch so viele und noch so intensive Tests können nicht verhindern, dass ein Programm oder eine Systemkomponente unter bestimmten Bedingungen oder in Kombination mit bestimmten anderen Programmen plötzlich nicht mehr so funktioniert, wie man sich das wünscht, oder sogar zu einem Sicherheitsrisiko wird.

Diesem Problem wird üblicherweise mit regelmäßigen Updates begegnet. Sobald aktualisierte Programmdaten zur Installation bereitstehen, werden Sie darüber informiert und aufgefordert, das Update auszuführen (was Sie natürlich tun sollten). Viele Updates werden im laufenden Betrieb ausgeführt, aber in seltenen Fällen muss der Mac neu gestartet werden. Wie genau macOS auf ein bereitstehendes Update reagieren soll, legen Sie unter *Apfel-Menü –> Systemeinstellungen –> App Store* fest.

Normalerweise läuft dieser Vorgang vollautomatisch ab und Sie müssen sich um nichts kümmern. Wenn Sie möchten, können Sie aber auch selbst aktiv werden und Ihren Mac anweisen, sich nach neuen Versionen umzusehen. Wählen Sie dazu *Apfel-Menü –> App Store*, und klicken Sie hier auf *Updates*.

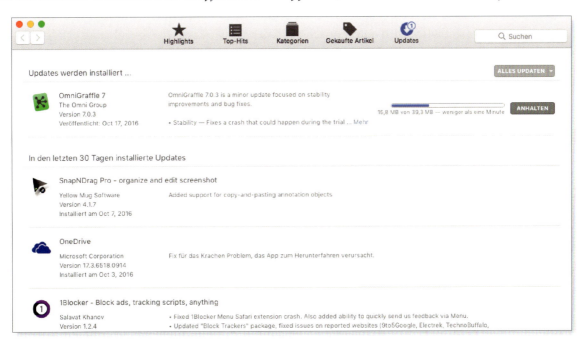

Updates für macOS und für Programme, die Sie aus dem App Store geladen haben, werden über den App Store ausgeführt.

Kapitel 16 Backup und Datensicherheit

Der Mac und die Schadsoftware

Apple bewirbt seine Produkte unter anderem damit, dass Viren, Trojaner und andere Schadsoftware für macOS kein Thema sind. Im Prinzip hat Apple damit auch recht. Was unter Windows zum größten nur denkbaren Sicherheitsproblem geworden ist, spielt auf dem Mac nur eine sehr untergeordnete Rolle. Also ist alles in Ordnung und das immer mal wieder auftauchende Gerede von Schadsoftware auf dem Mac nur Panikmache? Ja – und nein. Die Lage ist ein wenig komplizierter.

Viren und Trojaner

Um das Problem zu verstehen, müssen wir etwas ins Detail gehen und zuvor klären, was wir meinen, wenn wir von Schadsoftware reden. Hier gilt es vor allem zwischen Viren und Trojanern zu unterscheiden.

- Ein *Virus* ist ein Programm, das in der Lage ist, sich selbst zu vervielfältigen. So, wie ein biologischer Virus einen Organismus befällt und sich dort ausbreitet, so kann ein Computervirus einen Computer befallen und sich im System ausbreiten. Ein klassischer Computervirus infiziert ein Programm, indem er seinen eigenen Code in den Code des Programms einschleust. Sobald dieses Programm gestartet wird, wird automatisch auch der Virus aktiv. Die Verbreitung erfolgt ebenfalls in Analogie zum biologischen Virus. Hier muss ein gesunder Organismus mit einem infizierten zusammentreffen, um ebenfalls infiziert zu werden. Genauso wird ein nicht infiziertes Computersystem erst dann von einem Virus befallen, wenn eine infizierte Datei auf das System gelangt.
- *Trojaner* ist die Kurzform für „Trojanisches Pferd", was sich auf die bekannte Kriegslist der Griechen bei der Eroberung von Troja bezieht. Das griechische Heer zog sich scheinbar geschlagen zurück und hinterließ ein riesiges Holzpferd als Geschenk für die siegreichen Trojaner. Die holten das vermeintliche Geschenk in die Stadt und wurden in der Nacht von den Griechen, die sich im Innern des Pferdes verborgen hatten, überwältigt (streng genommen ist die Bezeichnung „Trojaner" also falsch – die Gefahr lauerte ja im Pferd, die Bewohner Trojas waren die Opfer). Nach diesem Prinzip funktioniert auch ein Trojaner der Computer-Ära. Dabei handelt es sich um ein Schadprogramm, das als heimliches Gepäck eines anderen Programms auf den Mac geschmuggelt wird. Installiert der Anwender dieses Programm, installiert er auch den Trojaner.

Trojaner-Angriff

Auch wenn Viren für den Mac bislang keine ernst zu nehmende Gefahr darstellen, so sieht die Sache bei Trojanern anders aus. Denn davon gibt es zwar nur sehr wenige, aber es gibt sie.

Diese Schadsoftware kommt allerdings nur dann auf Ihren Mac, wenn Sie so leichtfertig sind, dubiosen Straßenhändlern zu glauben, die Ihnen Originalsoftware für einen Spottpreis andrehen oder angeblich geniale Tools, geheime Hacks und spezielle Video-Codecs unterjubeln wollen.

Ein Video-Codec ist eine kleine Datei, mit der macOS in die Lage versetzt werden soll, Videoformate abzuspielen, die das System normalerweise nicht wiedergeben kann. Misstrauen Sie generell allen Aufforderungen, einen Codec zu installieren.

Jeder Trojaner, der einen Mac befällt, kann dies nur deshalb tun, weil der Anwender es ihm – unwissentlich zwar, aber doch – erlaubt hat. Wer bei der Installation von eher dubiosen Programmen ohne viel Nachdenken sein Adminpasswort eingibt, der öffnet sein System für den Angriff von außen.

Der beste Schutz gegen diese üblen Gesellen besteht darin, nicht alles kurzerhand zu installieren, was einem im Internet unter den Mauszeiger gerät, allen Versprechungen gegenüber eine gesunde Skepsis walten zu lassen und vor allem nicht ohne Nachdenken das Administratorpasswort einzugeben, nur weil ein Dialog Sie dazu auffordert.

Gatekeeper: Wie in Kapitel 4 erläutert, schützt der Gatekeeper Sie vor der unwissentlichen Installation potenziell gefährlicher Software.

XProtect

Bei Apple scheint man das wachsende Interesse der Cybergangster an macOS nicht zu ignorieren und hat macOS ein kleines Schutzprogramm namens *XProtect* verpasst. Das Tool scannt Downloads, die via Browser, Mail oder Nachrichten auf den Computer kopiert werden; Daten aus Tauschbörsen werden genauso ignoriert wie Dateien, die über FTP heruntergeladen wurden. Das Tool ist vom Anwender nicht direkt erreichbar und wird regelmäßig und ohne Ihr Zutun automatisch aktualisiert.

Kapitel 16 Backup und Datensicherheit

System Integrity Protection (rootless)

macOS Sierra besitzt einen weiteren Sicherheitsmechanismus namens *rootless*. Dieser sorgt dafür, dass man selbst als Administrator keine Systemdateien mehr modifizieren oder gar löschen darf. Dies erhöht die Sicherheit enorm. Bei früheren Systemversionen (die noch auf den Namen „OS X" hörten) war das nicht der Fall und so konnten Angreifer diese Lücke nutzen.

Sierra schützt Sie davor, dass Sie versehentlich – oder andere in böser Absicht – systemrelevante Dateien manipulieren oder löschen.

Kapitel 17

Systemeinstellungen und Dienstprogramme

Kapitel 17 Systemeinstellungen und Dienstprogramme

In diesem Kapitel geht es um systemnahe Programme, Einstellungen und Dienste. Wir beschäftigen uns mit den Systeminformationen, der Benutzerverwaltung, der Familienfreigabe, den Sprachfähigkeiten Ihres Macs, der Sprachsteuerung mit Siri und ähnlichen Dingen.

Die Systemeinstellungen

Die Systemeinstellungen sind uns in diesem Buch immer wieder untergekommen, und viele Punkte haben Sie bereits kennengelernt. Einige besondere Optionen für Sonderfälle sind aber noch neu. Betrachten wir die Systemeinstellungen also einmal im Überblick.

Allzeit bereit: Die Systemeinstellungen sind standardmäßig über das Zahnradsymbol im Dock zu erreichen. Haben Sie das Symbol aus dem Dock entfernt, können Sie die Systemeinstellungen jederzeit über **Apfel-Menü –> Systemeinstellungen** aufrufen.

Wie der Name schon sagt, legen Sie hier systemweite Einstellungen fest, mit denen Sie das Verhalten von macOS Ihren Wünschen entsprechend anpassen können. Das reicht von der Wahl des Bildschirmhintergrundes bis zur Netzwerkkonfiguration. Sobald es darum geht, etwas an Ihrem Mac zu regeln, zu konfigurieren, einzustellen oder festzulegen, sind Sie bei den Systemeinstellungen richtig.

Aufbau

Das Fenster der Systemeinstellungen ist standardmäßig in vier übersichtliche Bereiche unterteilt, in denen die verschiedenen Einstellungen nach (nicht genannten) Kategorien geordnet werden.

Die Systemeinstellungen sind in vier, mitunter auch fünf Bereiche unterteilt: ❶ *Hier passen Sie macOS an Ihre individuellen Vorlieben und Wünsche an.* ❷ *Im zweiten Abschnitt geht es um Einstellungen zur Hardware.* ❸ *Es folgen Einstellungen rund um das Internet und Netzwerke.* ❹ *In der vierten Kategorie werden schließlich die systemnahen Einstellungen, wie etwa das Datumsformat oder die Benutzerverwaltung, aufgeführt.* ❺ *Falls Sie Systemerweiterungen oder systemnahe Programme anderer Anbieter installiert haben, zeigt macOS sie in einem fünften Abschnitt an. Über die Suche* ❻ *können Sie die Systemeinstellungen nach bestimmten Stichwörtern durchforsten. Ein Klick auf das Gittersymbol* ❼ *bringt Sie immer zur Übersicht zurück.*

Das Fenster der Systemeinstellungen unterscheidet sich ein wenig von den sonst üblichen Fenstern unter macOS. So ist es etwa nicht skalierbar und passt seine Größe automatisch dem gewählten Inhalt an. Sie rufen eine Einstellung mit einem Klick auf das entsprechende Symbol auf. Die gewählten Einstellungen werden fensterfüllend angezeigt, und mit einem Klick auf das Gittersymbol kehren Sie wieder zur Gesamtübersicht zurück.

 Nach Namen: Wenn Sie die Systemeinstellungen nicht nach Kategorien, sondern nach Namen geordnet haben möchten, wählen Sie **Einstellungen –> Alphabetisch ordnen**.

Kapitel 17 Systemeinstellungen und Dienstprogramme

Einträge

Gehen wir nun die verschiedenen Einträge der Systemeinstellungen einmal in alphabetischer Reihenfolge durch:

Allgemein: Das generelle Erscheinungsbild von macOS ist zwar fest vorgegeben, lässt sich aber in Maßen ändern. So können Sie das Farbschema von *Blau* auf *Graphite* ändern, den „Dark Mode" von macOS aktivieren oder die Farbe festlegen, mit der im Finder Einträge markiert werden. Die Größe der Symbole in der Seitenleiste lässt sich hier ebenfalls anpassen, und Sie können auch festlegen, ob die Rollbalken immer eingeblendet werden sollen (standardmäßig entscheidet dies das System automatisch in Abhängigkeit vom Eingabegerät). Möchten Sie auf das Resume-Feature nicht verzichten (also darauf, dass sich ein Programm merkt, welche Dokumente beim Schließen noch geöffnet waren), so deaktivieren Sie hier *Fenster beim Beenden eines Programms schließen*. Ein etwas unvermittelter Eintrag, den Sie hier vermutlich nicht erwarten: Hier legen Sie auch fest, mit welchem Webbrowser macOS standardmäßig aufs Internet zugreifen soll.

App Store: Der App Store ist zwar nicht der einzige, aber der bequemste Weg, um neue Software für Ihren Mac zu kaufen. Der App Store kümmert sich auch darum, dass Ihre Programme immer auf dem neuesten Stand sind, und versorgt Ihren Mac mit Updates. In den Einstellungen legen Sie fest, wie macOS mit Updates umgehen soll. Standardmäßig werden Updates automatisch im Hintergrund geladen und installiert. Wenn Sie das lieber selbst in die Hand nehmen wollen, können Sie diese Punkte hier ausschalten.

Bedienungshilfen: Apple legt großen Wert darauf, dass ein Mac auch dann bedienbar ist, wenn man nicht allzu gut sehen oder hören kann. Wenn Sie Probleme mit zu kleinen Texten oder Darstellungen haben, können Sie hier einen Zoom aktivieren, bei dem Sie auf Tastendruck den gesamten Bildschirminhalt vergrößern können. Auch die VoiceOver-Funktion, bei der Ihnen Bildschirminhalte vorgelesen werden, lässt sich hier einstellen.

Benutzer & Gruppen: macOS ist ein Mehrbenutzersystem. Sie können mehrere Accounts einrichten, die jeweils über eigene Ordner für Dokumente und Programmeinstellungen verfügen. Dabei ist ein Wechsel zwischen den Benutzern möglich: Sie können sich also zum Beispiel anmelden, mit Ihren Dokumenten arbeiten, sich abmelden und Ihren Mac einem anderen Benutzer überlassen. So lässt sich ein und derselbe Mac von mehreren Personen in einer Familie nutzen. Natürlich sind die jeweiligen persönlichen Dokumente auch nur für den jeweiligen Account verfügbar. Wie Sie einen Benutzer einrichten und zwischen den Benutzern wechseln, erfahren Sie weiter unten in diesem Kapitel.

Bluetooth: Die kabellose Verbindung von Geräten (wie Maus, Tastatur oder Trackpad) ist dank Bluetooth kein Problem. Die verschiedenen Geräte, die mit Ihrem Mac auf diese Art verbunden sind, werden in diesen Einstellungen verwaltet. Hier können Sie bestehende Verbindungen löschen, um etwa eine Bluetooth-Maus mit einem anderen Computer benutzen zu können, aber auch neue Geräte hinzufügen.

CDs & DVDs: Wie soll Ihr Mac reagieren, wenn Sie eine CD oder DVD in ein angeschlossenes Laufwerk einlegen? Was passiert beim Einlegen eines Rohlings? Diese Einstellungen nehmen Sie hier vor, wobei Sie zwischen verschiedenen Standardaktionen wählen oder das System anweisen können, überhaupt nicht zu reagieren bzw. nachzufragen, was zu tun ist.

Datum & Uhrzeit: Damit Sie immer wissen, was die Stunde geschlagen hat, greift der Mac auf einen Zeitserver im Internet zu und zeigt die Uhrzeit in der Menüleiste an. Sie können die Uhr aber auch manuell stellen. Wie die Uhr angezeigt werden soll, legen Sie unter *Datum & Uhrzeit* fest. Statt der üblichen Digitalanzeige können Sie auch eine analoge Uhr sowie Wochentag und Datum einblenden. Es ist auch möglich, die Sekunden anzeigen oder das Trennzeichen in der digitalen Anzeige im Sekundentakt blinken zu lassen.

Dock: Standardmäßig sitzt das Dock mit recht großen Symbolen am unteren Bildschirmrand. Das können Sie ändern, lässt sich das Dock doch auch rechts oder links einblenden. Wenn Sie hier den Punkt *Vergrößerung* aktivieren, können Sie das Dock sehr klein machen. Sobald Sie ihm mit der Maus zu nahe kommen, wölbt es sich Ihnen entgegen und ist gut erkennbar. Bei kleinen Bildschirmen kann es sinnvoll sein, das Dock automatisch ein- und auszublenden. Dabei wird das Dock nur eingeblendet, wenn Sie mit der Maus an den unteren Bildschirmrand zeigen.

Drucker & Scanner: Hier verwalten Sie alle im System installierten Drucker und Scanner und legen einige Standardeinstellungen (wie Papiergröße und Standarddrucker) fest. Außerdem fügen Sie hier Drucker hinzu, die das System eventuell nicht automatisch erkennt, und Sie haben Zugriff auf die Warteschlange, in die macOS alle Druckaufträge einreiht. So lässt sich etwa ein wartender, aber noch nicht an den Drucker geschickter Druckauftrag löschen.

Kapitel 17 Systemeinstellungen und Dienstprogramme

Energie sparen: Ein Computer ist normalerweise mehrere Stunden eingeschaltet. Manche Anwender schalten ihn auch überhaupt nicht aus. Nicht immer sitzt jemand davor, und nicht immer wird der Computer aktuell benötigt. Es ist daher sinnvoll, ihn nach einer gewissen Wartezeit in den Ruhezustand zu versetzen und den Bildschirm auszuschalten. Wie lange Ihr Mac warten soll, bis er sich zur Ruhe begibt, legen Sie hier fest. Zudem kann hier die Funktionalität *Power Nap* aktiviert werden. Damit kann der Mac im Ruhezustand einige Arbeiten im Hintergrund erledigen. Sobald Sie den Rechner wieder aufwecken, ist dieser stets auf dem aktuellen Stand.

Erweiterungen: Sierra ist von Haus aus ein sehr mächtiges und vielseitiges System. Doch nichts ist so gut, dass es nicht noch verbessert werden könnte, und so kann macOS über eine spezielle Schnittstelle um weitere Funktionen erweitert werden. Diese Funktionen werden von Apps anderer Hersteller zur Verfügung gestellt und lassen sich dann – ohne dass diese Apps extra aufgerufen werden müssen – von macOS-Programmen nutzen. So ist es etwa möglich, dass Sie direkt aus *Fotos* auf Funktionen der Bildbearbeitung *Pixelmator* zugreifen oder fast beliebige Daten umstandslos an die Aufgabenverwaltung *Things* durchreichen können. Welche Erweiterungen auf Ihrem Mac aktiv sind, legen Sie im Punkt *Erweiterungen* fest.

Freigaben: Damit Sie im Netzwerk Daten zwischen zwei Macs austauschen oder Peripheriegeräte (wie Drucker oder Scanner), die an einem Mac angeschlossen sind, auch mit einem anderen Computer im Netzwerk nutzen können, müssen Ordner bzw. Geräte für die Nutzung im Netzwerk freigegeben werden. Die entsprechenden Einstellungen nehmen Sie in den *Freigaben* vor. Hier können Sie auch den Namen festlegen, unter dem Ihr Mac im Netzwerk auftauchen soll.

iCloud: Apples kostenloser Onlinedienst iCloud wird als wichtige Systemkomponente ebenfalls in den Systemeinstellungen konfiguriert. Hier legen Sie fest, welche Inhalte Sie mit iCloud verwalten möchten (etwa *Mail*, *Notizen*, *Kalender*, *Kontakte*), und konfigurieren den Speicherplatz Ihres Accounts.

Internet-Accounts: Ein Account bei einem Anbieter wie etwa Google, AOL oder Apple, aber auch der Exchange-Account im Firmennetz umfasst mehr als nur E-Mail. Er kann auch für Nachrichten, Kalender, Kontakte und andere Programme genutzt werden. Zwar können Sie Ihren Account in den jeweiligen Programmen verwalten, aber einfacher geht es an dieser zentralen Stelle in den Systemeinstellungen.

Kindersicherung: Wer seinen Kindern den Zugriff auf den Mac erlauben will, kann hier einen speziellen Benutzeraccount einrichten, bei dem der Zugriff auf bestimmte Programme und Funktionen beschränkt ist. So lässt sich etwa ein stark vereinfachter Finder aktivieren, der keinen direkten Dateizugriff bietet und damit zum Beispiel verhindert, dass ein unerfahrener Benutzer versehentlich Dateien verschiebt oder löscht. Um die Verwaltung eines Accounts mit der Kindersicherung zu deaktivieren, wählen Sie den Account in den Systemeinstellungen unter *Benutzer & Gruppen* aus und entfernen das Häkchen bei *Kindersicherung aktivieren*. Wie Sie einen zusätzlichen Benutzeraccount anlegen, erfahren Sie weiter unten in diesem Kapitel.

Maus: macOS kann mit jeder beliebigen Maus bzw. mit jedem beliebigen Trackball (der auch an dieser Stelle verwaltet wird) bedient werden. Die Besonderheiten von macOS kommen erst bei einer Maus mit berührungsempfindlicher Oberfläche zum Tragen, also bei Apples Magic Mouse. Wie das System auf bestimmte Wisch- und Tippgesten reagieren soll, legen Sie in diesen Einstellungen fest. Wenn Sie sich übrigens mit der geänderten Scrollrichtung von macOS überhaupt nicht anfreunden können, deaktivieren Sie hier den Punkt *Scrollrichtung: Natürlich*.

Mission Control: Je nach Eingabegerät werden *Mission Control*, *Dashboard* und *Exposé* mit verschiedenen Gesten oder Tasten aufgerufen. Die Standardtasten lassen sich den Gegebenheiten anpassen. Wenn Sie mit der großen Tastatur von Apple arbeiten, die neben einem numerischen Tastenblock auch 19 Funktionstasten bietet, dann können Sie die verschiedenen Funktionen von *Mission Control* zum Beispiel auf die Tasten *F16* bis *F19* legen.

Mitteilungen: Unter macOS können Ihnen Programme Mitteilungen schicken, also zum Beispiel darauf hinweisen, dass eine neue E-Mail eingetroffen ist oder ein Termin fällig wird. Hier konfigurieren Sie, wie ein Programm dies tun soll und ob es in der Mitteilungszentrale auftaucht. Natürlich lassen sich die Hinweise eines Programms hier auch komplett ausschalten.

Monitore: Die populärsten Macs – die MacBooks und iMacs – haben einen fest integrierten Monitor, wobei sich das System dem Monitor optimal anpasst und ihn in der maximal größten Auflösung ansteuert. Mitunter aber möchte man die Auflösung ändern oder einen externen Monitor anschließen: Dann schlägt die Stunde dieser Einstellungen.

Netzwerk: Der Mac kann auf verschiedene Weise in ein Netzwerk eingebunden werden, wobei die wichtigste Verbindung wohl die WLAN-Verbindung ist. Normalerweise werden Sie hier etwas konfigurieren müssen, wenn Sie Ihren Mac mit einem Ethernet-Kabel in ein Netzwerk einbinden möchten. In diesem Fall hilft Ihnen der Verantwortliche des entsprechenden Netzwerks weiter.

Kapitel 17 Systemeinstellungen und Dienstprogramme

Schreibtisch & Bildschirmschoner: Wie bei einer grafischen Benutzeroberfläche üblich, lässt sich auch bei macOS der Bildschirmhintergrund praktisch beliebig wählen. Zur Auswahl steht eine Reihe hochwertiger Fotografien; Sie können aber auch eigene Fotos benutzen. Möchten Sie die Entscheidung dem System überlassen, dann aktivieren Sie *Bild ändern* und legen ein Intervall fest, in dem macOS den Bildschirmhintergrund austauschen soll. Ähnliches gilt für die Bildschirmschoner, bei denen Sie entweder eine der mitgelieferten Animationen oder eine Diashow benutzen können. Hier legen Sie auch fest, nach welcher Zeitspanne der Untätigkeit der Bildschirmschoner aktiv werden soll.

Sicherheit: Die Sicherheitseinstellungen sind von zentraler Bedeutung für die Arbeit an Ihrem Mac und werden daher zusätzlich geschützt. Hier können Sie nur nach Eingabe Ihres Passworts Änderungen vornehmen. Lediglich die Einstellungen, wann der Mac nach einem Passwort fragen soll, sind jederzeit zu ändern.

Siri: Die Sprachsteuerung Siri werde ich Ihnen in diesem Kapitel noch vorstellen. In den Einstellungen zu Siri können Sie Siri nicht nur ein- und ausschalten, sondern auch festlegen, mit welcher Sprache und Stimme Siri arbeiten soll, wie Siri aufgerufen wird und ob das Siri-Symbol in der Menüleiste angezeigt werden soll.

Spotlight: Mit der systemweiten Suchfunktion *Spotlight* haben wir uns in Kapitel 5 beschäftigt. Standardmäßig indexiert Spotlight so ziemlich alles, was Sie auf Ihrem Mac speichern. Hier können Sie bestimmte Bereiche und Dateitypen von der Suche ausnehmen und auch die Reihenfolge der Suchergebnisse ändern. Zudem können Sie hier das Tastenkürzel ändern, mit dem Sie Spotlight starten.

Sprache & Region: macOS kann auf verschiedene Sprachen eingestellt werden, wobei es die jeweils länderspezifischen Formatierungen bei der Notation von Währungen, Zahlen oder Daten berücksichtigt. Wenn Sie also einmal das gesamte System von Deutsch auf Englisch umstellen möchten – unter *Sprache & Region* ist dies möglich.

Startvolume: Normalerweise bootet Ihr Mac von seiner internen Festplatte. Doch manchmal möchte man auch von einem anderen Laufwerk bzw. einer anderen Partition booten. In diesem Fall wählen Sie hier das gewünschte Laufwerk und klicken auf *Neustart*. Obacht! macOS merkt sich das neue Startlaufwerk als Standardlaufwerk. Bevor Sie Ihren Mac also ausschalten, sollten Sie bei einem Wechsel des Startlaufwerks noch einmal mit Ihrem üblichen Laufwerk booten.

Bootmenü: Wenn etwas schiefgegangen ist (zum Beispiel weil das gewählte Startlaufwerk beschädigt ist), kann es passieren, dass Ihr Mac immer wieder versucht, mit dem defekten oder nicht mehr verfügbaren Laufwerk zu starten. In diesem Fall schalten Sie den Mac komplett aus, halten die **alt**-Taste gedrückt und schalten ihn wieder ein. Es erscheint ein Menü, in dem Sie das gewünschte Startlaufwerk wählen können.

Tastatur: Hier legen Sie fest, nach welcher Verzögerung die Tastatur reagieren soll, wenn Sie eine Taste etwas länger gedrückt halten. Je kürzer die *Ansprechverzögerung* ist, desto schneller entscheidet macOS, dass Sie die Taste absichtlich länger gedrückt halten, und startet die *Tastenwiederholung*, deren Geschwindigkeit Sie ebenfalls anpassen können. Hier können Sie auch festlegen, dass die *F*-Tasten als Standardtasten und nicht zur Steuerung der Sonderfunktionen (wie Bildschirmhelligkeit oder Lautstärke) benutzt werden sollen. Im Register *Kurzbefehle* definieren Sie Tastenkombinationen zur schnellen Steuerung verschiedener Funktionen. Damit beschäftigen wir uns in weiter unten in diesem Kapitel.

Time Machine: Die OS-X-eigene Backup-Lösung haben Sie in Kapitel 16 kennengelernt. In den Einstellungen können Sie ein neues Backup-Medium wählen, nachschlagen, wann das letzte Backup gemacht wurde, oder Speicherbereiche vom Backup ausnehmen. Hier lässt sich Time Machine auch komplett ausschalten bzw. pausieren.

Ton: macOS weist durch einen Warnton auf Probleme oder Fehler hin. Welcher Ton das sein soll, legen Sie hier fest. Hier können Sie auch das integrierte Mikrofon konfigurieren, die Gesamtlautstärke des Systems regeln oder die Balance bei der Stereowiedergabe einstellen.

Touch ID: Sofern Sie ein MacBook Pro inkl. Touch Bar besitzen, können Sie hier Ihren Fingerabdruck hinterlegen und definieren, wofür dieser zum Einsatz kommen darf.

Trackpad: Erst mit Apples großem Multitouch-Trackpad kann macOS seine Besonderheiten voll ausspielen. Es sind Gesten mit bis zu vier Fingern möglich. Wenn Sie sich mit der geänderten Scrollrichtung von macOS überhaupt nicht anfreunden können, so deaktivieren Sie auf der Registerkarte *Scrollen und Zoomen* den Punkt *Scrollrichtung: Natürlich*.

Standardmäßig sind unter *Zeigen und Klicken* zwei Trackpad-Gesten deaktiviert, die mit ein wenig Übung den Umgang mit macOS jedoch erheblich beschleunigen können:

- *Klick durch Tippen:* Ein Mausklick wird beim Trackpad durch das Herunterdrücken des gesamten Trackpads realisiert. Das funktioniert, ist auf Dauer aber ein wenig anstrengend. Wenn Sie dagegen diesen Punkt aktivieren, dann genügt ein sanfter Fingertipp auf das Trackpad, um einen

Klick auszulösen. Das ist anfangs etwas ungewohnt, und es wird vermutlich zu einigen unverhofften Klicks kommen. Doch geben Sie dem Verfahren eine Chance – man gewöhnt sich sehr schnell daran und möchte es anschließend nicht mehr missen.

- *Mit drei Fingern bewegen:* Wenn Sie diese Option aktivieren, dann wird die Kombination aus „Klick und Bewegung" durch eine Bewegung mit drei Fingern ersetzt. Um Objekte zu verschieben, müssen Sie sie also nicht mehr anklicken und mit gedrückter Taste ziehen, sondern Sie bewegen sie mit einer Drei-Finger-Geste. Das gilt auch für das Skalieren von Fenstern oder beim Markieren von Textbereichen. Wenn Ihre Finger für eine Sekunde lang den Kontakt zum Trackpad verlieren, dann wird das bewegte Objekt losgelassen. Wenn Sie diese Option aktivieren, dann werden die Gesten, die standardmäßig mit drei Fingern ausgeführt werden – das Wechseln zwischen Spaces und der Aufruf von Mission Control –, durch Vier-Finger-Gesten ersetzt. Wie beim *Klick durch Tippen* ist auch diese Geste gewöhnungsbedürftig, kann sich in der Praxis aber als sehr effektiv erweisen.

Login: Klick durch Tippen wird vom System erst erkannt, wenn Sie sich angemeldet haben und das System vollständig geladen ist. Bei der Anmeldung nach einem Neustart Ihres Macs ist diese Geste also noch nicht aktiv. Hier müssen Sie das Trackpad noch herunterdrücken, um einen Mausklick auszuführen.

Siri

Wer die TV-Serie „Star Trek" kennt, der weiß, wie man dort mit Computern umgeht: Man redet mit ihnen, gibt ihnen Kommandos in natürlicher Sprache und erhält gesprochene Antworten. Das ist Science-Fiction, keine Frage. Doch mit Siri wird diese Zukunftsvision ein wenig Realität. Apple preist Siri als „intelligenten Assistenten" an, mit dem man sich ganz normal unterhalten könne, um bestimmte Aktionen auszulösen: Ob Wetterbericht oder Nachricht, FaceTime oder eine Notiz – all das können Sie dank Siri in einem kleinen Gespräch erledigen oder abfragen. Allerdings: Siri versteht viel, aber nicht alles. Doch das sollte Sie nicht weiter irritieren; probieren Sie Siri einfach aus.

Siri aktivieren

Falls Sie Siri nicht schon bei der Einrichtung des Macs aktiviert haben, können Sie dies jederzeit unter *(Apfel-Menü) –> Systemeinstellungen –> Siri* nachholen. Hier können Sie Siri auch ein wenig konfigurieren, indem Sie die Sprache und die Stimme einstellen. Außerdem legen Sie hier fest, ob Siri mit gesprochener Sprache reagieren soll und über welchen Tastaturkurzbefehl Sie Siri starten.

Die Systemeinstellungen für Siri.

Aktivieren Sie Siri mit einem Mausklick ❶. Standardmäßig versteht Siri Deutsch. Wenn Sie lieber in einer anderen Sprache mit Siri interagieren möchten, lässt sich das natürlich ändern ❷. Siri spricht normalerweise mit einer weiblichen Stimme. Möchten Sie lieber eine männliche Stimme hören, schalten Sie diese bei „Siri-Stimme" ein ❸. Möchten Sie von Siri überhaupt nichts hören, sondern nur die Ergebnisse angezeigt bekommen, schalten Sie die *Sprachausgabe* ❹ kurzerhand aus. Von Haus aus startet Siri, wenn Sie *alt + Leertaste* länger gedrückt halten – auch das lässt sich natürlich anpassen ❺. Wenn Sie *Siri in der Menüleiste anzeigen* wählen ❻, können Sie Siri auch mit einem Klick auf das Siri-Symbol in der Menüleiste starten.

Siri im Einsatz

Um ein Gefühl dafür zu bekommen, was Siri alles kann, starten Sie Siri einfach mal. Rechts oben wird ein kleines Feld eingeblendet, in dem sich eine bunte Welle bewegt. Solange Sie diesen Balken sehen, hört Siri zu und wartet auf Ihre Frage oder Anweisung. Sagen Sie jetzt: „Hilfe." Siri blendet nun eine lange Liste

Kapitel 17 Systemeinstellungen und Dienstprogramme

mit möglichen Einsatzgebieten ein. Wenn Sie einen der Punkte anklicken, werden Ihnen verschiedene Beispiele gezeigt.

Wenn Sie die bunte Welle sehen, hört Siri zu. Klicken Sie nach „Hilfe" auf einen Eintrag, um sich konkrete Beispiele anzeigen zu lassen. Um Siri eine Anweisung zu geben oder eine Frage zu stellen, klicken Sie auf das Mikrofon.

Fragen Sie Siri doch einfach mal nach der Uhrzeit („Wie spät ist es?") oder nach dem Wetter. Dabei müssen Sie sich übrigens nicht auf simple Fragen wie „Wie wird morgen das Wetter?" beschränken, sondern können auch Formulierungen wie „Brauche ich morgen einen Regenschirm?" benutzen. Siri kann auch Wissensfragen beantworten („Wie hoch ist das Matterhorn?"), Sportergebnisse nachschlagen („Wie hat der BVB gespielt?") oder Ihnen eine Route berechnen. Nach einer Frage wie „Wie komme ich von hier zum Hauptbahnhof?" startet Siri die Karten-App und zeigt Ihnen dort die gewünschte Route an. (Dazu müssen Sie Siri natürlich den Zugriff auf die Ortungsdienste erlauben.)

Siri kann auch Applikationen starten und direkt mit ihnen interagieren. Mit „Ruf meine Frau" lassen Sie Siri die passende Telefonnummer wählen oder mit „Erinnere mich an Einkaufen" eine entsprechende Erinnerung anlegen. Mit „Zeige mir Fotos aus München" wird die Fotos-App geöffnet, wo die passenden Bilder angezeigt werden. Sie können mit Siri auch Dateien auf Ihrem Mac finden, iTunes steuern, Systeminformationen zu Ihrem Mac abrufen und vieles mehr.

Der Mac besitzt zwar keine Wetter-App, aber Siri kann Wetterdaten aus dem Internet abrufen.

Siri kann auch Fußballergebnisse nachschlagen oder nach Bildern im Internet suchen. Gefundene Bilder lassen sich einfach mit Drag & Drop aus dem Siri-Fenster auf den Schreibtisch ziehen oder auch gleich in ein Dokument übernehmen. Klicken Sie hingegen ein Bild mit der rechten Maustaste an, um dieses per Kopieren in die Zwischenablage zu legen. Über das Plus-Symbol wird die Siri-Antwort als sogenanntes Widget unmittelbar in die Mitteilungszentrale übernommen. Im Falle von Wetter- oder Aktiendaten werden diese natürlich stets übers Internet aktualisiert.

Kapitel 17 Systemeinstellungen und Dienstprogramme

Möchten Sie Siri beenden, sagen Sie einfach „Tschüss" oder „Auf Wiedersehen", und das Fenster wird wieder ausgeblendet. Alternativ dazu können Sie auch auf das kleine X im Siri-Fenster klicken. Um eine Antwort von Siri abzubrechen und das Fenster zu schließen, drücken Sie einfach die esc-Taste.

Vielleicht haben Sie ja jetzt Lust bekommen, mit Siri herumzuspielen – wozu ich Sie ermuntern möchte. Was Siri alles kann, erkennt man erst, wenn man das System eine Zeitlang ausprobiert hat. Wenn etwas nicht funktioniert, sollten Sie nicht gleich aufgeben. Manchmal reagiert Siri anders als gedacht, aber mitunter genügt es schon, die Frage ein klein wenig umzuformulieren – und obendrein wird Siri von Apple kontinuierlich verbessert: Wo Siri heute kapituliert, kann es schon morgen erfolgreich sein.

Siri bietet sehr viel mehr, als ich Ihnen im Rahmen dieses Buches zeigen kann. Wenn Sie sich ausführlich mit Siri beschäftigen möchten, empfehle ich Ihnen mein Buch „Siri Handbuch – für Mac, iPhone, iPad, Apple TV & Apple Watch" aus dem amac-buch Verlag.

Siri Handbuch, ISBN 978-3-95431-050-0, € 9,95

Drucken & Scannen

Drucken unter macOS ist ausgesprochen einfach: Drucker anschließen, fertig. Da macOS von Haus aus eine umfangreiche Sammlung an Druckertreibern mitbringt, müssen Sie sich bei praktisch allen handelsüblichen Druckern um nichts kümmern: Das Gerät funktioniert einfach, sobald es angeschlossen ist.

Nur in sehr seltenen Fällen meldet macOS, dass kein Treiber verfügbar ist. In diesem Fall müssen Sie dann auf die Treiber-CD des Herstellers zurückgreifen, die in der Regel mit dem Drucker geliefert wird.

 Das Schweizermesser für Drucker-Treiber: Wenn ein Drucker sehr neu oder sehr alt ist, kann es sein, dass der Anbieter keine Treiber zur Verfügung stellt. Hier empfehle ich Ihnen **Gutenprint**. Dabei handelt es sich um ein systemnahes Tool, dass sich den Unix-Unterbau zunutze macht und das CUPS-Modul ausreizt (CUPS steht für „Common Unix Printer System"). Damit lassen sich praktisch alle denkbaren Drucker unter macOS ansteuern. Gutenprint finden Sie unter **http://gimp-print.sourceforge.net/MacOSX.php**.

Drucker löschen/hinzufügen

macOS merkt sich alle Drucker, die Sie jemals angeschlossen haben. Um einen überflüssigen Druckereintrag wieder zu entfernen, rufen Sie *Apfel-Menü –> Systemeinstellungen –> Drucker & Scanner* auf. Markieren Sie hier den gewünschten Eintrag, und klicken Sie auf die Minustaste. Nach einer Sicherheitsabfrage wird der Druckereintrag gelöscht.

Falls Sie versehentlich Ihren Standarddrucker gelöscht haben, lässt er sich sehr einfach wieder hinzufügen (vorausgesetzt, er ist aktuell an Ihren Mac angeschlossen):

- *Der Drucker ist ausgeschaltet:* Schalten Sie den Drucker ein. macOS erkennt ihn automatisch und trägt ihn sofort wieder ein.
- *Der Drucker ist eingeschaltet:* Klicken Sie auf das Pluszeichen. macOS sucht nach neuen Druckern und zeigt Ihnen alle gefundenen Geräte (auch Netzwerkdrucker) in einem Fenster an. Wählen Sie den gesuchten Drucker aus, und klicken Sie auf *Hinzufügen*.

Kapitel 17 Systemeinstellungen und Dienstprogramme

Der Druckdialog

Mit *Ablage –> Drucken* bzw. *cmd + P* öffnen Sie bei praktisch jeder Applikation den Druckdialog, der sich je nach Programm und angeschlossenem Drucker zwar unterscheidet, in der Regel aber demselben Schema folgt.

Bevor Sie vollen Zugriff auf sämtliche Druckereinstellungen haben, müssen Sie sich im Druckdialog die Details einblenden lassen.

Der Dialog startet in einer Kurzfassung, in der Sie lediglich den Drucker, die Anzahl der Kopien ❶ und die zu druckenden Seiten ❷ (*Alle* bzw. *Bereich*) angeben. Außerdem sehen Sie eine Druckvorschau, durch die Sie auch blättern können ❸. Ist alles so, wie Sie es sich vorstellen, schicken Sie mit einem Klick auf *Drucken* ❹ die Daten an den Drucker ab.

In der Praxis bedeutet das fast immer, dass Sie nach dem Aufruf des Druckdialogs noch genau einen Mausklick benötigen, um ein Dokument komplett zu drucken. Möchten Sie es allerdings etwas differenzierter haben, müssen Sie ins Detail der Druckersteuerung gehen und folgerichtig auf *Details einblenden* ❺ klicken. In diesem Dialog lassen sich sämtliche Druckparameter einstellen. Über das Dropdown-Menü in der Mitte ❻ können Sie *Layout*, *Papierhandhabung*, *Papiereinzug*, *Deckblatt* und die *Druckeinstellungen* wählen.

Unter *Layout* legen Sie etwa fest, wie viele Seiten pro Blatt gedruckt werden sollen. Falls Ihr Drucker keinen beidseitige Druck unterstützt, können Sie ihn unter *Papierhandhabung* manuell realisieren. Hier wählen Sie unter *Zu druckende Seiten* entweder *Nur ungerade* oder *Nur gerade*. Nachdem der Drucker die ungeraden oder geraden Seiten ausgegeben hat, nehmen Sie das Papier aus dem Drucker, drehen es herum, legen es wieder ein und drucken nun die geraden bzw. ungeraden Seiten. In welcher Reihenfolge Sie hier vorgehen und wie herum die Seiten gedreht werden müssen, hängt vom Druckermodell ab; hier gibt es leider keinen echten Standard. Am besten probieren Sie das einmal mit einem einfachen mehrseitigen Dokument aus.

Als PDF drucken

Eine Besonderheit von macOS ist die Integration von PDF. Sie benötigen weder für die Anzeige noch für die Erzeugung von PDF-Dateien spezielle Software. Für die Anzeige ist *Vorschau* zuständig (siehe dazu Kapitel 14), und für die Erzeugung werden die Druckroutinen von macOS genutzt, die auch dann funktionieren, wenn Sie keinen Drucker angeschlossen haben. Denn damit werden nicht nur Dokumente an den Drucker geschickt, sondern auf Wunsch auch zum PDF-Modul von macOS. Sie „drucken" also gewissermaßen in eine PDF-Datei statt auf ein Blatt Papier.

Manche Programme bringen bereits einen Menüeintrag für den Export nach PDF mit. Bei allen anderen Programmen können Sie über den Druckdialog eine PDF-Datei erzeugen. Rufen Sie dazu mit *cmd + P* den Druckdialog auf, und klicken Sie darin auf die Taste *PDF*.

Über den Druckdialog lässt sich ein Dokument auch „Als PDF sichern". Diese Option steht auch zur Verfügung, wenn überhaupt kein Drucker angeschlossen ist.

Scanner

Scanner werden von macOS genauso behandelt wie Drucker: Sobald ein Scanner angeschlossen ist, wird er kurzerhand dem System hinzugefügt und steht sofort zur Verfügung. Dabei werden die heute üblichen Kombigeräte, die Drucker und Scanner in einem sind, als zwei Geräte verwaltet.

Wie bei Ihrem Drucker können Sie auch Ihren Scanner unter *Systemeinstellungen –> Drucker & Scanner* löschen und manuell hinzufügen.

Kapitel 17 Systemeinstellungen und Dienstprogramme

Auch bei Scannern bietet macOS von Haus die Möglichkeit, das Gerät anzusteuern. Sie müssen also keine Extrasoftware des Herstellers installieren.

Um ein Dokument einzuscannen, gibt es folgende Möglichkeiten:

- *Vorschau:* Wählen Sie im Programm *Vorschau* den Menüpunkt *Ablage –> Aus Scanner importieren*.
- *Digitale Bilder:* Angeschlossene Scanner werden auch vom Programm *Digitale Bilder* verwaltet und in der Seitenleiste aufgeführt. Klicken Sie den Eintrag für Ihren Scanner an, um ein Dokument zu scannen.
- *Systemeinstellungen:* Wählen Sie unter *Systemeinstellungen –> Drucken & Scannen* Ihren Scanner, und klicken Sie auf *Scanner öffnen*.

Wenn Sie im Scan-Dialog auf *Scannen* klicken, wird das aktuelle Dokument in voller Größe eingelesen. Möchten Sie nur einen Ausschnitt scannen bzw. Auflösung, Farbe und Dateiformat des Scans einstellen, klicken Sie im Dialog auf *Details einblenden*.

USB-Sticks und Festplatten

Externe Laufwerke wie USB-Sticks oder Festplatten dienen zum Datenaustausch mit anderen Anwendern ebenso wie als Backup-Medium für eigene Dateien.

Festplattendienstprogramm: Zur Verwaltung, Partitionierung und Formatierung eines Laufwerks dient das Festplattendienstprogramm. Sie finden es im Launchpad im Ordner **Andere**.

Laufwerk anschließen

Ein angeschlossenes Laufwerk erscheint im Finder unter *Geräte*. Falls das nicht der Fall sein sollte, müssen Sie unter *Finder –> Einstellungen –> Seitenleiste* den Punkt *Externe Festplatten* aktivieren.

Sie können sich ein angeschlossenes Laufwerk auch auf dem Schreibtisch zeigen lassen. Aktivieren Sie dazu unter *Finder –> Einstellungen –> Allgemein* im Abschnitt *Diese Objekte auf dem Schreibtisch anzeigen* den Punkt *Externe Festplatten*.

Vorsicht beim Trennen von Laufwerken!

Wenn Sie eine externe Platte oder einen USB-Stick vom Mac trennen möchten, sollten Sie das Laufwerk nicht einfach abziehen. Das ist zwar möglich, birgt aber immer die (wenn auch geringe) Gefahr eines Datenverlusts.

Stattdessen sollten Sie das Laufwerk auswerfen. Klicken Sie dazu in der Seitenleiste des Finders auf das Auswurfsymbol neben dem Laufwerkseintrag. Sobald das Laufwerk im Finder nicht mehr angezeigt wird, können Sie es vom Mac trennen.

Formatieren

Um eine Festplatte oder einen USB-Stick zu formatieren – also den Inhalt komplett zu löschen und unter Umständen ein anderes Speicherformat festzulegen –, schließen Sie das Laufwerk an den Mac an und starten das *Festplattendienstprogramm*.

In der Seitenleiste sehen Sie nun das Laufwerk und die darauf enthaltenen Partitionen. In der Regel werden Sie hier nur einen Eintrag sehen. Klicken Sie diesen Eintrag an und anschließend in der Symbolleiste auf *Löschen*. Hier legen Sie nun das gewünschte Format fest, geben der Partition einen passenden Namen und klicken auf *Löschen*.

Umformatieren

Neue Festplatten oder USB-Sticks sind üblicherweise mit dem Microsoft-Format FAT16 oder FAT32 vorformatiert. Das hat den Vorteil, dass Sie die Speichermedien sofort nach dem Auspacken an praktisch jedem Computer einsetzen und so Daten zwischen Windows-, Linux- und OS-X-Computern austauschen können.

Nun kommt Ihr Mac zwar problemlos mit FAT16/32 zurecht, doch so richtig wohl fühlt sich macOS erst mit dem Mac-eigenen Format. Wenn Sie ein externes Laufwerk nur an Ihrem Mac benutzen – zum Beispiel als Sicherungs- bzw. Backup-Laufwerk –, sollten Sie das externe Laufwerk entsprechend umformatieren.

1. Schließen Sie den Datenträger (USB-Stick oder Festplatte) an Ihren Mac an.
2. Starten Sie das *Festplattendienstprogramm*.
3. Wählen Sie das Laufwerk in der Seitenleiste aus ❶.
4. Klicken Sie in der Symbolleiste auf *Löschen* ❷.
5. Geben Sie der Festplatte bzw. dem USB-Stick zuerst einen Namen ❸.

Kapitel 17 Systemeinstellungen und Dienstprogramme

6. Standardmäßig schlägt Ihnen macOS bereits die passenden Parameter vor. Als Format ❹ also *OS X Extended (Journaled)*, als Schema ❺ *GUID-Partitionstabelle*.
7. Anschließend klicken Sie auf *Löschen* ❻. Der Datenträger wird nun wie gewünscht formatiert.

Mit dem „Festplattendienstprogramm" können Sie Laufwerke umformatieren.

Mehrere Partitionen

Sie können ein Laufwerk auch in mehrere Partitionen unterteilen, die im Finder dann als eigene Laufwerke angezeigt werden. So können Sie etwa auf der Festplatte Platz für ein zweites Betriebssystem schaffen. Auch in diesem Fall kommt das Festplattendienstprogramm zum Einsatz.

Eine Festplatte wird partioniert.

366

1. Schließen Sie das Laufwerk an, wählen Sie es in der Seitenleiste des Festplattendienstprogramms aus, und klicken Sie auf *Partitionieren* **A**.
2. Sie sehen nun die aktuelle Partitionierung der Festpatte als Tortendiagramm.
3. Über die Plustaste **B** fügen Sie neue Partitionen hinzu.
4. Die Größe einer Partition wird über die Griffpunkte **C** angepasst.
5. Wählen Sie eine Partition mit einem Mausklick aus **D**.
6. Geben Sie der Partition einen Namen **E**.
7. Legen Sie das gewünschte Format fest **F**.
8. Mit einem Klick auf *Anwenden* **G** wird die Partitionierung übernommen.

Bluetooth-Geräte

Standardmäßig werden bei einem neuen iMac Tastatur und Trackpad/Maus via Bluetooth mit dem Mac verbunden. Natürlich können Sie auch andere Geräte auf diese Weise mit dem Mac koppeln.

Bluetooth ein/aus

Damit Ihr Mac sich mit Bluetooth-Geräten verbinden kann, muss Bluetooth natürlich aktiviert sein. Das ist bei neueren Macs, die mit Bluetooth-Peripherie ausgeliefert werden, standardmäßig der Fall. Normalerweise erkennen Sie dies am Bluetooth-Symbol in der Menüleiste oben rechts.

Falls das ausnahmsweise einmal nicht der Fall sein sollte, rufen Sie *Systemeinstellungen –> Bluetooth* auf und wählen dort *Aktiviert* und *Bluetooth-Status in der Menüleiste anzeigen*.

Die Option *Sichtbar* müssen Sie nur aktivieren, wenn Sie möchten, dass Ihr Mac von einem Bluetooth-Gerät automatisch erkannt werden soll. Das muss zur Verbindungsaufnahme nicht unbedingt der Fall sein, die Kontaktaufnahme kann auch von Ihrem Mac (und nicht vom Bluetooth-Gerät) aus erfolgen.

Wenn Sie an Ihrem Mac mit einer Bluetooth-Maus und -Tastatur arbeiten, können Sie Bluetooth nicht ausschalten, weil Sie ansonsten Ihren Mac nicht mehr steuern können. macOS informiert Sie darüber und lässt Bluetooth aktiviert.

Kapitel 17 Systemeinstellungen und Dienstprogramme

Geräte koppeln

Sobald der Mac ein Bluetooth-Gerät erkennt, wird es häufig automatisch verbunden („gekoppelt"). Mitunter müssen Sie diesen Prozess allerdings explizit starten, weil das Bluetooth-Gerät über einen Code freigegeben werden muss.

In diesem Fall rufen Sie *Apfel-Menü –> Systemeinstellungen –> Bluetooth* auf und klicken in das Geräte-Fenster. Ihr Mac sucht nun nach neuen Bluetooth-Geräten und zeigt eventuelle Treffer an. Nun können Sie das neue Gerät mit dem Mac koppeln.

Geräte trennen

Ein einmal gekoppeltes Gerät wird von macOS automatisch erkannt und verbunden, sobald es verfügbar ist. Möchten Sie ein Gerät explizit nicht mehr mit macOS verbinden, klicken Sie in der Menüleiste auf das Bluetooth-Symbol, klicken das Gerät mit der rechten Maustaste an und wählen *Verbindung beenden*. Gekoppelte Geräte, die für den Betrieb des Macs zwingend notwendig sind – also zum Beispiel die Tastatur oder eine Maus – werden automatisch sofort wieder neu verbunden. Um ein solches Gerät zu trennen, müssen Sie den Eintrag unter *Apfel-Menü –> Systemeinstellungen –> Bluetooth* löschen. Wählen Sie dazu das gewünschte Geräte aus und klicken Sie rechts außen auf das kleine *x*. Hier warnt macOS Sie, dass etwa das Entfernen einer Tastatur zu Problemen führen kann, folgt aber Ihrem Wunsch, sobald Sie auf *Tastatur entfernen* klicken.

Bevor Sie Geräte entfernen, die für den Betrieb eines Macs notwendig sind, werden Sie nachdrücklich gewarnt.

Bildschirmfotos

Um am Mac einen Screenshot aufzunehmen, gibt es verschiedene Möglichkeiten:

- *Kompletten Bildschirm fotografieren:* Drücken Sie *Shift + cmd + 3*. Sie hören ein Kamerageräusch, und auf dem Schreibtisch wird eine Grafikdatei abgelegt, die den aktuellen Inhalt des Desktops eingefangen hat.
- *Einen bestimmten Bereich fotografieren:* Drücken Sie *Shift + cmd + 4*. Der Mauszeiger verwandelt sich in einen Zielcursor, der die aktuellen Koordinaten anzeigt. Markieren Sie mit gedrückter Maustaste den gewünschten Bereich. Sobald Sie die Taste loslassen, hören Sie wieder das Kamerageräusch und finden anschließend das gewünschte Foto als Grafikdatei auf dem Schreibtisch.
- *Fenster fotografieren:* Zeigen Sie mit der Maus in das Fenster, das Sie fotografieren möchten. Drücken Sie *Shift + cmd + 4* und anschließend die *Leertaste*. Mit einem Mausklick knipsen Sie das markierte Fenster – nicht mehr, nicht weniger. Auch dieses Bild landet auf dem Schreibtisch.

 Fenster ohne Schatten: Standardmäßig fotografiert macOS ein Fenster zusammen mit seinem Schatten. Das ist oft störend, lässt sich aber leicht verhindern: Halten Sie beim Druck auf die Maustaste die **Leertaste** und die **alt**-Taste gedrückt, wird der Screenshot für ein Fenster ohne Schatten angelegt.

So weit, so gut. Doch was macht man, wenn man auch den Mauszeiger mit auf dem Bild haben möchte, um zum Beispiel die Auswahl eines Menüpunkts im Screenshot zu verdeutlichen? Dann braucht man das Programm *Bildschirmfoto*, das Sie im Launchpad im Ordner *Andere* finden.

In dessen *Einstellungen* legen Sie zuerst die Form des gewünschten Mauszeigers fest und wählen anschließend *Foto –> Selbstauslöser*. Nun startet ein Timer. Sie haben jetzt zehn Sekunden Zeit, bis der aktuelle Bildschirminhalt fotografiert wird. Halten Sie also den Mauszeiger an die gewünschte Stelle und warten Sie ab. Nach ein paar Sekunden piepst der Timer, und kurz darauf hören Sie das Kamerageräusch. Sobald sich ein neues Fenster mit dem Bildschirmfoto öffnet, können Sie die Maus wieder bewegen. Das Bildschirmfoto wird nicht automatisch gespeichert. Das übernehmen Sie mit *cmd + S*.

Kapitel 17 Systemeinstellungen und Dienstprogramme

Tastaturkurzbefehle

Viele Programme können über Tastenkürzel (oder, wie Apple sie nennt: Kurzbefehle) gesteuert werden. Dabei wird einem oft aufgerufenen Menüpunkt (etwa: *Datei öffnen*) eine Tastenkombination (etwa: *cmd + O*) zugewiesen.

Doch nicht allen Menüpunkten haben die Programmierer ein solches Kürzel zugewiesen. Falls es einen Menüpunkt gibt, bei dem Sie ein Tastenkürzel schmerzlich vermissen, gibt es einfache Abhilfe: Definieren Sie es doch selbst.

Exakter Name

Bevor man ein Tastenkürzel definieren kann, muss man den exakten Namen des Menüpunktes kennen, dem ein Kürzel zugewiesen werden soll. Dabei ist mit „exakt" wirklich exakt gemeint. Hat ein Menübefehl drei Punkte – etwa: *Als PDF exportieren …* –, dann gehören diese drei Punkte mit zum Namen des Befehls. Dabei handelt es sich nicht um drei einzelne Punkte, sondern um ein Sonderzeichen (Ellipse), das Sie mit *alt + .* eingeben. Der Menüeintrag, unter dem der Befehl zu finden ist, gehört dagegen nicht zum Namen.

Wie das in der Praxis funktioniert, zeige ich Ihnen an einem einfachen Beispiel.

Beispiel

Der Befehl *Fenster –> Alle Fenster zusammenführen* in Safari soll über die Tastenkombination *shift + alt + cmd + F* ausgeführt werden. Der exakte Befehl lautet „Alle Fenster zusammenführen".

Tastenkürzel definieren

Rufen Sie nun *Apfel-Menü –> Systemeinstellungen –> Tastatur –> Kurzbefehle* auf, und wählen Sie den Eintrag *App-Tastaturkurzbefehle*. Hier klicken Sie auf das Pluszeichen und wählen als *Programm* den Eintrag *Safari*. Unter *Menü* geben Sie nun „Alle Fenster zusammenführen" ein. Nun klicken Sie in das Feld *Tastaturkurzbefehl* und drücken die gewünschte Kombination, in unserem Beispiel also *shift + alt + cmd + F*. Nach einem Klick auf *Hinzufügen* nimmt macOS das neue Kürzel in seine Liste auf.

Das Kürzel wird sofort aktiv. Sie können also nun in Safari beliebig viele Fenster öffnen und mit dem neuen Kurzbefehl *shift + alt + cmd + F* in einem Fenster zusammenführen.

Sie können jedem Menüpunkt eines Programms ein eigenes Tastaturkürzel zuweisen. Dazu wählen Sie zuerst „App-Tastaturkurzbefehl" ❶, klicken auf die Plustaste ❷ und wählen das gewünschte Programm ❸. Geben Sie den exakten Namen des gewünschten Menübefehls ein ❹, klicken Sie in das Feld „Tastaturkurzbefehl", und drücken Sie die gewünschte Tastenkombination ❺. Mit einem Klick auf „Hinzufügen" ❻ wird das neue Kürzel sofort übernommen.

Kapitel 17 Systemeinstellungen und Dienstprogramme

So machen Sie Ihre Library sichtbar

Wie schon gelegentlich erwähnt wurde, versteckt macOS den Ordner *Library* in Ihrem Benutzerordner. Das ist eine recht sinnvolle Sache, denn einerseits muss man im Alltag so gut wie nie auf diesen Ordner zugreifen, andererseits kann ein unbedachter Eingriff in diesem Ordner fatale Folgen für das System haben.

Doch was ist mit den wenigen Fällen, in denen man doch ausnahmsweise einmal auf die Library zugreifen muss? Ganz einfach: Rufen Sie im Finder den Menüpunkt *Gehe zu* auf, und drücken Sie die *alt*-Taste – die Auswahl wird um den Punkt *Library* ergänzt.

Möchten Sie die Library im Finder dauerhaft einblenden, dann geht das auch. Nämlich so: Wechseln Sie im Finder zu Ihrem Benutzerordner, und wählen Sie *Darstellung –> Darstellungsoptionen einblenden* bzw. drücken Sie *cmd + J*. Hier aktivieren Sie nun den Punkt *Ordner „Library" anzeigen*.

Der „Library"-Ordner wird relativ selten benötigt und ist daher standardmäßig ausgeblendet. Müssen Sie doch einmal darauf zugreifen, holen Sie ihn entweder im Finder mit „Gehe zu" bei gedrückter „alt"-Taste hervor (links) oder Sie blenden ihn dauerhaft in den Darstellungsoptionen Ihres Benutzerordners ein (rechts).

Welche App öffnet was?

Das ist schon praktisch: Sie klicken eine beliebige Datei – ganz gleich ob Text, Video oder Audio – doppelt an und macOS öffnet sie. Dazu startet das System das passende Programm und übergibt diesem die gewünschte Datei. Die Applikation öffnet daraufhin die Datei und zeigt sie an bzw. ermöglicht ihre Bearbeitung.

Normalerweise können Sie diesen Prozess dem System überlassen, doch manchmal möchte man eine Datei mit einem ganz bestimmten Programm öffnen – und das ist nicht unbedingt dasjenige, das macOS für geeignet hält. Das ist zum Beispiel dann der Fall, wenn Sie eine Textverarbeitung wie *OpenOffice* installiert haben. In diesem Fall ist es häufig erwünscht, bei einem Doppelklick auf eine RTF-Datei diese nicht im Standardprogramm *TextEdit*, sondern in *OpenOffice* zu öffnen.

Hier gibt es drei Möglichkeiten:

- *Ausnahmsweise einmal:* Wenn Sie eine bestimmte Datei nur dieses eine Mal mit einem anderen Programm öffnen möchten, dann klicken Sie die Datei mit der rechten Maustaste an, wählen *Öffnen mit* und legen anschließend das gewünschte Programm fest.
- *Eine bestimmte Datei immer, aber nicht alle vom gleichen Typ:* Die zweite Möglichkeit besteht darin, dass Sie zwar eine bestimmte Datei in Zukunft immer mit einem anderen Programm öffnen möchten, aber für alle anderen Dateien dieses Typs die Standardverknüpfung behalten möchten. Rufen Sie dazu mit *cmd + I* die Infos der entsprechenden Datei auf, und wählen Sie unter *Öffnen mit* das gewünschte Programm.
- *Alle immer:* Schließlich können Sie noch festlegen, dass Dateien eines bestimmten Typs immer mit einem bestimmten Programm geöffnet werden sollen. In diesem Fall klicken Sie nach der Änderung auf die Schaltfläche *Alle ändern* und bestätigen die folgende Sicherheitsabfrage.

Kapitel 17 Systemeinstellungen und Dienstprogramme

Diktierfunktion

 Über die Diktierfunktion können Sie Text nicht nur eintippen, sondern über ein Mikrofon diktieren, das bei fast jedem Mac eingebaut ist. Der Mac übersetzt Ihre gesprochene Sprache automatisch in geschriebenen Text.

Funktionsweise

Standardmäßig werden Spracheingaben nicht auf dem Mac, sondern auf den Servern von Apple analysiert. Ihr Diktat wird dazu via Internet an Apple geschickt, dort analysiert und in Text umgesetzt; der Text wird zurückgeschickt und von macOS schließlich in das Dokument eingefügt.

Falls Sie das nicht möchten oder auch dann diktieren wollen, wenn Sie ausnahmsweise einmal offline sind, dann nutzen Sie die *Erweiterte Diktierfunktion*. Hier wird zuerst ein knappes Gigabyte an Sprachdaten geladen, und anschließend steht Ihnen die Diktatfunktion auch ohne die Hilfe von Apples Servern zur Verfügung.

Diktat einschalten

Bevor Sie die Funktion nutzen können, müssen Sie sie aktivieren. Dazu rufen Sie in den Systemeinstellungen den Punkt *Tastatur –> Diktat* auf, klicken auf *Ein* und bestätigen mit *Diktierfunktion aktivieren*.

Standardmäßig wird die Funktion mit einem zweimaligen Druck auf die *Fn*-Taste aktiviert. Andere Kombinationen legen Sie unter *Kurzbefehl* fest.

Die Sprache, in der Sie diktieren, wählen Sie unter *Sprache*.

Standardmäßig ist die Diktierfunktion ausgeschaltet und muss zuerst in den Systemeinstellungen aktiviert werden ❶. *Wenn Sie die Funktion auch dann einsetzen möchten, wenn Sie keine Internetverbindung haben, aktivieren Sie „Erweiterte Diktierfunktion verwenden"* ❷.

Diktieren

Sobald Sie nun in einem Dokument Text diktieren möchten, drücken Sie die Tastenkombination, die Sie gewählt haben, standardmäßig also *Fn*, *Fn*.

Es erscheint ein kleines Mikrofonsymbol mit der Taste *Fertig*. Sprechen Sie Ihren Text, und schließen Sie die Eingabe mit einem Klick auf diese Taste ab. Nach kurzer Zeit erscheint Ihr Diktat als Text im Dokument.

Die Diktierfunktion arbeitet erstaunlich genau: Einfache Texte werden fast immer fehlerfrei umgesetzt. Erkennungsfehler treten aber dennoch auf. Besonders problematisch ist es, wenn Sie verschiedene Sprachen mischen, also etwa englische Namen und Begriffe in Ihrem Text benutzen. Hier steigt die Spracherkennung regelmäßig aus und produziert mitunter lustige Missverständnisse.

Steuerkommandos

Damit macOS Ihren Text nicht ohne Punkt und Komma notiert, beherrscht die Diktierfunktion eine Reihe von Steuerkommandos, mit denen Sie nicht nur Satzzeichen, sondern auch neue Zeilen oder Absätze einfügen. Das Repertoire dieser Kommandos ist recht umfangreich:

- *Satzzeichen:* Um ein Satzzeichen zu schreiben, sprechen Sie es aus: „Punkt", „Komma", „Bindestrich", „Semikolon", „Doppelpunkt", „Fragezeichen", „Ausrufezeichen", „Klammer auf", „Klammer zu" und so weiter.
- *Steuerung:* Mit „Neue Zeile" / „Neuer Absatz" fügen Sie eine neue Zeile bzw. einen neuen Absatz ein. Möchten Sie alles in Groß- bzw. Kleinbuchstaben schreiben, leiten Sie dies mit „Kleinschreibung/Großschreibung anfangen" ein und beenden es mit „Kleinschreibung/Großschreibung beenden".
- *Sonderzeichen:* Auch Sonderzeichen sprechen Sie aus, um sie zu setzen: „Klammeraffe" (@), „Dollarzeichen" ($), „Eurosymbol" (€), „Prozentzeichen" (%), „Und-Zeichen" (&), „Pluszeichen" (+), „Minuszeichen" (-), „Sternchen" (*) oder „Nummernzeichen" (#).
- *Einheiten:* Die Diktierfunktion erkennt auch Datumsangaben und Ähnliches. Sagen Sie etwa „Siebenundzwanzigster März Zweitausendundfünfzehn", wird daraus „27. März 2015". Den Text „Siebzehn Euro und dreizehn Cent" notiert die Funktion als „17,13 €". Die Uhrzeit „Sieben Uhr einunddreißig" erscheint als „7:31 Uhr". Längenangaben wie „Zehn Zentimeter" werden als „10 cm" umgesetzt.
- *Emoticons:* Auch Emoticons stellen die Diktierfunktion vor keine Probleme. Mit „Smiley Gesicht" erhalten Sie :-), aus „trauriges", „zwinkerndes" oder „lachendes Gesicht" werden die Symbole :-(, ;-) und :-D.
- *Römische Zahlen:* Schließlich können Sie auch römische Ziffern diktieren. Ein „römisch Zehn" wird dann zu „X", aus „römisch Zweitausendundzwölf" ein „MMXII".

Ihr Mac spricht mit Ihnen

Sie können sich von macOS auch Text vorlesen oder regelmäßig die aktuelle Uhrzeit ansagen lassen.

Sprachen laden

Von Haus aus wird macOS mit englischen Systemstimmen geliefert. Drei deutsche Computerstimmen von guter Qualität lassen sich kostenlos nachladen.

Rufen Sie in den *Systemeinstellungen* den Punkt *Bedienungshilfen -> Sprachausgabe* auf, und wählen Sie im Dropdown-Menü *Systemstimme* den Punkt *Anpassen*. Aktivieren Sie hier die vier deutschen Stimmen *Anna*, *Markus*, *Petra* und *Yannick*. Nach einem Klick auf *OK* startet macOS den Download von rund 2 GB.

Sprachausgabe

Um einen Eindruck von dem Klang und der Qualität der Stimmen zu bekommen, wählen Sie unter *Systemstimme* die gewünschte Stimme aus und klicken auf *Wiedergabe*. Über den Regler *Lesegeschwindigkeit* lässt sich das Tempo der Stimme justieren.

In Zukunft können Sie sich nun beliebigen Text in den verschiedensten Programmen – ganz gleich ob Textverarbeitung, *Mail* oder Webbrowser – von der gewählten Stimme vorlesen lassen.

- *Ab Cursorposition:* Um sich einen Text ab der Cursorposition vorlesen zu lassen, wählen Sie *Bearbeiten –> Sprachausgabe –> Sprachausgabe beginnen*. Dieser Menübefehl steht bei allen Programmen, die diese Funktion unterstützen, an der gleichen Stelle.
- *Nur einen Teil vorlesen:* Um sich nur einen bestimmten Bereich vorlesen zu lassen, markieren Sie ihn und wählen *Bearbeiten –> Sprachausgabe –> Sprachausgabe beginnen*.
- *Stoppen:* Mit *Bearbeiten –> Sprachausgabe –> Sprachausgabe stoppen* beenden Sie die Sprachausgabe.

Uhrzeit ansagen

Eine praktische Funktion der Sprachausgabe besteht darin, sich in regelmäßigen Abständen mit einer dezenten Zeitansage an die Uhrzeit erinnern zu lassen. Wählen Sie dazu *Apfel-Menü –> Systemeinstellungen*

–> *Datum & Uhrzeit* –> *Uhr*. Hier aktivieren Sie *Zeit vorlesen* und legen fest, in welchen Abständen macOS die Uhrzeit ansagen soll, etwa *Zur vollen Stunde*. Mit *Stimme anpassen* können Sie die gewünschte Stimme, das Tempo und die Lautstärke einstellen.

Benutzerverwaltung

Wie weiter oben erwähnt wurde, können Sie mit mehreren Benutzern an einem Mac arbeiten, wobei jeder Benutzer seinen eigenen Arbeitsbereich hat, der von den Bereichen der anderen Benutzer getrennt ist.

Benutzer anlegen

Einen neuen Account legen Sie unter *Apfel-Menü* –> *Systemeinstellungen* –> *Benutzer & Gruppen* an. Standardmäßig sind die Eingaben hier gesperrt. Klicken Sie also zuerst auf das Schloss, und geben Sie Ihr Admin-Passwort ein.

Klicken Sie auf das Pluszeichen, und wählen Sie den Account-Typ. Zur Auswahl stehen:

- *Administrator:* Der neue Account hat vollen Zugriff auf das System, kann Programme installieren, löschen und Systemeigenschaften verändern.
- *Standard:* Der Account hat Zugriff auf seinen Benutzerordner, einige Freigaben und auf Programme, die für alle Anwender installiert wurden.
- *Verwaltet durch Kindersicherung:* Der Account hat stark begrenzte Zugriffsrechte und wird durch einen Administrator-Account kontrolliert.
- *Nur Freigabe:* Der Account kann lediglich die freigegebenen Ressourcen auf dem Mac nutzen.
- *Gruppe:* Eine Gruppe ist standardmässig leer und kann mit weiteren Benutzern befüllt werden. Gruppen legt man beispielsweise an, um Freigaben mehreren Personen zuweisen zu können.

Anschließend tragen Sie den Namen des Benutzers und einen *Accountnamen* ein, vergeben ein Passwort und notieren sich sicherheitshalber eine Merkhilfe für dieses Passwort.

Mit einem Klick auf *Benutzer erstellen* wird der neue Account angelegt.

Benutzer wechseln

Um zwischen zwei Benutzern zu wechseln, gibt es zwei Möglichkeiten:
- *Ab-/Anmelden:* Der derzeitige Nutzer meldet sich über *Apfel-Menü –> {Name} abmelden* vom System ab. Dabei werden sämtliche Programme geschlossen und alle Dokumente gespeichert. Anschließend erscheint der Anmeldebildschirm, und der zweite Benutzer kann sich nun beim System anmelden.
- *Schneller Benutzerwechsel:* Deutlich schneller und ohne Abmeldung geht dies, wenn Sie den „schnellen Benutzerwechsel" aktivieren. Klicken Sie dazu unter *Apfel-Menü –> Systemeinstellungen –> Benutzer & Gruppen* auf *Anmeldeoptionen*, und aktivieren Sie dort *Menü für schnellen Benutzerwechsel*. Anschließend erscheint oben rechts in der Menüleiste ein Benutzersymbol des aktuellen Benutzers. (Sie können auch festlegen, dass der Kurzname oder der vollständige Name des Benutzers angezeigt werden soll.) Mit einem Klick darauf kann sich nun ein anderer Benutzer anmelden, ohne dass der aktuelle Benutzer alle Programme schließen und sich abmelden muss.

Sie können blitzschnell zwischen verschiedenen Benutzern wechseln. Aktivieren Sie dazu in den „Anmeldeoptionen" ❶ *das „Menü für schnellen Benutzerwechsel"* ❷. *Anschließend können Sie über ein Symbol in der Menüleiste* ❸ *per Mausklick zwischen den verschiedenen Benutzern wechseln.*

Benutzer löschen

Ein Benutzer kann natürlich auch wieder gelöscht werden. Dazu muss der entsprechende Account abgemeldet sein. Wählen Sie unter *Apfel-Menü –> Systemeinstellungen –> Benutzer & Gruppen* den entsprechenden Eintrag, und klicken Sie auf das Minuszeichen. Sie haben nun die Möglichkeit, den entsprechenden Benutzerordner zu sichern oder den Ordner komplett zu löschen. Mit einem Klick auf *OK* verschwindet der Benutzer aus dem System.

Gäste

Damit andere Anwender die Freigaben und öffentlichen Ordner auf Ihrem Mac nutzen können, richtet OS X standardmäßig einen *Gastbenutzer* ein, der sich via Netzwerk mit Ihrem Mac verbinden kann. Möchten Sie, dass sich ein Gast auch direkt an Ihrem Mac anmelden kann, dann wählen Sie den Eintrag *Gastbenutzer* und aktivieren den Punkt *Gästen erlauben, sich an diesem Computer anzumelden*.

Der Gast kann sich nun ohne Benutzername und Passwort an Ihrem Mac anmelden und mit den Programmen (etwa *Mail* und *Safari*) arbeiten, allerdings keine Daten außerhalb der Freigaben einsehen oder speichern. Sobald sich der Gast abmeldet, wird der komplette Benutzerordner des Gastes automatisch gelöscht.

Freigaben in iTunes und iCloud

Je länger Sie iTunes benutzen, desto mehr Inhalte verwalten Sie im Programm und eine desto größere Rolle wird es als Mediendatenbank spielen. Da wäre es doch schade, wenn nur Sie allein auf Ihre Musik oder Videos zugreifen könnten und Ihre Freunde und Familie außen vor blieben. Umso erfreulicher ist, dass Sie alle Inhalte auf Ihrer Festplatte problemlos mit anderen teilen können. Dank der verschiedenen Möglichkeiten, Ihre Mediathek für andere im Netzwerk freizugeben, lassen sich Inhalte wie Musik oder Filme problemlos auf anderen Geräten abspielen, ohne dass die Dateien dazu erst mühsam hin- und herkopiert werden müssen. Damit Ihre Kinder dabei nicht zufällig über Dinge stolpern, die vielleicht für sie ungeeignet sind, können Sie die Freigaben auf bestimmte Bereiche beschränken und mit der Kindersicherung den Zugriff auf bestimmte Inhalte generell unterbinden.

Mediathek freigeben

Es gibt zwei verschiedene Arten, die Inhalte der Mediathek für den Zugriff von anderen Geräten aus freizugeben:

- *Die Freigabe der Mediathek im Netzwerk:* Die Freigabe ist für den Zugriff über einen anderen Computer auf die Mediathek gedacht (mit iPhone & Co funktioniert diese Freigabe nicht). Hier können Sie festlegen, auf welche Inhalte der Zugriff erlaubt ist und welche Inhalte davon ausgenommen sein sollen. So lässt sich etwa der Zugriff auf bestimmte Medientypen, Genres oder Wiedergabelisten beschränken. Zudem kann der Zugriff über ein Passwort geschützt werden. Für diese Art der Freigabe wählen Sie *iTunes –> Einstellungen –> Freigabe* und aktivieren *Meine Mediathek im lokalen Netzwerk freigeben*. Die Mediathek ist nun für andere Teilnehmer im Netzwerk sicht- und nutzbar.
- *Die Privatfreigabe:* Die Privatfreigabe ist der einfachste Weg, die komplette Mediathek freizugeben, und ist besonders für den Zugriff via iPad, iPhone oder Apple TV gedacht. Für die Nutzung der Privatfreigabe benötigen Sie eine Apple-ID, außerdem müssen alle vernetzten Geräte für die Apple-ID der Privatfreigabe aktiviert sein. Um diese Art der Freigabe zu nutzen, wählen Sie in iTunes *Ablage –> Privatfreigabe –> Privatfreigabe aktivieren*. Nun müssen Sie Ihre Apple-ID samt Passwort eingeben, und schon ist die Mediathek auf anderen Geräten mit gleicher Apple-ID nutzbar. So können Sie etwa bequem auf dem Sofa sitzen und auf Ihrem iPad einen Film schauen, den Sie in iTunes auf Ihrem Mac gespeichert haben.

Kapitel 17 Systemeinstellungen und Dienstprogramme

Die „Privatfreigabe" ist der einfachste und schnellste Weg, um mit Ihrem iPad oder iPhone problemlos auf Inhalte in Ihrer iTunes-Mediathek zuzugreifen.

Die Familienfreigabe

Einen Schritt weiter als die Freigaben in iTunes geht die *Familienfreigabe* von iCloud. Damit ist es möglich, einer Gruppe mit bis zu sechs Familienmitgliedern – dem Organisator der Gruppe und fünf weitere Personen – Zugriff auf alle Inhalte zu geben, die Sie (als Organisator) im iTunes Store, im App Store oder im iBooks Store gekauft haben. Doch nicht nur das: Familienmitglieder dürfen auch mit Ihrer Kreditkarte bei Apple einkaufen. Damit Ihre Kinder nicht unverhofft Ihre Kreditkarte leerräumen, können Sie spezielle Kinderaccounts einrichten. Hier gibt es eine Nachfrage, die Sie bestätigen müssen, bevor der Kauf abgeschlossen wird. Zudem richtet die Familienfreigabe bei allen Mitgliedern ein gemeinsames Fotoalbum, einen gemeinsamen Kalender und eine gemeinsame Erinnerungsliste ein.

Um die Familienfreigabe zu aktivieren, rufen Sie *Apfel-Menü –> Systemeinstellungen –> iCloud* auf und klicken hier auf *Familie einrichten*. Anschließend müssen Sie sich mit Ihrer Apple-ID samt Passwort ausweisen und können anschließend Familienmitglieder über deren Apple-ID hinzufügen.

Über die „Familienfreigabe" können bis zu sechs Personen Inhalte aus den Apple Stores gemeinsam nutzen. Einen gemeinsamen Kalender, Foto-Alben und Erinnerungslisten gibt's obendrauf.

Systeminformationen und Speicherverwaltung

Mitunter müssen Sie einen etwas genaueren Blick auf die verschiedenen Bestandteile Ihres Macs werfen, zum Beispiel wenn Sie wissen möchten, von wann Ihr Mac eigentlich ist, wie viel Speicher er hat, welche Grafikkarte verbaut ist, oder wenn ein Support-Mitarbeiter Sie nach der Seriennummer fragt. Diese und noch sehr viel mehr Informationen bieten Ihnen die *Systeminformationen*, die Sie mit *(Apfel-Menü) -> Über diesen Mac* aufrufen. Dann öffnet sich ein Fenster mit verschiedenen Registern und Tasten. Unter *Übersicht* ❶ erhalten Sie zentrale Informationen über die installierte macOS-Version, Ihren Mac, seine Seriennummer und Ähnliches mehr. Klicken Sie auf *Systembericht* ❷, öffnet sich ein Fenster mit detaillierten Daten zu allen Bauteilen und zur installierten Software. Mit *Softwareupdate* ❸ öffnen Sie die *App Store*-App und suchen nach verfügbaren Updates. *Displays*, *Festplatten* und *Speicher* ❹ geben Ihnen alle Daten zu angeschlossenen Monitoren, Laufwerken und dem installierten Arbeitsspeicher. Mit *Support* und *Service* ❺ rufen Sie die Support-Webseiten von Apple auf und erfahren, ob für Ihren Mac noch die Herstellergarantie gilt und welche Optionen Sie im Falle eines Geräte-Defekts haben.

Die „Systeminformationen" bieten Ihnen genau das, was ihr Name verspricht: Informationen über Ihren Mac und sein Betriebssystem.

Auch wenn Sie nicht in den Tiefen des Systems stöbern möchten, sind die *Systeminformationen* im Alltag hilfreich. Von hier aus können Sie nämlich für mehr Speicherplatz auf der Festplatte sorgen. Klicken Sie dazu auf den Punkt *Festplatten* ❻. Sie sehen nun alle angeschlossenen Laufwerke und eine grobe farbliche Analyse ihrer Belegung. Wenn Sie auf einen Farbbalken ❼ zeigen, erfahren Sie, wie viel Speicher eine spezielle Datei-Art belegt (wie Sie erkennen können, habe ich meine Filme und Musik auf eine externe Festplatte ausgelagert). Interessant ist hier vor allem der Punkt *Verwalten* ❽ beim Startvolume des Macs. Hier erhalten Sie eine Übersicht über die größten Speicherfresser auf Ihrer Festplatte ❾ und wissen nun, wo Sie am besten eingreifen (also Dateien auslagern oder löschen), wenn der Platz auf der Platte knapp wird. Dazu bietet macOS Ihnen verschiedene Automatismen, vor denen ich Sie allerdings ein wenig warnen möchte. Gehen wir die Punkte einmal der Reihe nach durch:

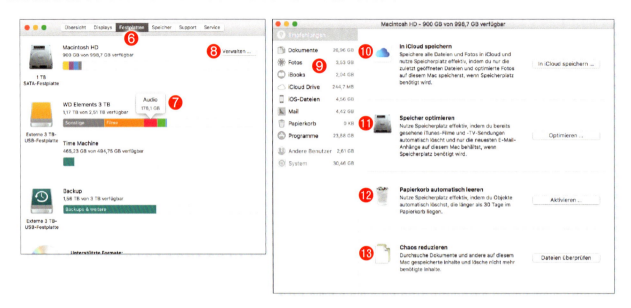

- *In iCloud speichern* ❿*:* Hier bietet macOS Ihnen an, die iCloud-Fotomediathek zu aktivieren und die Dateien, die Sie auf dem Schreibtisch und im Ordner *Dokumente* gespeichert haben, auf das iCloud-Drive auszulagern. Das ist im Grunde eine gute Idee, hat aber diverse Haken. Die Option benötigt zum einen (sehr) viel Platz in der iCloud; Sie werden hier also nicht umhinkommen, Speicherplatz gegen eine monatliche Gebühr kostenpflichtig zu buchen. Zudem benötigen Sie eine gute, stabile Internetverbindung, die nicht immer zur Verfügung steht. Und nicht nur das: Wenn Sie die Option, den Inhalt von *Schreibtisch* und *Dokumente* in die Cloud zu verlagern, testweise ein- und später wieder ausschalten, dann passiert etwas Eigenartiges: macOS verschiebt ohne Rückfrage (!) Ihre Dateien aus diesen beiden Ordnern in zwei gleichnamige Ordner im iCloud-Drive. Sie müssen die Dateien von dort also erst wieder in ihre angestammten Ordner verschieben, um sie wieder im gewohnten Zugriff zu haben. Ich kann Ihnen nur raten, zweimal nachzudenken, bevor Sie diese Option aktivieren!
- *Speicher optimieren* ⓫*:* Hier löscht macOS TV-Sendungen und Filme aus Ihrer iTunes-Mediathek, die Sie bereits gesehen haben. Auch das ist keine schlechte Idee, hat aber ebenfalls einen Haken: Möchten Sie etwa einen Film später noch einmal sehen, dann müssen Sie ihn erneut laden – und da Filme üblicherweise rund 2 GByte groß sind, kann das bei einer mäßigen Internetanbindung schon einmal etwas dauern.

- *Papierkorb automatisch leeren* **12**: Normalerweise bleiben alle gelöschten Dateien so lange im Papierkorb, bis Sie ihn manuell leeren. Das können Sie automatisieren, indem Sie macOS anweisen, alle Dateien automatisch zu löschen, die länger als 30 Tage im Papierkorb liegen. Auch hier gilt: gute Idee – aber Vorsicht! Was aus dem Papierkorb gelöscht wird, ist endgültig weg. Ich empfehle Ihnen, lieber selbst regelmäßig einen Blick in den Papierkorb zu werfen und ihn manuell zu leeren. So behalten Sie die Kontrolle darüber, was tatsächlich endgültig gelöscht wird.
- *Chaos reduzieren* **13**: Hier können Sie Ihre Dokumente und Dateien gezielt nach großen Brocken durchstöbern, die Sie vielleicht nicht mehr benötigen und stattdessen kurzerhand löschen können.

> **Verschieben statt löschen:** Das Löschen von Dateien ist immer ein etwas radikaler Schritt, der unter Umständen zu dauerhaftem Datenverlust führt. Mitunter kommt es auch vor, dass man abends frohgemut ein paar große Dateien in der festen Überzeugung löscht, sie nicht mehr zu benötigen – nur um dann am Morgen festzustellen, dass just diese Dateien doch noch gebraucht werden. Wenn die Dateien dann obendrein nicht im Backup vorhanden sind, haben Sie Pech gehabt. Ich empfehle Ihnen daher die Anschaffung einer großen, externen Festplatte, auf die Sie große Speicherfresser auslagern, anstatt Dateien endgültig dem digitalen Orkus zu übergeben.

Kapitel 17 Systemeinstellungen und Dienstprogramme

Kapitel 18

Windows auf dem Mac und App-Empfehlungen

Kapitel 18 Windows auf dem Mac und App-Empfehlungen

Der alte Glaubenskrieg zwischen Mac- und Windows-Anwendern ist entschieden. Der Mac hat gewonnen – schließlich kann er beides. Wenn es also sein muss, können Sie auf Ihrem Mac auch ein Windows-Programm oder auch gleich ein komplettes Windows laufen lassen. Als Zugabe und Abschluss des Buches stelle ich Ihnen die wichtigsten Methoden und Programme vor, mit denen Sie Windows und Windows-Programme auch unter macOS benutzen können, und verrate Ihnen auch noch, welche Apps für macOS für mich zum unverzichtbaren Bestand gehören.

Manchmal muss es Windows sein

Es gibt einige gute Gründe, warum man Windows-Programme auf seinem Mac ausführen können möchte. So kommt es immer wieder einmal vor, dass ein Programm, das zur Erledigung einer Aufgabe zwingend benötigt wird, nur in einer Windows-Version zu haben ist. Doch nicht nur berufliche, auch private Beweggründe können den Wunsch nach Windows wecken – schließlich ist das Angebot an Spielen für PCs ungleich größer als das für Macs.

Doch wer jetzt glaubt, er müsse sich schweren Herzens auch noch einen Windows-Rechner neben seinen Mac stellen, der kann aufatmen. Schließlich gibt es mehr als eine Methode, um Windows-Programme auch auf dem Mac einzusetzen. Die beiden wichtigsten sind:

- *Dualboot:* Sie installieren Windows auf einer zweiten Festplattenpartition und entscheiden beim Einschalten Ihres Macs, ob Sie mit Windows oder macOS arbeiten möchten. Diese Lösung unterstützt Apple für Windows XP bis und Windows 10 mit dem Programm *Boot Camp*.
- *Virtuelle Maschine:* Eleganter ist die Methode, Windows in einer virtuellen Maschine zu installieren. Dabei wird die typische PC-Hardware von einem Programm nachgebildet und Windows auf diesem virtuellen Computer installiert. Sie können also nicht nur eine beliebige Windows- oder wenn's sein muss selbst MS-DOS-Version in einer virtuellen Maschine installieren, sondern auch Linux oder ein beliebiges andere System, das auf PC-Hardware läuft.

Dualboot mit Boot Camp

Apple unterstützt die Installation von Windows auf der Mac-Hardware mit dem Boot Camp-Assistenten, den Sie im Launchpad im Ordner *Andere* finden. Damit ist es möglich, einen Teil der Festplatte für Windows freizuschaufeln (zu „partitionieren"), auf dem man anschließend Windows installieren kann. Boot Camp stellt zudem die benötigten Treiber zur Verfügung, damit die Mac-spezifische Hardware von Windows korrekt angesteuert werden kann.

Vor der Installation lädt das Programm die neuesten Treiber und ähnliche Dateien herunter, damit Windows korrekt installiert werden kann. Diese Dateien werden automatisch auf einem USB-Speicherstick kopiert; sie werden später bei der Installation von Windows benötigt. Achten Sie darauf, dass der Stick im MS-DOS-Format FAT formatiert ist, andernfalls verweigert Boot Camp den Dienst, den ansonsten könnte Windows bei der Installation auf diesen Stick nicht zugreifen.

Nach erfolgreicher Installation von Windows ist Ihr Mac zu einem Dualboot-System geworden. Sie können also wählen, mit welchem System Sie arbeiten möchten. Der große Vorteil dieser Methode besteht darin, dass Windows auf die Hardware des Macs direkt zugreifen und sie so optimal nutzen kann. Das ist vor allem bei aufwendigen Spielen sinnvoll. Doch abgesehen davon ist ein Dualboot-System eine eher mäßige Lösung. Denn es ist nicht möglich, Windows und macOS gleichzeitig zu nutzen, womit der Datenaustausch zwischen den beiden Systemen doch sehr eingeschränkt wird. Benötigen Sie in einer Mac-Applikation bestimmte Daten von einem Windows-Programm, dann müssen Sie folgendermaßen vorgehen:

1. Zuerst müssen Sie unter macOS alle Daten sichern und Ihren Mac komplett herunterfahren. Anschließend starten Sie ihn erneut, booten jedoch dieses Mal mit Windows.
2. In Windows können Sie nun mit dem gewünschten Programm arbeiten und die Aufgaben erledigen, die Sie erledigen wollen.
3. Nun müssen Sie Windows komplett beenden, Ihren Mac herunterfahren, erneut starten und mit macOS booten.

Virtualisierung oder Windows im Holodeck

Die Installation eines Programms setzt immer eine bestimmte Hardware- bzw. Systemumgebung voraus. Apples Programme (wie etwa die Textverarbeitung *Pages*) lassen sich nur auf einem Apple-Computer mit macOS installieren, *Microsofts Word für Windows* braucht das Windows-Betriebssystem, das wiederum nur mit einer ganz bestimmten Hardware zusammenarbeitet.

Doch diese Systemumgebung muss nicht zwingend physikalisch in Form von Platinen und Speicherchips vorhanden sein. Moderne Computer sind leistungsfähig genug, um einem Programm die benötigten Komponenten einfach via Software vorzugaukeln. Dann lässt sich Windows etwa auf einem Mac installieren oder ein Windows-Programm unter macOS nutzen, ohne dass die Programme bemerken, dass sie in einer virtuellen Umgebung installiert sind.

Dazu setzt sich eine spezielle Software zwischen das systemfremde Programm und macOS und übersetzt alle Hardwarezugriffe und alle Systemaufrufe in die benötigten Kommandos für macOS und die

Kapitel 18 Windows auf dem Mac und App-Empfehlungen

Apple-Hardware. Auf gleiche Weise werden alle Rückmeldungen des Macs an das laufende Programm so übersetzt, dass sie von dem Programm auch korrekt verstanden und verarbeitet werden können.

Mit diesem Verfahren lassen sich komplette PCs virtualisieren, aber auch nur bestimmte Umgebungen, die zum Betrieb eines bestimmten Programms benötigt werden.

Ein virtueller Computer gaukelt einem Betriebssystem genau die Hardware-Umgebung vor, die benötigt wird. Hier sehen Sie zum Beispiel Windows XP in einem Fenster auf dem gewohnten Schreibtisch von macOS. Als Virtualisierungssoftware wird hier „VMware Fusion" benutzt.

Möglichkeiten und Grenzen der Virtualisierung

Typischerweise ist eine virtuelle Maschine auf dem Mac-Schreibtisch ein Fenster unter anderen. In diesem Fenster läuft allerdings ein komplettes Windows, in dem wiederum beliebige Windows-Programme installiert werden können. Wenn die Leistung des Macs (hier geht es vor allem um Arbeitsspeicher und CPU-Leistung) ausreicht, dann lassen sich auch mehrere virtuelle Maschinen betreiben und so etwa ein komplettes Netzwerk installieren – alles innerhalb von macOS und ohne dass man neue Hardware kaufen müsste.

Eine virtuelle Maschine teilt sich mit dem umgebenden System typischerweise zentrale Hardwarekomponenten, etwa das CD/DVD-Laufwerk, die USB-Ports, den Druckeranschluss, aber auch das Netzwerk und den Internetzugang. Der Datenaustausch zwischen einem virtuellen Windows und dem es umgebenden macOS erfolgt entweder über einen gemeinsam genutzten Ordner oder durch einfaches Drag & Drop, indem man etwa eine Datei aus dem Windows-Fenster auf den Mac-Schreibtisch zieht.

Zudem können Sie eine virtuelle Maschine in einen Standby-Modus versetzen und das Virtualisierungsprogramm beenden. Beim nächsten Start sieht Ihre virtuelle Maschine exakt so aus, wie Sie sie verlassen haben, und Sie können nahtlos mit der unterbrochenen Arbeit weitermachen.

Mit einem virtuellen Windows können Sie im Grunde alles machen, was Sie mit einem Windows-Computer auch tun würden, also etwa mit *MS Office* arbeiten oder Webseiten mit den *Internet Explorer* aufrufen. Lediglich bei grafisch sehr aufwendigen Programmen geht eine Virtualisierung mitunter in die Knie – ein rasantes Actionspiel, das unter Windows alle Hardwareregister zieht, werden Sie kaum spielen können.

Virtuelle PCs für den Mac

Für macOS stehen aktuell drei Virtualisierungslösungen bereit. Zwei davon sind kostenpflichtige Programme, können aber als kostenlose Testversionen ausprobiert werden. Das dritte Programm ist eine kostenlose Open-Source-Lösung.

- *Parallels Desktop*: Dieses Programm ist der Klassiker der Virtualisierung. Das Programm simuliert einen kompletten, Intel-basierten Computer innerhalb von macOS, auf dem Sie Windows – oder ein anderes Betriebssystem – installieren können. Für den Umstieg von Windows auf den Mac bietet der Hersteller die „Switch to Mac"-Version an, mit der man seinen kompletten Windows-Rechner unter Parallels auf dem Mac nachbilden kann und damit praktisch zwei Computer in einem hat. Eine kostenlose Testversion finden Sie auf den Webseiten des Herstellers: *www.parallels.de*.
- *VMWare Fusion:* Unter Windows ist VMware eines der führenden Virtualisierungsunternehmen, und mit *Fusion* ist man auch auf der Mac-Plattform aktiv. Es bildet ebenfalls einen vollständigen PC nach und bietet eine nahtlose Integration von Windows-Programmen. So ist es etwa möglich, Programmfenster mit Windows- und Mac-Applikationen auf dem Schreibtisch zu mischen. *Fusion* kann kostenlos ausprobiert werden. Die Webseite des Herstellers finden Sie unter *www.vmware.de*.
- *Virtual Box*: Die Open-Source-Szene liefert ebenfalls ihren Beitrag zur Virtualisierung. *Virtual Box* wurde ursprünglich von der schwäbischen Firma Innotek als kommerzielles Produkt entwickelt, 2007 aber in ein kostenloses Open-Source-Projekt umgewandelt. Anfang 2008 übernahm das US-Unternehmen Sun die Firma Innotek, und 2010 wurde Sun von Oracle geschluckt, die

das Programm heute anbieten. Auch *Virtual Box* bildet einen kompletten PC unter macOS nach, geht bei der Integration von Windows unter macOS aber nicht so weit wie *Parallels* oder *Fusion*. Das Programm ist nicht ganz so leistungsfähig wie die beiden kommerziellen Varianten, dafür jedoch deutlich schlanker und für den alltäglichen Einsatz normalerweise völlig ausreichend. Zu haben ist es unter *virtualbox.org*.

10 Apps für Ein- und Umsteiger

Von Haus aus bietet macOS bereits jede Menge Programme an, damit Sie gleich nach dem ersten Start Ihres Macs sofort loslegen können. Aber natürlich gibt es noch eine Unmenge an Apps und Tools, mit denen Sie sich Ihren Arbeitsalltag am Mac erleichtern und mit Ihrem Mac Dinge anstellen können, die er von Haus aus dann doch nicht kann.

Ich habe also einmal einen Blick in meinen Programme-Ordner geworfen und mich gefragt, auf welche Programme von anderen Anbietern ich am Mac schlechterdings nicht verzichten möchte und welche meiner Meinung nach auf keinem Mac fehlen dürfen. So eine Auswahl ist natürlich immer sehr subjektiv und stark davon geprägt, was ich mit meinem Mac so anstelle. Da ich überwiegend Texte produziere, überwiegen bei mir natürlich entsprechende Programme. Damit diese App-Auswahl also nicht zu subjektiv wird, habe ich einmal bei Facebook und Twitter nach Empfehlungen gefragt, die Vorschläge gesichtet, mit meinen eigenen App-Empfehlungen abgeglichen und schließlich zehn Programme herausgefischt.

Die so entstandene Liste ist natürlich weit davon entfernt, vollständig oder gar verbindlich zu sein – was dem einen „sin Uhl" ist bekanntlich dem andern „sin Nachtigall". Nehmen Sie die folgende Liste also auf gar keinen Fall als kanonische Aufstellung, sondern als Vorschlag und Anregung, sich einmal in aller Ruhe im App Store umzusehen. Die Reihenfolge ist alphabetisch nach Programmnamen sortiert und stellt keine Wertung dar.

Office-Programme: An Office-Programmen gibt es unter macOS eine reiche Auswahl. Neben Microsofts eigenen Programmen, die es natürlich auch für den Mac gibt, sind hier vor allem Apples Alternativen **Pages**, **Numbers**, **Keynote** und die Open-Source-Pakete **OpenOffice** bzw. **LibreOffice** zu nennen.

1Password: Das Programm verwaltet sämtliche Passwörter, Logins, Seriennummern, Kreditkarten-Informationen und ähnlich sensible Daten. 1Password liegt für verschiedene Plattformen vor – macOS, iOS und Windows –, und die Daten lassen sich über Dropbox oder iCloud auf verschiedenen Geräten synchron halten. Verschlüsselt wird unter anderem mit den aktuellen Goldstandards AES 256 und SHA 512. Das Programm kann über Plug-Ins in einen Browser eingebunden werden und Login-Seiten automatisch ausfüllen.

Calibre: Calibre ist ein kostenloses Programm zur Verwaltung von E-Books. Das Programm kann Ihre E-Book-Sammlung nicht nur organisieren, sondern Bücher auch in andere Formate konvertieren. Falls Sie einen Kindle besitzen, gehört Calibre zur unverzichtbaren Grundausstattung. Einziges Manko: Das Programm ist so überhaupt nicht Mac-like und besitzt eine eher spröde, mitunter schwer zu durchschauende Oberfläche. Aber glauben Sie mir: Die Mühe lohnt sich. Das Programm gibt es nicht im App Store, sondern auf der Website des Entwicklers: *calibre-ebook.com*.

Affinity Photo: Natürlich steht für Bildbearbeitung auf dem Mac der Platzhirsch PhotoShop bereit – doch der hat seinen Preis. Sehr viel preiswerter und dennoch sehr leistungsstark ist hier Affinity Photo. Diese günstige Alternative bietet auch für den anspruchsvollen Amateur jede Menge Möglichkeiten, eine schöne und leicht zugängliche Oberfläche erleichtert den Start. Das Programm gibt es im App Store, auf den Webseiten des Anbieters können Sie eine kostenlose Testversion laden: *https://affinity.serif.com/de/photo/*.

Day One: Wie oft nimmt man sich vor, das Tagesgeschehen zu notieren – und wie oft lässt man es bleiben. Hier hilft die Tabebuch-App Day One, die Ihnen durch schlichte Schönheit und zahlreiche Hilfestellungen dabei hilft, den guten Vorsatz auch in die Tat umzusetzen.

Dropbox: Die weitverbreitete Cloud-Lösung Dropbox gibt es natürlich auch für macOS. Dropbox fügt sich völlig nahtlos in den Finder ein, und der Dropbox-Ordner kann wie ein normaler Ordner benutzt werden – nur dass alle hier gespeicherten Daten automatisch in die Dropbox-Cloud wandern und auf allen anderen Endgeräten zur Verfügung stehen. Dropbox wird nicht über den App Store angeboten, kann aber unter *dropbox.com* geladen werden.

ForkLift: Wenn Sie eine eigene Website betreiben, dann müssen Sie immer wieder Dateien von Ihrem Mac via FTP an den Webserver schicken. Da bietet sich etwa *ForkLift* an, wobei das Programm auch als Ergänzung zum Finder eingesetzt werden kann.

Kapitel 18 Windows auf dem Mac und App-Empfehlungen

 Scrivener: Scrivener ist ein Schreib- und Textprogramm der besonderen Art. Anders als die Textverarbeitungen der großen Office-Lösungen ist es speziell auf die Bedürfnisse von Autoren zugeschnitten. Für Serienbriefe ist es eher ungeeignet, aber sobald es etwa um Romane, Drehbücher, unterschiedliche Artikel, Materialsammlungen aller Art und Ähnliches geht, ist es schlicht unverzichtbar.

 Soulver: Wenn Ihnen die Möglichkeiten, die der Mac-eigene Rechner bietet, nicht genügen, dann sollten Sie sich Soulver anschauen. Das Programm ist für einfache und schnelle Berechnungen ebenso geeignet wie für komplexe Formeln und Umrechnungen und unterstützt auch Variablen. Soulver liegt auch für iOS vor und kann die Berechnungen via iCloud zwischen den Geräten synchronisieren.

 The Unarchiver: Mit ZIP-Archiven kann macOS ja von Haus aus sehr gut umgehen – aber bei anderen Standards, wie ARJ, RAR oder TAR, benötigen Sie ein eigenes Tool. Hier hat sich der kostenlose Unarchiver seit Langem einen festen Platz auf praktisch jedem Mac erobert.

 Things: Sie möchten endlich einmal die Dinge erledigt bekommen, die Sie sich vorgenommen haben, aber die Mac-eigene Lösung *Erinnerungen* ist Ihnen etwas zu sparsam? Dann schauen Sie sich einmal Things an. Das Programm orientiert sich an dem bekannten „Getting Things Done"-Prinzip und liegt für macOS und iOS vor. Der Datenbestand wird über eine eigene Cloud-Lösung völlig nahtlos und zügig zwischen allen Geräten synchronisiert.

Index

Index

Symbole

1Password	393

A

Abonnieren	236
Account	54, 317
Ad-hoc-Netzwerk	157
Affinity Photo	393
AirDrop	157
Anwenden	157
Beenden	158
AirPort	22, 149
AirPort Express	149
AirPort Extreme	149
WLAN-Protokoll	149
Aktivieren	367
Anrufe auf anderen Geräten	320
App Exposé	122
Apple-ID	17, 50
Anlegen	50
App-Steuerungen	33
App-Steuerungen mit Kontrollleiste	33
App Store	27, 50
App zum Öffnen einer Datei bestimmen	373
Audiotelefonate	314
Aufräumen	119
Ausschalten	18
Auswahlfarbe	119

B

Basisstation	149
Beachball	47
Beim Sortieren nach Namen Ordner oben behalten	71
Benutzer	75
Benutzeraccount	18
Benutzerordner	75
Benutzerverwaltung	378
Benutzer anlegen	378
Benutzer löschen	380
Benutzer wechseln	379
Gastbenutzer	380
Bereitstellen	238
Bildschirmfotos	369
Bildschirmschoner	338
Aktive Ecken	338
Festlegen	338
Passwort für den Bildschirmschoner	339
Bing	164
Bluetooth	148, 367
Boot Camp	16, 388
Briefkasten	154
Bundle	87

C

CalDAV	235
Calibre	393
CDs/DVDs brennen	283
Chaos reduzieren	385

D

Dark Mode	119
Datei	
Bewegen	80
Dateinamensuffix	78
Duplizieren	81
Einfügen	80
Endung	78
Infos	88
Kopieren	80
Löschen	81
Markieren	78
Mehrere Dateien umbenennen	79
Öffnen	77
Umbenennen	77
Zusammengefasste Infos	89
Dateien	72
Dateiformat	
AAC	280
ABBU	225
ePub	270
ICBU	239
ICS	239
MP3	280
PDF	270
VCF	224
Dateifreigaben	152
Dateistruktur	72
Daten verschlüsseln	340
Day One	393
Digitale Bilder	364
Diktierfunktion	374
Einschalten	374
Funktionsweise	374
Steuerkommandos	375

Disk Image	74
DMG-Datei	74
Dock	23
Anpassen	23
Fenster	131
Fenster hinter Programmsymbol	132
Stapel	129
Dokumente	
Duplizieren	288
Schützen	288
Umbenennen	287
Verschieben	287
Weitergeben	290
Zurücksetzen	287
Downloads	200
Dropbox	199, 393
Druckdialog	362
Drucken	361
Drucker	
Hinzufügen	361
Löschen	361
Dualboot	388
DuckDuckGo	164

E

Einladung	236
Einschalten	18
E-Mails markieren	201
Erinnerungen	25, 292, 306
Aufgabe anlegen	306
Erledigen	307
Freigeben	308
Listen	308
Löschen	307
Erscheinungsbild	118, 119
Erweiterte Kontrollleiste	33
Erweiterungen	352
Ethernet	148
Exportieren	239
Externe Laufwerke verschlüsseln	341
Extras	22

F

Facebook	58, 223
FaceTime	26, 223
Aktivieren	314
Angerufen werden	316
Anrufen	314
Anrufer blockieren	316
Audio	314
Deaktivieren	317
Erinnerung an Rückruf	316
Mit iPhone koppeln	320
Mit Nachricht antworten	316
Telefonat	315
Video	314
FAT16	365
FAT32	365
Favoriten	247
Fenster	41
Alle schließen	40
Ausblenden	123
Kugeln	41
Paletten	44
Rollbalken	43
Schließen	39
Skalieren	43
Statusleiste	43
Symbolleiste	42
Symbolleiste anpassen	42
Titelleiste	41
Verschieben	43
Festplatten	364
Festplattendienstprogramm	365
FileVault	340
Finder	24, 64
AirDrop	67
Alle Fenster zusammenführen	64
Alle meine Dateien	67
Ausrichten nach	70
Darstellung	69
Darstellung konfigurieren	71
Darstellungsoptionen	71
Favoriten	66
Fenster	64
Freigaben	66
Gehe zu	72
Geräte	66
iCloud Drive	67
Listenansicht	82
Neue Ordner	81
Neuer Ordner aus Auswahl	83
Pfadleiste	76
Proxy-Icon	76
Schreibtisch	81
Seitenleiste	65

Index

Seitenleiste ausblenden	69
Seitenleiste konfigurieren	67
Statusleiste	70
Suchen	142
Suchfenster	140, 143
Symbolleiste	76
Tab	64
Tags	66, 135
Fingerabdruck	38
Firewall	341
Firewire	148
Flash	160
Flickr	223
Force Touch	13
Force Touch Trackpad	14
ForkLift	393
Fotos	26
Anpassen	264
Belichtung	265
Bilder bearbeiten	262
Bilder exportieren	266
Bilder importieren	257
Brillanz	265
Glanzlichter	265
Helligkeit	265
Kontrast	265
Ordner	261
Projekte	267
Schatten	265
Schwarzpunkt	265
Freigabeeinstellungen	237
Freigaben	
Aktivieren	152
Briefkasten	154
Öffentlich	153
Zugriffsrechte	155
Für alle Benutzer	75

G

Geburtstage	237
Geräte	72
Koppeln	368
trennen	368
Gerätename im Netzwerk	153
Gestensteuerung	30
Gitterabstand	119
Google	164
Graustufen verwenden	120

H

Handoff	61, 246
Hilfe	22
HTML	194

I

iBooks	26, 270
Eigene Bücher	271
Lesen	274
Lesezeichen	275
Markierte Titel als neue Sammlung	273
Markierungen	275
Neue Sammlung	273
Notizen	275
Sammlungen	273
Sortieren nach	272
Zur Bibliothek hinzufügen	272
Zur Sammlung hinzufügen	273
iBooks Store	271
iCloud	17, 51, 151, 168
Anmelden	51
Familienfreigabe	382
iCloud-Drive	151
Im Browser	52
Risiken	53
Safari	173
Safari-Tabs	173
Schlüsselbund	167, 337
iMac	14
Mit Retina 5K Display	14
iMessage	58, 223, 317
Indizierung	139
Inhalte teilen	312
In iCloud speichern	384
Instant Hotspot	151
Internet	149
Internetaccounts	54
Internet-Café	153
iPad	151, 157, 246
iPhone	151, 157, 246, 277, 320
Items	22
iTunes	26, 270, 277
Automatisch zu iTunes hinzufügen	280
CD importieren	279
CDs/DVDs brennen	283
Freigaben	381
Hörbücher	277
Importeinstellungen	279

Informationen	280
Intelligente Wiedergabelisten	282
iTunes U	277
Mediathek	279
Mediathek freigeben	381
Musik	277
Musik-CD importieren	279
Musikdateien	280
Playlisten	281
Podcasts	277
Privatfreigabe	381
Programmfenster	278
Radio	277
Video	277
Zur Mediathek hinzufügen	280
iTunes Store	277
iWork	270

J

Java	160

K

Kalender	25, 228
Abonnieren	237
Account hinzufügen	235
Accounts	235
Ansichten	230
Beruf	228
Ereignisse	231
Erinnerungen	234
Feiertage	228
Geburtstage	228
Gefunden in Apps	228
Importieren	239
Jahr	230
Kalender-Archiv	239
Kalenderwoche	230
Monat	230
Monatsübersicht	229
Neuer Kalender	230
Ort	233
Privat	228
Schnelleingabe	231
Seitenleiste	228
Standardkalender	232
Suchen	234
Tag	230
Wiederholungen	234
Woche	230
Karten	26, 224, 242
3D	242, 244
Anzeigen	242
Blickwinkel	244
Favoriten	242
Flyover-Touren	245
Fußweg	246
Karte	244
Kompassnadel	242
PKW	246
Route	246
Routenplaner	246
Satellit	244
Satellitenbild	242
Verkehr	242
Zoom	242
Keynote	51, 270, 283
Kontakte	25, 166
Accounts hinzufügen	225
Als Nachricht senden	223
Anrufen	223
Archiv	225
Bearbeiten	219
CardDAV	225
Einträge hinzufügen	216
Etiketten	218
Export	224
Felder	217
Feld hinzufügen	217
Fenster	214
Firmeneinträge	219
Fotos	218
Gruppen	220
Gruppen bearbeiten	221
Import	224
In Karten öffnen	224
Intelligente Gruppen	222
LDAP	225
Mail-Adresse	223
Meine Visitenkarte	216
Neue Gruppe	220
Neue Gruppe aus Auswahl	220
Neuer Kontakt	216
Sortierung	219
Teilen	223

Index

Telefon	223
VCF-Datei	224
Visitenkarte	215
Vorlage	218
Kontrollleiste	35

L

Landkarte	242
Laufwerk	72
Angeschlossene	73
Anschließen	364
Formatieren	365
Mehrere Partitionen	366
Trennen	365
Umformatieren	365
Virtuelle	74
Launchpad	24, 31, 39
Lautstärkeregler	22
Lexikon	292, 309
Library	75, 200, 372
LinkedIn	58

M

MacBook	13
MacBook Air	13
MacBook Pro	13
Macintosh HD	74
Mac mini	14
Mac Pro	14
Mac und PC vernetzen	153
Made for iBooks	271
Magic Mouse	30
Mail	25
Accountinformationen	182
Accounts	182
Anhänge löschen	200
Anhänge öffnen	199
Anhänge sichern	199
Antwort an alle	191
Antworten	191
Archiv	203
Bilder und PDF bearbeiten	197
Bildgröße	197
Dateianhänge	196
Einstellungen speichern	183
Empfangen	188
Entwurf	187
Exportieren	211
Fähnchen	200
Format	194
Formatierter Text	194
Fotoübersicht	195
Gesendet	188
Importieren	211
In formatierten Text umwandeln	194
In reinen Text umwandeln	194
Intelligente Postfächer	207
Konversationen	192
Löschen	188
Mail Drop	198
Mails bewegen	202
Mails kopieren	203
Mails markieren	200
Markierungen	197
Neue E-Mail erstellen	186
Neues Postfach	202
Papierkorb	188
Postfächer in der Favoritenleiste	203
Postfach-Verhalten	182
Regeln	204
Regeln anwenden	205
Reiner Text	194
Schreiben	186
Senden	188
Servereinstellungen	182
Signatur auswählen	190
Signatur definieren	189
Signatur zuweisen	189
Suchen	206
Symbolleiste anpassen	193
VIP-Postfach	203
Vorlagen	195
Weiterleiten	191, 192
Werbefilter	209
Zitate	192
Zusammenhänge	192
Maus	30
Menu Extras	22
Menüleiste	20, 38
Ablage	21
Apfel-Menü	21
Bearbeiten	21
Darstellung	21
Fenster	22
Programmname	21
Systemmenü	21

Migrationsassistent ... 16
Mission Control ... 120
    Alle Fenster zeigen ... 121
    Schreibtisch zeigen ... 123
Mitteilungszentrale ... 22, 55
    Heute ... 56
    Konfigurieren ... 56
    Mitteilungen ... 56
    Nicht stören ... 60
    Öffnen ... 56
    Safari ... 176
    Tagesansicht ... 56
Modem ... 148
Monitor ... 129
Musik ... 277
Musik-CD importieren ... 279
MWare Fusion ... 391

N

Nachrichten ... 26, 58, 317
    Datei versenden ... 318
    Details ... 319
    Kontakte blockieren ... 319
    Löschen ... 319
    Mit iPhone koppeln ... 320
    Speichern ... 319
    Sprachaufzeichnungen ... 318
    Video- und Audiotelefonat ... 319
    Weiterleiten ... 319
Netzwerkanschlüsse ... 148
Neuinstallation ... 332
Notausstieg ... 19
Notizen ... 25, 292
    Anlegen ... 304
    Bearbeiten ... 304
    Formatieren ... 305
    Löschen ... 304
    Notizzettel ... 306
    Ordner ... 305
    Sortierung ... 305
Numbers ... 51, 270, 283

O

Öffentlicher Kalender ... 238
ÖPNV ... 244
Ordner ... 72
Ortsdaten ... 242

P

Pages ... 51, 270, 283
Papierkorb ... 23, 84
    Leeren ... 84
    Zurücklegen ... 84
Papierkorb automatisch leeren ... 385
Parallels Desktop ... 391
Passwortassistent ... 334
Passwörter ... 333
    Administratorpasswort ... 333
    Benutzerpasswort ... 333
    Passwort ändern ... 334
PDF ... 86
    Als PDF drucken ... 363
    Als PDF exportieren ... 87
    Als PDF sichern ... 87
Phishing ... 180
PPPoE ... 150
PPPoE-Dienst ... 150
Priorität ... 201
Privatsphäre ... 342
Programme ... 75
    Beenden ... 38
    Starten ... 38

Q

Quick Look ... 132

R

Rechner ... 292, 310
    Belege ... 310
    Programmierer ... 310
    Umrechnen ... 310
    Wissenschaftlich ... 310
Rechtschreibprüfung ... 298
Recovery HD ... 332
Resume ... 40
rootless ... 346
Rootverzeichnis ... 75

S

Safari ... 25, 160
    Adressfeld ... 164
    Alle Fenster zusammenführen ... 163
    Automatisch ausfüllen ... 166
    Betrügerische Seiten ... 180

Index

Cookies	178
Datenschutz	177
Downloads	165
Erweiterungen	175
Favoriten	161
Fenster	162
Gesendete Links	174
iCloud-Schlüsselbund	167
Kreditkarten	167
Leisten	161
Leseliste	174
Lesezeichen	170
Lesezeichen anlegen	171
Lesezeichen mit iCloud synchronisieren	173
Lesezeichen organisieren	171
Mitteilungen	176
Ortung	178
Passwörter	166
Passwörter vorschlagen	168
PDF-Dateien	168
Plug-In	160
Privates Surfen	180
Reader	164
Seitenleiste	161
„Sichere" Dateien	177
Sicherheit	177, 179
Statusleiste	161
Suchen	164
Symbolleiste	161
Tableiste	161
Tabs	162
Tabs einblenden	163
Tabs synchronisieren	173
Tracking	178
Verlauf	170, 172
Scannen	361
Scanner	363
Schadsoftware	344
Schlüsselbundverwaltung	335
Schreiben	317
Schreibhilfen	297
Schreibtisch	20
Virtueller	123
Schreibtischhintergrund	118
Scrivener	394
Scrollrichtung	31
Sichere Notizen	340
Sichtbar	367
Siri	24, 354
Aktivieren	357
SMS-Weiterleitung	320
Softwareaktualisierung	343
Sonderzeichen	297
Soulver	394
Space	31
Spaces	123
Anlegen	124
Fenster in neuem Space	126
Fenster verschieben	125
Löschen	124
Vollbild	126
Wechseln	125
Spam	209
Speicher optimieren	384
Speicherverwaltung	383
Chaos reduzieren	385
In iCloud speichern	384
Papierkorb automatisch leeren	385
Speicher optimieren	384
Spinnig Wait Cursor	47
Spotlight	22, 139
Alle im Finder zeigen	141
Anpassen	144
Index neu aufbauen	145
Indizierung	139
Privatsphäre	145
Rechnen	142
Spotlight-Suche	140
Suchergebnisse	144
Tastaturkurzbefehle	144
Top-Treffer	140
Sprachausgabe	377
Sprachen laden	377
Uhrzeit ansagen	377
Sprachsteuerung	356
Stadtplan	242
Standardprogramme	24
Stapel	
Automatisch	130
Fächer	129
Gitter	130
Liste	130
Sortierung	130
Verwalten	131
Startvolume	74
Status in der Menüleiste anzeigen	367

Stecknadeln	247
Suchen	139
Symbolersetzung	300
Symbolgröße	119
System	75
Systembericht	383
Systemeinstellungen	27, 348
Allgemein	350
App Store	350
Aufbau	348
Bedienungshilfen	350
Benutzer & Gruppen	350
Bluetooth	351
CDs & DVDs	351
Datum & Uhrzeit	351
Dock	351
Drucker & Scanner	351
Energie sparen	352
Erweiterungen	352
Freigaben	352
iCloud	352
Internet-Accounts	352
Kindersicherung	353
Maus	353
Mission Control	353
Mitteilungen	353
Monitore	353
Netzwerk	353
Schreibtisch & Bildschirmschoner	354
Siri	354
Spotlight	354
Sprache & Region	354
Startvolume	354
Tastatur	355
Time Machine	355
Ton	355
Trackpad	355
Systeminformationen	383
System Integrity Protection	346
Systemmenü	18
Systemwiederherstellung	332

T

Tabs	39
Tags	
Definieren	137
Einsetzen	137
Konfigurieren	138
Vergeben	136
Taschenrechner	292
Tastatur	27
alt	28
Auswurftaste	29
Befehlstaste	28
Blättern	29
cmd	28
Control	29
ctrl	28
fn	28
Funktionstaste	29
Kurzbefehle	370
Modifier Keys	28
Sondertasten	28
Sonderzeichen	46
Springen	29
Tastenkürzel	45, 370
Tastenkürzel definieren	370
Wahltaste	29
Tastaturkurzbefehle	370
Teilen	236, 312, 236
Textbooks	271
TextEdit	292, 293
Bilder	293
Druckvorschau	296
Exportieren	296
Reiner Text	294
Stile	294
Text schreiben	293
Textersetzung	300
Textgröße	119
The Unarchiver	394
Things	394
Thunderbolt	148
Time Machine	324
Backups löschen	331
Bereiche vom Backup ausnehmen	327
Daten zurückholen	328
E-Mails zurückholen	330
In der Menüleiste anzeigen	326
Manuelles Backup	327
Systemwiederherstellung	332
Verschlüsseln	327
Volume auswählen	326
Touch Bar	13, 32
Touch ID	14, 36, 355
Trackpad	30
Gesten	31

Index

Klick durch Tippen	355
Mit drei Fingern bewegen	356
Scrollrichtung	355
Transformationen	300
Transparenz reduzieren	120
Trojaner	344
Twitter	58, 223

U

Übersicht	132
Aufrufen	133
Mehrere Dateien	134
Quick Look Plugins	135
Schließen	135
USB-Stick	15, 364

V

Veröffentlichen	237
Versionen	285
Alle Versionen durchsuchen	287
Löschen	289
Sichern	286
Wiederherstellen	287
Videotelefonate	314
Viren	344
Virtual Box	391
Virtualisierung	389
Virtuelle Maschinen	388
Vollständige Adresse der Website anzeigen	164
Volumes	15, 73
Vorschau	197, 271, 292, 301, 364
Anmerken	303
Bildbearbeitung	301
Darstellung	301
Dokumente aufteilen	303
Drehen und spiegeln	302
Farbkorrektur	302
Konvertieren	301
Lesezeichen	302
Notizen	304
PDF	302
Signaturen	303
Skalieren	301

W

Wegzeit	233
Windows	153, 388
Auf dem Mac	16
Papierkorb	27
Systemsteuerung	27
WLAN	148
Anzeigen	149
Ein-/Ausschalten	150
Protokoll	149
Verbinden	149

X

XProtect	345

Y

Yahoo	164

Z

ZIP	86
Archive	86

Weitere interessante Bücher
rund um die Themen Apple, iPhone, iPad, Apple Watch und Apple TV
finden Sie unter www.amac-buch.de.

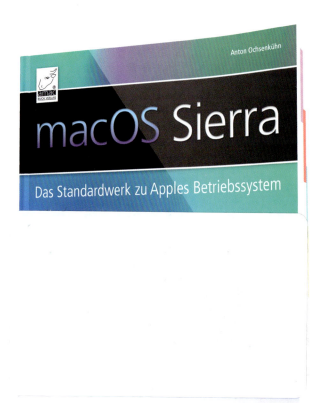

Wenn Sie sich noch deutlich umfassender über macOS Sierra informieren möchten, dann empfehle ich Ihnen das Buch „macOS Sierra – Das Standardwerk zu Apples Betriebssystem" von Anton Ochsenkühn.
Dort finden Sie auf 736 detailreichen Seiten wirklich alle Feinheiten von macOS. (ISBN 978-3-95431-045-6, € 34,95)

Ausgeschieden
Stadtbibliothek Reutlingen